>>> 中国学术大师系列 ZHONGGUO XUESHU DASHI XILIE

一代哲人冯友兰

陈战国　王仁宇／著

一代哲人

冯友兰

北京大学出版社
PEKING UNIVERSITY PRESS

图书在版编目(CIP)数据

一代哲人冯友兰/陈战国,王仁宇著. —北京:北京大学出版社,2011.1

(中国学术大师系列)

ISBN 978-7-301-18254-3

Ⅰ. ①一… Ⅱ. ①陈…②王… Ⅲ. ①冯友兰(1895～1990)-传记 Ⅳ. ①K825.1

中国版本图书馆 CIP 数据核字(2010)第 246234 号

书　　名:一代哲人冯友兰

著作责任者:陈战国　王仁宇　著

策 划 组 稿:王炜烨

责 任 编 辑:王炜烨

标 准 书 号:ISBN 978-7-301-18254-3/K・0741

出 版 发 行:北京大学出版社

地　　址:北京市海淀区成府路 205 号　100871

网　　址:http://www.pup.cn

电　　话:邮购部 62752015　发行部 62750672　编辑部 62750673
出版部 62754962

印 刷 者:北京飞达印刷有限责任公司

经 销 者:新华书店

787 毫米×1092 毫米　16 开本　24.5 印张　368 千字

2011 年 1 月第 1 版　2011 年 1 月第 1 次印刷

定　　价:58.00 元

目录

第一章　祁仪少年

一　南阳冯家

一代哲学宗师冯友兰在河南唐河祁仪出生，无论对他的家乡还是对他的家庭而言，都是件异乎寻常的大事。

南阳，位于河南西南部。《释名》云："南阳在中国之南，而居阳地，故以为名。"张衡在《南都赋》里说："陪京之南，居汉之阳。"这里，地处南北分界线，是淮河的发源地；这里，地貌多样，物产丰富。优越的地理条件使这里成为中华文明的发祥地之一。南阳是文化积淀深厚之乡、历史传统悠久之邦，千百年间，形成了一种厚重的文化与敦厚的习俗：人们耕时不忘读，退时不忘进；隐迹山林而又胸怀天下，高居庙堂而又心系黎民；既能奋力进取、兼济天下，又能隐身养性、独善其身。这一传统到了近现代被发扬光大，大放异彩。从这里走出了一大批文化名人、专家学者，使南阳重振雄风，再现辉煌。在河南籍院士中，南阳人就占了三分之一。冯友兰、冯景兰、冯沅君、杨廷宝、董作宾、丁声树等，这些在中国近代思想文化史上光彩夺目的人物，一时间都在南阳出生。他们在各自的研究域里出类拔萃、蜚声中外。冯友兰则是他们中间最为杰出的一位。可以说，南阳出了冯友兰，是异乎寻常的、千载难遇的事。冯友兰的祖上并不是南阳唐河本土人氏，而是从山西省高平县迁移到唐河来的。

明朝初期，洪武、永乐两朝即实行猛政，极力强化专制和集权统治，弄得人人自危。到明朝中期以后，皇帝荒政，党人误政，阉党乱政，贪官害政，结果朝政腐败，国事日非，人心不安。清朝初年，南阳一带，人民死亡流离殆尽，荆榛遍地，荒无人烟。河南临近山西，朝廷颁诏迁民，从山西移民到南阳一带。当时，清朝在山西洪洞县广济寺设有管理移民机构，寺里有棵大槐树，于是就有“问我祖先在何处，山西洪洞大槐树”的传说在南阳地区广为流传。

冯友兰的祖上来到南阳的时间比较晚，是清康熙五十五年(1716)才到唐河的，最初是来做点小生意。当时是冯友兰的六世祖冯泰带着儿子冯斑玙，离开山西高平县来到河南唐河县的。

早期迁入南阳的移民，在开始时做的是类似圈地运动的事情，他们立碑划界、占地为业。当时，这里人烟稀少，大片荒芜的土地是谁占了就归谁。凡事都讲个先来后到。当冯泰携子来到唐河的时候，那里比较好的土地都已经被先来的移民耕种了，荒坡也被占领了。初来乍到，冯泰父子上无片瓦遮雨，下无寸土立足，只得租间简陋的房子住下，靠做点小生意来维持生计。生活的艰难在他们来到后不久就逐渐显现出来了。冯泰后悔贸然来到这里，于是自己就又回到山西老家。年经气盛的冯斑玙不愿走回头路，一个人坚持留了下来。他筚路蓝缕，开始了艰苦的创业活动：或推着货车，或挑着货担，披星戴月、走村穿巷，沿途叫卖。货郎子的生意虽说本小利薄，但冯斑玙心诚、腿勤、嘴甜，还是赢得了不少客户的信任，渐渐有了自己的固定客户和一小片市场，可以薄利多销。他省吃俭用，刻苦自砺：赚了还吃个馒头，陪了只喝碗稀饭，以自励自罚。自古是天道酬勤，工夫不负有心人，经过了多年的奋斗，集腋成裘，他也攒了一些钱，于是就用这笔资金开了个小布匹店，自己成了小店主，开始是一个人独自经营，后来还雇了个伙计。接着，生意做红火了，财富积多了，就开始购置田产，建筑房屋，逐渐成为地主。这段艰苦的创业史对冯友兰家家风影响很大，后代一直都牢记着这段非同寻常的创业史。他的母亲就经常说：“吾冯氏祖宗以勤俭起家，子孙安敢逸豫乎？”[1]后来的哲学家冯友兰，勤劳一生，俭朴一生，未尝不是受这种家风影响。

冯斑玙有两个儿子，长子汝南，次子耀南。后来汝南分得天台号、高庙一带的田产，耀南继承了祁仪的财产。他们两个人的情况已无从考证，唯耀南的次子殿吉，还有史料可查。所以，冯友兰家庭有文字可以考证的历史应该是从冯殿吉开始。祁仪镇位于河南省唐河县东南部，距县城五十五华里，与湖北毗邻。南为湖北枣阳，东南为湖北随州，东临河南桐柏，处于两省四县交界处。祁仪镇在祁河与仪河之间，因此而得名。冯殿吉，字石泉，道光年间武秀才。他为人豪爽慷慨，广交四方豪杰，经常周济亲友，施舍穷人，却又不事生产、不善经营，结果家道中落，把祖上留下来的田产和字号都典当出去了。更为可惜的是，他 30 岁时就撒手而去，留下了妻妾涂氏、茹氏和年仅八岁的儿子冯玉文。冯台异在《冯母显妣涂老太君墓志铭》中说："先祖考慷慨好施，及卒，家道中落。是时先考梅村府君八岁，茕茕靡依。公私逋欠山积。祖妣抚弱孤，昼夜营家计，勤心而苦力，啬衣而节食，卒复先业如初。"[2]冯玉文，字圣徵，生于清道光五年十二月二十四日(1826 年 1 月 31 日)，卒于清光绪十八年十二月二十七日(1892 年 2 月 13 日)。殿吉去世后，涂、茹两夫人守节育儿，含辛茹苦，支撑门户；儿子年少懂事，奋发有为，祁仪冯氏终于走出困境，实现中兴。后来冯玉文把自己的字号名为"复盛馆"，以示纪念。冯友兰他们这一支后来就被称为"复盛馆"冯家。中兴之后，冯玉文不仅赎回被父亲当掉的田产、字号，还不断购置地产，建筑住宅。冯家大院在 20 世纪 50 年代初被乡政府占用，后来全部被拆除。但从冯家后人绘制的平面图上可以看，冯家大院并不是一次规划建成的，而是陆续建造而成，整个布局比较凌乱：共有三路院落，中间一路为四进，其他的两进、三进不等，只是一般民房，主要建筑是砖木结构，一般建筑还只是土木结构，没有雕梁画栋，更没有亭台楼阁，一切都是出于实用和耐用考虑，从这里也可以看出他们当初创业的艰辛。

二　耕读传家

在冯家的家史上，冯玉文是一个十分关键的人物。他幼年丧父，家道中落，饱尝了人世的艰辛、世态的炎凉。父亲在世时，身为武秀才，又广交朋友，当地人没谁敢轻视他们。可自冯殿吉去世以后，冯家是孤儿寡母支撑门户，经常遭受歧视，甚至凌辱。带头作恶的就是李汉非。他虽是武秀才出身，却是当地一个恶霸，镇上什么事他都要管。对冯家更是极尽欺负之能事，经常手持大刀，打上门来，要东抢西。更让人难以容忍的是，冯玉文要找地方盖房子，经过多次周旋与求告，李汉非总算答应给他划一片土地，可那竟是街东面清水河边的一片乱坟岗。冯玉文性情忠厚，面对这样的欺凌，只好忍气吞声，没有乘匹夫之勇去硬拼，而是忍辱负重，暗自发愤图强，积蓄力量。在经营生意的同时，他刻苦读书，寄意科场，以期博取功名，振兴家庭。他参加了秀才考试，本来可以考取，但因和县令闹了点别扭，又不肯摧眉折腰去求人疏通，结果名落孙山。有人劝他活络一些，去找县官疏通一下。可他宁是不肯，为了人格和尊严，宁愿舍弃功名与仕途。从此也就绝意科场，劳作于垄亩之间，忙碌于店铺之中。

在当时科举入仕是读书人的唯一出路，更是农家子弟出人头地的唯一途径。冯玉文在绝意科举之后，却壮志不已，锐气不减，把自己全部的希望都寄托在三个儿子身上。为此，他把自己的人生和家庭重新做了调整和安排：一方面，他把经营田产和字号的事情全部承担起来，从不让儿子们过问，免得耽误他们的学习；另一方面，他在经营家业的同时，尽量营造家庭的读书氛围，提升家人的文化素养。他还特意在自己家的庭院中种植了一株银杏和两簇腊梅。银杏是珍贵树种，它枝不外逸，挺拔伟岸，可历千年而不枯；腊梅迎风傲雪，越是严寒越显出顽强。一个多世纪之后，当冯家大院被拆除殆尽，冯家遗物荡然无存，只剩一棵银杏和一簇腊梅在见证着沧桑的时候，人们才感受到冯玉文种植银杏和腊梅的深意。

为了营造家庭的读书氛围、提高家人的文化素质，冯玉文以身作则，言传身教，在辛勤持家之余，寄意诗书，手不释卷，常吟诗作赋，这既陶冶情操，又垂范子女。他作的不是应付科举的那种试帖诗，而是感物抒情、感时伤怀的文学作品。留传下来的六十余首，结集为《梅村诗稿》。其中有这样的两首：

读国策

君不见苏秦金尽自秦归，妻不下机嫂不炊。
又不见游燕说赵相六国，妻嫂匍匐迎道侧。
不重亲情重黄金，苟无黄金亲不亲。
一家骨肉犹白眼，何况悠悠陌路人！
古往今来概如此，岂只当年苏季子！
以故举世争名争利不知止，泥首胶漆盆中忘生死。[3]

春雨初晴

云消日出淡烟低，绿野新添雨一犁。

地僻尚无莺织柳，风和时有燕衔泥。
菜花欲落香渐敛，麦浪初翻秀未齐。
别有田家堪画处，一鞭人影夕阳西。[4]

冯玉文家的私塾先生赵一士为他的诗集题诗道："身处人世间，心怀太古春。风流伊上叟，击壤作尧民。"[5]这是拿他的诗歌和宋代邵雍的《击壤集》相比。

冯玉文不惜重金延请名师教自己的子女，他像刘备当年三顾茅庐那样请到了邻县新野的举人赵一士。冯玉文用高于一般私塾先生数倍的聘金请赵一士。他对老师非常尊重，每天早上总是穿好衣服，先到老师床前施礼，恭请老师起床就餐。家里人吃的饭菜尽管十分简单，可对老师的饭食却从不马虎，总是想方设法招待好老师。家里不论来了什么客人，吃饭时总是先生坐在上席首位。每逢新学期开学，他要亲自带着儿女向先生行大礼。每逢端阳、中秋和冬至等重要节日，他还带着孩子向老师"扣节"，行跪拜大礼，同时呈上节日礼钱。冯玉文如此的尊师重教，一方面是为了改变冯家在当地的地位，因为当时冯家虽然在经济上跻身于祁仪富人之列，可在人们心目中他们地位并不高，还不时遭到别人欺负，冯家想通过读书科举、入仕当官改变这种状况；另一方面也是祁仪尊师重教的风气所致，当时祁仪有很多学馆私垫，单在镇上就有李氏、王氏、黄氏和孔氏等家争相延请名师，开办私塾，尤其是孔氏和李家，以自家人才辈出和教出高徒而享有盛名："有孔二先生者，终生教私塾，曾经以二十年时间，专教城北半坡村李兰馨。从发蒙直至中秀才、举人和进士，皆为之师。李兰馨中进士后，回乡办两件事：一为上坟祭祖；二为赴孔庄登门谢师。此事在当时为盛举，使附近人民感到进学光荣，当老师亦光荣，传为一方佳话。"[6]

赵一士对冯玉文有一种相见恨晚的感觉，他要报答冯家的知遇之恩；同时自己也已经年过半百，没有心思再进科场，想把自己满肚子的学问传授给年轻后生。恰好碰上了冯家这样的玉树兰庭，几个孩子各个聪明颖悟，勤奋好学，可谓名师遇高徒。赵一士非常高兴，他恪尽职守，十分认真，加上学识渊博，能文善诗。在他的严格要求和精心调教下，冯家兄妹几个学业日进，不仅兄弟三人前后考中秀才，冯台异后来还又考中举人和进士。也是从这个时候开始，冯家形成了作诗的传统，他们兄妹三人分别有《知非斋诗集》、《复斋诗集》、《梅花窗诗草》流传于世。

在冯玉文的几个子女中间，女儿冯士均在诗歌方面的成就最大。她才情出众，诗艺超群，是祁仪冯家第一代才女。她自幼活泼聪颖，娇巧可爱，被父亲视为掌上明珠，常常亲自以诗文调教。兄弟们对她钟爱有加，总是带着她一起上学，聆听先生教诲。她年纪虽小，却聪明绝顶，过目不忘。先生布置的学习任务，她常常先于兄弟们完成，八九岁时，就能将经书背得滚瓜烂熟。稍微大点，又博览群书，熟谙古代诗文，尤其对《诗经》、《楚辞》及陶渊明、李白等人的诗词有很深的体悟。她闺房窗外有一簇腊梅，正好掩映着窗户，她给窗户取雅号为"梅花窗"。平日里就坐在窗前读书，有时邀请三两个对脾气的兄弟姊妹联句、和诗。冯士均才华横溢，冰清玉洁。遗憾的是她才高命薄，天不假其年，正值青春妙龄，含苞待放的时候，就兰摧玉碎，年仅 18 岁。冯士均虽然英年早逝，可她的诗歌在当地已经流传开来。她的兄弟们也都先后考中秀才。至此，冯玉文毕生惨淡经营的事业终于结出了硕果。几年后，冯台异再接再厉，最终考取进士。当"进士及第"的匾额在大门上高高挂起，进士旗杆在大门外高高树起的时候，祁仪冯氏在唐河的社会地位就有了彻底的改观，进入了"耕读传家"的行列。冯家故旧黄子瑞在谈到冯友兰家世时说："冯友兰先生，字芝生，汉族。原籍山西省高平县。清初，迁居河南省南阳府唐县祁仪镇。友兰先生祖上迁入祁仪镇时，以开酒馆经商致富：字号曰：复盛馆。然祁仪闭塞，土霸横行，对外地来商，多所敲诈，尤对富者更甚。友兰先生祖父冯玉文公，愤土霸之欺也，特聘县之名师在家教其三子读书。长子云异，字鹤亭，秀才；次子台异，字叔侯，进士；三子汉异，字爽亭，秀才。三子皆进学。友兰之父树侯且经举人、进士而为湖北崇阳县知县，家始显赫。祁仪一带土霸皆收敛，多谢罪拜其门下。至此，冯家遂为祁仪望族，在唐县南部颇负盛名焉。"[7]

至此，冯家成为一个殷实之家和书香之家。这是一个正处于上升阶段充满朝气和生机的新兴地主家庭：他们不为过多财富所累，虽然并不是很有钱财，遇到事情还要开仓装些粮食去卖[8]，连冯台异进京赶考的费用还是靠亲戚们出钱接济的。[9]他们不为过度的文化所误，他们并不是世代诗书门第，冯友兰在武昌时见到别人买的《通鉴辑览》还如获至宝，十几年后他在上海读书时才买到《二十四史》，到北京大学以后才知道《昭明文选》和《文心雕龙》。他们不为贫穷所限，冯玉文拥有良田一千五百亩，足以保证他的子孙们衣食无忧。这个家庭集中了中国传统家庭的所有优点，同时又避免传统家庭的那些弊病：它有着农家的朴素与节俭，却没有寒酸与俗气；它有着经营的精明和干练，却没有市侩和铜臭；它有着诗书的高雅和脱俗，却没有穷酸与迂腐；它有着绅士的尊严与雍容，却没有霸气与纨绔。这样的家庭氛围对冯友兰的成长影响很大。

清光绪二十一年（岁次乙未）十月十八日（1895 年 12 月 4 日），一代哲学宗师、文化巨匠和教育大家冯友兰先生就在这样一个家庭诞生了。

冯友兰的父亲冯台异（1866—1908）。

冯友兰的父亲，名台异，号复斋，又号后乐生，生于清同治五年（1866）。母亲吴清芝，生于清同治元年（1862），唐河人。吴家是一般百姓人家，祖上没有出过有名的人物。冯友兰在《先妣吴太夫人行状》中谈到母亲家世时也只是寥寥数语：“其先闽人，清初随云南右路总兵涂公孝臣屯垦唐河，因家焉，居城南二十五里小吴庄。”[10]虽出身于平民百姓之家，可吴清芝却特别优秀，是女中豪杰，“其治家条理井然，爱惜人力而事亦无不办。故虽好施与，而家道日兴。闻先妣初来数日，先曾祖妣茹太夫人即语人曰：‘吴姐将来能置五顷地。’又数日，又告人曰：‘能置十顷地。’先曾祖考性豪放，爱施与，家因中落，茹太夫人实中兴之，亦非常人也。先考应会试落第，归过汝坟桥，题壁《忆内》诗云：‘年来事事不如人，惯逐群仙步后尘。才调如卿堪第一，奈何偏现女儿身。’盖其处事明敏，才华富赡。先曾祖妣有知人之明，先考无过情之誉，俱为乡党所称道焉”[11]。冯友兰在《祭母文》称颂吴太夫人云：“唯人杰之挺生，皆造化之钟灵，但多伤于偏至，鲜能合乎中行：或仁爱而优柔，或刚断而寡情，或方正而迂阔，或干练而无诚，或豁达而疏略，或谨慎而不宏，或豪施而奢汰，或俭约而吝硁。唯吾母之懿质，集诸德之大成。”[12]吴清芝对冯友兰的成长和冯氏文化家族的形成起了至关重要的作用。冯友兰说，他一生只崇拜过两个人，一个是校长蔡元培，另一个就是母亲吴清芝。

冯友兰出生的时候，正逢中国甲午战败，割让台湾给日本。这是中国近代史上充满奇耻大辱的年代。“世间无物抵春愁，合向仓冥一哭休。四万万人齐泪下，天涯何处是神州。”谭嗣同的一腔悲吼，道出了中国人多少辛酸、悲愤与无奈！当这个幼小的生命刚刚降生到人间之时，正是列强侵略加剧、国家危机加深之日。冯友兰的一生与甲午战败以来的民族忧患和社会变革相伴随，他后来做人、行事和立论皆以“阐旧邦以辅新命”为己任，始终充满着强烈的民族忧患意识和实现中国社会转型与文化复兴的雄心壮志。

甲午海战的失败并没有真正唤起朝廷的反省和民众的觉醒，中国依然按照久有的惯性、沿着原来的道路继续向历史的深渊滑行。国家体制原封不动，民众心态依然如旧，科举考试照常进行，好像一切都不曾发生过似的。唐河在当时是一个较为偏远、闭塞的地方。就在冯友兰出生前后的几年里，他的父亲冯台异两耳不闻窗外事，一直在忙于准备科场考试。从光绪十五年(1889)考中举人，到光绪二十四年(1898)考中进士，这九年间，冯台异除了出任唐河县教谕和唐河崇实书院山长之外，大部分时间都用在苦读经书，准备考试上。他是参加了三次会试才考中进士的，他在备尝科举艰辛的同时，也显示出顽强与执著精神。

当时交通不便，进京赶考需要乘船、骑马或坐马车，有的甚至还要靠步行。旧时的大路，隔四十五里一站，一天规定走两站。走完两站，即使天气尚早，也不再走了，要不然在天黑前到不了下一站，那就“破站”了。赶路的人通常是早上四五点钟出发，上午11点左右到一站，稍事休息，接着再走四十五里到下一站，找个旅馆住下来，到第二天再走。冯台异每次赶考途中，都要在汝坟桥过夜。有一次不巧碰上天降大雨，而且阴雨连绵，路不能通，只好住在旅店等待天晴。人在旅途，半道搁浅，焦灼苦闷无聊之情真是难以名状。绵绵细雨容易触发伤感思绪。冯台异想着几年来科场上连番受挫，累及妻儿，让慈母挂念，那感伤思念之情如窗外细雨沥沥滑落。于是他研墨挥毫，在旅店墙壁题起诗来：

年来事事不如人，惯逐群仙步后尘。

写到这儿，冯台异鼻子一酸，想起常年在家中劳作的贤妻，德才俱佳，可惜是个女儿身，心中直为她鸣不平，于是又补了两句：

才藻如卿堪第一，奈何偏现女儿身！[13]

一提起贤妻，冯台异就觉得无限愧疚。她在家赡养父母，养育子女，使自己“两耳不闻窗外事，一心只读圣贤书”，而自己竟一事无成。工夫不负有心人，经过几年的奋斗，冯台异于光绪二十四年(1898)考取戊戌科进士。就在这年，进京考试的举人们在康有为和梁启超的鼓动下，主张变法革新，进行“公车上书”。“戊戌变法”的导火线是“甲午海战”中国的失败，李鸿章受命赴日本和谈，代表清朝政府在丧权辱国的《马关条约》上签字。于是举国民众和在京举人迁怒李鸿章，上书弹劾他。冯台异也参加弹劾李鸿章的活动。受此影响，他仅得列赐同进士出身。90 年之后的 1988 年 5 月，与冯台异同年考中进士的王少海的儿子王炎升在给冯友兰的信中说：“先父王少海先生，河南方城人。清季甲午科举人，戊戌科进士，与令先君树侯先生有同年谊。五十年前曾读先父日记，记载二公交谊颇详。如二公京试后，因弹劾李鸿章事，归班途中，先父对赐同进士对待颇所慊。同车某友人曰：‘兄字拙，故尔。’先父曰：‘吾字拙，树侯字不拙，奈何亦耶?’友人无言以对。”[14]

冯台异考中进士以后，按照清朝官吏任用制度，“指省”湖北，“候缺”武昌：“我的父亲成进士以后，以知县任用，分发到省里去。照清朝的传统的办法，分发到哪一省，是由吏部抽签决定的。在清朝末年，这个朝廷公开卖官，一个人捐给朝廷多少钱，就可以得到一个什么官，当时称为‘捐官’。即使是由科举得来的官，在吏部分发的时候，也可以出一笔钱，不由抽签，而由自家指定。愿意到哪一省，就到哪一省去。除了本人原籍那一省之外，其余的省可以自己指定，称为‘指省’。我的父亲以母老为辞，不愿到边远地方去，用‘指省’的办法，分发到湖北。因为湖北是河南的邻省，唐河县跟湖北省枣阳县是邻县，唐河这条河在襄樊入汉江，一直通往汉口。……当时父亲在武昌还没有得到固定的差使，只是一个人在那里候补。所谓‘候补’，就是等着哪一个县的县官有了缺，去补那个缺。补上了缺，称为‘得缺’。本来这些有资格候补的人，都是科举出身的，后来因为有捐官，所以候补的人越来越多了，可是缺还就是那么些，所以'得缺'越来越困难。朝廷又开了一种卖官的办法，就是候补的人可以再花一笔钱，买到一个优先补缺的权利，称为'遇缺先'。没有'遇缺先'特权的人，就成了'遇缺后'了。"[15]

就在冯台异按部就班地"候缺"的时候，冯友兰在老家私塾开始读书了。"照这个大家庭的规矩，男孩子从七岁起上学，家里请一个先生，教这些孩子读书。女孩子七岁以后，也同男孩子一起上学，过了十岁就不学了。在我上学的时候，学生有七八个人，都是我的堂兄弟和表兄弟。我们先读《三字经》，再读《论语》，接着读《孟子》，最后读《大学》和《中庸》。一本书必须从头背到尾，才算读完，叫做'包本'。有些地方读'四书'，不仅要背正文，还要背朱（熹）注，不过我们的家里没有这样要求。""当时一般的私塾，叫学生读一些记诵典故和辞藻以备作八股文、试帖诗之用的书，如《幼学琼林》、《龙文鞭影》之类，我们的家里也没有这样要求。在我们家的私塾中倒读过一本新出的书，叫做《地球韵言》，这是一种讲地理的普及读物。地理在当时也算是一种'新学'。我们家的那个私塾，也算是新旧兼备了。照我们家里规定的读书顺序，于'四书'读完之后，就读经书。首先读《诗经》，因为它是韵文，学生们读起来比较容易上口。我于读完《诗经》之后，就随母亲到武昌去了。"[16]幼年时的冯友兰并不是那种看起来十分聪明伶俐的孩子，他行动迟缓，为人木讷，言语中还略带口吃。因此不断遭表哥欺负。堂兄冯培兰总是抱打不平，呵护自己年幼的堂弟。可冯友兰慧中秀内宽阔的额头，装满了智慧；挺拔的鼻梁，雕铸着刚正；厚厚的嘴唇，蕴涵着敦厚；大大的眼睛，清澈而凝神，透射出专注与刚毅。

注释

[1] 冯友兰：《三松堂全集》第 14 卷，第 290 页，郑州：河南人民出版社，2000 年版。

[2] 冯台异：《冯母显妣涂老太君墓志铭》，拓片今存三松堂。

[3] 冯玉文：《梅村诗稿》，未公开刊行，今存三松堂。

[4] 同上。

[5] 同上。

[6] 黄子瑞：《祁仪镇与冯友兰》，见于克珍编：《冯友兰与故乡》，第 4 页，

郑州：河南人民出版社，1995 年版。

[7] 黄子瑞：《冯友兰家世断忆》，见王中江、高秀昌主编：《冯友兰学记》，第 13 页，北京：三联书店，1995 年版。

[8] 冯友兰：《三松堂全集》第 1 卷，第 42 页，郑州：河南人民出版社，2000 年版。

[9] 同上。

[10] 冯友兰：《三松堂全集》第 14 卷，第 294 页，郑州：河南人民出版社，2000 年版。

[11] 同上。

[12] 同上书，第 295 页。

[13] 冯台异：《复斋诗集》，未公开刊行，今存三松堂。

[14] 王炎升致冯友兰书，今存三松堂。

[15] 冯友兰：《三松堂全集》第 1 卷，第 7 页，郑州：河南人民出版社，2000 年版。

[16] 同上。

第二章　随父就读

一　母亲课读

二　衙门少年

三　父丧失怙

一 母亲课读

冯台异在武昌"候缺"期间,得到了一个差事。清光绪三十年(1904),他出任武昌方言学堂会计庶务委员(相当于后来的总务长)。武昌方言学堂即武汉大学的前身,是由武昌自强学堂改建而成的。自强学堂创办于清光绪十九年(1893),当时开设有方言(即外国语言)、算学、格致、商务四科,培养外语和商务人才。清光绪二十二年(1896),武昌矿务学堂和武昌化学学堂并入自强学堂。清光绪二十八年(1902),自强学堂迁至武昌东厂口,改名为方言学堂。武昌自强学堂的创办人是清末名臣、洋务运动主要领袖张之洞。他在任湖广总督期间,搞了一系列新政:修建铁路,兴建工厂,创办学校。他在武汉搞的"洋务运动"和李鸿章在天津搞的"洋务运动"遥相呼应,被称为"南北二洋"。冯台异任自强学堂会计庶务委员时,方言学堂的学监是梁鼎芬,"学校的监督(相当于后来的校长)由当时的一位大名士梁鼎芬担任。我父亲被委派为会计庶务委员(相当于后来的总务长)。梁鼎芬当时是武昌府知府,方言学堂监督是他的兼职,他大概也不经常到校办公,所以我父亲实际也管除了教务以外的学校各种事情。有了这个比较固定的差使,一个月有比较固定的收入,于是写信回来同祖母商议,叫我母亲带我和弟弟景兰、妹妹淑兰(沅君)三人上武昌安家"[1]。

冯友兰的祖父冯玉文于清光绪十七年(1891)去世了,他没有看到自己儿子考中进士。当时祁仪冯府当家主事的是冯友兰的祖母涂太夫人。按照当时祁仪地主家的规矩,丈夫在外任职,家眷只能在老家,是不能跟着出去的。这时涂太夫人做主,让吴清芝带孩子到武昌,好让他们一家人团圆。当时,冯友兰的哥哥新兰不幸夭折,姐姐温兰已经出嫁;弟弟景兰和妹妹淑兰(沅君)先后于清光绪二十四年(1898)和清光绪二十六年(1900)出生。吴清芝带着他们兄妹三人离开唐河老家到武昌去,当时京汉铁路已经开通,他们本可以取道驻马店乘火车去武昌。可为了避免和别的旅客在一个车厢里混杂,那样不太方便,也有失大家体面,于是就租了他们亲戚家佃户的一条小船,出唐河,进汉江,顺水而下,不到一周时间就到了武昌。

这是冯友兰第一次离家外出。当时冯台异月薪不高,只得租了一个很小的院落安家。"在武昌租的房子,外边只有一条很窄的巷子,里边只有一个天井。说它是天井,倒也名副其实,站在院子里看天,真像《庄子》所说的井底之蛙,坐井观天。我母亲尤其觉得不习惯,院子没有内外之分,很不成体统,不像个样子。后来搬到黄土坡,天井比较大一点。大门外还有一条比较宽阔的马路,院子还是没有内外之分。不过母亲不久也就看惯了,习以为常了"[2]。

冯台异把家刚安置好,就操心几个孩子上学的事,经常和吴清芝商量。冯台异自己就在方言学堂任职,还是学校领导,可方言学堂是大学,冯友兰兄妹远没有到上大学的年龄。附近虽有小学,可在那里上学的多是富家纨绔子弟;加上他们是外乡人,语言不通,就没有让冯友兰兄妹到小学读书。冯台异自己薪水不高,住房又窄,无力延请老师在家开办私塾。于是只有让他们兄妹三人在家由吴清芝指导和监督读书。在《先妣吴太夫人行状》中,冯友兰说:"在武昌日,收入不丰,不能为友兰延师教读。张文襄公初办学校,学生多贵游子弟,先考先妣恐友兰等或染纨绔习,不敢令入学校。先妣治家之余,亲自教子女读,不识之字,俟先考公毕返寓时问之。一二年间,友兰读毕《周易》、《左传》、《礼记》,景兰读毕《诗经》、《书经》,妹叔兰读毕'四书'。每尽一册,先妣必为煮鸡蛋两枚,或以铜圆四枚市五香牛肉一块以奖励之。"[3]冯台异没有让孩子们在附近小学读书,除了上述原因外,其实还有别的考虑。冯台异名字中虽然带个"异"字,可他并不是"好奇趋异"之人,他为人平实而谨慎,做事务实而稳健。他考中举人之后的那几年,正是中国社会急剧变化的时期:西捻军一度在南阳一带来回周旋，差一点就攻破了南阳府；“甲午海战”中国败绩，变法呼声越来越高，冯台异这时候正在京参加会试；孙中山在为推翻清王朝统治奔走呼号，反清的浪潮日益高涨，而所有这些并没有影响冯台异持续不断地为科举奔波，尽管屡遭挫折，可他锐意不减。在他于武昌“候缺”的几年，湖湘地区和长江中下游一带的反清浪潮此伏彼起，并且一浪高过一浪，武昌的反清运动如火如荼。可冯台异并没有因此而受到影响，他依然是按部就班地苦苦“候缺”。在任武昌方言学堂会计庶务委员期间，学监梁鼎芬曾推荐他到日本留学。当时去日本留学是很时髦的事情，不少人趋之若鹜，冯台异却以自己母亲年迈为由推辞了。[4]其实，他有哥哥与弟弟在老家和母亲住在一起，不需要自己亲自侍奉母亲；况且，即使他在国内真的得了实缺，也未必能天天侍奉母亲。说母亲年迈而不去日本留学，显然是推辞之辞。在任粤汉铁路勘测队和川汉勘测队的“弹压委员”期间，除了做与地方交涉的本职工作外，他对修路技术方面的事情也很关心，做了认真的考察，写了详尽的日记。这也充分说明，他是一个务实认真而不好高骛远的人。所以，在孩子学习的问题上，他也采取了平实、务实的态度。冯台异“相信，在学新知识以前，必须先把中文学好”，并且“认为，没有一个相当好的中文底子，学什么都不行”[5]。冯台异这样做，虽是谨慎稳健之举，但确实有其高明卓见之处，且大有深意在其中。当时很多新办学堂引进的所谓西学，只不过是西方文化中的细节末流；即便是到日本留学，学的也是稗贩来的二手货，未必能从那里学到西方文化的精髓。要想真正对西方文化有所了解，还要以对中国文化深切体悟为前提，只有在对中西文化的比较中才能理解中西文化的深层差异和西方文化的精髓。冯台异没有急于让冯友兰上新式小学和学习新学，而是让他在家认真学中文，为他打下了坚实的国学基础，使他以后能很好地体悟中国文化精髓，了解西方文化奥秘，洞烛中西文化差异，从而更好地学习西方文化并最终实现中西文化的融合。冯友兰在家里学习“中文”，也就是“中国文化”，他读的书都是中国古代最基本的经典，这些经典蕴涵着中国文化的精髓。同样重要的是，冯台异奔波科场、“候缺”武昌将近 20 年，养成的坚韧毅力和顽强性格，也遗传并影响到了冯友兰。这种坚韧和顽强使他度过了漫长的人生和艰难的岁月，尤其是写《中国哲学史新编》时，没有坚韧的性格和顽强的毅力就根本没法完成这部鸿篇巨制。

冯台异没有让冯友兰在附近小学上学，只是他谨慎和稳健，并不是守旧和保守。他对外面的新事物是比较了解的，并且把新的做法和知识带到家里，传授给冯友兰兄妹们。与此同时，冯台异在公务之余，还亲自为孩子们编撰新学讲义，当时他撰写的有地理和历史方面的课本。前者称为《山泉斋舆地学讲义》，包括外国、本国两部分，一直保存到现在，可惜已经残缺不全了；后者已荡然无存。冯友兰在编辑父亲遗著《复斋遗集·杂著·山泉斋舆地学讲义》时说："此为府君在鄂垣时所作以授友兰等者也。并有历史讲义，尤多且可喜，不幸毁于寇，惜哉，惜哉！"[6]

当然，冯友兰兄妹在母亲指导和督促下读书也并不顺利。吴清芝母子到武昌几个月以后，冯台异又得了一个兼差，被委派跟着粤汉铁路勘测队去勘测粤汉铁路线路，名义是"弹压委员"，实际的工作就是替勘测队办一些同地方上交涉的事情。这个队一直勘测到湖北与湖南交界的地方，才回武昌。回来不久，又被派去担任川汉铁路勘测队的"弹压委员"。冯台异在外工作期间，冯友兰兄妹的学业就受到影响。但这些对冯友兰的学习并没有造成太大的影响，以冯友兰的颖悟和勤奋，以吴清芝的要求严格和指导有方，冯友兰在武昌期间学习进步很快，收获很大。这些虽然没有具体的资料可以证实，但冯家世交黄广亭的回忆足以说明，他的儿子黄子瑞说："辛亥之际，余家父黄广亭旅游武昌，时友兰先生家在武昌寄居。余父北归时曾至友兰先生家辞行，在市肆购有《通鉴辑览》一套而携。该书木版、线装，并购一木箱贮之，然后至冯寓。友兰先生当时见此书，大喜，因其从未见过此书，遂求家父以借阅之。家父即应诺，但告之以'明日即回河南'，友兰先生答应'不误行程'。翌晨，友兰先生将此书送至旅馆，交于家父。余父讶其读书之速也，曰'留下看吧。'友兰先生答：'我一夜未眠，已将此书翻阅一遍。今奉还，不误行程。'余父及同行者皆对友兰先生之勤奋好学颇为惊讶。时友兰先生十二岁也。其好学求知，可见一斑矣！"[7]

二 衙门少年

正在冯台异苦于没有适当办法解决冯友兰兄妹上学这个难题的时候，他的境遇却发生了很大转变。冯台异于清光绪三十五年(1907)得到了实缺，出任湖北崇阳县知县。冯台异能得到实缺略有偶然，是因为当时武昌的官场有比较大的人事变动。“原来在我们离开武昌以前，武昌政局就起了变动。张之洞被召到北京，当内阁大学士、军机大臣，所遗总督之缺，由原布政使(藩台)代理；原藩台所遗之缺，由原按察使(臬台)代理。这时候臬台已经是梁鼎芬了，他是知道父亲的，所以在他代理藩台的时候，一遇见缺就派出我父亲了，也算是有个‘遇缺先’吧，不过不是用钱捐的。这是我的推测，并没有听见父亲这样说。”[8]张之洞对梁鼎芬有知遇之恩。梁鼎芬因中法战事弹劾李鸿章，从翰林院编修的职位上连降五级。一气之下，他挂冠而去，归隐故里。张之洞任两广总督时，爱惜人才，对梁鼎芬大力提携并极力保荐。梁鼎芬后来长期做张之洞的幕僚与下属。张之洞任湖广总督时，幕僚众多，而梁鼎芬最为杰出，他不仅给张之洞出谋划策，而且在关键时刻能高瞻远瞩，使张之洞化险为夷，官运亨通，久任疆吏，稳若磐石。梁鼎芬也就成为张之洞的得力助手和心腹之人。张之洞在湖北搞了一系列新政，梁鼎芬始终参与其中，尤其在兴办新式学堂、发展现代教育方面襄助最多。《清史稿·梁鼎芬传》说：“之洞锐行新政，学堂林立，言学事唯鼎芬是任。”[9]清光绪三十二年(1906)，张之洞晋京入主军机，梁鼎芬担任湖北布政使。在方言学堂期间，梁鼎芬对冯台异比较熟悉，于是就优先委任冯台异为崇阳县知县。以梁鼎芬的性格和为人，他派冯台异出任崇阳县知县，完全是出于对冯台异的赏识和信任，决不是冯台异用钱捐了“遇缺先”。就此而言，梁鼎芬对冯台异亦有知遇之恩，冯友兰这位未来的新儒家和“中体西用”的倡导者张之洞也有一种渊源关系。

在冯台异得到崇阳县知县这个实缺的时候，吴清芝正在带着三个孩子回老家探亲的途中。吴清芝只有姐弟两人，而弟弟已经去世，这时她母亲病重要她回去。得知冯台异得到实缺的消息，吴清芝既非常高兴却也十分为难：一边是丈夫要准备上任要她坐镇，一边是母亲病危要她回去侍奉。她左右权衡之后，还是舍弃了做孝女，选择了做贤妻，毅然决然地返回武昌做丈夫赴崇阳县衙上任的准备工作。

经过了将近两个月的准备，冯台异带着家人和一班下属到湖北崇阳上任。那年，冯友兰只有 12 周岁。他们到崇阳以后，县衙还没有腾出来，就先在茶厘局衙门住下。下车伊始，冯台异和吴清芝十分关心冯友兰兄妹读书的事情。在茶厘局刚刚安顿下来后，他们就督促冯友兰兄妹读书学习。“及到崇阳，先寓于茶厘局内，行装甫卸，即教友兰等读，屋宇逼仄，书声闻于外。”[10]按照当时的制度，冯台异在崇阳上任时带了三个幕僚，当时称为“师爷”：一个是“刑钱师爷”，一个是“书启师爷”，一个是“教读师爷”。“教读师爷”顾名思义就是教知县孩子读书的，类似后来的家庭教师。在一般县衙中，“刑钱师爷”的地位最高，因为他有权力，他管着全县的诉讼和钱粮大事；“书启师爷”的地位次之，他只是知县的秘书，还小有权力；地位最低的就是“教读师爷”了，因为他只是教知县家孩子的。“刑钱师爷”和“书启师爷”都是老爷的先生，而“教读师爷”只是少爷的先生。但在冯友兰家里，情况就不一样了。冯家素有尊师重教的传统，冯台异把这一传统带到县衙来。他非常尊重“教读师爷”，把“教读师爷”安置在自己家里住，每次都是亲自陪着“教读师爷”吃饭。得到这样的尊敬和礼遇，“教读师爷”工作很认真，专心致力于教冯友兰兄妹读书。“自从教读师爷（即我们的先生）到衙门以后，我们读书就上了轨道了。功课有四门：古文，算术，写字，作文。经书不读了，只读古文，读本是吴汝纶所选的《桐城吴氏古文读本》，一开头就是贾谊的《过秦论》。读古文虽然还不能全懂，但是比经书容易懂多了；并且有声调，有气势，读起来觉得很有意思。算术是加减乘除从头学起。此外是写大字，每星期作文一次。功课不紧，往往一个上午就上完了。”[11]

除了跟教读师爷读书外，冯友兰在课下还用功学习，父亲不在签押房时，他还翻着一些文件。这是冯友兰最早接触到的在当时比较新的知识。在学习书本知识的同时，冯友兰非常注意读“社会”这本大书，十分留意观察周围的事物，并对它们做仔细分析和深入思考。当时给他印象最深的是知县仪仗的使用和县衙建筑的布局。一个年仅12岁的孩子，能对知县使用的依仗和举行的仪式进行仔细观察，一点也不像一般的小孩子那样只顾看热闹。但对他影响最深的还是县衙建筑的布局。冯友兰十一二岁的时候就对崇阳县衙建筑布局进行了仔细的观察，后来他拿县衙和故宫比较。

在跟随父亲在崇阳县衙的那段日子，是他少年时期最快乐的一段时间。这是他们一家人少有的一段阖家团聚、享受天伦之乐的日子。老师布置的学习任务不重，以冯友兰的聪慧颖悟，很快就完成了，他可以自由地学习他喜欢的东西；他父亲在公务之余和教读师爷在一起谈天论地，冯友兰在旁边津津有味地聆听。他的伯父冯云异也来崇阳小住，和弟弟冯台异或品茗对弈于县衙，或散步吟诗于阡陌，或垂钓于溪边，或访古于村巷……冯友兰多和他们在一起，或侍奉左右，或跟随前后，感到十分惬意和快乐。

那段快乐时光给冯友兰印象最深的是他们在崇阳度过的春节。正月初一那天，崇阳县县衙大门洞开，民众可以随便出入。冯台异身着便服，带着家人，和民众在一起观看演出，大有欧阳修《游醉翁亭》中与民同乐的感觉。

三 父丧失怙

然而这样美好快乐的日子并没有过多久，就在冯台异到崇阳任知县的第二年夏天，天塌地陷的事情在冯友兰家发生了，他的父亲暴病身亡了。“在那年夏天，下面出了一条人命案。父亲下乡去验尸。回来到衙门时，我看见‘排衙’。‘排衙’是一种仪式。大概因为验尸一类的事是不吉利的事，县官回来在大堂下轿，不进宅门，先坐公座，跟随的人两边排开，有一个人跪在中间，高喊：‘大老爷天喜！’喊了以后，县官离开公座，走向宅门，宅门预先挂了一大串鞭炮，县官一脚跨进宅门，鞭炮就响了，大概是相信，经过这一阵鞭炮，一切污秽不吉利的东西都可以驱除了。父亲回来以后，隔一两天就病了。起初是伤风感冒之类。可是那一天，父亲在上房卧室里坐着，母亲在卧室对面的房间里给我们做面条(因为厨房的‘例饭’都是米饭，我们是习惯于吃面食的，隔一段时间就给我们做一顿面食吃)。我们正在围着母亲看她做面食，只听得对面卧房里扑通一声，我们跑过来一看，父亲已经横躺在床上，呼吸急促，张着口喘气，不能言语了。延至下午三四点钟的时候，父亲就一句话没有说，与世长辞了。当时只说是‘紧病’，现在看起来是‘脑溢血’。终年四十二岁。”[12]

冯家从小商贩起家到成为书香门第，就经历几代人近150年的努力；而冯台异为考取进士在科场上就奔波了九年，后来在武昌“候缺”又是苦熬了九年；得到实缺出任崇阳县知县的时间还不到一年。他的突然去世无论给冯友兰一家还是整个祁仪冯家带来的痛苦是难以形容的。“一个农民家庭如果企图生活稳定并且获得社会声望，唯一的道路就是读书做官。通常的方式是一家内创业的祖先不断地劳作，自奉俭约，积铢累寸，首先巩固自己耕地的所有权，然后获得别人耕地的抵押权，由此而逐渐上升为地主。这一过程常常需要几代的时间。经济条件初步具备,子孙就得到了受教育的机会。这其中,母亲和妻子的自我牺牲,在多数情形之下也为必不可少。所以在表面看来,考场内的笔墨,可以使一代清贫立即成为显达,其实幕后的惨淡经营则历时至久。这种经过多年的奋斗而取得的荣誉,接受者只是一个人或至多几个人,但其基础则为全体家庭。”[13]冯台异的英年早逝,使冯家数代人的付出的无数心血付之东流!要不是冯友兰兄妹他们绍祖业,承父志,踵事增华,后来居上,冯台异将会像很多进士和知县一样默默无闻,最终湮灭于历史陈迹之中!冯家父子可以说是父因子显。冯台异出任知县也只有一年的时间,关于他的具体政绩,也就无从详考。但从他对一些案件的判决和他去世后人们送的挽联上,还可以窥见一些情况:

父亲审问官司,总是坐大堂公开审问,无论什么人,都可以到大堂前边站在两旁观审。我和景兰有些时候跑到大堂,站在父亲的椅子后面,看父亲审问。在一件案子结束的时候,父亲就用朱笔写个“堂谕”。堂谕就等于判决书,但是其中并不引用法律条文,只是按照情理就判决了。有一件案子,情节是三角恋爱或多角恋爱的事,父亲于审讯之后,写了一个堂谕,这个堂谕是一篇四六骈体文章。文章叙述了事情的经过,然后作出判决说:

呜呼!玷白璧以多瑕,厉实阶离魂倩女;棼朱丝而不治,罪应坐月下老人。所有两造不合之处,俱各免议。此谕。[14]

当时没有成文的婚姻法可以作为判决这类案件的依据,而是依照情理判案。河南省内乡县县衙的屏门上端就悬挂着“天理国法人情”的匾额。冯台异的这种判决在当时确实是合乎“天理国法人情”。所以在他去世后,被他平反了一件冤案的秀才送来了这样一幅挽联:

是上国栋梁,大任能胜,可惜无端遭摧折;
其下民父母,诚求务中,谁教哭泣失瞻依![15]

父亲冯台异就这样永远地走了。那年,冯友兰虚14岁,实际上只有12岁半。景兰10岁,沅君8岁。“父得助而高骞,乃游宦于武昌,受高贤之知遇。始为宰于崇阳,虽牛刀之小试,亦驹隙之不长,忽遘疾而奄化,坠鹏程于初翔。无一言之遗命,留群雏于孟光。”冯台异在任知县不到一年就暴病猝亡了,给后人留下了无限的惋惜。

注释

［1］ 冯友兰：《三松堂全集》第1卷，第8页，郑州：河南人民出版社，2000年版。

［2］ 同上书，第9页。

［3］ 同上书，第14卷，第291页。

［4］ 同上书，第1卷，第34页。

［5］ 同上书，第9页。

［6］ 冯台异：《复斋遗集》，未公开刊出，今存三松堂。

［7］ 黄子瑞：《冯友兰家世断忆》，见王中江、高秀昌主编《冯友兰学记》，第14页，北京：三联书店，1995年版。

［8］ 冯友兰：《三松堂全集》第1卷，第14页，郑州：河南人民出版社，2000年。

［9］ 赵尔巽：《清史稿·梁鼎芬传》。

［10］ 冯友兰：《三松堂全集》第14卷，第291页，郑州：河南人民出版社，2000年版。

［11］ 同上书，第1卷，第20页。

［12］ 同上书，第22页。

［13］ 黄仁宇：《万历十五年》，第193页，北京：中华书局，2007年版。

［14］ 冯友兰：《三松堂全集》第1卷，第21页，郑州：河南人民出版社，2000年版。

［15］ 同上书，第23页。

第三章　公学读书

一　初入学堂

当冯台异在崇阳去世的噩耗传回祁仪时，冯府如遭晴天霹雳，整个祁仪也笼罩在悲痛之中。长兄冯云异当场晕倒在地，待苏醒过来之后，就速派三弟冯汉异昼夜兼程，奔赴崇阳，帮助吴清芝料理后事。冯汉异和吴清芝在崇阳把有关事情处理完毕以后，就扶着冯台异灵柩，带着冯友兰兄妹几人，千里迢迢，水陆兼程，赶回老家，“扶一柩而北上，备廉吏之凄凉”[1]。

冯汉异走后，冯府上下沉浸在万分悲痛之中。长兄冯云异更是悲伤过度，经常精神恍惚，在梦中不时见到自己的二弟。有一次午后小睡，忽见二弟来到床前向他问好，坐在床边和他谈家常。临别时，冯台异嘱咐他多吃饭多休息，保重身体。冯云异一惊，醒了之后，又是一阵痛哭。然后，提起笔来，题诗一首：

梦树弟

生离死别隔幽明，寤寐感伤手足情。
乍见欢欣忘入梦，依然谈笑若平生。
晓月朦胧晓露寒，临行握手劝加餐。
欲留竟去失声哭，梦醒枕边泪未干。

冯台异是在夏天去世的，当他的灵柩运回老家的时候已经是夏末秋初了。灵柩回到祁仪的那天，黑云低垂，空气凝结，树木肃立,河水呜咽,天气闷得让人喘不过气来。冯府上下哭声震天。镇上居民也纷纷走上街头,含泪肃立,痛迎这位让他们引为骄傲又深感痛惜的英灵归来。当时来不及选择安葬的地方,就停灵于家中正堂。

"早年读书赖慈母。"冯友兰的母亲吴清芝(1862—1944)。

把冯台异的丧事料理完毕,吴清芝就不再过度悲伤。丈夫既然已经去世,人死不能复生,总不能让死人拖着活人。她从悲痛中坚强地站了起来,开始操劳家事,首先安排冯友兰兄妹读书的大事。在地主家庭里,就是孤儿寡母生活,抚养几个孩子长大并不是件难事。可如何把子女教育成人,成为有作为有出息的人,就比较艰巨困难了。为此,她还专门和冯友兰的伯父及叔父们商量,她坚持丈夫的意见:"无论学什么学问,都需要先把中文底子打好",主张请个先生到家,教冯友兰他们打好中文底子。冯友兰的伯父和叔父都同意她的意见,于是就请了先生在家里教孩子读书。"以后两年时间就在家里从先生读书,同学的有伯父的儿子五哥,还有几个表兄弟。头一年请了一个老年的先生,后来又换了一个年轻的先生。这位年轻的先生,是省里高等学堂的学生。他倒是教了我们一些比较新的东西,还教我们读黄宗羲的《明夷待访录》。"[2]过去有丈夫在世,教育儿女尤其是儿子多半是丈夫的责任,《三字经》就说"养不教,父之过"。如今丈夫去世了,教育儿女的重任就落在吴清芝自己肩上,吴清芝就要像孟母教孟子那样教育自己的儿女。只有这样才能对得起死去的丈夫,对得起幼小的儿女,对得起冯家的列祖列宗和子孙后代。她继承了冯家尊师重教的家风,并把这一传统发挥到极致。她在延请名师、教育子女的事情上兢兢业业,对先生是尊敬备至,礼遇有加。每次吃饭是由冯友兰的伯父陪先生,吴清芝亲自下厨做饭,炒菜煨汤,不辞辛苦。每逢节日还亲自把饭菜端送到老师的餐桌上,以示尊重。"先考捐馆舍时,友兰十四岁,景兰十一岁,妹叔兰九岁,先妣率之扶柩北归。到家甫定,即为延名师,束修(脩)既厚,膳馔亦丰,每星期日必置酒以劳师生。"[3]可这样读书的日子也没有过多久,他们请的那个年轻教师又去开封上学了,冯友兰兄妹也就没人教他们读书了。基于这种情况,吴清芝就让冯友兰到县城上学。当时科举制度早已废除,为科举做准备的各级各种官办学校和民营书院也就失去了存在的意义,于是纷纷改为学堂。冯台异过去出任过山长的唐河崇实书院也改为唐河县立高等小学堂。清宣统二年(1910)暑假开始招生,冯友兰的伯父让他的儿子和冯友兰、冯景兰兄弟一起去参加考试。

唐河县立高等小学堂当时是唐河唯一的新式学堂,因此就成为唐河县的最高学府,不仅老百姓是这样看待的,就连知县也是把它当做过去的县学对待。"照明清两代的教育制度,每县都有一个县学。县学有两个官员,负责县学的事,一个叫'教谕',一个叫'训导',统称为老师。考秀才就是这个县学招生的入学考试。考上以后成为秀才,秀才是县学的学生的名称。从前称考上秀才为'进学',进学也不是县官和老师所能决定,还得经过学台的复试,最后才能成为秀才,成为县学中的正式学生,所以他们见县官自称为'生员'。"[4]因此县里特别重视那次招生考试,"考试由县官主持,他坐在大堂之上,旁边站着礼房的书吏,他用红笔在某人的名字上一点,礼房就叫这一个名字。他们大概受过专业训练,叫名字声音洪亮而清晰,下边被叫的这个人,答应一声:'有!'就走上去领卷子,到衙门里边指定的地方坐下,等着题目发下来,只考了一篇策论式的文章,就完卷了。过了几天,县官把取中的人都叫在一起,在大堂前面排队,县官在队伍面前走一趟。"[5]这是冯友兰读书生涯中第一次参加考试。锋芒初试,他就脱颖而出。他考试的成绩很好,县官走到他跟前时还夸奖说:"你的文章很好。"按照过去考秀才的成例,县官的这种夸奖,对考生来说是一种很高的荣誉。比照科举时代的县试，冯友兰是考中了秀才第一名。这不是凭运气偶然碰上的，早在他 12 岁的时候，他学习的程度已经达到过去秀才的水平："友兰十二岁始学作文，甫成一二篇，先妣阴问先考曰：'看友兰文，在昔日科举时，能下一场否？'先考曰：'岂但可一试，即进秀才亦可。'"[6]冯台异是在科场上身经百战、走完科举考试全部过程又担任过唐河崇实书院山长的人，他对自己儿子的评价是准确和客观的。在武昌时，冯友兰、冯景兰兄弟两人曾随父亲游洪山，游览之后，"我和景兰各写了一篇《游洪山记》，无非是描写了一些风景之类。父亲一看说都不行，不值一看，他说写这类文章，要有寄托，要能即景生情，即物见志。他也写了一篇，作为示范"[7]。原来，洪山那里是湘军将领罗泽南和太平天国部队做战时阵亡的地方，冯台异"就借着这件事情发挥，说人应该有大志，做大事，不能仅只游山玩景，白费了有用的岁月，如果如此，那就要为山灵所笑"[8]。这是冯台异在武昌方言学堂会计庶务委员时候的事情，当时冯友兰只有 11 岁左右。

当时书院和县学已经废除，县立高等小学就是一县最高学府，从官方到民间都非常看重。"学校虽小，学生的派头却相当大。当时学生的宿舍称为'斋'。斋里有伺候的人，称为'斋夫'，专给学生们倒茶送水。"[9]有这样地位和条件，很多人趋之若骛，学生来源也就参差不齐，年龄差别更大。冯友兰那年 14 岁，而同学中间有的人就已经 20 多岁了。这所学校尽管名字是"高等小学堂"，但并不是后来意义上的"小学"，相当于以后的完全中学。学生入校的年龄也是上中学的年龄，学习程度也差不多。那些学生都在家里上过私塾，念过《四书》、《五经》。冯友兰的学习程度还更高些。可学校创办之初，各方面还没有走向正轨，管理也不够规范和完善。

冯友兰在县立小学读书时，课余时间经常去泗洲塔和文峰塔游玩。泗洲塔建于宋代，文峰塔建于明朝。它们一大一小，矗立在城北城南，遥相呼应。与冯友兰同时代，这里还出现了著名学者徐旭生。当地人说，有这两座古塔，唐河才出了这两位大学者，大的应着冯友兰，小的应着徐旭生。由于没有更多的塔对应，冯景兰和冯沅君就没有这两个人名气大。

二 负笈开封

冯友兰在县立小学堂只读了一年书，到 1912 年就考入开封中州公学。中州公学位于开封南郊繁塔旁边，是由原来的繁塔书院改建而成的。

1912 年至 1915 年，冯友兰在中州公学读书期间与同学们在一起。

冯云异和冯台异二兄弟，手足相连，感情笃深。冯台异去世后，冯云异对冯友兰母子关照有加。冯友兰聪明颖悟，被冯云异视为掌上明珠，他对冯友兰上学的事情更是关心备至。因此在冯友兰从县立小学堂还没毕业的时候，冯云异就让冯友兰和他的儿子一起去报考中州公学。冯友兰说："我们要投考的中州公学的中学班，设在开封南关外，据说是从前的一个书院。考试又分为初试和复试两次。我初试考了第二名，复试第一名。四哥和其他高小毕业的人都落在后边，当时我自己也有点惊奇。中州公学的监督是杨源懋，他的官衔是翰林院编修，在开封以绅士资格办中州公学。他不常到学校来，也没有和学生讲过活。不过所请的教员都是有比较进步的思想的人，据说有些人还是同盟会的人。当时我感觉，这个中州公学，好像是同盟会在河南的一个机关，因此学生们对于他都很敬佩。”[10]开封当时是河南省会，中州公学是在全省范围内招生的，比照科举时代的考试级别，这次考试类似乡试，冯友兰独占鳌头，应该是解元了。他的聪明颖悟与勤奋好学在此可见一斑，也验证了冯台异关于“无论学什么学问，都需要先把中文底子打好”的看法确实是真知灼见。

冯友兰在考县立小学堂的时候就得到县令的夸奖，这次更以全省第一名的成绩考入中州公学，母亲吴清芝得知这一消息十分高兴。虽然儿子的前程还不十分明朗，但作为进士夫人和知县太太，她知道儿子的前程是光明的。于是她就要接着完成作为母亲尤其是寡母要做的第二件事情，为自己的儿子张罗婚事。在这件事情上没有费多大的周折，是自己娘家侄女嫁给了自己的儿子。吴清芝对自己的这位侄女是知根知底，非常看好的。在过去，这种侄女随姑而嫁给姑家表兄弟的情况非常普遍。就在1911年的暑假，冯友兰和吴清芝的侄女吴淑贞结婚。估计他们这种情形和胡适、鲁迅的婚事多少有相似之处，从某种意义上说，都是慈爱而又坚强和干练的寡母包办儿子的婚姻，在代子择妻；不同的是，在成婚的年龄上，冯友兰远没有鲁迅和和胡适他们那样大。

在这期间，冯友兰到中州公学“入学后不久，事情刚刚安顿下来，就得到消息：北京成立了清华学堂，正式招收学生。有许多朋友劝我报名应试。我离开家到开封上学，我母亲就有恋恋不舍之意，听说我要考清华，毕业后还要远涉重洋，有几年不能回来，她更不同意了。我因为母亲不同意，又觉得自己年龄也超过了清华的规定，所以就没有报考。我的同班同学有几个报考了，他们年龄也都是超过规定的，可是他们也都被录取了。我失掉了进清华的机会”[11]。冯友兰为了对寡母尽孝道，总是考虑着如何尽量能够顺从母亲的心愿。这次没有机会到清华学堂当学生，可没有想到的是17年后，冯友兰到清华大学当了教授，还主持了清华大学的校务。

当冯友兰于暑假度过蜜月回到学校的时候，中州公学的情况发生了变化，“暑假过后再来，才知道杨源懋在暑假中病逝，同学们都很惋惜”[12]。新学期开学不久，一场惊天动地的事情发生——辛亥革命爆发了，在风雨飘摇中苟延残喘了许多年的大清王朝最终成为历史。当时政局不稳，各地学校都先后放假，学生也纷纷回家。冯友兰的堂哥害怕交通中断，家里接济不上，于是就带着兄弟几个一起回家了。这次回家和当初来上学时走的道路不一样，上次来时是取道驻马店坐火车到开封的。那是冯友兰第一次见到火车，给他的印象很深。这次回家是大哥做主，在开封雇辆马车，拉着弟兄几个，顺着通铁路以前的大路回家。也许，这对他大哥和其他几个弟兄来说是出于安全和方便的考虑，可对于善于观察和思考的冯友兰来说，就有了更多的意义。如同当年仔细观察崇阳县衙建筑的布局一样，在这次回家的旅途中，冯友兰对没有汽车和火车时人们出门旅行的情况做了仔细的观察。冯友兰这次顺着没有通火车前的道路回家，还有一个意外的收获，就是在驻马店汝坟桥的一家旅馆里，碰巧看到他父亲当年在这家旅馆墙壁上题写的诗歌。这些诗歌是冯台异赴京赶考进士住宿时写的，当时就已经流传开了。见到先父的题诗，睹物思人，冯友兰无限感慨，便展纸提毫，恭恭敬敬地把这些诗歌抄录下来。带回去家去，人们见了后，无不欷歔慨叹。

冯友兰回到家里以后，有一件让他惊喜的事情，她的母亲走出家庭，出任唐河县立女子学校的学监。"原来唐河也办了一个女学，县里人们觉得，初办女学，如果没有一个有名望的妇女参加，恐怕办不起来。他们就请母亲到女学里负责管理学生，名义是学监。我到女学里去见母亲，母亲谈起了办学经过。她说，她自己给自己起了一个名字，叫吴清芝，还印了名片。这是她第一次走出家庭的范围，到社会上办事。她本来是一个极有才干的人，有机会到社会上做一点事，自然很高兴，心情很舒畅。但是她教学生的宗旨，仍然是贤妻良母。她对我说，她向学生们说，旧规矩还是要遵守的，叫你们来上学，是教你们学一点新知识、新本领，并不是叫你们用新知识、新本领代替旧规矩。这正是张之洞的'中学为体，西学为用'的思想。"[13]吴清芝不仅自己出任学监，而且还带头让自己的女儿冯叔兰(沅君)与媳妇吴淑贞到女子学校上学。在她的带领下，很多乡绅和县城富家的小姐都入女子学校读书。

三　求学上海

冯友兰在家里过了春节，于民国元年即 1912 年春天又到开封中州公学上学。这时中州公学的情况远不如以前了，他后来就转到武昌中华公学和中国公学读书。冯友兰在武昌中华公学读书的时间很短，它对冯友兰没有多大影响。后来他又到上海中国公学读书。那段时间对他后来的成长影响很大。这是他接触西学的开始，也是他学习哲学的起点。

冯友兰与中国公学的同学们在一起。

上海是在鸦片战争后中国较早对外开放的口岸，也是近代以来才兴起的城市。当时洋行林立，租界成片，是洋人统治的殖民地。在这样的情况下，崇洋媚外之风盛行。风气所染，中国公学也不例外。“在我十七岁的时候，我到上海中国公学上学。当时上海的学校，无论什么课程，都讲究用‘原本’，也就是英文本。可是学生的英文程度很差，先生对于课程的业务知识也不高明。无论讲什么课，其实都是讲英文，把某一种科学的教科书，都当成英文读本，叫学生念。无论教什么课，先生教的是英文，学生学的也是英文，这说明中国的教育是越来越殖民地化了。”[14] 如此重视外语学习，虽然有崇洋媚的嫌疑，但这对于冯友兰这位将来要成为熔铸中西的大哲学家来说，未尝不是件得天独厚的事情。在此之前，冯友兰无论是在老家由塾师发蒙，还是随父亲由母亲课读，或是学校跟老师学习，学习的都是中国语言和中国文化，并奠定坚实的国学基础，可他一直没有接触过西方的语言和文化。如今在中国公学不论什么都用外文原版教材，也就是无论学什么首先都在学习外语。这种重视外语的学习不仅对于冯友兰以后或留学美国，或讲学英伦，或出访印度，都创造了条件，而且为冯友兰日后成为建立“新理学”体系的哲学家做好了必要的准备。

中国公学当时开设了一门被后来称为形式逻辑的课程，这门课程在当时并不是主修课。形式逻辑是古希腊哲学家亚里士多德最初创立的，后来经过修正和完善，在西方两千多年来一直沿用不变。形式逻辑是西方文化中独有的，印度的因明学虽然和它比较接近，但远不及它精细和缜密。在中国，自墨家式微之后，形式逻辑就几乎完全消失了。这门课程对冯友兰的影响很大。对中国文化已经深有体悟的冯友兰，一下子就被这门和中国文化迥然不同的课程吸引了，对它产生了浓厚的兴趣。虽然连教他这门课程的老师也不懂得什么是逻辑，只是把逻辑教科书当做英文来教。可冯友兰却把它当逻辑学来学，还把课本上很多练习题都从头到尾认真地做了。对逻辑学的兴趣引起冯友兰对哲学的爱好，尤其是西方哲学情有独钟，“我学逻辑，虽然仅仅只是一个开始，但是这个开始引起了我学哲学的兴趣。我决心以后要学哲学。对于逻辑的兴趣，很自然地使我特别想学西方哲学”。[15]这是冯友兰接触西学的开始，也是冯友兰学习西方哲学的起点。

哲学是一种反思性的科学，一门间接性的学问。通常人们说，哲学是自然科学和社会科学的概括和总结。言外之意，就是说，只有首先学习了自然科学和社会科学，具备一定的知识以后才能学习哲学，或者起码有较为丰富的人生阅历和生活体验后才能学习哲学。没有一定的知识储备和人生体验，只停留于对机械的教条的死读硬背上，学到的所谓“哲学”也充其量也只是口耳之学。因此，学习哲学即便是“科班出身”，也只能是“半路出家”，没有一开始就学哲学并能把哲学学好的。在现代西方，要么是从科学进入哲学的，如波普尔等一大批有自然科学背景的科学主义流派的哲学家；要么是从文学进入哲学的，如萨特、叔本华等一大批有人文科学背景的人本主义流派的哲学家；要么是从逻辑或数学进入哲学的，如罗素、胡塞尔等；要么是从法学或社会科学进入哲学的，如西方马克思主义者。在中国现代的哲学家，情况大致也是这样，不过也有着特殊的地方。中国近代自然科学一直难产，自然科学家也就很少，从自然科学进入哲学的，在20世纪初期基本上是没有的。中国现代从事哲学研究并能有所建树的，一是从佛教进入哲学，如谭嗣同、梁漱溟和熊十力等；一是从政治进入哲学，如李达、艾思奇、杨献珍等；一是从逻辑进入哲学的，如金岳霖、冯友兰等。就20世纪新儒家而言，梁漱溟、熊十力是自佛教进入哲学的，因袭着“援佛入儒”的旧路子；而冯友兰是从逻辑进入哲学的，开辟了“援西入中”的新途径。

在没有到上海中国公学读书之前，冯友兰就有较为深厚的国学功底，对传统文化深有涵蕴与体悟，因此，一旦遇到和中国文化迥然不同的逻辑学，一开始就看到它的独到之处；更为难得的是，他没有自己原来的知识结构、思想框架来排斥它们、拒绝它们，而是敞开心扉去接受它们，倾注心血去学习它们。冯友兰眼界的开阔，胸襟的开放在这个时候已展现出来。他哲学思想中那种海纳百川、贯通中西、熔铸古今的品格在这个时候已经确立起来了。

在上海公学读书期间，冯友兰享受的是官费，河南省每年给他二百两银子，母亲还不时接济，经济上虽然不十分阔绰，也已经是很宽裕了。上海当时是十里洋行，到处灯红酒绿，歌舞喧闹，可以说是花花世界。但冯友兰并不为之所动，他把自己课余的时间消磨在逛书店和看书上，把自己剩余的零钱花费在买书籍上。他不仅买了一些新出版的畅销书，还买了一些大部头书，如百衲本《二十四史》等。这是冯友兰自己购书藏书的开始。冯友兰一生自奉甚简，不饮酒、不抽烟，穿戴不讲究，饮食不挑剔，唯一的嗜好就是购买书籍和收藏兵器。冯友兰不是收藏家，而是学问家、思想家，他是为读书、为写书而买书的。虽然经过抗战时流离失所和运动时抄家破坏，但连年积累下来，也藏书数万卷，以至后来三松堂内书满为患，发生书和人争房子的事情。他的女儿、著名作家钟璞长期生活在他身边，就既有“乐书之雅”和“读书之勤”，又有“恨书之恼”和“卖书之烦”。[16]

在上海中国公学读书期间，冯友兰的母亲在家操持家务，为了不影响冯友兰读书，家里有什么事情也不告诉他。1913年春天，冯友兰的结发妻子吴淑贞患病不治而亡。也许吴淑贞是吴清芝侄女的缘故吧，吴太夫人自作主张，郑重地把她安葬在冯氏祖茔、自己丈夫坟墓的右下手。为了不耽误儿子的学业，她没有写信告诉冯友兰。暑假放假回家时知道妻子去世，冯友兰感伤不已，可也无可奈何。吴太夫人遇事干练果断以至如此！更显得吴太夫人干练刚烈的是她临大难而不畏惧。自清宣统元年(1909)春天到宣统三年(1911)冬天这段时间，唐河境内土匪成群，刀客横行。冯友兰的伯父冯云异作为一方乡绅，受乡党邻里的推举，请求县里发兵剿匪，并带领乡勇族人守寨卫家。这就被土匪头目王八老虎视为深仇。他扬言要踏平祁仪，血洗冯府，致使冯家一夕数惊。为避免发生意外，冯云异带领全家人逃到山中避难。可当时冯台异还没有下葬，灵柩还停在家里。吴清芝执意不肯离开，誓与夫君灵柩共存亡。她独自一人，日夜守护在夫君的灵柩旁。在一个深夜，月黑风高，王八老虎带着几个喽啰，潜入冯府。让他意外的是，冯家大院素灯高挂，大门洞开。他想，冯家举家逃走，虽然捉不到绑票，抢不到金银细软等贵重的东西，可抢些值钱的家具也可以，总不能空手而归。于是走进大门，穿过厅堂，走进后院，蹑手蹑脚走近正堂，只见正对着大门停放着一口棺材，一盏灯在棺材前面摇曳不定，忽明忽暗。他知道这是冯台异的灵柩停在家里没有出殡。没有见到活人，只见到一口装着死人的棺材，他就觉得倒霉和害怕。可定眼仔细一看，只见棺材的旁边端坐着一个人，是男是女也看不清楚。王八老虎被吓呆了，还以为是冯台异显灵啦。恰在这个时候，落在门外银杏树的猫头鹰听到动静，一声惨叫，吓得王八老虎毛骨悚然，连滚带爬地离开冯府。待实情传开以后，人们对吴清芝更加肃然起敬。王八老虎知道后，也为之折服，从此再也没有觊觎和骚扰冯府。冯友兰回忆此事时说他母亲："盖其临难不苟免之志亦昭昭也。"[17]

注释

[1] 冯友兰：《三松堂全集》第1卷，第102页，郑州：河南人民出版社，2000年版。

[2] 同上书，第25页。

[3] 同上书，第14卷，第291页。

[4] 同上书，第1卷，第26页。

[5] 同上书，第26页。

[6] 同上书，第14卷，第292页。

[7] 同上书，第1卷，第10页。

[8] 同上。

[9] 冯友兰：《三松堂全集》第1卷，第26页，郑州：河南人民出版社，2000年版。

[10] 同上书,第 30 页。

[11] 同上书,第 280 页。

[12] 同上书,第 30 页。

[13] 同上书,第 33 页。

[14] 冯友兰:《三松堂全集》第 1 卷,第 168 页,郑州:河南人民出版社,2000 年版。

[15] 同上书,第 169 页。

[16] 钟璞有散文《乐书》、《恨书》和《卖书》等,见《钟璞自述》,郑州:大象出版社,2002 年版。

[17] 冯友兰:《三松堂全集》第 14 卷,第 290 页,郑州:河南人民出版社,2000 年版。

第四章　求学北大

一　考入北大

二　两个世界

三　响应“五四”

一 考入北大

1915年夏天，冯友兰从上海中国公学毕业，报考北京大学。具体情况和过程是，“当时的北京大学，有文、理、法、工四科，报考文科的预科毕业生很少，因为文科毕业在政治上没有什么出路，只可当个‘教书匠。’于是当局就为文科大开方便之门，规定报考文科不要预科毕业文凭，只要有同等学力就行”[1]。看来，关乎人们智慧开发、意志磨砺、品性提升的人文学科特别是哲学在中国遭到冷落的情况由来已久了，并不是从20世纪末才开始的。一门被冷落了将近一个世纪的学问还依然存在，这也足以说明这门学问有存在的必要，也许只有智力超众、胸襟开阔、情趣高雅的人才能在这一领域纵横驰骋，并找到安身立命之地。冯友兰就是这样的人。他在中国公学毕业时，就立志献身哲学。但在他填写志愿时还出现了一段小插曲：“我有大学预科毕业文凭，在当时说，也是一种资格。我在上海北京大学招考办事处报名的时候，说是要报考文科。那位办事处的人大为惊异。他说：‘既然有文凭，为什么不报考法科呢？法科毕业后出路好。’我坚持要报文科。那位先生说：‘好吧，我给你出个主意，你还是先报考法科，等到入学的时候，如果你还是要上文科，可以申请改科，由法科改文科，那是没有不准的。如果你现在就报文科，将来你再想改到法科，那就非常困难了，你会后悔莫及的。’我听了他的话，就写上报考法科。等到9月间入学的时候。我还是申请改入文科。果然一申请就准。”[2]冯友兰就这样进入北京大学文科读书，并且读的是文科中最冷的学科——哲学。从此开始，他就把自己的毕生精力都奉献给这门学科，并取得了卓越的成就，做出了杰出的贡献。

北京大学的前身是京师大学堂，也是“戊戌新政”留下来的唯一成果。京师大学堂作为“戊戌变法”的产物，虽然初建时以“中西并用，观其会通，无得偏废”为办学方针，以“激发忠爱，开通智慧，振兴实业”和“端正趋向，造就通才”为办学纲领。[3]但由于清王朝的严密控制，竭力要把它办成类似过去国子监那样的学校。辛亥革命以后，虽然改名为北京大学，但封建势力还占据统治地位。特别是袁世凯窃国后，为复辟帝制制造舆论，提倡“读经”、“祖孔”，规定“国民教育以孔子之道为修身之本”，下令全国“各书房，各学校教员等编纂修身及国文教科书，采取经训，务以孔子之言为旨归”，“即或兼取他家，亦必择其与孔子同源之说”。总之，要把儒家学说定为“国教”，以便为其复辟张目。在这种思想指导与影响下，一批无聊和无耻的文人，也赴炎趋势，纷纷迎合，成立什么“孔教会”、“尊孔会”，于是“尊孔复古”的风气盛行，各类学校在封建统治的压力下，纷纷提倡“尊孔读经”。其实这些人并不是真正的尊孔，他们根本没有孔子的精神，而只是一帮权势名利之徒。陈寅恪回忆当时的情况说：“忆洪宪称帝之日，余适旅居旧都，其时颂袁氏公德者，极丑怪之奇观。深感廉耻道尽，至为痛心。”[4]上之所好，下必行焉。有政府的提倡和帮闲的鼓吹，对经学和儒家的研究与传授在北京大学就占据着主导地位，虽然西方思想和文化的传播者严复曾经出任过北京大学的校长，但西方思想和文化在北京大学并没有什么地位和影响，西方哲学更是微乎其微。

冯友兰报考北京大学文科，本来是打算学西方哲学，可到了北京大学后并没有达到自己的目的，也就只好进入北京大学中国哲学门学习中国哲学。

北京大学毕竟是“戊戌变法”的产物，当时科举制度也已经废除，在培养目标上虽然还是培养官吏，但在课程设置上也不再是为应付科举考试的那些课程了。清末民初北京大学的文科是“桐城派”的天下。后来章太炎的弟子朱希祖、马裕藻、黄侃、钱玄同等先后到北京大学任教，情况就有了改变。章太炎文宗魏晋，反对“桐城派”。“桐城派”因章太炎及其弟子和信徒们的排斥，在北京大学的势力就衰落了。1915年冯友兰进校时，北京大学文科是章太炎学派炽盛的时期，章门弟子、国学大师刘师培、黄侃、陈汉章等都在这里任教。就中国哲学方面，“当时一般人所了解的哲学，基本上就是当时的人所说的‘义理之学’。中国哲学门里有三门主要的课程。一门课程是中国哲学史，讲二年。还有诸子学和宋学，这是两门断代哲学史。‘宋学’就是宋明哲学史，不过还沿用宋学这个旧名词。此外，还有些专家和专题的功课。”[5]在北京大学讲授中国哲学史的主要是陈汉章。陈汉章(1864—1938)，浙江象山县人，又名焯，字云从，号倬云，又号伯弢。清光绪八年(1882)补县学生，光绪十四年(1888)中举人，次年会试落第。清宣统元年(1908)，应京师大学堂之聘，赴京任教，曾任北京大学国文、哲学、文学三系教授。民国十七年(1928)任中央大学教授。陈汉章治学严谨，涉猎广博，先后师事德清俞樾、定海黄元同等人，与章太炎同学。他遍读汉唐以来的先儒说经订史之书，兼治汉学与宋学，著作等身，有《缀学堂丛稿初集》等百余部著作。陈汉章在北京大学讲中国哲学，还是沿用着传统的汉学和宋学路数，寓义理于考据之中，混哲学于历史之内，甚至把神话传说和历史事实搅在一起，基本上搞不清楚什么是哲学，什么是中国哲学，自然也就搞不清楚什么是中国哲学史了。当时在北京大学讲宋学的是马叙伦。马叙伦(1884—1970)，字彝初，又作夷初，浙江杭县(今余杭)人，著名教育家、语言文字学家。曾于1915年在北京大学讲授宋学，后出任北洋政府和国民政府教育部次长、中华人民共和国成立后出任教育部部长，著有《说文解字六书疏证》等著作。这些课程的学习使冯友兰开阔了眼界，“虽然没有达到学习西方哲学的目的，但是在中国哲学这一方面，我却是大开眼界。我开始知道，那些八股、策论、试帖诗之类的东西，不过是应付科举、骗取功名的一种工具，并不是学问；我虽然读了一些古书，但是对于真正的学问还没有入门，也不知道门在哪里，现在总算是摸着一点门路了”[6]。

当时的北京大学在思想上是十分自由开放的。老师们愿讲什么就讲什么，能讲什么就讲什么。学生们选课就更自由了。在这样自由的氛围中，冯友兰除了认真听本系课程外，也去旁听了他比较喜欢的课程。当时北京大学中文系教授黄侃的课很叫座，冯友兰就慕名去听他的课。黄侃(1886—1935)，原名乔馨，字梅君，后更名侃，字季刚，湖北蕲春人。早年投身反清革命，曾流亡日本。辛亥革命后，疏于问政，潜心学术，1914年受聘于北京大学中文系，讲授《昭明文选》、《文心雕龙》和《诗品》

北京大学教授马叙伦因反对袁世凯称帝而辞职，临行时与冯友兰等哲学门的学生们在一起。

等课程，后来执教于武昌高等师范（武汉大学前身）和中央大学。冯友兰对黄侃的课印象很深，听课时也比较认真。事隔多年，他生动地回忆说："当时北大国文学系有一位很叫座的教授，叫黄侃。他上课的时候，听讲的最多。他在课堂上讲《文选》和《文心雕龙》，这些书我从前连名字也不知道。黄侃善于念诗念文章，他讲完一篇文章或一首诗，就高声念一遍，听起来抑扬顿挫，很好听。他念的时候，下边的听众都高声跟着念，当时称为‘黄调’。在当时宿舍中，到晚上各处都可以听到‘黄调’。”[7]冯友兰先由塾师发蒙、母亲课读，后由父亲亲炙、师爷传授，已经有很高的文学素养，对文学也很感兴趣，听了黄侃这位国学大师的课程，收获就更大了。当然，冯友兰在北京大学念的是哲学，他的兴趣也是在哲学上面，并没有在文学方面下大的功夫。要不然，他同样会成为一个文学家。冯友兰也可以说是一个文学家，在当代学者和哲人中间，冯友兰文学素养之高、神笔生花之妙，无出其右者。冯友兰虽然没有专治文学，可听了黄侃的课之后，有了意外的收获，就是引导他的妹妹冯沅君走上文学创作的道路。

> 我的这种课外学习，倒是在我家里发生了作用，那就是：我把我的一知半解传授给我的妹妹沅君，引导她走上了文学的道路。
>
> 自从我们从崇阳回老家以后，沅君就不上学了。我从北大放假回家，在家中也常念诗念文章，沅君听了很爱慕，就叫我教她。我照着黄侃的路数，选了些诗文，给她讲，教她念。她真是聪明绝顶，在一个暑假的很短时间内就学会了，不但会讲会念，而且会写，居然能写出像六朝小赋那样的小品文章。等到我第二次暑假回家，沅君的学问就更大了。北京传来消息，说是北京女子师范学校要招国文专修科。这个学校是当时北京女学的最高学府。我们都主张叫沅君去应考。沅君也坚决要去。……在暑假快结束的时候，母亲就毅然决然，不顾别人议论，让我和景兰、沅君三人一同进京。到北京报考，果然考上了，于是沅君就开始走上了文学创作和学术研究的道路。[8]

二　两个世界

冯友兰在北京大学读书的时候，这所学校发生了巨大的变化。1916年底，蔡元培出任北京大学校长。蔡元培是中国现代伟大的民主主义革命家、教育家，民国初年曾任教育总长，对全国的教育进行了一些改革。因袁世凯实行专制，复辟帝制，蔡元培愤而辞职。袁世凯死后，蔡元培出任北京大学校长。蔡元培到任后，下定决心要对北京大学进行全面整顿，把一所旧式大学办成新式的名副其实的全国最高学府，改变过去视上大学为做官阶梯的传统意识。蔡元培认为,不可将大学办成“为养成资格之所,亦不可视为贩卖知识之所”;“学者更当有研究学问之兴趣,尤当养成学问家之人格”[9]。“教育事业应当完全交给教育家,保有独立的资格,毫不受各派政党或各派教会的影响。”[10]只有教育从各党派的纷争中独立出来,才能使教育方针保持一贯而不会因政权交替而变迁。这样,教育才不至于沦为附庸,学术才可能自由发展,学者才可能成为独立的知识分子。抱定学术自由的宗旨,蔡元培在北京大学进行了一系列改革:在体制建构上,贯彻教授治校和教学民主的原则;在学风建设上,提倡兼容并蓄和学术自由的原则。蔡元培认为,教授之所以为教授,在于他在学术上有所贡献,在他本行中是个权威,并不在于他在政治上有什么主张,生活上有什么嗜好。他在首先明确大学责任后,采用“兼容并包,思想自由”的原则。在这种思想指导下,北京大学吸引了一大批著名学者。一时间,人才济济,学校风气为之一变,一跃而成为举世瞩目的学术中心和新文化运动中心。冯友兰称“汉之得人,于兹为盛”。马寅初也回忆说:

当时在北大,以言党派,国民党有先生(蔡元培)及王宠惠诸氏,共产党有李大钊、陈独秀诸氏,被目为无政府主义者有李石曾氏,憧憬于君主立宪发辫长垂者有辜鸿铭氏,以言文学,新派有胡适、钱玄同、吴虞诸氏,旧派有黄季刚、刘师培、林损诸氏。先生于各派兼容并蓄,绝无偏袒。更于外间之攻者,在《答林琴南氏书》中,表其严正之主张。故各派对于学术,均能自由研究,而鲜摩擦,学风丕变,蔚成巨观。[11]

在这种文化氛围和学术环境下,冯友兰又进入了另外一个世界。在此之前,他知道了在八股文和试帖诗之外还有真正的学问,这是他到北京大学后进入的第一个世界。但这些学问仍旧是传统学术中的“义理、辞章、考据”之学,还属于中国传统文化和学术的范围。到了1917年,情况就不一样。当时给冯友兰影响较大的是给他们讲中国哲学史的胡适。胡适(1891—1962),原名胡洪骍、嗣糜,字希疆,后改名适,字适之,安徽绩溪人。幼年在私塾学习。13岁到上海求学,入中国公学读书。1910年赴美留学,先入康奈尔大学学习农学,后入哥伦比亚大学学习哲学,深受杜威实验主义哲学影响。他的博士论文《中国古代哲学方法之进化史》，就是用美国的实用主义来梳理中国古代哲学。他是最早运用西方学术路数和研究方法来研究中国古典哲学的学者之一。1917 年，胡适回国，执教于北京大学哲学门，讲授中国哲学史。在讲授方法和内容上颇为特别，他打破了从“三皇”“五帝”讲起的传统讲授模式，抛开唐虞夏商乃至周公，直接从周宣王时代讲起。他的这种讲授方法使哲学门乃至北京大学的师生为之震动。人们对他的讲授评价不一。首先是旧派学者反对胡适的这种做法，甚至对这种讲法不屑一顾。冯友兰回忆说：“给我们三年级讲中国哲学史的那位教授，拿着胡适的一份讲义，在我们的课堂上，笑不可抑。他说：‘我说胡适不通，果然就是不通，只看他的讲义的名称，就知道他不通。哲学史本来就是哲学的大纲，说中国哲学史大纲，岂不成了大纲的大纲了吗？’”[12] 在学生中间，反应也不一样。有的学生认为胡适讲授中国哲学史远不如陈汉章，想把他赶走；有的学生认为胡适读的书虽没有陈汉章多，但在史料的裁断和观点的立论上却可以自立。当时中文系学生傅斯年和顾颉刚去听胡适的课，对胡适的讲课作评价，看是不是应该把他赶走。傅斯年他们认真旁听了几次课以后，颇感满意，告诉哲学系几位同学说，胡适所用的方法、思路是对的，不同意把胡适赶走。这样，年轻的胡适在北京大学的讲坛才站稳了脚跟。胡适后来深情地回忆道：

> 我在若干年后才知道他（傅斯年）很早的时候就是胡适之的“保驾人”，在不知不觉中已经替我作了保护的工作，诸位看过顾颉刚先生的《古史辨》第一集，上边一个七万字的长序吗？里面曾说至我当时在北大教哲学史的情形。那时北大中国哲学系的学生都感觉一个新的留学生叫做胡适之的居然大胆的想纹（注：疑为割字）断中国的哲学史；因为原来讲哲学史的先生们，讲了两年才讲到商朝，而胡适之一来就把商朝以前的割断，从西周晚年东周说起。这一班学生们都说这是思想造反；这样的人怎么配来讲授呢！那时候，孟真在学校中已经是一个力量。那些学生们就请他去听听我的课，看看是不是应该赶走。他听了几天以后，就告诉同学们说：“这个人书虽然读得不多，但他走的这一条路是对的。你们不能闹。”我这个二十几岁的留学生，在北京大学教书，面对着一般思想成熟的学生，没有引起风波；过了十几年以后才晓得孟真暗地里做了我的保护人。[13]

顾颉刚对自己和傅斯年从怀疑胡适到信服胡适的转变，也有生动的回忆：

> 哲学系中讲《中国哲学史》一课的，第一年是陈伯弢先生（汉章）。他是一个极博洽的学者，供给我们无数材料，使得我们的眼光日益开拓，知道研究一种学问应该参考的书是多至不可计的。他从伏羲讲起；讲了一年，只到得商朝的《洪范》。……第二年，改请胡适之先生来教。"他是一个美国新回来的留学生，如何能到北京大学里来讲中国的东西？"许多同学都这样怀疑，我也未能免俗。他来了，他不管以前的课业，重编讲义，辟头一章是"中国哲学结胎的时代"，用《诗经》作时代的说明，丢开唐虞夏商，径从周宣王以后讲起。这一改把我们一班人充满着三皇五帝的脑筋骤然作一个重大的打击，骇得一堂中舌挢而不能下。许多同学都不以为然；只因班中没有激烈分子，还没有闹风潮。我听了几堂，听出一个道理来了，对同学说，"他虽没有伯弢先生读书多，但在裁断上是足以自立的。"那时傅孟真先生（斯年）正和我同住一间屋内，他是最敢放言高论的……我对他说："胡先生讲得的确不差，他有眼光，有胆量，有断制，确是一个有能力的历史家。他的议论处处合于我的理性，都是我想说而不知怎么说才好的……"他去旁听了，也是满意。从此之后，我们对于适之先生非常信服。[14]

冯友兰在北京大学的三年，先是在黄侃的指引下，饱览了传统国学辞章之华美；接着是在陈黻宸的诱导下，瞥见了中国义理之学的奥秘；最后是在胡适的启蒙下，整个学术生命忽然开了窍，跳出了传统学术的羁绊，窥见了现代学术的天地。如果说是黄侃、陈黻宸、陈汉章等传统学者已把冯友兰引进了中国辞章义理之学的新天地的话，那么，现代学者胡适便让冯友兰窥见了西方文化这片更新的天地。这两重天地，对冯友兰而言，后者的境界不仅要远比前者更为充实、更为丰富、更为深刻，而且在地位上也要远比前者更为优越、更为高级。[15]在这两重天地的强烈对照之中，冯友兰发现了新文化和旧文化的矛盾和冲突，他无论是情感上还是理智上，都迅速向新文化这一端倾斜。在最后一学年里，冯友兰大量选修了有关西方文化方面的课程：语言学概论（三学时）、顾孟余的经济学原理（三学时）以及李石曾的社会哲学（二学时）等等。[16]大量地选修与西方文化有关的课程，显示了冯友兰的治学方向和学习兴趣，已由中国传统学问向西方学术转移。

1918 年，冯友兰毕业于北京大学。这是他和同学们与校长蔡元培(右八)，文科学长陈独秀(右六)等在一起。

在北京大学读书期间，冯友兰不是两耳不闻窗外事的“书斋式”学生，没有躲入象牙塔中。他积极参加社会组织，参与社会活动。1916年，应中州公学同学张广舆邀请，他加入清华学校的“天人学会”。吴宓、汤用彤、黄华等人于1915年冬发起成立了“天人学会”，学会名称由汤用彤所起，会员一度达到三十余人。其宗旨是以砥砺个人道德为起点，以中西文化会通为手段，进而服务于社会，益国益群，以达改良群治的目的。冯友兰回忆说：“在清华上学的张广舆（张仲鲁）原是我在开封上中学时候的同学。他同我说，美国大学中有一种兄弟会，在清华他们也组织了一个，叫‘天人学会’，希望我也入会。我同意了。到清华开了一次会，每人发了一个本子，其中载有会员名录。我记得会员有吴宓（现在重庆华西师范学院）、吴芳吉（已故）、汤用彤、曹理卿（曹明銮）、张广舆等。”[17]1918年3月，他与同学陈钟凡、黄建中、孙本文等人发起组织北京大学哲学会，“以商榷东西诸家哲学，瀹启新知为宗旨”[18]。5月21日，冯友兰参加北京大学全体学生集会，抗议北洋政府国务总理段祺瑞与日本缔结《中日陆军共同防敌军事协定》、《中日海军共同防敌军事协定》，并不顾校长蔡元培劝阻，前往总统府请愿。

毕业前夕，冯友兰还与国文门三年级同学胡吉甫、王倬汉、计然、李宗裕，哲学门三年级同学孙本文、李相因，理科同学贾念曾、高维岳等一起乘毕业考试余暇，先后到后四库京师公立第四中学、郎家胡同京师公立第一中学、正志中学、求实中学及石驸马大街北京女子师范学校参观调查。参观完毕后，受同学们委托，撰《参观北京中等学校记》一文。该文分别介绍各校教师、管理、设备、经费、家长、学生社团组织及学生毕业后的状况，并有余论。“总观以上各校，可得其同异之点。以经费而论，除正志别有来源而外，第一、第四之经费均十分之八九支配于教职员之薪俸，以之维持现状则有余，以之整顿经营则不足，求实岌岌更无待论，教育何由发哉?”论及各校学生皆以富贵子弟为多，平民为少，认为“据此可见贫贱之人求学之机会极少，将使贫者益贫，富者益富，贵者益贵，贱者益贱，研究教育问题者于此宜三致意焉”[19]。该文随后刊于《北京大学日刊》上。这是目前所能见到冯友兰最早公开发表的文章。从这篇参观记里，我们不仅可以看出冯友兰接受新文化运动的影响，而且可以看出冯友兰关注社会、关心教育的儒家那种淑世情怀。作为教育家，冯友兰在中国高等学府服务贡献了一辈子；作为思想家，冯友兰为中国社会的转型和中国文化的复兴劳神操心了一辈子。这篇文章是他这一工作的开始。

三　响应"五四"

从北京大学毕业以后，冯友兰于1918年夏天回到开封，在一家中等工业专科学校教国文和修身课程。这是他漫长的教学生涯的开始。任载坤也从北京女子师范大学毕业，在河南女子师范学校任算术教员。到开封不久，他们就结婚了。任载坤，字叔明，河南新蔡人，生于清光绪二十年(1894)，为辛亥革命元老任芝铭的三女儿。1915年上半年，冯友兰在上海中国公学读书的时候，经同学金松岑介绍与任载坤订婚。"我在上海上学的时候，有个同学是任芝铭先生的学生，介绍我与载坤订婚。我也不知道他向任芝铭先生怎么说的，一去信就得到回信，表示同意。我也写信回家告诉母亲，母亲也同意了。这一点也可以见母亲的开明。对任纬坤的一些诽谤之词，也传到她耳中，可是她向来主张女子要读书，愿意有一个读书的儿媳妇，就毅然同意了。""这样，我们两家定了亲。只有一个条件，就是必须等载坤在北京女子师范学校毕业以后才能结婚。当时北京女子师范学校设本科和专修科，关于婚姻问题，专修科没有什么限制，本科则只收未婚学生，如果中途结婚，就要中途退学。当时在北京，北京大学是男子最高学府，北京女子师范学校是女子最高学府。我们两个人各居一个最高学府。恰好我们都是在1918年毕业。我们同时毕业以

1918年，冯友兰与任载坤结婚。这是在北京女子师范学校读书时的任载坤。

后，就在开封结婚了。”[20]

在开封举行了简单的婚礼之后，冯友兰就携带妻子任载坤回老家省亲。虽不是金榜题名，衣锦还乡，可也是学有所成，新婚燕尔。自清光绪三十四年(1908)夏天冯台异暴病而亡，撒手西去，到现在整整十年。吴清芝守节育儿，含辛茹苦；冯友兰兄妹刻苦读书，学有所成。冯友兰已经从北京大学毕业，冯景兰从北京大学地质门预科毕业并考取美国留学资格，冯沅君正在北京女子师范大学读书。冯家发生了巨大变化，吴清芝从内心深处感到十分欣慰，足可以告慰亡夫的在天之灵。尤其使吴清芝高兴的是，冯友兰新婚携妻归来。上次是她做主让侄女嫁给自己的儿子，不幸的是刚过门不久的媳妇就患病身亡，让人感到惋惜和遗憾。这次婚事是儿子自己做主，并且娶了大家闺秀，知识女性。吴清芝非常满意。看到自己的媳妇长相虽不特别漂亮，可也十分端庄，尤其是举止大方，言谈得体，通情达理，持家能力不在自己之下。知子莫如母。吴清芝深知自己的儿子：自幼长于动脑，拙于动手；善于沉思，疏于俗务。有这样一个好媳妇陪伴着他，吴清芝从内心里感到“吾儿今生有靠矣”。冯家上代几次曾经在关键时候都是由母亲持家，支撑门户，度过危局，实现中兴。如今又娶来了这样一个知书达理、持家有方的媳妇，吴清芝暗自庆幸，觉得好像冥冥之中有种力量在偏袒和护佑着冯家，因此对这位新媳妇格外看重。任载坤虽然初次跟着夫君到婆家拜见婆母，可对婆母已经早有所闻，敬仰她的为人。如今亲自见到婆母，觉得她比夫君、小叔和小姑讲的有过之而无不及，从内心深处尊重和敬仰这位伟大的母亲，也为自己嫁到这样的人家而感到由衷的高兴。没有周折，没有浪漫，冯友兰的这次婚姻十分顺利，也十分平淡。可就在这平淡之中，蕴涵着多少深情与恩爱！它成就了冯友兰的名山事业，伴随了冯友兰的坎坷人生。任载坤本是大学毕业，可一生只是个家庭妇女，把自己毕生的精力生贡献给了这个家庭。她和婆母一样，“谢经国之远略，而造福于诸冯”，相夫教子，“备著于辛劳，日斤斤于盐米，夜频频于尺刀，胼双手于浣浣，疲一身于厨庖，致爱护于夫子，尽养育于儿曹”[21]。有了这位贤妻操持家务，冯友兰饭来张口，水来伸手，摆脱琐事与俗务，专心从事工作和著述。冯家是“自古庖厨君子远，从来中馈淑人宜”。张岱年就羡慕冯友兰一辈子没有买过菜，一辈子没做过饭。更重要的是，任载坤与冯友兰“同荣辱，共安危，出入相扶持”，度过了人生历程中的风风雨雨和惊涛骇浪。

在北平读书时的任载坤(左二)和同学们在一起。

暑假还没有过完，冯友兰就离开家乡，辞别老母，回到开封，那里有重要的事情在等待他。在北京大学读书时，冯友兰经过了新文化运动的洗礼，思想已经进入了新的天地。这时，他虽然身居开封，可心系北京，放眼天下。还在蜜月之中，他已经与开封第二中学教师韩席卿等人筹备创办《心声》杂志。《心声》创刊号的《发刊词》为冯友兰撰写，“本杂志之宗旨，在输入外界之思潮，发表良心上之主张，以期打破社会上、教育上之老套,惊醒其迷梦,指示以前途之大路而促其进步”[22]。在创刊号上,冯友兰还发表《新学生与旧学生》一文。文章认为,新学生专心研究学问,旧学生专心读书;新学生注意现在与将来,旧学生注意过去;新学生之生活为群众的,旧学生之生活为单独的;新学生注重实际,旧学生注重空谈。《心声》杂志“周刊的内容是批判当时河南教育界中的一些具体问题,月刊比较系统地介绍一些西方思想”[23]。虽然在内容和影响上《心声》都不能和《新青年》相比,但在当时是河南省唯一的进步刊物,它的主旨和思想是和《新青年》一样,“用意主要是传播‘五四’运动所提倡的科学与民主,反帝反封的精神,客观上起了河南教育界响应新文化运动的作用”[24],推动新文化运动在河南传播和发展。

在开封办《心声》杂志的同时,冯友兰和《新潮》杂志的同人们保持着联系。《新潮》杂志是北京大学学生傅斯年创办的。在新思潮、新文化的激荡下,在胡适、陈独秀等人的引导下,傅斯年开始投身于新文化运动,接受新文学。20 世纪初,正是西方近代文化大规模传入中国的时期,各种思潮纷纷纷至沓来,给人们提供了中西文化、新旧事物间比较、鉴别、选择的空间。每个有思想、有见地的人都会做出自己的选择。傅斯年出身书香门第,官宦之家,从小即受到较好教育,但由于家庭破落,曾饱尝生活艰辛,常年在外求学,养成了自由、独立的性格,易于接受新事物。后来受胡适的启发与《新青年》的影响,便毅然投入到新文化运动中。《新青年》出来以后,不少学生受到影响。以创办《新潮》杂志为契机,思想发生了重大转变,即由传统文化的继承者转变为新文化建设的参与者和开拓者,由传统价值观念的捍卫者转变为民主和科学观念的鼓吹者。傅斯年与同室的顾颉刚、隔壁的徐彦之等同学,经常探讨学术以及自己办刊等问题,认为学生自己必须要有属于自己的学术组织和理论阵地,以便使同学们所思所想的学术心得以及对社会的看法能够及时地得到表达,其中最好的办法就是创办若干种学术刊物。这样,既有助于学业进步,也有益于学生组织活动。然而,多次讨论的结果,大都因为经费方面的原因而搁置起来。最后徐彦之提议是否可以请求学校赞助。经过他们努力,得到当时文科学长陈独秀的同意,报告蔡元培校长后,蔡元培答应了傅斯年等人的请求,正式批准每月从北京大学经费中拨出 2 000 元作为他们办刊的费用。这使《新潮》杂志很快面世。关于组织新潮社、创办《新潮》杂志的经过,傅斯年回忆道:

民国六年的秋天，我和顾颉刚君住在同一宿舍同一号里，徐彦之君是我们的近邻，我们几个人每天必要闲谈的。有时说到北京大学须有自动的生活，办有组织的事件，然后所学所想，不至枉费了；而且杂志是最有趣味，最于学业有补助的事，最有益的自动生活。再就我们自己的脾气上着想，我们将来的生活，总离不了教育界和出版界，那么，我们曷不在当学生的时候，练习一回呢？[25]

关于《新潮》的宗旨，傅斯年在《〈新潮〉发刊旨趣书》一文中强调：(一) 唤起国人对于本国学术的自觉心；(二) 鼓励群众对于学术的兴趣爱好；(三) 指出社会生活的意义以及改造社会方略；(四) 研讨修学立身之方法与途径。“总期海内同学去遗传的科举思想，进于现世的科学思想；去主观的武断思想，进于客观的怀疑思想；为未来社会之人，不为现在社会之人；造成战胜社会之人格，不为社会所战胜之人格。同人浅陋，唯有本此希望奋勉而已。”[26]傅斯年同时还强调“学术争鸣，标新立异”，这些宗旨就贯穿在《新潮》杂志中。

就此可以看出，冯友兰创办的《心声》和傅斯年创办的《新潮》在基本思想上是一致的，并且在同一个月创刊。冯友兰后来还多次投稿给《新潮》杂志。但在外部环境、组成人员和资金筹措上，《心声》是根本没有办法和《新潮》相比的，因此影响力也就自然没有它大；后来冯友兰出国留学，加上河南闭塞和落后，《心声》就难以为继，不得不停刊了。事情的结果与办事的初衷常常不一样，不能单以事情的成败论英雄。《新潮》杂志的创办人傅斯年和罗家伦等后来成为五四运动的主要领导人，冯友兰和傅斯年尤其是罗家伦意气相投，成为莫逆之交，也充分说明冯友兰也是五四运动时代的人。

冯友兰是带着“两个世界”的矛盾和冲突，离开当时新文化运动的中心北京大学到开封的。开封落后而又闭塞的环境非但没有淡化和缓这种冲突，反而强化和加深了这种矛盾；再加上冯友兰在那所中等工业专科学校所教的是可无可有的国文和修身课程，纵有满腹学问和浑身本事也难得用武之地。满腔热情的青年遇上了闭塞的环境与黑暗的现实，冯友兰感到十分无奈和痛苦。这从冯友兰和他朋友们自费创办《心声》杂志，而《心声》杂志不久就不了了之这件事情上，就可以看得十分清楚。冯友兰的弟弟景兰已经于1918年赴美国留学，他自己却还窝在开封，也感到很憋气。恰好1919年河南留学生名额“出了一个缺，并把这个缺定为哲学”，冯友兰“考取了初试，又到北京来复试，于是取得了出国留学的资格”[27]。在赴京参加复试的途中，列车路过黄河。桥下河水翻腾，天上皓月朗照，车外狂风呼号。冯友兰触景生情，心潮澎湃，诗兴大发，随即吟诗一首：“夜过黄河风怒号，烟波暗淡月轮高。挟沙走石来千里，横绝中流是此桥。”[28]在此，冯友兰的豪情壮志溢于言表。

在北京参加复试期间，冯友兰还专门去《新潮》杂志社访问好友傅斯年和罗家伦。傅斯年当时考取山东官费赴英国留学的资格，他曾经约冯友兰一起去英国留学。可冯友兰的母亲愿意冯友兰兄弟两个都在美国留学，以便有个照应。冯友兰听从母亲的建议，就和傅斯年分手，决定去美国留学。在确定去美国留学后，冯友兰为选择留美学校一事专门拜访了胡适。胡适是冯友兰在北京大学时的老师，冯友兰当时对胡适还十分崇拜；而胡适从美国留学回来不久，对那里的情况比较熟悉，于是冯友兰就去征求胡适的建议。胡适说哈佛哲学是旧的，哥伦比亚大学的哲学是新的。当时年轻人都是凡事趋新求异，也是出于对胡适的崇拜，冯友兰毫无犹豫地选择了胡适建议他读的哥伦比亚大学。如果当时冯友兰和傅斯年一起去了英国，或者是到美国去了哈佛大学或别的大学，而不是哥伦比亚大学，他以后的哲学思想和人生道路或许就完全不一样了。人的一生充满很多偶然的因素，就是在关键时候，一些偶然的因素往往能决定人的一生。在某种意义上可以说，是母亲的挚爱和老师的建议无意之间成全了冯友兰这位“新理学”哲学家，改变了他后来的人生历程和学术道路。

冯友兰在北京办妥赴美留学的手续之后，就趁着暑假携带妻子回到老家和母亲小聚。前一年次子景兰已经到美国留学，现如今长子又要去美国留学。长女温兰已经出嫁，幼女淑兰（沅君）在北京念书，偌大的庭院将只有吴太夫人一个独自守着。现在，冯友兰带着刚出生的长女钟链回来和母亲团聚，祖孙三代，共聚一堂，天伦之乐，融融陶陶。

冯友兰在家陪伴老母小住之后，到开封把那里的事情处理完毕，9 月份就到上海等候去美国的客轮。在上海他购买了再版的胡适的《中国哲学史大纲》。胡适的《中国哲学史大纲》是在 2 月份初版的，因其有“证明的方法，扼要的手段，平等的眼光，系统的研究”等诸多特长，让人们耳目为之一新，一时间洛阳纸贵，出版后不到两个月就再版，到 1922 年就出到第八版。冯友兰总是关心学界的最新情况和最新进展，还是在

1917年2月的时候，他就购买了最新出版的谢无量著的《中国哲学史》。在上海等候邮轮期间，他撰写的《随感录二则》在《心声》杂志上刊出，对河南教育界落后的现实提出批评，一论"教育界的'瞎马'"，一论"教育界的'功狗'"。这两篇文章采用的是杂文手法，嬉笑怒骂，皆臻其妙，在冯友兰的所有文章和著述中，别具一格，十分少见。在第一则《随感录》中，冯友兰分析了开封相国寺说书的把学校的老师吸引去了，以至于耽误备课教学，最后校长不得不请警察厅出面干涉这一奇怪现象，他最后指出："所以想叫大鼓书不妨碍教育，校长不行，警察厅也不行，非请出老夫子的良心不可。""老夫子你知道中国现在有卖国贼，却不知道还有误国贼。误国贼是谁？就是老夫子你。中国所以衰弱要亡，就是因为学术思想不及人家，你们在中国学术思想界里，是处于'继往开来'的地位，顶关紧，顶关紧的。"[29]在第二则《随感录》中，冯友兰讲了当时河南教育界奇怪的现象：民国二年学生被军阀杀得"望风而逃"后，一般人提起"学堂"二字没有不胆战心惊的。可到后来，上学的学生却大大增多了。冯友兰揶揄地指出，这原因不是别的，而是"河南教育界的大功臣，要推土匪为第一。他在乡间拿著'快跑''自来得'，东起一张票，西起一张票，以致那些略略有碗饭吃的人家的子弟，真是'寝不安席，食不甘味'，他们的父兄于是乎把他们送到学校，以便逃难。好在住宿舍不要宿费，比住店便宜得多呢。所以省城学生的多少和乡间土匪的多少是个正比例。这是各学校生意发达的第一个原因"。"河南教育界的'凌烟阁'上坐的第二把交椅的恐怕是议员老先了。议员选举，买卖票子的时候，除了'打拉'以外，大概被选举人对选举人，都还有一种义务，就是供给他们子女在省城上学的学费。那些选举人不肯放弃权利，于是乎尽数充量，把他们所有的子弟一齐送来。议员直接作难，学校间接沾光。这就是各类学校生意发达的第二原因。"[30]

注释

[1] 冯友兰：《三松堂全集》第1卷，第169页，郑州：河南人民出版社，2000年版。

[2] 同上书，第170页。

[3] 萧超然：《北京大学与五四运动》，第3页，北京：北京大学出版社，

1986 年版。

[4] 陈寅恪:《陈寅恪文集·寒柳堂集》,第 166 页,北京:三联书店,2001 年版。

[5] 冯友兰:《三松堂全集》,第 1 卷,第 170 页,郑州:河南人民出版社,2000 年版。

[6] 同上。

[7] 冯友兰:《三松堂全集》第 1 卷,第 36 页,郑州:河南人民出版社,2000 年版。

[8] 同上书,第 38 页。

[9] 蔡元培:《蔡元培全集》,第 3 卷,第 382 页,浙江教育出版社,1997 年版。

[10] 同上。

[11] 马寅初:《蔡先生思想之宽大》,见《蔡元培纪念集》,第 326 页,浙江教育出版社,1998 年版。

[12] 冯友兰:《三松堂全集》第 1 卷,第 36 页,郑州:河南人民出版社,2000 年版。

[13] 胡适:《傅孟真先生的思想和事业》,载《公论报》(台北)1952 年 12 月 21 日。

[14] 顾颉刚:《我与古史辨》,第 41 页,上海:上海文艺出版社,2001 年版。

[15] 冯友兰:《三松堂全集》,第 184—186 页,郑州:河南人民出版社,2000 年版。

[16] 蔡仲德:《冯友兰先生年谱初编》,第 25 页,郑州:河南人民出版社,2000 年版。

[17] 冯友兰:1968 年 2 月 15 日所写《再补充交待》。

[18] 蔡仲德:《冯友兰先生年谱初编》,第 32 页,北京:人民出版社,2000 年版。

[19] 冯友兰:《三松堂全集》第 14 卷,第 3—10 页,郑州:河南人民出版社,2000 年版。

[20] 同上书,第 1 卷,第 47 页。

[21] 同上书,第 14 卷,第 296 页。

[22] 同上书,第 356 页。

[23] 同上书,第 674 页。

[24] 冯友兰:《三松堂全集》第 14 卷,第 675 页,郑州:河南人民出版社,2000 年版。

[25] 傅斯年:《〈新潮〉之回顾与前瞻》,载《新潮》,第 2 卷第 1 号。

[26] 傅斯年:《〈新潮〉发刊旨趣书》,载《新潮》,第 1 卷第 1 号。

[27] 冯友兰:《三松堂全集》第 1 卷,第 49 页,郑州:河南人民出版社,2000 年版。

[28] 蔡仲德:《冯友兰先生年谱初编》,第 38 页,北京:人民出版社,2000 年版。

[29] 冯友兰:《三松堂全集》第 14 卷,第 16 页,郑州:河南人民出版社,2000 年版。

[30] 同上书,第 17 页。

第五章 留学美国

一 初感美国

二 步入哲坛

三 博士论文

一 初感美国

1919年12月初，一艘名为“南京号”的中国邮轮由上海起锚驶向纽约，留学美国的冯友兰就在这艘并不起眼邮轮上。海风吹拂着桅栏，海浪拍打着船舷，冯友兰站在甲板上，依着栏杆，回头眺望那渐渐消失的海岸，渐渐远去的祖国，他眼睛湿润了。他再转头来，眺望着那天水相接的远方，心潮澎湃，思索翻滚，就像大海一样不能平静。

邮轮在太平洋上航行了二十多天后，于月底抵达美国纽约。冯友兰在哥伦比亚大学附近住下等候开学注册。哥伦比亚大学位于美国纽约市中心哈逊河边，始建于1754年，是根据英国国王乔治二世特许令而成立的国王学院。两百多年来，它被誉为培养政治、经济界领袖人物的摇篮。哥伦比亚大学培养出了两位美国总统和两位联邦最高法院大法官。哥伦比亚大学对中国近代影响也较大，顾维钧、马寅初、宋子文、胡适、罗隆基等均在这里留学，这所大学又迎来了来自中国的学子冯友兰。在等候注册期间，冯友兰自学英语，读英文版哲学著作，参观博物馆，访问中国同学，间或看些中文书籍。1月4日，他到美术博物馆参观，发现那里收藏着很多中国文物，数量占馆藏文物总数的十分之一。不少文物，如玉册御宝之类，都是在国内见不到的。中国近代以来，外侮频仍，内乱不断，不少文物，或毁于战火，或流失海外。传于海外者，尚可再现于人间，供人参观；毁于兵灾者，则永远没法复原。冯友兰不胜感慨道："古物流出亦为古物之幸，不然在中国或为兵燹所毁，或为收藏家所珍秘，得日日受人钦仰耶？"[1]

1919年1月22日，冯友兰在哥伦比亚大学研究院顺利办理入学手续。"当时在美国，上研究院是很容易的，上本科倒是很难，要经过各种考试。上研究院不需要经过任何考试，因为北京大学是他们承认的大学，只要拿出北京大学的文凭一看，就报上名，入学了。"[2]

冯友兰在哥伦比亚大学研究院注册，具体是在哲学系读书。当时哥伦比亚大学哲学系在美国哲学界举足轻重，著名哲学家杜威就在这里执教，这里还是美国实用主义大本营；同时，美国新实在论的主要代表R.B.佩里、W.P.蒙塔古、E.B.霍尔特、W.T.马尔文、E.G.斯波尔、J.W.B.皮特金等人也在这里任教。1910年7月，这六位教授在《哲学、心理学和科学方法》杂志上发表《六个实在论者的纲领和第一篇宣言》，提出了新实在论主义的基本原则。1912年，他们又联合出版《新实在论》一书，系统地阐述了新实在论的主张。这里也成了新实在论的重镇。冯友兰在这里接触到美国当时最有影响的哲学流派和哲学大家。

初到美国，冯友兰"觉得样样新奇，跟中国不同"。一向善于观察，长于思考的冯友兰并没有仅仅局限于表面现象，他要对这些零碎的现象进行总结和概括，上升到理论高度。"我当时作了一个对比，归结起来说，中国是个'官国'，美国是个'商国'。在中国，无论什么事，都要经过像进衙门那样的手续。……美国则不然，即使国家最大的事，也往往用商业广告的方式宣布出来。……其实这种分别就是封建主义和资本主义的分别。"[3]冯友兰的这种看法，一针见血地指出了中国集权和专制遗毒的根深蒂固，不仅政府官吏作威作福，盛气凌人，就是工商界也充满官气"通常外国的官吏也有点像生意人，至于我们中国，就是生意人，也有点像官吏"[4]。事实正是这样，西方社会自古希腊开始就是建立在工商活动的基础之上，希腊阶级社会的形成一开始就是建立在商品经济冲破了原始氏族社会血缘关系束缚的基础上，以个人私有财产不可侵犯为基本原则而进行的。当个体打破了原始氏族血缘关系而取得自身独立时，除了个体与个体之间通过自己的自由意志而建立的契约外，没有什么别的东西可以将他们重新结合为一个社会整体。黑格尔说："个人的意志本身就是国家的创造原则。个人的特殊需要和嗜好，就是政治上的引力，而共体或国家本身只是一个外在的契约关系。"[5]这种适应着商品生产和商品交换所建立的分散的城邦奴隶制国家，其政治形态也就必然会走向工商业奴隶主的民主制。这一原则留下了深刻的影响，它渗透到罗马帝国共和国和罗马帝国的法律体系之中，并穿过中世纪的漫漫长夜，一直与文艺复兴以来西方的近代观念相联结。因此，马克思和恩格斯多次将西方近代资本主义生产和古代奴隶社会的商品生产相比较；近代西方的法学家和社会学家们也总是不厌其烦地引用古希腊罗马商品经济的例子，通过契约关系来解释国家和法律的起源以及民主制度的实质。冯友兰通过对美国的观察进而思考到了西方民主社会的本质，而这种观察和思考给冯友兰的印象十分深刻，并且影响了他的一生。

1920 年，冯友兰与罗家伦(右五)等人在纽约合影。

在美国这种以商业立国的国家里，赚钱是正大光明的事情。在美国，冯友兰也碰到痛苦和难堪的事情。“在当时的美国，种族歧视是普遍的现象。听说在美国南部，这种现象更是显著。他们先把人分为两种，一种是白色人，一种是有色人，凡不是白人，都是有色人。黄人也是有色人。但是他们又把黄人分为中国人和日本人。日本强盛，美国人认为日本人要比中国人高一级。他们看见穿戴比较整齐的黄人，都先问：你是日本人吗？如果说不是，是中国人，他们的敬意就差得多了。他们对于中国人，有两种称呼，一种是 Chinese，这是一般的称呼；一种是 Chinaman，这是含有侮辱性的称呼。我们在街上走，在有些地方，往往有小孩子跟着叫：Chinaman！Chinaman！遇见这种情况，我们只好赶紧走开。往往有些房间出租，下边写着‘不租给有色人’，或者‘不租给中国人’。”[6]更为可笑和可悲的是，在被白人歧视的人之间还在相互歧视和做贱。从 1919 年 1 月 1 日起，冯友兰开始记日记。日记内容除记当天活动和读书心得外，还记下了当时的感想等。从这些日记里，可以看到冯友兰在美国留学时的详细情况。最让人为之感动的，在日记中记下了他那种自律、自责和自砺、自强的精神。

与陈寅恪在欧美著名大学游学近二十年却没有拿什么学位不一样，冯友兰在哥伦比亚大学留学时，是想攻读个博士学位的。“在中国留学生中，大部分还是好好学习的，但是对于学位的态度很有不同。有些人不要学位，随便选课。有些人认为，只要个硕士学位就够了。因为要想得到博士学位，就要选一些学校要求选而实际上没有多大用处的功课。……所以很多留学生，只要得一个硕士就够了。我是想要得个博士。我的想法是，学校所规定的那些要求，就是一个学习方案，它所以那样规定，总有一个道理。照着那个方案学习，总比没有计划，随便乱抓，要好一点。”[7]冯友兰就按照学校的规定选修了一些课程。他开始选的是近代史、比较文学、历史学等课程。可听了一段时间后，他感觉到老师们讲的都很肤浅、很一般，没有什么意思，满足不了要求，于是决定改选课程：哲学史、美学、形上学、欧洲思想史等。冯友兰后来就按照学校的规定，按部就班地读完了必修课程和选修课程，最后获得了博士学位。

在留学期间，冯友兰曾遇到经济的困难。他本来是官费到美国留学的，那时河南经济不景气，有限的教育经费也被挪来挪去。在最后一年里，官费不能按时寄来，家里又接济不上，于是就只有勤工俭学。在勤工俭学时，他深切地感受了美国的社会制度，感受了资本主义和封建主义的不同，体会到了知道按时守时和经济独立的重要性。这段经历对冯友兰的影响是很大的。在后来的岁月里，他严守时间，勤勉克己，终生不懈。为解决经济问题问题，他还曾经向学校申请过奖学金。“我也向哥伦比亚大学请求过奖学金。杜威先生给我写了一封推荐信。信相当的长，最后一句话说：‘这个学生是一个真正学者的材料。’这个请求没有成功。据说是送进去的时间太晚了。不过他们也给了我一个闲差事，任务是管图书馆里面的中国报纸，工资每月八元。图书馆也订了几份中国报纸。所谓管中国报纸，就是中国报纸到了，由我到收发信件的地方把报纸取出来，送到图书馆中文书籍阅览室，把报纸上了夹子，放在架子上。这样简单的工作，也不是每天都有，因为当时的邮政交通靠邮船，不可能每天都有邮船从东方来，平均每星期有一次。我看到同学们中间有人收到新从中国来的信，就到学校收发室取出中国报纸送到图书馆。这样轻松的工作，大概也就是照顾吧。当时我有这三个财源，每月收入三十多元，再加上断断续续的官费，维持生活也就够了。”[8]

杜威的推荐信虽然没有起到实际作用，可那“这个学生是一个真正学者的材料”的评价，给生活正陷入困境之中的冯友兰是一种极大的鼓励和安慰。后来的事实证明，杜威此言并不过奖，真可谓哲人慧眼识英才。冯友兰在图书馆里做中国报纸的管理工作，除了得到每月八元美金的报酬外，还为他及时了解国内情况提供了方便。他当时学习和研究情况与国内学术界是休戚相关的。当时，他还给回国休假的燕京大学教授博晨光做助手，这不仅增加了收入，结识博晨光也为他后来到燕京大学工作做了铺垫。冯友兰尽管通过各种渠道勤工俭学，支持了学业和生活，但经济的拮据还是影响心愿的实现。他在给梁漱溟的信中说，“在此一切如恒，唯官费近来受政局影响，时时欠发，生活、学业尚能支持，而亦做难不少矣。原拟今夏在此校作一收束，即赴欧洲，今则无钱，一事不能办，故仍留此”[9]。冯友兰这一心愿在他到清华大学工作后的学术度假时才实现，那是 12 年之后的事情了。

冯友兰还一直在关心着留学生毕业归国后的工作情况，先后撰写了《随感录一则》和《对于河南选派留学办法之意见》。在前一篇文章中，冯友兰从分析开封大街小巷都挂着“律师事务所”招牌这一奇特现象入手，观察到当时社会上有很多受过教育的高等闲人。冯友兰在后一篇文章中从选派留学的角度提出了建设性的意见。写上述这些文章的时候，冯友兰还在留学，一度生活陷入困境，可他还是关心着河南读书人无业可就、无事可做，以及选派留学生这样的大事，可谓“位卑不敢忘忧国”，身贫尚且思他人。

1921 年，冯友兰和北京大学留美校友与赴美国考察的蔡元培在一起。

冯友兰在哥伦比亚大学留学期间，还陪同蔡元培游览纽约。“1922 年，蔡元培以北大校长的资格到欧洲和美洲参观调查，当时，我在哥伦比亚大学毕业生院学习。在纽约的北大同学会，听说蔡先生要从伦敦到纽约，就组织了一个接待委员会，我也是委员之一。我们到纽约的码头上迎接蔡先生。只见他仍然是一介寒儒，书生本色，没有带秘书，也没有带随从人员，那么大年纪了，还是像一个老留学生，一个人独来独往。他不惊动住纽约的中国领事，也不惊动住华盛顿的中国使馆的外交人员，住在哥伦比亚大学附近的小旅馆内，和同学们在一起。一些生活上的事务都由接待委员会经理。”在此期间，“在纽约的中国留学生为蔡先生开了一个欢迎会，会场设在哥伦比亚大学的一个大教室内，到会的人很多，座无虚席。蔡先生一进了会场的门，在座的人呼的一声都站起来了，他们的动作是那样的整齐，好像是听到一声口令。其实并没有什么口令，也没有人想听到什么口令，他们每一个人都怀着自发的敬仰之心，不约而同地一起站起来了。”[10]后来冯友兰陪同蔡元培游览纽约。蔡元培在冯友兰折扇上题词：“按论语曰君子成人之美，不成人之恶。又曰成事不说，遂事不谏，既往不咎。又曰民可使由之，不可使知之。夫圣人立教，其言若是，在于史籍，其义亦然。”[11]

二　步入哲坛

在北京大学读书的最后一年，冯友兰已经感觉到中西文化的矛盾，带着思想上的矛盾和强烈的求知愿望，他出国留学寻求答案。在北京大学，他“并没有真正接触到西方哲学。西方大哲学家的原著我一本也没有见到，更不用说阅读了，因为当时在北大的图书馆，西方哲学的书很少”[12]。到哥伦比亚大学以后，冯友兰才比较有系统地研读西方哲学家的著作。具有丰厚的国学功底和敏锐的理论直觉的冯友兰，一下子就看到中西哲学的区别：“中国哲学家的著作大都是因事见理，而西方哲学家的著作大部是就理论理。这就是说，中国哲学家的著作大都是从殊相讲到共相，从特殊讲到一般，从具体讲到抽象，西方哲学家的著作大都是从开始就讲一般，从共相到共相。习惯于读中国哲学家的著作，对于西方哲学家的著作，我开始是看不懂的。这个不懂，主要的不是文字上的问题，而是道理上的问题。主要的是不懂一般和特殊的区别，理论思维没有过关。”[13]中国人的思维方式多是归纳和类比，起码在著作上是这样的，其思维路向就是从个别到一般、从特殊到普遍，或者是从个别到个别，从特殊到特殊。而西方人的思维方式多是演绎和推论，起码在著书上是这样的，其思维路向是从一般到一般，从普遍到普遍。所以西方人在撰写哲学著作的时候，总是从一个大前提出发按照逻辑进行演绎和推论，从而建立了一套完整理论体系。

在学习哥伦比亚大学西方哲学的过程中，冯友兰先是接受了法国哲学家柏格森的生命哲学和直觉主义，后来接受美国实用主义，最后转向新实在论。“这个大学的哲学系果然没有‘旧’哲学家。教授中间有实用主义者，也有新实在主义者，我的哲学思想也就是在这两派中间，倒过来倒过去。不过在我到哥伦比亚大学的最初一年左右，我所喜的还不是实用主义或新实在论，而是柏格森的哲学。”[14]20 世纪初期，西方哲学界非理性主义思潮十分流行，继尼采意志哲学之后，柏格森生命哲学在西方成为显学。亨利·柏格森(1859—1941)1881 年从巴黎高等师范毕业后曾任中学教师，1897 年起任高师教授，1900 年当选为法兰西学院院士，1928 年获诺贝尔文学奖。他的代表作有《时间与自由意志》、《创造进化论》、《形而上学导论》和《道德和宗教的两种起源》等。柏格森以生命冲动为基础，以直觉为方法，建立了包罗一切领域的生命哲学。处在世纪之交，这种哲学具有两个时代的特征：一方面保留了近代哲学家的研究框架，致力于寻求绝对、实在和不可辩驳的真理，企图对传统问题做出新的解释；另一方面又企图扭转人们的常识观念，否定理性和科学具有认识实在的权威性，把对世界和人的认识斥诸非理性的直觉。柏格森认为，近代哲学孕育了近代科学，反过来哲学也采用了科学的实证方法，这就导致了一个致命的错误，把最深沉最有生机的绝对实在变成了外部空间对象，把本来不占空间的东西变成占据空间的东西，这样就使哲学遇到各种无法解决的困难。因此，柏格森要建立一种不同于传统哲学的哲学，它是以时间而不是空间作为形而上学的对象。他认为，以往的各种哲学都把时间和空间放在一个层次上研究，用研究空间的方法研究时间。人们在谈论时间时想到的只是对时间的量度，而不是时间本身。科学从物质世界里提炼出的是可以重复和计算的东西，这就不再有时间绵延存在了。科学是理智分析的结果，它为人们构建了一个不计时间效应、组成部分固定不变的世界，以便指导人们行动。这就导致哲学在时间、运动和变化以外去寻求事物的实在性。柏格森认为，哲学不是具体科学的综合与概括，不能像实证科学那样把心灵和生命当作空间中物质对象对待。它的对象不是空间，而是时间。柏格森认为，时间就是生命，就是永远流动和永远变化着的绵延。科学总是用空间的方式去把握时间，把时间空间化，变成可以分析、可以度量的东西。但这并不是真正的时间，真正的时间是我们体会生命的方式，而量度时间的概念只是我们为了方便而制造的约定俗成的工具。像尼采一样，柏格森认为世界是永恒的生成，人们用理智的方式把生成的某一部分暂时固定，虽然是日常生活的必要，但把真实存在扭曲了。绵延是难以用语言表达的，但每个人都在感受和体验着它。绵延是知性世界背后的真正实在，哲学要研究的正是这种东西。我们的精神、意识存在于时间世界里，它是不断创新、变化无穷的。哲学要认识时间，必须从生命开始。对于一个有生命的存在物来说，时间是它的真正本质。在常人看来，时间是由一个个明确的阶段组成，这些阶段相互衔接，川流不息。这实际上是从外边看待时间，把具有生命的人仅仅看做是一个空间对象。其实，生命每一个时期的变化是连续的，它只与同时间有关。对于这种绵延的时间，对于生命的把握只能靠直觉体验，而不能靠理性算计。

1919 年，杜威到中国讲学，把柏格森作为“现代三大哲学家”之一介绍给中国。柏格森哲学在非理性主义的基调上、在强调“变”和“直觉”上与中国传统哲学有某种亲和力。很多学者都关注柏格森哲学，一些留学生也撰文介绍柏格森哲学。1921 年《民铎》杂志出版了“柏格森专号”。1922 年柏格森的主要著作《创化论》和《物质与记忆》被翻译为中文出版。这除了学理因素外，还有现实原因。自近代以来，中国的主流是学习西方，由学习西方的科学技术，到学习西方的政治制度，再到学习西方的精神文化，虽然遇到了阻力、出现过反复，但在总体上呈现出由浅到深的趋势。可是，正在中国循序渐进地向西方学习的时候，它们却发生了重大变故。第一次世界大战爆发，把欧洲搞得筋疲力尽。它的发生，原因自然是多方面的，但西方那种主客对立的思维方式，对自然所持的征服和改造的态度，一味向外追求和扩张的人生态度不能说不是其文化原因。1918 年出版的斯宾格勒的名著《西方的没落》，就反映了不少西方人对他们文化的悲观和失望。当梁启超、蒋方震等人游历欧洲时，欧洲尚未从战争中恢复过来。梁启超目睹了战争带来的破坏和灾难，在《欧游心影录》中，他大发感慨：“一百多年物质的进步，比以前三千年所得还加几倍。我们人类不唯没有得到幸福，倒反带来许多灾难。”“欧洲人做了一场科学万能的大梦，到如今倒叫起科学破产来。这便是最近思潮变迁一个大关键了。”[15] 梁启超不仅大谈西方文明破产，而且还断言中国古老文化不仅有益于中国，还可以医治西方的病症。如果没有第一次世界大战的爆发，梁启超不会放此高论，即使放此高论，也不会有人相信。西方第一次世界大战这一外在的机缘影响了中国近代学习西方的进程。而“巴黎和会”上中国要求被无理地拒绝，也使得西方所谓的正义和公正在中国人心目中黯然失色甚至荡然无存。一时间里，很多人又主张从中国传统文化中去寻找济世的灵丹妙药。

像梁启超这样直白地批评西方文明、鼓吹用中国文化拯救世界的人在当时不是很多，他们更多的是采利用中国文化中和西方文化比较接近的东西来批评和回应一味向西方学习的做法，在这方面比较突出的是梁漱溟。早在1915年，他就在《究元决疑论》一文中就引用了柏格森思想。在《柏格森与唯识家》等文章中，他对柏格森的生命哲学进行介绍和评价，并拿它与唯识学进行比较。1922年梁漱溟的成名之作《东西文化及其哲学》出版。在这本书中，他对柏格森的生命哲学进行吸收、改造与利用，把它作为自己思想的一个重要来源。首先，他根据柏格森的生命哲学重新解释和发挥儒家哲学中的变易思想，使它具有本体论意义。其次，他用柏格森的直觉主义重新解释和发挥儒家哲学的认识论思想，使它更具有了非理性主义的特征。再次，他用唯意志主义的观点解释和发挥宋明理学“存天理，灭人欲”的思想。梁漱溟从柏格森“生命冲动”唯意志主义中获得启迪，对“天理”作了新的解释。他认为“天理”不是认定一个客观道理，而是“自己生命自然变化流行之理”，是主观的“情理”，就是说，道德规范的确立不是对外在必然性的认识，而是内在的意志的选择。不仅如此，梁漱溟还把柏格森哲学和中国传统的心学结合起来，提出文化三类型和三阶段说。具体来说，他的思想是受格森哲学的生命创化论和叔本华哲学的生存意志论的影响，把不同类型文化的产生归结为意欲趋向的不同，从而建立起了以文化→生活→意欲(即文化由生活决定，生活又由意欲决定)为枢纽的文化比较图式，并在此基础上提出了他的文化路向说；他接受柏格森的直觉主义认识论，严格区分科学与哲学之间的划界，推崇直觉而贬低理智，反对唯科学主义思潮，用柏格森生命哲学重新解释和发挥儒家哲学，从而建立起了中西合璧式的“新孔学”。

在《东西文化及其哲学》一书中，梁漱溟一反严复以来盛行的进化论，反对那种将中西等同于新旧，又把新旧等同于是非的论断，从文化的根本精神处入手，重新审视中、西、印三大文化系统，对“五四”运动以来的主流文化观提出挑战。他认为，文化就是一个“民族的生活样法”，而生活就是“没尽的意欲（will）”及这种意欲的“不断地满足与不满足罢了”。[16]梁漱溟认为，文化的不同不是由时代决定的，而是由意欲方向决定的。具体说来，西方文化“是以意欲向前要求为根本精神的”[17]。“中国文化是意欲自为、调和、持中为其根本精神的。”“印度文化以意欲反身向后要求为其根本精神的。”[18]对意欲的态度是鉴别文化方向的标志，西方文化向着这个路标的前方走，中国文化则徘徊于这个坐标的中间，印度文化则向着这个路标的后方走。西方人本着意欲向前要求的精神，对自然和社会持征服态度，从而产生了“赛恩斯”和“德谟克拉西”，产生了“灿烂的物质文明”和“锐利迈往的科学方法”。中国人则持意欲调和、持中的态度，对自然抱“融合为乐”的态度，“安分知足，寡欲摄生，绝对没有提倡物质享受的”。而“印度既不像西方人的要求幸福，也不像中国人的安遇知足，他是努力解脱这生活的”[19]。印度人持禁欲主义的生活态度，追求一种神秘超绝的出世理想。他认为，对意欲的三种不同的生活态度实际上显示了人类文化三种不同的路向，标志着人类文化高低不同的三个发展阶段。西方文化解决的是人与自然的关系问题，是人类首先遇到的问题；中国文化解决的是人与人之间的关系问题，是人类社会发展到一定阶段才遇到的问题；印度文化解决的是人与自身的关系问题，即人类发展到最高阶段才遇到的问题。中国文化和印度文化都是第一条路向尚未走完就转向了第二条和第三条路向，它们都是人类文化早熟的表现。

梁漱溟在对中西印三大文化作了比较以后，对世界文化的现状和未来做了说明和预测。他认为，西方文化已经走到尽头，其征服自然的态度所产生的物质文明和科学方法已经走向反面，不仅没有给人类带来福利，反而带来灾难。西洋人由过去物质上的不满足转为今日精神上的不安宁，这就迫使他们由第一条路向转向第二条路向。梁漱溟指出，西洋人从经济、学术和人生观等方面已经出现这一转向的趋势，“现在是西洋文化的时代，下去便是中国文化复兴并成为世界文化的时代”[20]。他预言，“中国文化复兴之后将继之以印度文化复兴。于是古文明之希腊、中国、印度三派竟于三期间次第重现一遭”[21]。

冯友兰《柏格森的哲学方法》和《评柏格森的〈心力〉》等文章，对柏格森哲学的理解与梁漱溟不同。他认为，柏格森哲学的特色在其本体论上的一个“变”（change），在于其方法论上的一个“直觉”（intuition），故其哲学可称为变的哲学（PhilosophyofChange）和直觉的哲学（Intuitive Philosophy)：“柏格森只叫人们不可执著概念，不可忘记他是一个方便的法门，而把他当成究竟的实在；并不是叫人们不要概念。”“柏格森也并不是主张要把本能来代智识，他说他永远没有主张别的东西，应该代智识，也没有说本能比智识好。他仅只说明，我们要离开物质界，而研究精神，须要诉于一种生命之感觉（Need toappeal certainsense oflife）。这种感觉虽与本能不同，而却是同源的。”[22]在读完柏格森的《形而上学导论》后，冯友兰在日记中写道：“此书主张直觉，反对分析，谓由直觉至分析则可，由分析至直觉则不可。而直觉之先亦必先集材料以为观察之资，则与科学方法所谓‘观察’、‘假设’、‘实证’者同，假设之能以设立，全在心中一线灵机，是即所谓直觉也。”[23]在冯友兰看来，柏格森的哲学是超理智和后分析的，而不是反理智和反分析的。由此就导致了冯友兰与梁漱溟的分歧。冯友兰在《评梁漱溟著〈东西文化及其哲学〉》一文中，一方面肯定“梁先生确有所见”，“对佛家和儒学的解释很有趣味，很有价值，且不论佛家和儒家是否真正是他说的那样”[24]。另一方面又指出，梁漱溟的人类文化三个阶段论只是假设，“我仍然不大懂，为什么西方人应当彻底改信孔子，为什么将来全人类应当是佛陀信徒。看起来梁先生由于经常研究佛家，对一元论的偏爱太强，这引导他假定，这三种现存的文化类型，已经穷尽了一切可能的人生道路；还假定，人类必然照这三种现在的样子取舍这一种或那一种”[25]。这就否定了梁漱溟的看法。既然西方人将来不必“彻底改信孔子”，那么，中国人一旦西化了，采取了西方哲学的路线和思想，并发展了西方的科学和民主，成为和现代西方文化一样的文化，又何必一定要回过头来再信孔子呢？为了发展科学使国家富强，是应该彻底抛弃原有传统文化路线而采取西方文化的路线。冯友兰的这些思想和新文化运动方向是相同的，这也有现实原因。梁启超在欧洲看过战后破败而产生了西方文化破产想法，冯友兰在美国则看到的是一片繁荣有序、欣欣向荣的景象，因而他对西方文明的看法，也就不同于梁启超和梁漱溟。

在这段时间里，冯友兰在中西文化和哲学比较方面突出的成就是他的第一篇学术论文《为什么中国没有科学？——对于中国哲学的历史及其结果之一种解释》。关于这篇文章的由来，他说：“1919 年 12 月抵纽约市，不久即获准入哥伦比亚大学研究生院，在此深受伍德布里奇院长和杜威教授的影响。生逢社会大动荡、政局大动乱、思想大动摇的时代，对当代各种问题常感兴趣，亦感困惑。对于此诸问题，进一步研究西方思想，得到很多启发。1921 年写《中国为何无科学——对于中国哲学之历史及其结果之一解释》一文，于次年 4 月载于《国际伦理学杂志》三十二卷三号。”[26]在晚年，他简洁而又生动地回忆道：

> 1919 年我到美国后，和西方文化有了直接的接触，上面所说文化矛盾的问题，对于我更加突出。那时正是美国在第一次世界大战胜利后的繁荣时期，西方的富强和中国的贫弱，更成了鲜明对比。当时我经常考虑的问题是：自从中国与西方接触以来，中国节节失败，其原因究竟在哪里？西方为什么富强？中国为什么贫弱？西方同中国比较起来，究竟在哪些根本之点上比较优越？
>
> 我当时思考的结果，自以为是得到一个答案。西方的优点，在于其有了近代自然科学。这是西方富强的根源。中国贫弱的根源是中国没有近代自然科学。可是问题又来了。中国为什么没有近代自然科学呢？是为之而不能，或是能之而不为？当然我认为是能之而不为。为什么不为呢？当时我认为，这应该在中国哲学中寻找答案。
>
> 为了寻找这一答案，我写了一篇文章，题目是《中国为何无科学——对于中国哲学之历史及其结果之一解释》，我在哥伦比亚大学哲学系的讨论会中宣读过这篇论文，后来又发表在《国际伦理学杂志》(三十二卷三号，1922 年 4 月)上。
>
> 这篇论文的大概意思是：中国所以没有近代自然科学，是因为中国的哲学向来认为，人应该求幸福于内心，不应该向外界寻求幸福。近代科学的作用不外乎两种，一种是求认识自然界的知识，另一种是求统治自然界的权力。西方近代哲学的一个创始人笛卡尔说：‘知识是确切。’另一位创始人培根说：‘知识是权力。’这两句话所说的就是这两种作用。如果有人仅只是求幸福于内心，也就用不着控制自然界的权力，也用不着认识自然界的确切的知识。[27]

三　博士论文

冯友兰是带着中西文化的矛盾和冲突去美国留学的，因此在学习西方思想的时候，他不是像“五四”时期一些激进派那样一味地批判中国文化，或者简单地介绍西方思想，而是对中西哲学与文化进行比较，在比较中做新文化的建设工作。

早在1919年初，正是五四运动的前夕，他就对中国哲学和西方哲学做了比较。在1月7日的日记中，他写道：

经院哲学	第一期以宗教、哲学为一事 ……	三国六朝
	第二期渐攻宗教而倡哲学独立 ……	唐五代宋初
近代哲学	培根 ……	程朱派
	笛卡尔 ……	陆王派
近代哲学 ……		清儒考据

他并写下了心得："清儒考据之方法，实与科学相符，不过所研究之对象不同耳，然其精神不可磨也。"[28]

就是在《为什么中国没有科学?》一文里，冯友兰虽然采用了当时比较流行的看法，但毕竟有他自己独到的见解。"我的看法，是我自己得来的，有自己的特点。特点是打破所谓东、西的界限。当时我认为，向内和向外两派的对立，并不是东方与西方的对立。人的思想，都是一样的，不分东方与西方。上边所说的那种对立，是东方哲学和西方哲学之中都有的。我把中国哲学史和西方哲学史联合起来，选出一些哲学家作为代表，以为说明。这实际上是一种中西哲学史比较研究的工作。"[29]"这个研究的成果，我写成一部书，当时名为《天人损益论》，是用英文写成的。书于1923年写成，作为我在哥伦比亚大学研究院毕业的博士论文。"[30]在博士论文中，冯友兰以"天"、"人"、"损"、"益"为基本概念，以"天然"、"人为"和"中道"为基本线索，对中西哲学进行比较，立意高远、结构宏伟，显得纵横驰骋、大气磅礴。作为初入哲学的博士论文，它旨在说明"人的思想不分国界，哲学不分东西"[31]，其"特点是打破所谓东、西的界限。当时我认为，向内和向外两派的对立，并不是东方和西方的对立。人的思想，都是一样的，不分东方和西方。上边所说的那种对立，是东方和西方哲学之中都有的。我把中国哲学史和西方哲学史联合起来，选出一些哲学家作为代表，以为说明。这实际上是一种中西哲学史比较研究的工作"[32]。因此下面的章节就"分别从中国哲学史和西方哲学史举出一两个哲学家为某一派的代表以说明某一派的内容"[33]，而不是说明哲学发展的历史。这样，在博士论文答辩的时候，"杜威先生提出问题，说：这些派别是否有个发展的问题，例如这一派发展到那一派，而不是像一把扇子那样，平摆着"[34]？对哲学发展及哲学派别转化及发展的研究正是冯友兰以后要做的工作，这一工作集中体现在以后的《中国哲学史》和《中国哲学史补》中。

1923 年暑假期间，冯友兰通过博士论文答辩，由于急于归来报效祖国，没等论文出版就匆匆回国。按照哥伦比亚大学的规定，博士学位需要博士论文出版之后才能授予。当时论文来不及出版，自然也就没有获得博士学位。一年之后，1924 年 12 月，他的博士论文 The Way of Decrease and Increase with Interpretation and Illustrations from the Philosophies of the East and the West(《天人损益论》)改名 A Comparative Study of Life ideals (《人生理想之比较研究》)由商务印书馆用英文出版。书的扉页上有献辞：To my Father and Mother(献给我的父亲和母亲)。论文出版后，哥伦比亚大学研究院授予他哲学博士学位。可当时冯友兰已经在中州大学任职，他忙于学校事务，无暇亲自前往哥伦比亚大学参加博士学位授予仪式。

注释

[1] 蔡仲德：《冯友兰先生年谱初编》，第 42 页，郑州：河南人民出版社，2000 年版。

[2] 冯友兰：《三松堂全集》第 1 卷，第 49 页，郑州：河南人民出版社，2000 年版。

[3] 同上。

[4] 庞守信：《五四运动在河南》；第 232 页，郑州：中州书画社，1983 年版。

[5] 黑格尔：《小逻辑》，第 215 页，北京：商务印书馆，1981 年版。

[6] 冯友兰：《三松堂全集》第 1 卷，第 50 页，郑州：河南人民出版社，2000 年版。

[7] 同上书，第 171 页。

[8] 同上书，第 55 页。

[9] 同上书，第 14 卷，第 591 页。

[10] 同上书，第 215 页。

[11] 蔡仲德：《冯友兰先生年谱初编》，第 53 页，郑州：河南人民出版社，2000 年版。

[12] 冯友兰：《三松堂全集》第 1 卷，第 233 页，郑州：河南人民出版社，2000 年版。

[13] 同上。

[14] 冯友兰:《三松堂全集》第 14 卷,第 1002 页,郑州:河南人民出版社,2000 年版。

[15] 梁启超:《梁启超选集》上卷,第 423 页,北京:中国文联出版社,2006 年版。

[16] 梁漱溟:《梁漱溟全集》第 1 卷,第 352 页,济南:山东人民出版社,1989 年版。

[17] 同上书,第 353 页。

[18] 同上。

[19] 同上书,第 394 页。

[20] 同上书,第 525 页。

[21] 同上书,第 527 页。

[22] 冯友兰:《三松堂全集》第 11 卷,第 18 页,郑州:河南人民出版社,2000 年版。

[23] 蔡仲德:《冯友兰先生年谱初编》,第 47 页,郑州:河南人民出版社,2000 年版。

[24] 冯友兰:《三松堂全集》第 11 卷,第 57 页,郑州:河南人民出版社,2000 年版。

[25] 同上。

[26] 冯友兰:《三松堂全集》第 14 卷,第 312 页,郑州:河南人民出版社,2000 年版。

[27] 同上书,第 1 卷,第 173 页。

[28] 蔡仲德:《冯友兰先生年谱初编》,第 44 页,郑州:河南人民出版社,2000 年版。

[29] 冯友兰:《三松堂全集》,第 1 卷,第 174 页,郑州:河南人民出版社,2000 年版。

[30] 同上。

[31] 冯友兰:《三松堂全集》第 1 卷,第 180 页,郑州:河南人民出版社,2000 年版。

[32] 同上书,第 174 页。

[33] 同上书,第 176 页。

[34] 同上。

第六章　初归国门

一　执教中州

二　告别玄学

三　论道燕园

一　执教中州

1923年暑假，冯友兰通过博士论文答辩，结束了留学生涯。他的弟弟冯景兰也在哥伦比亚大学获得硕士学位。于是兄弟二人取道加拿大，回到祖国，和他们一起回来还有张文涛。张文涛的父亲张嘉谋是冯友兰父亲的朋友，他还亲自到上海迎接他们。

冯友兰还是在出国之前已有一个女儿，冯景兰也有一子一女，他们都跟着祖母住在老家。吴清芝得知两个孩子学成归国，十分高兴，就带着三个孙子先到开封安家，等候他们归来。暑假期间，冯友兰兄弟回到开封，和母亲及妻儿团聚，祖孙三代十人同堂，其乐也融融。

冯友兰归国后，河南教育界有较大变化，原先留学欧美预备学校升格为省立大学，取名中州大学，校址还是留学欧美预备学校。那原是明清时期的河南贡院。清光绪二十七年(1901)《辛丑条约》签订以后，慈禧和光绪回銮北京，曾在开封驻跸。当时北京贡院已经毁于拳乱，而按《辛丑条约》“附件”的规定，拳民“滋事地方停止文武考试各五年”，直隶、顺天和天津是拳民闹得最凶的地方，不能举行考试。河南官僚用心接驾，颇得慈禧和光绪欢心，于是两宫钦定：光绪二十八年八月顺天和河南的乡试合并在河南贡院举行；光绪二十八年二月和二十九年三月的春闱、全国的会试，也在河南贡院举行。[1]一时间，开封为举国所瞩目：应试举子，主考官员，云集汴梁；运河码头，舟船往返；开封城中，人头攒动。清光绪三十年(1905)，延续了一千三百多年的科举制度被废除前，开封也随之走过了北宋后的最后一次辉煌。

1923年，河南省黎明中学师生欢迎冯友兰回开封任教。

中州大学在创办之初，师资十分缺乏，主要靠留学生来充实队伍。冯友兰还没有回国时，中州大学就同他取得联系，聘请他为教授并兼文科主任。冯友兰回到开封后，就走马上任。中州大学除了聘他任文科主任外，还聘他为哲学系主任、校评议会成员、图书馆委员会委员。冯友兰风华正茂，初出茅庐，大显身手。他先后和中文、哲学和外语系主任及教授多方晤谈，了解情况，发现中州大学文科主要问题有三：一是师资不足，二是浮员较多，三是学风不好。后来在校长张鸿烈的支持下，他开始了大刀阔斧的整顿工作。首先，要求各系按最低需要拟具职员名额，尽量减少非教员编制，一改冗员过多、人浮于事的积习。其次，不惜重金延请名师，一时间，著名学者郭绍虞、董作宾、马非百、王显汉、仇春生、汪敬熙、余家菊、李廉方等都应聘到来任教，师资阵容大为改观。复次，下大力气整顿校风学风，指导学生组织各种社团，从事丰富多彩的学术活动，提高学校知名度。冯友兰自己率先垂范，在文科创立中州大学文艺研究会，并任名誉会长，亲自为文艺研究会会刊《文艺》撰写《发刊词》："文艺研究会以研究国故和文学为宗旨。所谓文艺，盖取其名之广义，如所谓欧洲之文艺复兴者然。故此刊中所载诸作，依其性质，约可分为二类：研究国故之论及文学作品。……广义之学术中，有可为理智之产物，有为想象之产物。《文艺》中所载，研究国故之论文，属于前者；文学作品，属于后者。为编辑此刊，诸会员得以使其理智力及想象力，皆有适当练习之机会，不可谓非幸事。"[2]他曾在文科四系联合召开的师生大会上做题为"中西文化的基本差别及其原因"的演讲，号召师生踊跃参加文艺研究，继承并发扬祖国的优秀文化遗产，坚定救国决心。他还做《心声》的复刊工作，在《〈心声〉第二次复活》一文中说："现在中国的政治、社会学术等方面之情形，不必特出的狂狷，也能知其为大大的不满人意。但是除了许多制造污世者外，合乎污世者也很多。我们在开封这几年中，曾出现过几次反污世的出版品，其中如偏重研究学术之《心声》，及偏重批评政治与社会之《少年河南》，虽各有偏重，而其宗旨皆是想把我们的，及我们所认为对的理想，告诉大众，而求其实现。可惜我们的力量有限，他们的——我们的出版品的——生命也就无常。但我们终不敢妄自菲薄，自居于乡原，极愿再鼓勇气，做点狂者的事业，所以把《心声》二次复活，作我们的喉舌。这次的《心声》，兼登关于学术的，及关于批判现状的文字，所谓兼有从前《心声》及《少年河南》之精神。"[3]

在担任行繁重政工作的同时，冯友兰一直忙碌在教学第一线。当时中州大学哲学系开设有国文、英文、高等心理学、中国哲学史、西洋哲学史、印度哲学史、高等论理学、高等伦理学、美学、宗教哲学、周秦哲学、孔子哲学、宋明哲学、希腊哲学、英国哲学、法国哲学、德国哲学、现代哲学等诸多课程。冯友兰同时讲授几门主要课程，他"讲课深刻、自然，广征博引，贯通古今中外，受到同学们的欢迎"[4]；他还经常深入到学生中间，

"亲自指导学生进行英译汉的练习,以培养学生学习外语的兴趣"[5]。

冯友兰是教育家,不是教书匠,他有自己的办学理念和办学方法。1925年,他在《现代评论》上发表《怎样办现在的中国大学》一文。该文既强调学术发展对于中国的重要意义,又强调要发展学术,必须办好大学。文章认为,当时的中国面临的情况是:(一)须充分地输入学术,并彻底地整理旧东西;(二)须力求学术上的独立;(三)出版界可怜异常,有许多人想看书而无书可看;(四)对西洋学术有较深研究的人甚少;(五)更无人在世界学术界中可称为"大师"。针对这种情况,要办好大学,应先设像样的本科,为此,就要"以请中国人做教员为原则",且所请教员"要有继续研究他所学之学问之兴趣与能力","大学要给他继续研究他所学之学问之机会",因此又要设研究部,使教员既教学又研究,设编辑部,使教员既教学又编译西洋学术著作。又认为,如能本科、研究部、编辑部三位一体,"如此则此大学亦可常有像样的教员,而因之亦可有像样的本科矣。再假以时日,中国亦可有像样的学者,而中国学术亦可独立矣。"[6]

在这期间,冯友兰由刘积学介绍加入了中国国民党。这是他第一次和国民党有联系。时值北伐前夕,与其他政治势力相比,国民党还是比较进步和得人心的。

冯友兰在外边不断的邀请下,最终还是离开了河南中州大学。其实,他离开中州大学的主要原因,还是那里在很长时间内根本就不是干事业和留人才的地方。河南虽是中原腹地,中国古代文化之渊薮,开封、洛阳也曾为古代都城。可近代以来,河南一直闭塞落后,开封从北宋以后就沦为偏僻之地。京汉线和陇海路上来来往往、轰鸣而过的列车也不曾带走河南的落后和愚昧、带来外界的进步和开化。"地处铁路四达之区,犹且杜门自守",就是对它的最好说明。当时中州大学唯一的优势就是财政有保证,有河南全省的契税做经费。这些根本吸引不了冯友兰。他是胸怀大志、奋发有为之人,优厚的生活待遇是诱惑不了他的。冯友兰在中州大学身为文科主任,不能指挥全局,做事多遇掣肘,往往是事倍功半。他虽有从政之雄略、行政之长才,可从事学术研究、著书立说,才是他得天独厚的优势所在,倾心以往的心愿所存。忙于行政,疲于教书,无论是对自己,还是对社会,均非宜事。"我当时认为,在学校教课是一种苦事,好像是替人家当奶妈,放着自己的孩子不能喂,去喂别人的孩子。”[7]教书育人犹且能够培养门生高足，可在冯友兰看来还是替别人奶孩子，那么，做行政工作就干脆只是替别人做嫁衣了。和冯友兰同时留学美国的同学，如罗家伦、杨振声、周炳琳等都在中国学术和文化中心供职，刚到而立之年的冯友兰也不能不为自己前程做久远筹划。在美国留学期间，他曾和博晨光有过合作。就在年初，他应博晨光之邀赴北京面谈。“燕京大学同哈佛大学合作，办了一个哈佛—燕京中国研究社，找了些人做研究工作。他说他已经同有关方面说好了，约我到燕京，一半时间在哈佛—燕京社做研究工作，一半时间在燕京讲一两门课。我当时觉得这个机会不错。地点在北京，那是当时的中国学术中心，而且有一半时间做研究工作，可以少教一点课。”[8]冯友兰还应广东大学文科主任陈钟凡的邀请，同意下半年去广东大学任教。早在1925年年初，冯友兰就决意离开中州大学。到了这年暑假，他谋求教务主任未果，就离开那里。

冯友兰谋求校务主任一职是在暑假前的事情，那只是一种借口，甚至是虚晃一枪，未必是出自真心。以河南之落后，中州大学人际关系之复杂，用人机制之微妙，校长张鸿烈没有让冯友兰当校务主任也是情理之中的事。冯友兰当时年仅三十，刚从美国归来，没有任何政治背景和社会根基。他自己的家庭，自他父亲去世之后，伯父和叔父也没再做官，他们的影响只限于唐河县内；他的岳父虽是国民党元老，可因与当局政见不一，没有在位一天，不能给冯友兰伸以援手。冯友兰是单枪匹马，只凭博士的头衔、留洋的资格、广博的学识和出色的才干，才受聘于中州大学并出任文科主任的。当时，倘若没有政治背景和社会根基的话，单凭才能和学识，是很难跻身并立足于官场的。他离开中州大学不是件偶然事情，是地方势力长期排斥外来力量的必然结果。中州大学后来易名为河南大学，自1927年到1948年，短短21年间竟然走马灯似的换了18任15位校长。这就足以说明问题了。

冯友兰离开开封到广东并不是想去广东当什么官，结果没当成，不得已才去北京的。实际上，冯友兰在去广东之前，就应承只在那里一个学期。他从开封去广东路过上海时，于9月3号还给胡适写了一封信，请在教育部编译馆为他谋职。在信的最后，他明确地说：“学生于29日到沪，于明日赴粤，彼中情形未审何若，若秩序不佳，到彼一二月即北返。”

冯友兰到广东还有另外一个目的，就是为了“看看这个革命根据地”

情况。“原来是抱着国共合作的希望的，可是一到那里，所看见、所听说的是国共分裂和斗争。表面上还都说是国民党，可是实际上内部斗争很厉害。”这些情况和冯友兰想象的相差太远了，于右任说“革命的人可以去，不革命的人不可以去”，确实有道理，冯友兰不是一个“革命者”。作为为人本分、处世中庸的冯友兰，作为天性好思、致力学术的冯友兰，他看不惯也受不了人们了为权力而进行的厮杀和争斗。但广东之行给冯友兰印象最深的，还不是国共两党的分裂和国民党内部的斗争，而是当时中国革命的发展。“我于 1925 年底从广州回到上海。虽然只在广州停留了几个月，但是我来广州的目的也算达到了。我的目的，本来是想到广州看看中国革命发展的情况。我看到了‘左派’和右派的斗争，看到了蒋介石所发动的政变，看到了香港大罢工。香港罢工的群众运动，给我很深的印象。有一次，我同一个朋友在大街上看到拥护香港罢工的群众游行，成千上万的人排着队伍，拿着标语，喊着口号，像潮水一般涌过来。这是我从来没有见过的场面。我和那位朋友差不多同时都说：‘可怕！可怕！’我直觉地感到，20 年代的中国革命和辛亥革命不同，这个不同不是范围大小不同，而是深度不同；不是量的不同，而是质的不同。”[9]这种“可怕”给冯友兰的印象太深刻。直到 1949 年前，冯友兰一直没有主动去和共产党人接触，尽管共产党人很早就不断向他招手，他姻兄孙炳文就是革命家，和周恩来、蔡和森、朱德、邓小平等人是至交。孙炳文生前多次劝冯友兰参加革命，但他没有动心。孙炳文“每有机会辄劝余参加革命，惜以庸愚，不克追随。”[10]孙炳文去世后，任载坤的二姐任纬坤(任锐)母子、妹妹任平坤(任均)后来先后都去了延安，他们和冯友兰家一直保持联系，但冯友兰一直没有产生加入共产党、参加革命的念头。1943 年春夏，冯友兰到重庆讲学，共产党员赵纪彬曾多次去拜访他，并说《新华日报》拟请冯友兰去谈“新理学”问题。冯友兰认为彼此无共同语言，就婉言蜓谢绝了。当然，这种“可怕”的感觉不单是感情的好恶，更多是理智的抉择。早在辛亥革命时，幼年的冯友兰通过自己仔细观察，认真思考，得出了辛亥革命其实质是绅权对官权的革命、是在野绅士对当政官僚的革命的看法。现在中国革命发展到民权对神权的革命，是民众打倒绅士的革命。冯友兰出身于绅士家庭，从感情上自然觉得这种革命“可怕”。但他的这种“可怕”，更多的还是出于理智的考虑：当官权和绅权被打倒后，一般民众怎么重新组织和管理政权？中国社会的基层基本是靠绅士组织起来的。中国现代社会基层政权的形成还需要乡绅和中产阶级来组织，实现社会的自我治理和自我调控，在此基础上建立现代民主社会和文明国家。如果把乡绅全部打倒，把社会组织全部砸碎，把社会阶层全部夷平，再由中央到地方重新建立政权，那也依旧只能是一种高度集权与专制的社会，实际上是沿袭中国以往的旧路子。中国以往在无数次“以暴易暴”中循环往复地折腾了几千年，非但没有什么进步，反而在专制的道路上越走越远、在集权的泥潭里越陷越深，号称张扬民权的民众暴力革命，闹腾到最后，结果还是建立了越发压制民权、愈加剥夺民权，愈加专制、愈发集权的政权与政府。怎么才能走出这样的历史怪圈，才是冯友兰真正考虑的问题。到了 20 世纪 40 年代，在《新事论》中，冯友兰有了自己系统的看法。

二　告别玄学

1923 年，中国学术界发生了“科学与玄学”的论战。冯友兰虽然没有直接参加这场争论，但以《一种人生观》对这场争论做了回应。这年冬天，冯友兰在山东曹州第六中学就人生观问题做讲演，讲演内容集结为《一种人生观》，由商务印书馆出版。这部著作的出版，表明冯友兰站在了“科学派”一边，和梁漱溟的“直觉说”及“玄学派”分道扬镳。这是冯友兰哲学立场发生转变，却未能完成的状况在人生观问题上的表现，同时也是他追随新文化运动的继续。

“科学与玄学”论战是“五四”思潮的继续。在中国现代思想史上，“五四”思潮包括两个方面：一方面，它认为传统文化阻碍中国现代化，必须全盘否定，即所谓“打倒孔家店”；另一方面，它认为引进西方的民主和科学，就能解决中国现代化的全部问题，不仅解决政治与经济问题，而且解决文化与道德问题，解决人们精神上安身立命的问题。就打倒旧文化来说，“五四”激进派把矛头集中在对旧礼教、“三纲五常”的猛烈批判上，并没有深入到人生观、价值观等核心问题。1923 年的这场“科学与玄学”的论战，可以说是“五四”思潮的继续与深入。“科学派”试图在人生观这一道德价值领域，驱逐传统文化与哲学的影响。他们认为，“玄学”是传统文化与哲学的最后据点。就建立新文化而言，科学派认为，如果以新文化的“科学”解决人生观问题，科学精神就贯彻到了一切领域，从而全面树起科学的权威。在那场论战中，新文化派的人物无一例外地站在“科学派”这一边。因此，当张君劢提出科学不能解决人生观问题时，丁文江、陈独秀和胡适等都异口同声地加以讨伐。在有关“人生观”讲演中，张君劢指出科学不能解决人生观问题。他旗帜鲜明地反对“全盘西化论”。他说：“方今国中竞言新文化，而文化转移之枢纽，不外乎人生观。吾有吾之文化，西洋有西洋之文化。西洋之有益者如何采之，有害者如何革除之；凡此取舍之间，皆决之于观点。观点定，而后精神上之思潮、物质上之制度，乃可按图而索。此则人生观之关系于文化者所以若是其大也。”[11]就是说，西方虽然有科学，但科学并不是人生观，并不能解决人生观问题。人生观是文化的枢纽，中国文化不能全盘西化，也不需全盘西化。

张君劢所举人生观与科学（主要是自然科学）各项的不同，冯友兰在论“中国为何不能有科学”的讨论中，也是肯定的。在这些讨论中，冯友兰一再强调各民族有不同的价值观，因而形成了不同的生活态度，并由此而形成了不同的生活方式。

“科学派”对张君劢进行批判，主要针对其“直觉说”，并指出科学可以解决人生观问题。胡适就是从正面论证科学可以解决人生观问题从而批评张君劢的。在他看来，形形色色的人生观，因其是“非科学”的，故或是迷信的，或是错误的和有害的，只有用科学方法、在科学基础上建立的人生观，才是对人有益的，与“现代化”、现代社会和文明相适应的。他提出了一个科学的人生观，其基本内容包括十点，大致是“叫人知道宇宙无穷；宇宙中的万物之运动变迁皆是由于自然，无上帝、神等超自然的主宰；人只是动物的一种，与别的物只有程度差异，无种类的区别；人、生物、社会、历史是进化的，变迁的，其原因是可以用科学方法求出的；个人——小我有死而大我——族群人类永存，为人类全种而活是活着的意义，是最高的宗教”[12]。

冯友兰在《一种人生观》中阐述了自己的看法。他一反当时空泛地抽象地谈论人生观的玄谈弊病，讲出一种具体的人生观。这也是他的一贯的做法，立论平实而切中实际。早在1921年10月发表的《印度泰戈尔谈话（东西文明之比较观）》一文中，他就指出，当时学界空谈高论、于世无益。在1922年的《论“比较中西”——为谈中西文化及民族性者进一解》一文中，冯友兰反对抽象地静止地谈论中西文化的优劣，认为文化是在人们制造之中。《一种人生观》就是这种具体的"制造"。在这部著作中，冯友兰对"人生观"做了比较具体的论述，内容有以下几方面：人生之真相；人生之目的；活动与欲；中和与通；性善与性恶；理智之地位；诗与宗教；内有的好与手段好；"无所为而为"与"有所为而为"；人死。这些内容说涉及人生观的全部问题。关于人生的真相，冯友兰指出："问人生是人生，讲人生还是人生，这即是人生之真相。除此之外，更不必找人生之真相，也更无从找人生之真相。我说'人生之真相，即是具体的人生。'"既然人生之真相即具体之人生，那么人生之目的就不像"很有许多人以为：我们若找不出人生之目的，人生即没有价值，就不值得生"[13]。冯友兰说："人生虽是人之举措设施——人为——所构成的，而人生之全体，却是天然界之一件事物。……人生之全体，既是天然界之一件事物，我们即不能说他有什么目的。"[14]中国古代哲学家荀子曾说："礼起于何耶？曰：人生而有欲，欲而不得，则不能无求，求而无度量分界，则不能不争，争则乱，乱而穷。先王恶其乱也，故制礼义以分之，以养人之欲，给人之求。使欲必不穷乎物，物必不屈于欲，两者相持而长，是礼之所起也。"[15]他所谓"礼"就是社会制度，他认为先王以其聪明睿智制定出好的社会制度，以节制和满足人的欲望。冯友兰在这里的看法和荀子思想接近，他对"性善"及"性恶"做了独到的解释，他把"人生观"问题归结为"欲"之最好的满足的方法，把"人生"规定为欲望满足的过程和手段，又把满足人们生活欲求归结为如何才能有一种能最好地满足此种欲求的制度。这样一来，人生观问题就成了如何最大程度、最大范围地满足人们的欲望问题。那么，除了科学与理性，也就没有别的东西能解决这种问题。

在人生观问题上，"科学派"面临的最大难题就是如何处理人的意志和情感问题，怎样把科学的原则和方法贯彻到人的意志和情感领域。冯友兰沿用了"科学派"的基本做法，把意志和情感化约为欲望和本能。关于意志，冯友兰在稍后出版的《人生哲学》中的《一个新人生观》里说："有哲学家以为吾人于欲外又有意志，意志与欲有别，超乎欲之上而常制御之。诸欲有冲突，则意志出而选择之以决定吾人行为之方向。依吾人之见，则意志实即欲之成为系统者，非与欲有种类的差别也。常有一欲或数欲，以其自己为中心，与其类似的欲，联络和合，成为系统，以为吾人人格之中心。所谓'立'某种'志'，实即某种欲之立系统耳。系统既立，以后随时发生之欲，其与‘志’合者，当然得其助而得实现；其与‘志’不合者，当然不得其助而且受压抑。所谓意志有选择者诸欲之力者，即此而已。”[16]关于宗教，冯友兰说：“宗教（迷信即宗教之较幼稚者，今姑以宗教兼言之）亦为人之幻想之表现，亦多讲自己哄自己之道理。其所以与诗异者，即在其真以幻想为真实，说自己哄自己之话，而不自认其为自己哄自己。故科学与宗教，常立于互相反对之地位。若宗教能自比于诗，而不自比于科学，则于人生，当能益其丰富，而不增其愚蒙。”[17]“近来中国思想界中所谓科学与玄学之争，实亦即科学与宗教的哲学之争也。”[18]冯友兰把玄学看成宗教哲学，站在“科学派”一边和批评宗教与玄学。

《一种人生观》虽然虽然篇幅不长，思想也不很成熟、不够系统，但在这里，冯友兰回应了当时人生观领域玄学和科的论战，告别了玄学和直觉，站在科学派一边，继承了新文化运动的基本精神。

在出版《一种人生观》的同时，冯友兰还写了《西洋哲学史》一书，这是他授课的讲义。在这部著作中，冯友兰对古希腊哲学作了较为系统的介绍和评价。其中分别论及泰勒斯、阿拉克西曼德、阿拉克西米尼、毕达哥拉斯、赫拉克利特、德谟克利特、阿拉克萨哥拉以及苏格拉底、柏拉图、亚里士多德、伊壁鸠鲁等人的哲学思想，涉及古希腊所有主要的哲学家。关于西方近代哲学部分，则简要地介绍了培根、霍布斯、笛卡尔、斯宾诺莎、洛克、莱布尼茨、贝克莱、休谟以及康德、谢林、黑格尔等人的哲学思想。冯友兰的这部西方哲学史讲稿，虽然在他生前没有公开出版，但在现代西方哲学东渐史上，具有一定影响，它是由中国学者自己较早撰写的西方哲学史著作之一。

三　论道燕园

冯友兰在广州大学工作了一个学期就离开了，他回到开封小住几天后，就独自一人于 1926 年 1 月 20 日去了北京。任载坤到 4 月底才携带子女去和他团聚。到了北京这个文化和学术的中心，冯友兰有游子归乡之感。正值寒假春节期间，他经常和同学朋友聚会，或切磋学问，或评论时事。和冯友兰经常聚会的有顾颉刚、陈源（西莹）、杨振声、江绍源、徐志摩、金岳霖、俞平伯、邓以蛰、陶孟和、陈博生、林宰平、吴宓、汤用彤、查良钊、翟国眷、叶企荪、杨周翰、汪懋祖、李思纯等人。他们都是学界名流、文化精英。这种情况是他过去在开封和广州时从来没有遇到的。冯友兰置身其中，如鸟归林，如鱼得水。2 月中旬的一天，他在邓以蛰寓所和杨振声、邓以蛰以及日本友人小畑熏良聚会。冯友兰和杨振声、邓以蛰在美国留学期间，小畑熏良在纽约领事馆任职，曾将李白的诗歌翻译为英文，经常请冯友兰解答疑难。新春佳节，故旧重逢，忆往日之友情，话诗书之雅事，个个心情舒畅，开怀畅饮，少哲人之严肃，多诗人之豪放；无儒者之拘泥，有道家之洒脱，投杯击盘，把盏举觞。四人共喝花雕黄酒 12 瓶，个个喝得酩酊大醉，东倒西歪。

1929 年，冯友兰与夫人任载坤偕子女同任芝铭在一起。

2 月底开始，冯友兰就任燕京大学哲学教授兼燕京研究所导师。燕京大学是一所教会大学，它当时在北京西郊建设新校舍，“燕京大学成立以后，在北京城里找个地方上课，一面在西郊建筑新校舍。在民国初年，西郊废园很多，有的为当时的军阀所霸占，有的任其荒废。燕京大学看中了一个废园，原来的名字叫‘淑春园’，据说是和珅的园子，民国初年为陕西军阀陈树藩所占有。据说燕京同陈树藩商量，作为半捐半卖，把这个废园让给燕京，半卖的价钱是二十五万元。燕京得到这个地基以后，就在美国募捐。谁能捐出一座楼的建筑费，这座楼就以他的名字为楼名。对着西校门的那座楼，原来名叫'贝公楼'，据说是有个叫 Baker 的人捐建的，这座楼的规模比较大，是燕京的主楼。当时圆明园还有不少残余的东西可以利用，这座楼的楼基，是圆明园的一个殿基，门前的一对麒麟和台阶，都是从圆明园搬来的。西门内的那一对华表，也是从圆明园搬来的。"[19]燕京大学是美国教会教友捐资建设的。现在北京大学西门内那一大片雄伟壮观、古朴典雅的建筑，还有未名湖畔斋房及体育馆、博雅塔，燕东园和燕南园的住宅、静园六院及体育馆，都是在那一时期建成的。最初是以捐献者的名字命名的，后来才改为现在的名字。

司徒雷登是当时的校务长，他于清光绪二年(1876)生于杭州，父母是传教士，从血统上说，他是一位纯粹的美国人，而他自己说自己"是一个中国人更多于是一个美国人"。他会讲一口纯正流利的杭州话。他11岁时到美国弗吉尼亚州上学，在那里被人讥笑为"不会说英语的怪物"。在大学期间受"学生志愿国外传教运动"的影响而转到神学院，立志传教。清光绪三十年(1904)他新婚后携妻子回到杭州，成了第二代美南长老会传教士。光绪三十一年(1905)他开始从事传教，并钻研汉语。光绪三十四年(1908)开始任金陵神学院希腊文教授。清宣统二年(1910)任南京教会事业委员会主席。辛亥革命时兼任美国新闻界联合通讯社驻南京特约记者。民国八年(1919)一月，他出任燕京大学校长。民国三十年(1941)太平洋战争爆发，他因拒绝与日军合作，被日军关进集中营，直到日本投降后才获释。民国三十四年(1945)获释后的司徒雷登继任燕京大学校长，直到离开中国。民国三十五年(1946)七月他出任美国驻华大使，同年十月，到杭州参加青年会复会典礼并为父母亲扫墓，杭州市参议会授予他"杭州市荣誉公民"称号。司徒雷登于民国三十八年(1949)八月离开南京，从此结束他的在华生涯。1954年他完成回忆录《在华五十年》，由兰登书屋出版。他于1962年9月18日去世，生前有把骨灰安葬在燕京大学未名湖畔临湖轩的遗嘱。后来几经周折和交涉，2008年11月17日，他的骨灰安葬于杭州半山安贤园墓地的文星园内，和他父母亲葬在一起。

作为校长，司徒雷登为燕京大学做出了杰出的贡献。新校舍建设的开始，他四处募捐，为燕京大学建造了一所美轮美奂的新校园。他前后十五次回国，通过各种渠道募捐；同时在中国的军阀、政客、名流中间进行募捐，其中包括段祺瑞、孙传芳、颜惠庆、冯玉祥、张学良、陈树藩、梁启超等人。到抗战爆发前，他一共募捐到两千万元美金的经费。燕京大学经费的百分之九十是靠司徒雷登个人通过化缘来的。燕京大学的校园及校舍由美国墨菲设计规划设计，中国著名建筑师吕彦直参与其中。在施工期间，司徒雷登不辞劳苦，亲自到工地监工，以保证建筑质量。燕京大学的校舍雄伟、美观和坚固，在中国高校建筑中出类拔萃。司徒雷登办事严肃认真，为人平易随和，和教师们打成一片。自他夫人去世后，他的寓所临湖轩就成了教师俱乐部，他们经常在那里举办舞会和沙龙。谢冰心和吴文藻就在临湖轩举行婚礼，并由司徒雷登主婚。司徒雷登秉承西方的大学理念，力图把燕京办成一所经得起任何考验、真正意义上的大学。他认为在大学"所传授的真理应该是没有被歪曲的真理，至于信仰什么或表达信仰的方式则完全是个人的私事"。燕京大学弥漫着一股信仰自由、学术自由、思想自由的空气。司徒雷登聘请教授时，只问有没有真才实学，向来不问政治倾向、宗教信仰和学术流派。他主政燕京大学期间，燕园会集了大批一流教授，其中包括教育家陆志韦、林迈可，社会学家许仕廉、雷洁琼，人类学家吴文藻，考古学家容庚、裴文中，神学家赵紫辰，法学家张友渔，哲学家张东荪、洪谦、冯友兰，史学家洪业、陈寅恪、钱穆、陈垣、邓之诚、顾颉刚、韩儒林、翁独健，政治学家萧公权，文学系更是人才济济，许地山、周作人、朱自清、林庚、顾随、郑振铎、陆侃如、冯沅君、谢冰心等都曾在此任教。还有许多外籍教授也都曾在这里任教，比如心理学家夏仁德，细胞学家、遗传学家博爱理，地球物理学家、应用数学家赖朴吾等来自美国，汉学家高本汉是瑞典人，考古学家鸟居龙藏是日本人。燕京大学培养出了一批著名的学生，外交家黄华，思想家李慎之，著名学者雷洁琼、费孝通、侯仁之、李安宅、王钟翰，作家冰心、萧乾，医学家吴阶平，物理学家谢希德、黄昆，著名演员黄宗江、孙道临，等等，都是出自燕京大学。

在燕京大学时，冯友兰在授课以外，还担任学术职务、参加社会活动。1925年9月，沈从文投考燕京大学研究院，参加一场口试，冯友兰为主考。沈从文临场紧张，竟无一题能答，燕京大学不予录取。冯友兰后来专门召见沈从文，安慰并鼓励他说："沈先生很有才华，宜走创作之路。”1927 年 6 月，《燕京学报》创刊，冯友兰与容庚、赵紫宸、许地山、黄子通、谢婉莹、洪煨莲、吴雷川任编委。他曾应顾颉刚的邀请，入股创办朴社，顾颉刚后来离开北京到广东大学任教，冯友兰一度接管朴社。他还定期参加《现代评论》社聚餐会：“我为这个刊物写了些稿子，他们的聚餐会我也去参加。……当时参加聚餐会的有王士杰、丁西林、陶孟和、陈源……杨振声、高一涵等。”[20]在燕京大学期间，冯友兰与清华学校的王国维、吴宓、陈寅恪等人过从较密，尤其和陈寅恪成为至交。冯友兰曾让冯沅君嫁给门当户对、才学又让自己佩服的陈寅恪。只是冯沅君已深深地爱上了陆侃如，未能如冯友兰的心愿，陈、冯两家联姻未成，要不然 20 世纪中国的士林文坛会增加一段佳话。

冯友兰本来是想在燕京大学做西方哲学研究和教学工作，可到燕京大学后，学校要他讲授中国哲学史，于是他就开始讲授中国哲学史。在《四十年的回顾》中，他说：“1926 年，我到燕京大学，担任中国哲学史这门功课。从这个时候，我就开始认真地研究中国哲学史。这在当时，并不是我的意愿。我本来是要多搞一些资产阶级哲学，准备自己建立一个体系。搞中国哲学史，在当时觉得是一种教学任务，是一种负担。可是搞了一个时期以后，就觉得就是在中国哲学史这个部门里，也是可以大有作为。”[21]从这里，可以看出冯友兰的学术取向和学术功底。从鸦片战争开始，中国近现代的主流是向西方学习，学习西方的科学技术、管理制度和精神文化。早在 1920 的《留别同社诸君》里，冯友兰写道：“我便要泛舟太平洋/适彼岸，共和邦/也是想贩些食物/救这饥荒/我们既认清这条路/便行去，不可懈怠，无须思量。”[22]意即留学是为了输入西方的新思想，以救国民的精神饥荒。近代以来，是西学东渐的时代。冯友兰成功地吸取了西方理性主义和逻辑分析方法来梳理和改造中国哲学，从而创立了中国哲学史这门学科和自己“新理学”体系。这就使得冯友兰不同于梁漱溟、熊十力等其他新儒家。冯友兰本来是想回国后从事西方哲学的翻译和研究工作，可一旦需要他研究中国哲学，并真正从事哲学研究的时候，他厚积薄发，后来居上，不到十年间就在这一领域出类拔萃，执其牛耳。冯友兰学术功底之深厚，研治范围之广泛，于兹可见一斑。在燕京大学讲授中国哲学的同时，冯友兰又兼北京大学讲师，讲授西洋哲学史；并在华语学校讲《庄子》。也就是从这时起，冯友兰开始系统研究中国哲学，先后发表了《名教之分析》、《柏拉图哲学略述》、《郭象的哲学》、《中国之社会伦理》、《中国哲学中之神秘主义》、《泛论中国哲学》、《蒙太叩论共相》、《孔子在中国历史中之地位》等一系列论文，出版了《人生哲学》一书。这些文章和著作为他后来的学术研究奠定了基础、确立了走向。"从此开始以后，直到现在，六十年来，我的哲学活动，可以分为四个时期。第一时期是从 1919 年到 1926 年，其代表作是《人生哲学》。第二时期是从 1926 年到 1935 年，其代表作是《中国哲学史》。"[23]在燕京大学这两年半时间，是他学术思想发展由第一阶段向第二阶段过渡的关键时期。

《人生哲学》是由《人生理想比较研究》外加《一个新人生观》合并而成的。《人生理想比较研究》是他博士论文《天人损益论》的中译本，《一个新人生观》是由《一种人生观》扩展而来的。冯友兰自己后来对《人生哲学》评价道："在《人生哲学》中，我把所谓十派平列起来，好像是没有什么偏向。实际上，我的偏向是很明显的，那就是'中道'。在《人生哲学》最后两章，第十二、十三章，我提出了'一个新人生论'。这就是我在当时所认为是'中道'的人生论。我说：'今依所谓中道诸哲学之观点，旁采实用主义及新实在论之见解，杂以己意，揉为一篇，即以之为吾人所认为较对之人生论焉。'"[24]

冯友兰在《孔子在中国历史中之地位》一文中，对孔子的主要贡献和历史地位做了实事求是的评价："本篇的主要意思，在于证明孔子果然未曾制作或删正六经；即令有所删正，也不过如'教授老儒'之'选文选诗'；他一生果然不过是一个'选本多，门徒多'的'教授老儒'；但他却并不因此而即是'碌碌无所建树'；后人之以先圣先师等尊号与他加上，亦并非无理由。"[25]关于孔子的贡献，他具体而明确地指出："（一）孔子是中国第一个使学术民众化的，以教育为职业的'教授老儒'；他开战国讲学游说之风；他创立，至少亦发扬光大，中国之非农非商非工非官僚之士之阶级。（二）孔子的行为，与希腊之'智者'相仿佛。（三）孔子的行为及其在中国历史上的影响，与苏格拉底的行为及其在西洋历史上的影响相仿佛。"[26]这是冯友兰第一篇研究孔子的文章。对孔子的研究，"五四"以后有两种不同态度：一是尊孔，一是批孔。"批孔"派在"五四"时期代表人物是陈独秀、胡适和吴虞等人；"尊孔"主要有梁漱溟等人。金春峰指出："尊孔派与批孔派在对待孔子的态度上的首要分歧是：是否承认孔子思想在今天仍然享有生命活力，仍然是民族文化生命之灵魂，是活着的、有意义的东西。尊孔派之尊孔，其实质是承认这点。而‘批孔’派则认为孔子思想虽在历史上有其正当的地位，但今天则没有现实的意义，仅有学术的价值与意义。故其对孔子的研究完全持一纯学术的客观态度。”[27]按照这种分法，冯友兰对待孔子的态度是介于二者之间，既不尊孔，亦不批孔，严格地讲应该说是“释孔”或“研孔”。中国没有宗教，虽然儒家有类似宗教的功能，但它毕竟不是宗教，即便是在“罢黜百家，独尊儒术”的汉代，儒家也没有基督教在西方的那种地位。孔子在中国历史上只是师，不是王，更不是神，从来没有像今文学家们所吹嘘的那样。冯友兰把孔子比做西方历史上的苏格拉底，已经把孔子摆得很高了。这种事实求是地对待孔的子态度，并没有影响他对孔子的敬意和对孔子思想的阐释与发挥。冯友兰后来写了很多关于孔子的文章，但对孔子一直是抱着求实的态度、同情的理解和崇高的敬意。这种“释孔”的立场和态度，终其一生，基本上没有多大变化。

注释

[1] 吴永：《庚子西狩丛谈》，第 187 页，南宁：广西师范大学出版社，2008 年版。

[2] 冯友兰：《三松堂全集》第 14 卷，第 359 页，郑州：河南人民出版社，2000 年版。

[3] 同上书，第 358 页。

[4] 河南大学校史编写组：《河南大学校史稿》，第 18 页，郑州：河南大学出版社，2002 年版。

[5] 同上。

[6] 冯友兰：《三松堂全集》第 14 卷，第 32 页，郑州：河南人民出版社，2000 年版。

[7] 冯友兰：《三松堂全集》第 1 卷，第 58 页，郑州：河南人民出版社，2000 年版。

[8] 同上。

[9] 同上书，第 59 页。

[10] 冯友兰：《三松堂全集》第 14 卷，第 298 页，郑州：河南人民出版社，2000 年版。

[11] 丁文江、张君劢等:《科学与人生观》,第 38 页,上海亚东图书馆刊行,1923 年版。

[12] 同上书,第 22—23 页。

[13] 冯友兰:《三松堂全集》第 2 卷,第 6 页,郑州:河南人民出版社,2000 年版。

[14] 同上书,第 7 页。

[15] 荀子:《荀子·礼论》。

[16] 冯友兰:《三松堂全集》第 2 卷,第 231 页,郑州:河南人民出版社,2000 年版。

[17] 同上书,第 19 页。

[18] 同上书,第 205 页。

[19] 冯友兰:《三松堂全集》第 1 卷,第 61 页,郑州:河南人民出版社,2000 年版。

[20] 引自冯友兰 1968 年 2 月 15 日所写《再补充交待》。

[21] 冯友兰:《三松堂全集》第 14 卷,第 107 页,郑州:河南人民出版社,2000 年版。

[22] 同上书,第 501 页。

[23] 冯友兰:《三松堂全集》第 1 卷,第 172 页,郑州:河南人民出版社,2000 年版。

[24] 同上书,第 179 页。

[25] 冯友兰:《三松堂全集》第 11 卷,第 149 页,郑州:河南人民出版社,2000 年版。

[26] 同上。

[27] 金春峰:《冯友兰哲学生命历程》,第 45 页,中国言实出版社,2004 年版。

第七章　安身清华

一　襄助清华校务

早在1911年冯友兰考入中州公学后，清华学堂招生，他本想报考却没考成。没有想到17年后，他“于1928年随同罗家伦到清华，还加入了领导班子。当时的清华，正处在由留美预备学校改变为清华大学的过程中”[1]。冯友兰在这一个过程中做出了很大的贡献，并开始了他一生最辉煌和最幸福的时代。

冯友兰在燕京大学时，学术研究成绩斐然，而燕京资金充足，薪水丰厚让学人羡慕，这又保证了学术研究的进行；虽然是教会大学，但也弥漫着自由活泼的学术风气。使冯友兰离开燕京大学的真正原因是他的爱国主义情感，他不想在外国人办的大学里做事。清华学堂虽然是用美国“庚子赔款”创建的，但1928年8月17日已改为国立，任命罗家伦为校长重组清华大学。罗家伦(1897—1969)，字志希，浙江绍兴人。1914年入上海复旦公学，1917年肄业后进入北京大学。1919年在陈独秀、胡适的支持下，与傅斯年、顾颉刚等人创办新潮社，出版《新潮》月刊。五四运动时，他亲笔起草了唯一的白话文印刷传单《北京学界全体宣言》，提出了“外争国权，内除国贼”的口号，并在5月26日的《每周评论》上第一次提出“五四运动”这个名词。1920年秋去美国，先后在普林斯顿大学、哥伦比亚大学留学，后又去伦敦大学、柏林大学和巴黎大学学习。1926年归国后参加北伐战争，任国民革命军总司令部参议和中国国民党党务学校主任；1928

年任司令部政务委员会教育处处长。1928 年 8 月 17 日，民国政府任命罗家伦为清华学校校长。冯友兰在北京大学读书期间就和罗家伦同学，创办《心声》杂志时和罗家伦多有联系，留学美国时又和罗家伦同学。罗家伦对冯友兰非常熟悉也十分了解，他到任不久，就邀请冯友兰到清华大学与自己共事，并且委以重任，不但是教授，而且还兼任学校的秘书长。

清华大学的前身是建于 1911 年清华留美预备学校。清华大学在很长时间内带有浓厚的殖民地色彩，存在着很多不正常的情况。主要表现为：外国职员高于中国职员，外国课程高于中国课程，董事会把握基金，学校建设无法进行。这些情况直到罗家伦担任清华大学校长后才得到改变。1928 年 9 月 18 日，罗家伦在就职仪式上发表题为“学术独立与新清华”的讲演，提到“学术独立”的总目标和具体措施，先成立文、理、法学院，以文、理带动其他；以学术为准则，从国内外罗致良好教师；以研究为大学的灵魂，先后成立各种研究院；减少行政费用，积极添置图书仪器设备；招收女生，严格考试，使学生严进严出等。接下来，罗家伦、冯友兰等人就做一系列改革工作，主要工作是对清华进行改制并实现独立。为此，清华大学 1928 年 12 月 26 日举行第四次教授会，讨论清华基金问题，决定向董事会要求：(一) 清华及留美经费按月由美驻华使馆交财务委员会转发学校，并请董事会转请外交、教育部照办。(二) 财委会重要办事职员需严加选择，原有基金会委职员应一律撤换。(三) 财委会重行考核基金所存之银行之可靠与否，速筹基金存储安全办法。(四) 请财委会于三月内宣布基金存储所在及详细账目(包括利率)，以后每半年公布一次。次年 3 月 7 日，清华大学举行第五次教授会，决定“动用基金利息若干为建筑费，请评议会议决后作为教授会意见问董事会提出；请董事会来北平开会；推举冯友兰为教授会代表前往南京列席董事会会议，说明本校校舍扩充计划”[2]。3 月 25 日，冯友兰只身赴南京与清华董事会交涉。4 月 1 日，清华董事会拒绝清华校方请他们到北平开会的要求，仍在南京开会，并且不许冯友兰代表清华教授会列席会议。4 月 3 日，董事会继续开会，讨论清华大学教授会提案，冯友兰到会作简要说明，董事会限定说明不得超过十五分钟。4 月 4 日，冯友兰往教育部见罗家伦。当时罗家伦已经知道董事会否决清华教授会提案，向教育部提交辞呈。冯友兰当即发电报给清华大学教授会：“董事会开会不准本会代表列席，仅允于议及本会提案时出席说明，限定发言十五分钟。”

董事会的做法遭到清华大学师生的强烈反对。4 月 8 日，教授会通过决议，反对董事会议决案，要求改组董事会，否则就取消董事会。当天，评议会通过决定："呈请国民政府取消董事会制度，实行教授治校，校长由教授会推举，呈请国民政府任命之。"4 月中旬，学生会为请求取消董事会、改隶属教育部发表宣言："同人知有学校，不知有个人；知有是非，不知有忌讳。对董事会乖舛之一切议决案，誓不承认；对董事会存在，誓死反对；全体一致，非达到直隶教育部之目的不止。"[3] 18 日，学生会代表赴南京向国民政府请愿。5 月 2 日，清华大学召开第六次教授会，会议决定：致电行政院、教育部、外交部，请中华教育文化基金委员会基金保管委员会兼任清华大学基金保管委员会；要求清华直接隶属教育部；要求彻底查清清华大学基金。经清华大学校长、教授会和学生会的不懈努力，5 月 10 日，国民政府第 28 次国务会议决定，清华大学基金改由中华教育文化基金委员会基金保管委员会保管，清华大学直隶教育部；6 月 29 日，教育部下令撤销清华大学董事会。至此，清华大学在归属权和领导权之争以胜利而告终。

在这场争取清华走向独立的斗争中，冯友兰作为清华大学秘书长，不仅恭身入局，而且只身赴南京交涉，为清华大学改制独立做出了重要的贡献："我有一个想法，清华由游美学务处发展到现在，其发展过程反映了中国近代学术的发展过程，是中国近代学术走向独立的过程。清华校史不仅有一校的意义，而且反映中国近代学术逐渐走向独立的历史。我能在这个过程中出过一些力，觉得是很荣幸的。我在清华的几十年是我一生中最幸福的时代。"[4]

有了清华大学这块"安身立命之地"，冯友兰就把自己的全部理想和希望寄托在这所大学上。1930 年，接管河南政权的万选才托人向冯友兰表示，请他回河南任中山大学（即原中州大学）校长，并派冯友兰父亲的好友张嘉谋下聘书，冯友兰拒绝了。1932 年，国民政府教育部部长蒋梦麟请冯友兰出任高等教育司司长，冯友兰觉得清华既可以著书立说，又可以做点事情，远比在官场混着好，于是就写信辞谢。1935 年，孙科托人致函冯友兰，请他往南京出任中山文化教育馆总干事，冯友兰回信谢绝。

清华大学归属教育部以后，在对日全面战争开始以前，它的进步真是一日千里。在这一发展过程中，冯友兰作为清华大学秘书长和文学院长，贡献很大。1949 年以前，大学文学院函盖人文学科众多门类，是大学中最重要的一个院。冯友兰任清华大学文学院院长长达18年，是清华大学领导层的主要成员，地位仅次于校长。校长梅贻琦住清华园甲所，他就住乙所。清华大学对上呈文、对外通电和对内通告多出自冯友兰之手。不仅如此，他还曾经两度出任清华校务会议主席，于群龙无首、局势危难之际，行使校长职权，领导清华学大学渡过难关。他以良好的秉公品德和卓越的行政才能，为清华大学的建设和发展做出了杰出贡献。

清华大学的发展，首先得益于罗家伦执掌清华时期完善的"教授治校"原则。他执掌清华时，对外争取改制独立，对内实行民主制度，"教授治校"的原则就是这种制度的具体实施。"教授治校"是西方大学的通用原则，1949年以前中国大学也多奉行这一原则。这一原则在清华大学比较完善。清华大学独立以后，遇到了国家相对稳定、全面发展的大好时机，加上有健全的民主制度做保证，百废俱兴，日新月异：扩建校舍、购置图书、配备仪器，扩大招生、聘任教授、增加课程。诸如此类，千头万绪，冯友兰均参与其事，积极谋划。冯友兰在任教授之外，还担任着其他的职位：1928年11月，被选举为清华大学评议会评议员；1928年12月，被选举为清华大学教职员公会会长，被聘为清华大学奖学金委员会委员、招考委员会委员；1929年1月，应聘出任《清华大学学报》编辑委员会委员；1931年起，任清华大学文学院院长；"九·一八"事变后，被推举为清华大学教职员公会对日委员会主席。兼此数任，冯友兰在清华大学所做的工作和对清华大学的贡献就可想而知了。单就图书馆扩建一事，清华大学自1929年10月31日到1930年1月29日，先后五次专门召开会议讨论，冯友兰每次都参加会议，有时还被推举为会议主席或书记。

为了不影响学术研究，冯友兰只得合理有效地利用时间。1931年1月14日，他在《清华校刊》上刊登启事："为节省时间，拟于每日上午在秘书处办公，下午在文学院院长室预备功课。同仁有事与友兰接洽者，如非必要，请于上午见访，幸甚。"

如果以上只是平常时期处理日常校务，还显不出什么山高水低的话，那么非常时期则显出了冯友兰的卓越干才。1930年5月22日，校长罗家伦被迫辞职。他的辞职是由中央政府和阎锡山争斗引起的，当然也与他行事果敢、作风专断，特别是提倡"党化教育"引起师生的反感有关。其实表面上看是学生会驱赶校长，实质上是地方军阀驱逐中央政府委派的校长。

冯友兰和罗家伦(右六)、梅贻琦(右五)、朱自清(右一)、潘光旦(右八)等清华大学的同事们在一起。

就在罗家伦辞职不久,阎锡山就派自己的人乔万选来接管清华。

清华学生对此不满,他们挡驾新校长上任。校方立即召开校务会议。会上,教务长吴之椿报告新校长来校遭学生拒绝的情况及校务会议应付目前环境的态度,最后决定:(一)在校长问题未经法定手续解决前,请校务会议本照以往政策继续维持校务。(二)推选冯友兰及蒋廷黻、张奚若、吴之椿、朱自清、周炳琳、张子高代表教授会全权起草宣言并直接发表。当日晚,冯友兰即与蒋廷黻等人起草宣言:"本校不幸因校长问题引起纠纷,同人等职在学校,对于校长个人之去来本无所容心,唯本校为一最高学府，一切措施应以合法手续行之，校长自应由正式政府主持教育之机关产生，若任何机关可以一纸命令任用校长，则学校前途将不堪设想。查本校自罗校长辞职后，所有计划照常进行，学生学业丝毫未受影响，经费则自去年春起由美使馆按月拨给中华教育文化基金委员会，依法定手续转交本校正式当局，本校基金亦由该会保管，不受任何方面干涉。所愿学校行政亦能超出政潮独立进行，俾在此兵戈扰攘之中，青年尚有一安心求学之处。倘有不谅此衷，别有所图者，同人等职责所在，义难坐视。"[5]

在罗家伦辞职离校、乔万选被挡驾之后，1930 年 7 月 10 日，冯友兰被推举代理校长，主持校务会议及日常工作，清华大学秩序井然有序，各项工作运作良好。可有阎锡山做靠山想当清华大学校长的人不甘心失败，于 7 月 29 日夜晚，在清华园张贴攻击冯友兰的匿名标语。7 月 31 日夜晚，乔万选派汪吟龙来游说冯友兰，冯友兰不为所动，并坚决推辞。在这之后，乔万选又授意"护校会"在清华大学散布谣言，并授意清华大学"护校会"致电阎锡山，状告冯友兰等未尽职守，使清华"形同解散，百务益微"。8 月 4 日，清华大学召开第 24 次校务会议。事情真相大白之后，冯友兰挺身反击，于 8 月 8 日 发表个人声明《清华现状与我的态度》。以铁的事实驳斥匿名标语的造谣、诬陷和诽谤。在声明最后，冯友兰说："所谓读书护校会者，已经把我告在阎总司令那里了。我静坐在清华听候查办。同时我要声明：我受教授会的推举加入校务会议维持校务，要负我的责任。除非我不能行使职权，除非校务会议别人全走不能开会，除非教授会撤了他给予我的代理文学院院长之职，除非大多的学生对我失了信任，我一定要遵守教授会的意思，维持校务。'可以托六尺之孤，可以寄百里之命，临大节而不可夺'，我的修养还未到此，但我是要照此方向做的。"

冯友兰在危难之际主持校务，支撑危局，忍辱负重，勤勉工作，得到了学生们的支持。8 月 8 日，清华大学学生会致公函校务会议，高度评价他们的工作："校务会议诸公悉心维持，一切进行如常，学生等无任感佩。值兹校长问题未解决前，学校岌岌可危之际，万请毋信流言，致感不安，学生等皆了然深悉，异常谅解。尚恳诸公仍本爱护清华大学之精神贯彻初衷，始终维持，不胜企祷。"又说："本校自罗家伦先生辞职以来，迄今将一载。在此期间，蒙诸先生不辞劳瘁，鼎力维持，校务进行如常，全体同学赖以安心就学，弦诵不辍。敝会谨代表全体同学向诸先生诚恳致谢，幸垂察焉。”[6]

1931年4月2日，清华大学举行第65次校务会议，议程之一是讨论冯友兰等辞职案。会议决定接受冯友兰等辞去所代各职，对冯友兰等维持校务劳绩诚恳致谢，但要求在校长到校前仍旧维持校务。自1930年7月10日至此，冯友兰主持清华校务达九个月之久，历经46次校务会议，有“教授治校”原则的保证，有教授们的大力支持，校务委员和衷共济，冯友兰领导清华大学渡过了艰难时期，使清华大学得以正常运作，并取得了很多成就。4月13日，冯友兰主持纪念周会议并报告代理教务长、代理各院院长辞职：“回想自校务会议维持校务以来，忽然已将一年。在这很长的时间中，校内外虽然有些风波，清华大学在各方面均能照常进行，校内各方面良好的习惯均能保持着。财政方面用款一百万，还没有生出什么弊端。我们虽然受尽劳怨，幸喜尚无大过。这一次纪念周，也许就是校务会议维持校务时代的最后一次，所以谈谈这些回想。俗语：‘当家三年，鸡狗皆嫌。’校务会议当事虽不够三年，而全校大家觉得我们讨厌的人一定不少。但是我们对于大家非常感谢，因为只有全校合作，校务会议才能到今日功成身退的地步。”

乔万选被挡驾的风波刚刚过去，吴南轩到任后的纠纷接踵而至。1931年4月3日，南京国民政府任命吴南轩为清华大学校长。16日，吴南轩刚到校视事，随即聘陈石孚为教务长、朱一成为秘书长，可陈、朱二人均非清华大学教授，这就违犯清华大学教授治校的原则。20日，吴南轩宣誓就职。28日，冯友兰出席了由金岳霖、张奚若、萨本栋、周培源、吴有训、蒋廷黻等15人提议召开的教授会临时会议。金岳霖等人因吴南轩到校后“新改清华章程，规定院长不由教授中聘任，教授聘任取消聘任委员会，专由校长个人独揽大权，使教授毫无保障，对学校前途有莫大危险”，故提请讨论并“追究何人负蒙蔽教部提请修改章程之责任”。与会教授一致要求恢复清华大学原条例精神，认为对吴南轩蒙蔽教育部、破坏清华传统精神应有坚决表示，最后以三十八票对二票通过决议：“吴南轩到校以来，唯务大权独揽，不图发展学术，加以蔑视教授人格，视教授如雇员，同人等忍无可忍。为学校前途计，应请教育部另简贤能来长清华，以副国府尊重教育之至意。”会议又推举张奚若、金岳霖、蒋廷黻、周炳琳、张子高、吴有训、萨本栋七人代表教授会起草声明。5月28

日，教授委员会还通过了《教授会上教育部呈文》。29日，张奚若等起草对外声明，冯友兰和其他教授在声明上签名。声明云："同人等因吴南轩蒙蔽教育部，破坏清华大学，除一面呈请教育部简校长、重议规程外，特此郑重声明，倘此问题不能圆满解决，定于下学年与清华脱离关系。"[7]当时，清华大学专任教授59人，其中外籍教授19人，签名者共有48人之多。同日，清华大学学生会也发表驱逐吴南轩的宣言。

面对教授会和校务会的反对，吴南轩不仅不明智地引退，反而一意孤行，和教授会对着干。他于5月30日在《世界日报》和《华北日报》上刊登《清华启事》，污蔑、攻击清华师生说："近日因反动分子违抗部令，煽动风潮，于29日晨唆使学生召集大会胁迫校长。……本校自即日起在东交民巷利通饭店设立临时办事处。"鉴于这种情况，教授会决定：(一) 严诘吴南轩"反动"指何事何人，有何根据，限期答复并要求教育部："此次清华问题无论钧部作何处置，反动罪名何指，应求钧部彻查辩白"；(二) 推冯友兰与张奚若、吴有训赴南京向教育部及舆论界报告清华大学真相；(三) 会员各捐四十元备冯友兰等南下之用；(四) 请萨本栋、周炳琳、蒋廷黻、金岳霖、张子高、王力山、陈岱孙、钱端升、杨武之为临时委员，主持校务。冯友兰与张奚若、吴有训赴南京向国民政府汇报情况并向社会各界讲明详情。7月3日，教育部以吴南轩"暑病时侵"、"亟宜调养"为由，调他离校。7月4日，委派翁文灏到清华大学代理校务，冯友兰仍为校务委员会主要成员；两个月后，教育部又电准翁文灏因事请假，清华学校校务由叶企孙代理。此后，冯友兰还是校务委员会主要成员，直到1931年12月4日，国民政府任命梅贻琦为清华大学校长。梅贻琦(1889—1962)，字月涵，天津人，1904年考入南开，为南开第一期学生，1908年入保定高等学堂，1909年考取第一届庚款留美资格，1914年在美国吴士脱大学获工学学士学位回国，1915年到清华学校任教，1926年任首届公推教务长，一度曾经主持国学研究院工作，1928年代理清华学校校长，罗家伦到任后，赴美国任清华留美学监。当时清华校长"虚位"已久，各方提出了许多人选。最让清华人期盼的，大约还得是与该校有长期关系，了解该校学风，能将其发扬光大的人物。经过反复考虑，由教育部部长李书华引荐，梅贻琦终于显露头角。

1931年12月8日，梅贻琦在清华大学发表就职演说："我们要向高深研究的方向去做，必须有两个必备的条件，其一是设备，其二是教授。

设备这一层，比较容易办到，我们只要有钱，而且肯定把钱用在这方面，就不难办到。可是，教授就难了。一个大学之所以为大学，全在于有没有好教授。孟子说：‘所谓故国者，非谓有乔木之谓也，有世臣之谓也。’我现在可以仿照说：‘所谓大学者，非谓有大楼之谓也，有大师之谓也。’我们的智识，固有赖于教授的教导指点，就是我们的精神修养，亦全赖有教授的 inspiration。我们只有随时随地地留意延揽而已。同时对于在校的教授，我们应该尊敬，这也是招致的一法。”[8] 梅贻琦着手集中做两件事：一是师资人才的严格遴选和延聘，二是继续推行“教授治校”的民主制度，完善了由教授会、评议会和校务会议组成的行政体制。

清华人事安排还不稳定、人心浮动的时候，中华民国二十年(1931)，震惊中外的“九一八”事变发生了。真是内忧未去，外祸又至。日本自“明治维新”以来，对内奉行“学习西方，脱亚入欧”的基本国策，对外推行“开拓万里波涛，布国威于四方”的外交路线。中国成了它侵略的主要目标。日本亡华之心昭然若揭，侵华之举步步升级。“九一八”事变是日本处心积虑、蓄谋已久的产物。胡适在纪念“九一八”事变一周年发表的《惨痛的回忆与反省》一文中指出：“‘九一八’的事件，不是孤立的，不是偶然的，不是意外的，他不过是五六十年的历史原因造成的一个危险局面的一个爆发点。这座火山的爆发已不止一次了。第一次的大爆发是在三十八年前的中日战争，第二次在三十五年前的俄国占据旅顺大连，第三次在庚子拳乱间俄国进兵东三省，第四次在二十八年前的日俄战争，第五次在十七年前的二十一条交涉。去年‘九一八’之役是第六次的大爆发。”[9] 这次战事一起，就意味着中日两个国家进入了大决战。面对关系国家兴衰、民族存亡的事变，冯友兰和清华大学其他教授一道，积极参加抗日活动。1931 年 9 月 21 日，冯友兰主持教职员公会临时紧急会议并报告：“自本月 19 日日军侵占沈阳事件发生，北平各大学即发起组织平津学术团体对日联合会，议定北平国立四大学、北平研究院、北平图书馆、南开、燕京及中国大学之负责当局为常务委员，并推举蒋梦麟为主席，代表学术团体方面讨论应付此次事变之方案。同时北平各大学教职员亦拟组织教职员联合会，研究办法，领导民众，以作政府之声援。本校教职员公会亦应有适当组织，一方面可作出席北平教职员联合会之准备，一方面可自行研究救济工作，故今日有此大会之召集。”[10] 大会议决，由冯友兰及张子高、蒋廷黻、钱端升、叶公超、陈岱孙、章晓初、吴有训、王文显、马约翰、叶企孙、叶石孙、钱稻荪、叶公超、吴之椿、萧蘧等17人组成教职员公会对日委员会。当天晚上，冯友兰在工字厅出席对日委员会第一次会议，被选为该委员会主席。24日晚，他主持对日委员会第二次会议，会议议决："（一）组织宣传股编印英文小册，说明日本强占东北之真相，宣示各国。（二）加推吴有训为出席联合会之代表。（三）请徐淑希（燕京大学）、钱稻荪讲演东北问题。"

在参加各种抗日集会活动的同时，冯友兰组织抗日募捐。1931年11月16日，他主持对日委员会会议。会议决定：（一）以教职员公会名义致电黑龙江省主席马占山，慰劳拒敌守土之功，并汇款一千元。（二）致电国民政府蒋总司令、张副司令，请速增援马占山。会后即拟电文并发出：（一）"齐齐哈尔马主席并转全体将士勋鉴：据敌守土，不屈不挠，神勇精忠，举国同钦。同人等谨捐薪千元，由大陆银行汇至哈尔滨，籍表慰劳微诚，务望奋斗到底，为当世楷模。"（二）"南京国民政府蒋总司令、北平张副司令钧鉴：黑龙江马代主席及将士孤军守土，神勇精忠，举国同钦，务望即派军汇饷，火速援应，万勿使忠义之士以援绝致败，国家幸甚。"[11]1932年1月22日，冯友兰召集对日委员会会议，决定为慰劳辽西战役后来平伤兵向教职员发起募捐。他草拟募捐启事："辽西战事，我国少数官兵及义勇军，以微弱兵力，抗拒暴寇，牺牲惨烈，可歌可泣。虽锦州终于沦陷，然撤防命令发自长官，军士奋勇杀敌，其职已尽，其志堪钦。死者已矣，伤者呻吟争命，不有抚慰，将何以劝忠义而振懦怯？本委员会职在对日，救国有愿，却敌无方，只得就力所能及之事多予提倡。兹经议决，拟向本校教职员同仁募集捐款，慰劳来平伤兵。冀收集腋，聊当馈饷。素稔台端痌瘝在抱，情深不忍；义愤填膺，志切同仇。瞻彼伤残，实多矜悯。倘蒙慷慨解囊，踊跃输将，嘉惠宏施，曷深企感！专颂仁安。"

"九一八"事变后，学生运动空前高涨。冯友兰在参加抗日活动的同时，作为国立大学领导人，他从维持大局和爱护学生的角度出发，尽力保护学生领袖，做学生的疏导工作，为学校正常运作和学生继续学业竭忠尽力。1931年11月，清华学生吴其昌为要求政府积极抗日，举家绝食，自己要赴南京请愿。学生会对吴其昌大力支持并积极声援。为此，清华大学校务委员会于11月22日特别召集临时会议，决定对吴其昌和学生会进行劝阻。当天晚上冯友兰起草校务会议布告：

值此国难方殷，诸同学激于义愤，不辞牺牲，热心毅力堪称嘉尚。但吾人处此危难之局，头脑尤宜冷静。若使牺牲学业能得相当之代价，则尚可告无罪于国家社会；若不计结果，徒为学业上之牺牲，则诸同学少上一日之课，即国家多受一日之损失。知识即权力，此言可深念也。现诸同学对时局之主张各方均已详告政府，并已有甚大之督促。诸同学对于各主张如有更新理由，可呈明政府，请其采纳。否则，宜继续学业，勿作无代价之牺牲。须知现在战争必须全国动员，所谓全国动员者非人人皆赴战场之谓，乃全国人士皆努力以作其应有之事。所谓不有居者，谁守社稷？不有行者，谁捍牧圉？无论中国亡与不亡，十余年后一切事皆在诸同学肩上，如今日牺牲学业，异日何能担当大事？即谓此等说法太为迂阔，而北平方面直接抗日责任，亦岂枯坐总副司令门前所能担负者？所望诸同学熟权此次南下对于国家之利害，取消前议，国家幸甚！

23日，因学生会仍决定南下请愿，校务会再次召集临时会议，决定准许学生个别请假南下，留校学生照常上课。晚上，冯友兰草拟校务会议布告："唯学生激于义愤，何有必欲赴京一行者，举动虽嫌激越，热情尚属可嘉，应即准其个别请假以励其志，并商准教授会俟其返校后为之设法补课。至于在校并未赴京之学生，自应照常上课，以重学业。又，查昨晨有学生群向教授请求停课，并请签字等事，此种举动迹近要挟，即施之路人亦为不可，对于学生素所敬爱之师长尤不应出此。此后务须各自检点，不得再有此类情事发生，是为至要。"[12] 12月4日，冯友兰召集并主持对日委员会，讨论如何处理吴其昌事。决定致电吴其昌，劝其复食返校；致电国民政府，促其实现吴其昌等学生的主张。

1935年12月9日，北平爆发大规模的学生运动。次日，冯友兰与教务长吴景超、理学院院长叶企孙、法学院院长陈岱孙、工学院院长顾毓琇联名发表告同学书，劝阻学生罢课。1936年1月，清华大学评议会因劝告学生复课无效，又考虑到学生罢课过久，无法考试，决定将第一学期考试推迟到第二学期开始时进行，而学生自治会救国委员会却于第二学期开学时要求免去考试。1936年2月19日下午，清华大学召开教授会临时会议。教务长潘光旦报告学生救国会向学校要求延期及免去本学年度第一学期考试经过，请教授会讨论。张子高提议考试如期举行，全体

1934 年，冯友兰和夫人任载坤在北京。

通过。这时，学生涌进会场，会议中断。学生离去后，冯友兰提议，多人附议，提出“同人等向学校辞去教授职务并自即日起停止授课”的议案，全体通过。同时，推举冯友兰、俞平伯、朱自清、萧公权、潘光旦、张奚若等人组成辞职宣言委员会。清华大学除个别教授外，绝大部分教授在辞职宣言上签名。朱自清日记记此事云：“教授们受不了这种骚扰，我们决定立即辞职。在我们要求退出时，学生不放我们走。他们首先要求我们考虑撤回辞职，并将考试延期。他们说教授们与学生必须合作。我们不予接受。一小时后，他们离去，我们得到了自由。”[13]当天晚上，冯友兰与张奚若等共同起草教授会致校长辞职函及宣言。《致校长辞职函》云：“同人等于本日下午开教授会讨论补行上学期考试问题，有学生多人声称代表全体学生，高呼口号要求免考，继复包围会场，并有代表数人屡次冲入，同人等在此情形下既感行使职权之不可能的，又愧平日教导之无方，唯有引咎辞职，以谢国人。”[14]

当清华教授们总辞职时，校长梅贻琦正在南京公干，教授会立即致电梅贻琦。收到电报后，梅贻琦焦虑万分，于 22 日急速回校。次日上午，召开全校学生大会。在大会上，梅贻琦对学生的行为进行了强烈的谴责，并警告学生遵守校规，不得再有越轨行为。同时以不容置辩的口气宣布：(一) 大考必须补行。(二)“救国会”委员黄诚等各记大过两次。(三) 不接受“救国会”提出的所谓“非常时期教育办法”。(四) 凡不愿接受清华之教育者，可以离去。24 日，校长办公室贴出通告：“改定于 2 月 29 日至 3 月 6 日举行上学朝学期考试，自即日起至 2 月 28 日止，暂停上课，俾资温习功课。”

冯友兰提议教授总辞职，是黄诚他们始料未及的。他们本想不上课、不考试，专搞学生运动，可又要保留学生身份，更要依托大学校园。而教授总辞职，则意味着大学不再是大学，学生也不再是学生，“学生运动”当然也就无从谈起。正所谓“皮之不存，毛将焉附”。教授的总辞职无异于对学生运动釜底抽薪，黄诚他们当然不免惶恐。在这种情况下，一直强烈要求“免考”的学生才不得不妥协让步，同意应考。26 日，《清华大学校刊》报道说：“教授会辞职宣言公布后，学生自治会立即承认错误，并往各教授家进行挽留，梅贻琦一面复函各教授，‘务恳先生等即日复职并策进行’，一面召集全体学生训话，并贴出通告，其一云‘该学生自治会救国委员会委员黄诚、陈元等十一人本应立即开除学籍，姑念该生等事后已知深自引咎，特从宽每人记大过一次，以资做戒’；其二云‘本学年上学期考试因教授全体辞职，未能于 2 月 24 日起照新定校历进行，除向各教授恳切挽请复职处，兹改定于 2 月 29 日至 3 月 6 日举行’；其三云‘下学期定于 3 月 9 日始业，所有新定课程及特别讲演均定于同日开始。”

冯友兰他们要求学生参加考试首先是出于身为人师的考虑。天下哪有学生上学不读书、读书不考试的道理，“风声、雨声”后面毕竟还要加“读书声”，否则也就成不起什么声。学生自己擅自宣布“非常时期教育办法”，实属无理取闹。再者，大敌当前，国家亟需稳定，政府不可能一味迁就，让国立大学的学生这样闹下去。其实，冯友兰他们的担忧不是没有道理的，当学生们的作为超出了政府所能忍受的极限时，政府不会坐视不理。1936 年 2 月 29 日，正是清华学生开始补考的日子，凌晨时分，北平军警突然闯入清华园，依照“黑名单”搜捕学生运动领袖。北平军警这次突然行动，虽然抓走了二十来人，但并没有抓到姚依林、蒋南翔、黄诚他们这些真正的共产党员和学生领袖。黄诚、姚依林在乙所冯友兰住宅躲藏一夜。当时冯友兰应召赴甲所梅贻琦宅出席临时校务会议。姚依林自己回忆说：

> 这时，在学校里是南翔负责指挥，他通知我，还有黄诚，到冯友兰教授家里去避一避。我们就在冯友兰家的厨房里待着。到了晚上两点钟光景，国民党民警来见冯友兰，很客气地问及冯友兰，家里有没有人？有没有学生躲在屋子里？冯友兰回答说没有。警察未搜查即离去。第二天早上6点钟的样子，这时军警撤走了，我离开了冯友兰家。[15]

当时，韦君宜、韦毓梅、王作民等几个女同学藏在朱自清家。平时，冯友兰这些师长们苦口婆心劝导学生冷静处世、安心读书；一旦学生遭到通缉，他们又像老牛护犊一样拼命地保护自己的学生，冒着风险在自己家里窝藏他们；当学生遭到逮捕，又不遗余力、多方设法营救他们。

几天前，这些学生们还大闹教授会，与冯友兰这些教授们对峙；几天后，当遇到危难时，他们却近乎本能地向冯友兰这些教授寻求保护。他们之所以能如此，是因为他们相信这些"逼"他们补考的教授，在危难关头一定不会拒绝他们。仅此一点，就足以让那时的教授欣慰和自豪，也足以让后来的教授惭愧和自卑。

冯友兰爱国之切、忧世之深、谋事之忠，在当时也表现得极为突出。10月3日，由张荫麟起草，经冯友兰、顾颉刚、钱穆、徐炳昶、崔敬伯等人三次修改，百余名平津知识界教授联合署名的《抗日救国宣言》从北平发出：

> 国民政府，行政院、军事委员会钧鉴，全国各报馆、各通讯社、各杂志社、各机关、各法团暨全国人民公鉴：溯日自沈阳之变，迄今五载，同人等托迹危城，含垢忍泪，不自知其命运之所届。去秋以来，情势更急，冀东叛变，津门倡乱，察北失陷，绥东危急，丰台撤兵，祸患连骈而至，未闻我政府抗议一词，增援一卒，大惧全国领土，无在不可断送于日人一声威吓之中。近来对日进行交涉，我政府所受之威胁虽尚未宣布，然据外电本诸东报所传，谓日本对中国有以下诸条款之提出：（一）华北五省独立；（二）经济合作，减低对日关税；

（三）完全消灭抗日运动；（四）开除与抗日有关之领袖；（五）中日合作防共。除抗日运动激发之力属于彼方，非我能主动之外，其他条款，姑勿论所传之虚实如何，任承其一，即是以陷我民族于万劫不复之深渊，堕“中国之自由平等”之追求于绝路，中山先生所遗托于吾人之重任，数十年先烈所糜躯洒血以殉者亦将永绝成功之望。我全国人民，至于今日，深知非信仰政府不足以御外侮，精诚团结，正在此时，深不愿我政府轻弃其对国民“最后关头”之诺言，而且失其存在之领导地位。故为民族解放前途计，我政府固有根本拒绝此诸条款之责任；而为国家政权安定之计，我政府亦当下根本拒绝此诸条款之决心。在昔绍兴之世，宋虽不竞，犹有顺昌之攖；端平之世，宋更陵夷，复有淮西之拒。我中华民族，数千年来，虽时或沦于不才不肖，从未有尽举祖国所贻，国命所系，广土众民，甘作敝屣之弃者。此有史以来前所未闻之奇耻大辱，万不能创见于今日。是则同人等觇民意之趋向，本良心之促迫，所敢为我政府直言正告者也。同人等以国防前线国民之立场，在此中日交涉紧张之际，为愿政府明了华北之真正民意与树立救亡之目标起见，特提出下列数项要求，望政府体念其爱国赤诚，坚决进行，以孚民望而定国是，不胜企祷之至。

一、政府立即集中全国力量，在不丧国土不辱主权之原则下，对日交涉；

二、中日外交绝对公开，政府应将交涉情形随时公布；

三、反对日人干涉中国内政，及在华有非法军事行动与设置特务机关情事；

四、反对在中国领土内以任何名义成立由外力策动之特殊行政组织；

五、根本反对日本在华北有任何所谓特殊地位；

六、反对以外力开发华北，侵夺国家处理资源之主权；

七、政府应立即以武力制止走私活动；

八、政府应立即出兵绥东，协助原驻军队，剿伐藉外力以作乱之土匪。[16]

冯友兰在上面签名。当时，《中国哲学史》下卷完稿付梓，北平正处于危机之中，生逢乱世，寄身危城，冯友兰忧国之心堵塞胸口、报国之志溢于言表。他在《自序》中写道：

此第二篇稿最后校改时，故都正在危急之中。身处其境，乃真知古人铜驼荆棘之语之悲也。值此存亡绝续之交，吾人重思吾先哲之思想，其感觉当如人疾痛时之见父母也。吾先哲之思想，有不必无错误者，然“为天地立心，为生民立命，为往圣继绝学，为万世开太平”，乃吾一切先哲著书立说之宗旨。无论其派别为何，而其言之字里行间，皆有此精神之弥漫，则善读者可觉而知也。“魂兮归来哀江南”；此书能为巫阳之下招欤？是所望也。

《北平晨报》载有《冯友兰教授》一文，其中有两段话反映了冯友兰当时对学生运动的态度：“自从去年以来，他的姿影常出现在青年的集会中间，他的主张是青年永久应该学习的，最低在作学生时期，应该学，这也‘求学’。他绝不赞成青年学生丢了书本或者学生的本分，去空喊口号，在他的一篇重要告戒青年的文章里，有这样的话：‘读书不忘救国，救国不忘读书，这是一句老话，但不一定是错的话。不过其中读书二字，颇可有所谓读死书的误解，所以应该改为求学二字。求学不忘救国，救国不忘求学，这话对于学生说，是不错的’。”“冯先生举出实例说：‘七学术团体在本校开会的时候，学生会张贴的标语，有‘建设科学的中国’，‘树立国防科学’等等。如果这些话不只是客气话，则这些任务不只落是在中国科学家的肩上。中国须要更多的将来科学家。那些将来的科学家，是要在现在求学的学生中出来的。大家想到这里，就知求学即救国不是假话了。科学家们不能凭空生在甚么地方的，科学家不是可以不学而能的。我们听见一个口号，我们应当试一想其涵义。例如‘武装民众’是一个流行的口号，我们试想武装全体民众，那些武器需要多少？是从哪里来的？若说制造，则需要多少原料？多少技术人员？若说去买，钱从那里掏出？如此一问，我们便可知道国家须要各种的专门人才，是如何急切，而那些人才，不是天上可以掉下来的’。冯先生的这一段话求学为重的名言，颇值得现代每个青年玩味的。”[17]

冯友兰当时面临的不仅是国家危亡的危险，还有骨肉分离的痛苦。当时北平危在旦夕，随冯友兰居住多年的吴清芝为了不在战乱中给子女们找麻烦，还想回家照料家产，于 1935 年冬天离开北平，独自一人回老家唐河。当时，吴太夫人已经 74 岁高龄。冯友兰是孤儿寡母长大的。

如今国难当头，母子分离，年迈的母亲独自一人回去看护家园，不知道什么时候才能见面，冯友兰心中的痛苦可想而知了！

1935 年，冯友兰的母亲吴清芝将返回河南，他全家在清华大学乙所院中。

冯友兰爱国的热情不亚于任何一个中国人。作为哲学家，他有自己理智和冷静的思考，成为对“中国走向自由之途”的探索；作为国立大学的领导，冯友兰可以对政府提出批评和建议，但不能公站出来反对政府，他要维护学校稳定和正常运作；作为师长，冯友兰出于天职来教育和疏导学生，在关键时期，出于本能、冒着危险来保护学生。在清华大学这段时间，在先是改制独立，接着人事动荡，继而学潮迭起的错综复杂的情况下，冯友兰身为学校中坚，出色地完成了学校历史赋予他的任务。

二　研究中国哲学

在清华园这片“安身立命之地”上，冯友兰不仅参与清华改制，襄助清华建设，在关键时期执掌校务，使清华大学走出困境，而且在学术上开始了对中国哲学的全面而系统的研究，穷十年之力，出版《中国哲学史》，发表了一系列文章，成为中国哲学史这一学科的奠基人。

中国传统学术中没有西方意义上哲学这门学科，中国传统学术没有学科分类，所谓辑略、六艺略、诸子略、诗赋略、兵书略、数术略和方技略等"七略"和经、史、子、集等"四库"并不是依学科性质进行分类的。"哲学"一词在拉丁文中是 Philosophy，其意是对智慧的爱和追求，而非智慧的本身。日本学者将 Philosophy 翻译为"哲学"，意指聪明之学，而非对智慧的爱。再加上中西语言上的差别，西方的 Philosophy 在中国传统文化中很难找到完全相应的词汇，把 Philosophy 翻译为"哲学"十分勉强。所谓的"中国哲学"也只能是从中国文化中，寻找出与西方哲学中相类似和相接近的东西，"中国哲学史"也是从中国传统文化中寻找出与西方哲学中相类似东西的发展史。这基本上是运用西方的学术分类和学术规范来梳理中国传统学术，整理中国传统哲学。虽然这种做法有其局限性，但在 20 世纪初期是十分必要的。西学东渐以来，最早运用西方学术分类和哲学范式来写中国哲学史的是谢无量。谢无量(1884—1964)，四川乐至人，原名蒙，后易名沉，字无量。1901 年与李叔同等同入南洋公学，后与马一浮等创办翻译会社，曾任孙中山秘书长、黄埔军校教官等职。后从事教育和著述，任多所大学教授，在学术、诗文、书法方面均有造诣，著有《中国大文学史》、《中国哲学史》、《佛学大纲》等著作。他于 1916 年出版了中国现代第一部《中国哲学史》。这部著作在中国哲学史领域有开山之功，对中国哲学史学科形成的贡献不可忽视。但由于谢无量对中西哲学都缺乏深层了解，虽然有理论的敏锐但缺乏学术的功底，在运用他所理解的西方哲学模式来梳理中国哲学时就难免出现双重的遮蔽。他视无所不包的"道术"为哲学，"六艺九流"无不入其范围，文、史、经诸门学科混杂其中，其书名之曰哲学史，实际上是传统学术的混合。虽然也从"上古"讲到"近世"，可以说是经纬成篇但影响甚微，其原因在未能运用科学的研究方法。冯友兰在进入北京大学读书的第二年就购买了谢无量著的《中国哲学史》。他晚年不曾提到这部著作，可见对他没有什么印象。回忆自己在北大学习时，谈到对中国哲学史课程不满，也可见这部著作不能满足冯友兰的要求，它给予冯友兰的实际影响，只能是使他更加期盼用新的中国哲学史著作出现。

正是冯友兰等学生的期盼，才使胡适进入北京大学讲授中国哲学史时，能站稳脚跟，并在当时的学术界产生巨大影响。胡适的《中国哲学史大纲》是中国近现代以来第一部自觉地用西方学术规范和哲学定义写成的中国哲学史。蔡元培在读书序中说："我们今日要编中国古代哲学史，有两层难处。第一是材料问题：周秦的书，真的同伪的混在一处。就是真的，其中错简字有是很多。若没有做过清朝人叫做'汉学'的一步工作，所搜的材料必多错误。第二是形式问题；中国古代学术从没有编成系统的记载。……我们要编成系统，古人的著作没有系统可以傍依的，不能不依傍西洋人的哲学史。所以非经研究过西洋哲学史的人，不能构成适当的形式。"[18] 胡适的《中国哲学史》具有以下长处，"第一是证明的方法"。胡适具有汉学功底，又信奉实证主义，且具有"考据癖"，因此对哲学家身世考证和著作的辨伪占据全书三分之一。"第二是扼要的手段。中国民族的哲学思想远在老子、孔子之前，是无可疑的。"但那多和神话传说、政治典故混在一起。"适之先生认定所讲的是中国古代哲学家思想发达史，不是中国民族的哲学思想发达史，所以截断众流，从老子、孔子讲起。""第三是平等的眼光。"中国古代著述家在评判古代思想时多抱门户之见，多闹意气之争，"适之先生此编，对于老子以后的诸子，各有各的长处，各有各的短处，都还他一个本来面目，是很平等的。""第四是系统的研究。古人记学术的，都用平行法……适之先生此编，不但孔墨两家有师承可考的，一一显出变迁的痕迹。便是从老子韩非，古人划分做道家和儒、墨、名、法等家，一经排比时代、比较论旨，都递次演进的脉络可以表示。"胡适的著作还有第五个长处，就是"革命的勇气"。

冯友兰在北京大学读书时，胡适就按着自己的著作给学生们讲。这给冯友兰的印象很深，"蔡元培给这部书以这样高的评价，就当时学术界的水平说，并非溢美"。胡适的《中国哲学史大纲》出版于新文化运动的高潮，他又在新文化运动的中心北京大学任职，可以说是占尽了"天时、地利、人和"。"所以书一出版，就轰动一时，不过两个月就再版了。"它的价值及影响主要有三个方面。首先，它标志着中国哲学史学科体系的建立。它明确提出了建立中国哲学史学科的基本构想和基本规范，也大致实现了这种构想。它的出版，标志着现代中国哲学史学科成立，它所运用的西洋哲学的方法，成为当代中国哲学研究的通用方法。其次，它对现代实证史学有奠基之功。胡适全面阐述了对史料的搜集、考辨、校勘和贯通的理解，对清代考据学的成果进行精心提炼和全面阐述，接受了西方近代基于实证学科的进步而发展起来的实证主义方法的训练，把中国哲学史的撰写建立在坚实的实证的基础之上。再次，它对当时的启蒙运动有推进之功。胡适本人就是新文化运动和启蒙运动的领袖和导师，《中国哲学史大纲》对知识论和方法论的重视，把各派哲学家的哲学方法凸显出来，把中国读书人从一向沉迷于天道、心性的玄谈中解放出来；胡适张扬中国古代哲学中的个人主义因素，阐发民本主义传统，顺应新文化运动，宣扬科学和民主；以西洋哲学之形式整理中国古代哲学，努力实现中西哲学的结合和新文化产生。当然，胡适的《中国哲学史大纲》也有很多不足之处。这本书出版不久，梁启超就对它提出批评：（一）认为以知识论为中国古代哲学之“唯一的观察点”，忽视了中国古代哲人一些重要的思想观念，不免失之偏宕狭隘。（二）对各家各派哲学思想的来源，其思想背景的交代不够充分和不够正确。（三）以实验主义和实用主义为基准来研究中国哲学，常有强人以就我的毛病。[19]其实，胡适《中国哲学史大纲》的最大不足，还是囿于他的实用主义和实证主义立场，把哲学化约为实用和实证的问题，这就不仅没法切入中国哲学中的“天人合一”问题和心性道德问题等实质性的东西，也没法进入哲学中的形而上学问题。这种立场就制约着胡适没有办法真正进入哲学。所以，他纵然可以开“风气之先”，但最终成不了“哲学之师”。让自己抱憾终生并且贻笑天下的，是他没有持之以恒地对中国哲学史进行持久深入地思考，他的中国哲学史到死也没有写完，只有上部，没有下部。其实，胡适的学术兴趣与专长既非哲学，也非哲学史，他的《中国哲学史大纲》即便最后能够写完，也不可能有大的突破。这才是他最后没有写下去的真正原因。蔡元培曾经寄希望于胡适：“我只盼望着适之先生努力进行，由上古而中古，而近世，编成一部完全的《中国哲学史大纲》，把我们三千年来一半断烂、一半庞杂的哲学界，理出一个头绪来，给我们一种研究本国哲学史的门径，那真是我们的幸福了！”[20]可胡适并没有实现蔡元培寄予他的厚望。胡适在中国哲学史上的使命也就随着《中国哲学史》上册的出版而终结了。长江后浪推前浪。历史在等待着另一个人走上舞台，完成使命。这人，便是冯友兰。

冯友兰从1926年到燕京大学之后，就开始对中国哲学史进行系统研究,1928 年到清华大学后这一工作又得以继续。经过几年的努力,1931 年《中国哲学史》上卷出版,1934 年下册和上册一起作为《大学丛书》之一出版。冯友兰的《中国哲学史》在宏观方面有五大贡献。

一是范围的划定。由于中国古代没有学科分类,也没有哲学这门学科。因此,在写中国哲学史的时候,就要参照西方哲学。他在《中国哲学史》中开明宗义地指出:“哲学本一西洋名词。今欲讲中国哲学史,其主要工作之一,即就中国历史上各种学问中,将其可以西洋所谓哲学名之者,选出而叙述之。哲学一名词在西洋有甚久的历史,各哲学家对于‘哲学’所下定义亦各不相同。哲学包涵三大部:宇宙论——目的在求一‘对于世界之道理’(A Theory of World),人生论——目的在求一‘对于人生之道理’(A Theory of Life),知识论——目的在求一‘对于知识之道理’(Atheory of Knowledge)。此三分法,自柏拉图以后,至中世纪之末,普遍流行;即至近世,亦多用之。哲学之内容,大略如此。”[21] 由此划定中国哲学史研究的范围:(一)“古人著述之有关此诸问题者,其所讨论在上述范围之内者,方可为哲学史史料。”(二)“依以上所说,哲学家必有其自己之‘见’,以树立自己之系统。故必有新‘见’之著述,方可为哲学史史料。”(三)“依上所说,一哲学必有其中心观念(即哲学家之见)。凡无中心观念之著述,即所谓杂家之书,不可为哲学史之原始的史料。”(四)“依上所说,哲学家之哲学,须以理智的辩论出之,则凡片言只句,不可为哲学史之原始的史料;但依上所述,一时代之哲学与其时代之情势及各方面之思想状况,有互为因果之关系,故此等言论,可搜集以见一时流行之思想,以见哲学系统之背景。”(五)“依上所说,一哲学家之哲学与其人格有关系。故凡对于一哲学家之叙述,能表现其人格者,亦可为哲学史史料。”冯友兰最后说:“依上标准,以搜集中国哲学史之史料,则‘虽不中,不远矣’”[22]

二是时代的划分。冯友兰在写中国哲学史时,“又多了一层难处。随着马克思主义在中国的传播,在历史工作中,唯物史观也流传开了。对于中国社会史、中国经济史的研究,正在展开,各方面不同的意见,开始论战。我没有参加这些论战,也没有跟着研究。但是,唯物史观的一般原则,对于我也发生了一点影响。就是这一点影响,使我在当时讲的中国哲学史,同胡适的《中国哲学史大纲》有显著的不同。”[23] 但冯友兰并没有沿用当时把中国历史也分为所谓的“原始社会、奴隶社会、封建社会、资本主义社会和社会主义几个阶段”的分法，也没有采用所谓的“上古、中古和近代”的分法，而是从中国哲学自身发展的特点出发，把中国哲学的发展分为三个时期。他认为，在中国历史上有两个大的转变时代：一个是春秋战国时代，一个是清朝末年中外交通的时代。这两个大转变把中国历史分成了三个阶段，即秦汉之前的上古时代、秦汉至清中叶的中古时代和清中叶之后的近代。中国哲学史相应也有三个时代之分。冯友兰把第一个时代称为“子学时代”，第二个时代称为“经学时代”，至于第三个时代，还没有大的哲学体系出来，新的哲学体系还正在创造之中，所以没有论及。“子学时代”的特点是标新立异，生动活泼。先秦时期是诸子百家争鸣的时期，各家各派尽量发挥各自的见解，以平等的资格与别家互相辩论，不承认有所谓的“一尊”。这在中国历史上是思想自由、言论自由、学术思潮最为高涨的时代。“经学”时代的特点是僵化、停滞。在这个时代儒家已经定为“一尊”，儒家的经典已经变成为“经”。这就为全国老百姓的思想立了限制，树了标准，建了框框。人们的思想只能活动于“经”的范围之内，即使有了一点新见解，也只能以注“经”的形式发表出来，实际上他们也习惯于依傍古人才能思想。

冯友兰对中国哲学史时代的划分，是十分独到的，它确实把握了中国社会和中国哲学发展具体特征和实际脉络。这不仅对中国哲学史研究是一大贡献，而且对中国文化的研究也是一大贡献。

三是材料的使用。“五四”时期，史学界盛行一股“疑古”之风。在通史领域，“疑古”派代表是顾颉刚，他对先秦历史典籍大做“辨伪”。胡适的《中国哲学史大纲》也提倡“疑古”，以“辨伪”见长。古代史学家一味“信古”，“五四”时期一些学者故意“疑古”，冯友兰取其中道，在中国哲学史研究材料的使用上，采取了“释古”的方法。

四是同情的了解。冯友兰说，他的《中国哲学史》与胡适的《中国哲学史大纲》除了“疑古”与“释古”的不同之外，还有一点基本不同，那就是“汉学”与“宋学”的区别。胡适是汉学家，他的书既有汉学的长处，亦有汉学的短处。长处是对于文字的考证、训诂比较详细，短处是对于文字所表示的义理的了解体会比较肤浅。

五是著述的体例。冯友兰写《中国哲学史》时采取了叙述式和选录式相结合的办法。写哲学史约有两种体裁：一为叙述式的；一为选录式的。西洋哲学所写之哲学史，多为叙述式。用此方式，哲学史家可尽量叙述其所见之哲学史。但其弊则读者若仅读此书，即不能与原来史料相接触，易为哲学史家之见所蔽；且对于哲学史家所叙述亦不易有明确的了解。中国人所写此类之书几皆为选录式的。用此方式，哲学史家文学史家选录各哲学家各文学家之原来著作；于选录之际，选录者之主观的见解，自然亦须搀入，然读者得直接与原来史料相接触，对于其研究之哲学史或文学史，易得较明确的知识。唯用此方式，哲学史家或文学史家之所见，不易有系统的表现，读者不易知之。冯友兰把二者有机地结合起来，"其叙述，经过潜心研究仔细梳理，把庞杂的历史讲得条理分明。……其选录，于讲解时配合节录原著主要篇章，使读者能看到本来面目。有人以引文多为此书病，孰知这正是作者有意为之，俾使一书在手，整个中国哲学思想的来龙去脉全在眼前。"[24]

在具体微观方面，冯友兰的《中国哲学史》也多有发现，他自己认为有两点：

> 第一点是，向来的人都认为先秦的名家就是名学，其主要的辩论，就是"合同异，离坚白"。认为这无非都是一些强词夺理的诡辩。战国时论及辩者之学，皆总而言之曰"合同异，离坚白"，或总指其学为"坚白同异之辩"。此乃笼统言之。我认为其实辩者之中分两派，一派主张"合同异"，一派主张"离坚白"。前者以惠施为首领，后者以公孙龙为首领(《中国哲学史》二六八页)。第二点是，程颢和程颐两兄弟，从来都认为他们的哲学思想是完全一致的，统称为"程门"。朱熹引用他们的话，往往都统称"程子曰"，不分别哪个程子。我认为他们的哲学思想是不同的，"故本书谓明道乃以后心学之先驱，而伊川乃以后理学之先驱也。兄弟二人开一代思想之两大派，亦可谓罕有者矣"(《中国哲学史》八七六页)。现在更明确了，程颢的哲学思想是主观唯心主义，程颐的哲学思想是客观唯心主义。虽同是唯心主义，但有客观、主观之异。[25]

以上两点，是发前人之所未发，而后来也不能改变的。

冯友兰的《中国哲学史》是中国哲学史研究与写作的典范。首先，它确定了中国哲学史教科书体系的代表人物和基本派别。在《中国哲学史》中叙述的中国古代哲学家和学术派别有：先秦：孔子和儒家，墨子和墨家，孟子及孟学，老子和老学，庄子和庄学，惠施、公孙龙及辩者，杨朱、尹文、慎到、邹衍等“百家之学”,《墨经》与后期墨家,荀子,韩非与法家,《礼记》,《易传》。汉代:《淮南子》、董仲舒与今文经学,谶纬及象数之学,古文经学与扬雄、王充。魏晋六朝:何晏、王弼、阮籍、嵇康、《列子·杨朱》、向秀、郭象,僧肇、道生。隋唐:法藏、玄奘、天台、慧能、宗密、韩愈、李翱。宋明:周敦颐、邵雍、张载、二程、朱子、陆九渊、王阳明及心学。清代:清代道学(刘宗周、王夫之、颜李、戴震),康有为、廖平。在上述内容中,有人、有书、有学、有派。其中有些人物是在冯友兰书中第一次被叙述的。两卷本的《中国哲学史》所提出的这些叙述对象,和由此划定的中国哲学史教科书的叙述范围,形成了被后来写中国哲学史的学者遵循的基本框架。在这部书中还提出了一些学术史的概念,如老学、庄学、孟学、后期墨家的概念,称宋明道学为新儒家等,这些概念在以后的学术史研究中显示了强大的生命力。书中有关刘宗周、王夫之、颜元、李恭的叙述虽嫌简略,但用以概括他们的“清代道学”的概念还是有意义的。

其次,提出了重要的学术论断和哲学分析。在对具体学术派别的划分上,冯友兰提出法家应分为三派,一重势,一重术,一重法,而由韩非集大成;名家应分为两派,一派合同异,以惠施为代表,一派离坚白,以公孙龙为代表,前者重个体,后者重共相;老学与庄学有异,老子重分别,而庄子主张无异无别;佛教中应区分客观唯心论和主观唯心论,华严真心论为客观的唯心论,唯识论为主观的唯心论;以“新儒家”名宋明道学,认为其中有理学、心学两派,理学以程朱为代表,心学以陆王为代表,二程兄弟之学不同,大程为后来心学的先驱,小程为后来理学的先驱。在哲学概念的厘定上,冯友兰提出中国哲学中的“天”有五种含义,物质之天、主宰之天、运命之天、自然之天、义理之天。认为《庄子注》中的“无”数学上的零;认为公孙龙所说的“指”实即共相;认为理学哲学中的“理”如希腊哲学的“形式”,“气”如希腊哲学的“质料”;认为理学的理是超越的,王夫之、戴震的理是内在的。在对中国哲学家思想论断方面,冯友兰提出孔子有正名主义,孟子为理想主义,墨子为功利主义,孟子与庄子皆有神秘主义,《墨经》近于唯名论,公孙龙近于新实在论,荀子为唯物论,老子和《易传》的宇宙观亦自然主义,古文经学吸取《老》和《易》的自然主义,朱子为新实在主义。在把中西哲学的比较方面,冯友兰以早期儒家如希腊智者,孔子如苏格拉底,拟孟子如柏拉图,以荀子如亚里士多德,以墨子如霍布士，认为庄子近于斯宾诺莎；认为汉代象数之学与毕达哥拉斯派相同，以郭象如巴门尼德斯和赫拉克利特，以列子中的快乐主义与施勒尼派及伊壁鸠鲁派相合。在具体论断方面，冯友兰认为先秦诸子是在王官失守后流为各种职业，由这些职业导引出诸子之学，老庄思想与楚人精神有关，玄学即当时的道家之学，其所讲的孔子学说已道家化为另一派的经学。

冯友兰《中国哲学史》上册在刚一完稿，清华大学就把它列为《清华大学丛书》，先请专家审查，审查人是著名学者陈寅恪和金岳霖。陈寅恪的审查报告说："至于冯君之书，其取用材料，亦具通识，请略言之：中国今日之考据学，已足辨别古书之真伪；然真伪者，不过相对问题，而最要在能审定伪材料之时代及作者而利用之。……今人能知其非一人一时之所作，而不知以纵贯之眼光，视为一种学术之丛书，或一宗传灯之语录，而断断致辩于其横切方面，此亦缺乏史学通识所致。而冯君之书独能于此别具特识，利用材料，此亦应为表彰者也。"[26]金岳霖的审查报告说："冯先生的态度也是以中国哲学史为在中国的哲学史；但他没有以一种哲学的成见来写中国哲学史。成见他当然是有的，主见他当然也是有的。据个人所知道的，冯先生的思想倾向于实在主义；但他没有以实在主义的观点去批评中国固有的哲学。因其如此，他对于古人的思想虽未必赞成，而竟能如陈先生所云：神游某想与立说之古人处于同一境界。……冯先生当然有主见，不然他可以不写这本书。"[27]

陈寅恪和金岳霖的审查报告都把冯友兰的《中国哲学史》和胡适的《中国哲学史大纲》做比较，并认为前后优于后者。冯友兰在北京大学读书时是胡适的学生，可在中国哲学史方面，他的成就远在胡适之上。正为此事，胡适难免耿耿于怀，对冯友兰颇多微词，嫉妒之心，不平之意，难于抑制。[28]而冯友兰倒不失公正，不念旧嫌，并对胡适的开山之功、教诲之恩，念念不忘。

陈寅恪是清华大学国学研究院的"四大导师"之一，一度还是清华大学中文、历史和哲学三系的合聘教授，其知识之渊博在国内学术界罕与其匹。金岳霖是中国现代难有其匹的逻辑学家和知识论大家，在西方哲学方面造诣很高。他们的意见自然是一言九鼎。由于陈、金二人的褒扬，更因为冯友兰著作本身的独特价值，所以该书一问世马上就引起轰动，赞美之辞不绝于耳。出版之后就马上取代了谢无量的《中国哲学史》

和胡适的《中国哲学史大纲》，成为这一领域的权威著作和大学通用教材。后来又被翻译为多种文字，在全世界尤其是西方国家广为流布。这部著作，连同他后来撰写的《新原道——中国哲学的精神》以及《中国哲学简史》、《中国哲学史新编》一道，成为海外了解中国哲学和中国文化的主要途径。“要对中国的传统经典有所钻研，首先还是要向冯先生请教。他的知识最广博，鉴别最精当，介绍最系统，解释最明白。这些，都增强了我早就有的一个看法：在把四书五经作为基本教材的中国传统教育制度在清末解体以后，中国人要了解、学习研究中国哲学，一般来说，必须通过冯友兰为后者架起的桥梁。我常说，冯先生可超而不可越，意思是，后人完全可能，而且也应该胜过冯先生，但是却不能绕过冯先生。绕过冯先生，不但必须要多费力气，而且容易走弯路而难于深入堂奥。”[29]

当然，冯友兰的《中国哲学史》也不是十全十美的，他自己后来也做过评价，指出了其中的缺点。

《中国哲学史》出版之后，冯友兰继续做中国哲学史方面的研究工作。这是《中国哲学史》的延伸。以后又出版了《中国哲学史补》，这标志着冯友兰在20世纪二三十年代对中国哲学史的研究告一段落。他总结自己研究中国哲学史的经验时说：“怎样研究中国哲学史，是指怎样研究客观的、不成文的中国哲学史，其方法有六：(一) 钻研西洋哲学，(二) 多方搜集资料，(三) 详密规划迹团，(四) 探索时代背景，(五) 审查哲人身世，(六) 评述哲人哲学。研究中国哲学史的六种方法，略如以上所述；‘不敢云备，思过半矣’。研究中国哲学史者，只要能逞其想象力，运用此六种方法，便能将许多片段零碎而不相连属的哲学史料，糅合排比，洗练净化，而组成一种所谓主观成文的中国哲学史，哲学史家只要能这样的研究中国哲学史，则其所得，‘虽不中，不远矣’。”[30]这一精辟总结，成为研究中国哲学史的不移之则和不二法门，真可谓金针度人，接引后学。

作为清华大学文学院院长，冯友兰在自己著书立说、教书育人的同时，还领导着一支强有力的学术团队，与同仁们创立了一个广有影响的学术流派——“清华学派”。清华大学文学院是民国时期人文学科的重镇。著名学者王瑶说，清华学派“对于传统文化不采取笼统的‘信’或‘疑’的态度，而是在‘释古’上下工夫，作出合理的符合当时情况的解释。为此，必须做到‘中西贯通，古今融汇’，兼京派和海派之长，做到微观与宏观结合”[31]。著名学者张岱年说，就哲学系而言，清华学派“第一，为振兴中华而只追求真理的精神；第二，以逻辑分析为主要方法；第三，试图融合中西哲学思想建立具有时代精神的理论体系；第四，肯定学术与政治的区别，保持谦虚开放的思想态度”[32]。根据冯友兰关于大学的任务既在传授已有知识更在创造新知识的思想，结合张岱年的说法，可以将“清华学派”的特点归结为：中西贯通，古今融汇，兼取京派和海派之长，做到微观与宏观结合，在此基础上进行“释古”与创新，既合理解释传统文化，更努力创造新文化。狭义上的“释古”是指对传统文化的阐释；广义上的“释古”还包括在阐释传统文化基础上的创造。“清华学派”所主张的“释古”既是狭义的，亦是广义的，既重视对传统的阐释与继承，更注重对传统的改造与革新。

“清华学派”的出现，有其历史原因和时代背景。自 1928 年民国政府成立，到 1937 年抗战爆发，这十年间，中国高等教育得到迅速发展，在很多老牌大学里，矗立着的一座座中西合璧、雄伟典雅的校舍就是其象征。“在对日全面战争开始以前，清华的进步，真是一日千里。对于融合中西新旧一方面，也特别成功。”[33]那时，在大学供职的知识分子大多都既经受传统文化的浸润，又经过西方文化的洗礼，他们既有爱国热情，又有现代理念。逢上了国家难得的发展良机，他们报着赤子之心来报效祖国、完成使命。“清华学派”的出现，也得益于梅贻琦出任校长以后营造的学术环境和学术氛围，更得益于冯友兰对清华大学文学院的得力领导。清华大学哲学系创办于 1926 年，当时只有金岳霖一个教授，那年也只招收了沈有鼎一个学生，加上一间办公室，号称“三一系”。1928 年冯友兰到清华大学哲学系，后来有邓以蛰、陈寅恪、张崧年（张申府）、张荫麟、沈有鼎等先后到在清华大学哲学系任教。1929 年 9 月，冯友兰任清华哲学系主任，1931 年 7 月出任文学院院长，到 1937 年 7 月 7 日“卢沟桥事变”爆发，六年期间，清华大学文学院师资队伍大大加强。1932 年 10 月 10 日，《清华大学校刊》六〇二期刊出“中华民国”二十三年度清华大学教师一览，文学院院长冯友兰。中国文学系主任朱自清，教授陈寅恪、杨树达、刘文典、俞平伯、闻一多。外国语文系主任王文显，教授吴宓、毕莲、陈福田、吴可读、温行、翟孟生、钱稻孙、石坦安、叶崇智、华兰德。哲学系主任冯友兰，教授金岳霖、邓以蛰、张崧年。历史学系主任蒋廷黻，教授刘崇鋐、陈寅恪、雷海宗、钱稻孙。社会与人类学系主任陈达，教授吴景超、史禄国、陈寅恪。1936 年 10 月，《国立清华大学教职员录》

载文学院教师名录：院长冯友兰（芝生）。中国文学系主任朱自清（佩弦），教授陈寅恪、杨树达（遇夫）、俞平伯、刘文典（叔雅）、闻一多、王力（了一）。外国语文系主任王文显（力山），教授毕莲（美国人）、陈福田、吴可读（英国人）、吴宓（雨僧）、温德（美国人）、翟孟生（美国人）、钱稻荪、叶公超、华兰德（德国人）、陈铨（涛每）、吴达元。哲学系主任冯友兰，教授金岳霖（龙荪）、邓以蛰（叔存）、沈有鼎（公武）。历史学系主任蒋廷黻、教授兼代主任刘崇鋐（寿民），教授陈寅恪、孙繁（霱）（云卿）、噶邦福（俄国人）、雷海宗（伯伦）。社会学系主任陈达（通夫），教授吴景超、潘光旦（仲昂）、李景汉。短短六年时间内，清华大学文学院名家硕儒增多，后起新秀增多，外籍教师增多。他们中间不少是冯友兰担任文学院院长以后延请来的。文学院延请教师，组织考试，冯友兰都要亲自参加。1935年2月，文学院为霍士休举行口试，除中文系老师外，冯友兰也参加。朱自清日记记有："冯友兰先生指出唐代以后大量传奇故事的渊源，唐代传奇故事是霍的研究项目，而这正是他论文中的大弱点。但我们都没有发现。"[34]

"清华学派"的形成与清华大学文学院的发展相伴随。清华的历史有三个阶段：第一阶段是留美学务时期，第二个阶段是清华学校时期，第三个是国立清华大学时期。清华学校时期开办了国学研究所（院）。1927年王国维自沉昆明湖，后来梁启超和赵元任相继离开清华园，四个导师中只剩陈寅恪一人，国学院就难以为继。后来文学院成立，陈寅恪进入文学院，其主要著作也是在清华大学文学院期间写成的。在这个转变过程中，冯友兰起了很大的作用，是他领导了清华文学院和"清华学派"。对于"清华学派"，冯友兰在1949年以后对它多次肯定。1962年《冯友兰小传》还介绍他认为"关于中国文史哲的研究，有京派和海派。京派的优点是严谨有规矩，缺点是墨守成规，海派的优点是敢于打破陈规，缺点是任意。北大是京派，郭沫若、侯外庐是海派，而清华兼有二派之长而无缺点。"[35]在"文化大革命"时期，冯友兰还"坦诚供认"："1952年院系调整，把清华改为工科大学……原有的文、理科归并入北大。方案提出后，许多清华的人持反对意见，有抵触情绪。清华的人认为，北大和清华，从院系和课程方面看，是重复的，但这两个大学代表不同的学派，有不同的学风，应该像英国的剑桥和牛津那样，让它们并存，互相比较，互相竞争，以推动学术的进步。……我原来也是强调清华、北大的不同，主张要让它们并存的。”他直言不讳地指出：“如果一个地方需要两个综合性大学，那么清华大学就无需调整了”，“高教部最大的错误就是在院系调整中把传统打乱了。”[36]

三　游历欧洲心得

冯友兰早在美国留学的时候，就想去欧洲旅游考察，遗憾的是那时他经济拮据未能成行。1933年机会终于来了。这年4月，经休士推荐，英国大学中国委员会(UniversitesChina Committee)邀请冯友兰赴英国讲学。

1933年9月12日，冯友兰乘坐意大利邮轮Conte Verdi号由上海起程赴欧洲。同行有清华同事浦薛凤、蔡可选、浦江清和赴德留学的熊伟，以及燕京大学教授周学章、法学家郑毓秀、王宠惠和顾维均夫人等人。中秋夜与浦江清、浦薛凤赋诗唱和。10月5日，冯友兰抵达意大利，由亚平宁半岛登陆后，与浦江清沿铁路北行，一路访问庞培、那不勒斯、罗马、佛罗伦萨、威尼斯、米兰等历史文化名城，先后参观、游览了意大利国家博物馆、圣彼得教堂、卡里斯图地下墓穴、San Michele教堂等名胜古迹。17日，至巴黎看望冯沅君、陆侃如夫妇。此后几天，在冯沅君、陆侃如的陪同下，游览了Louvre博物院、植物园等地方。11月底，冯友兰抵达伦敦，住大英博物馆附近。12月，他准备讲稿，经常去大英博物馆看书。在那里他阅读了马克思、恩格斯的著作，受到唯物史观影响。1934年1月至2月，冯友兰继续准备讲稿，据《中国哲学史》写成讲义。在此期间，他曾寄讲稿给罗素，罗素复信欢迎他向英国人民介绍中国文化。他还应邀往剑桥访维特根斯坦，在一起谈哲学问题。维特根斯坦性格孤僻，离群索居，很少和人接触，但他和冯友兰一见如故，相谈甚洽。这年的3月和4月，冯友兰先后在伦敦、剑桥、牛津、利物浦、曼彻斯特、利兹、伯明翰、格拉斯哥、爱丁堡等大学讲学共17次。每到一处，均住在教授家里。在这些教授家里住，“虽然总的时间不长，但也觉得，对于英国社会的这一部分，有比较深一点的了解。”

从5月到9月，冯友兰离开英国，到欧洲大陆游览。先在巴黎逗留一月，然后游瑞士一周、德国三周。后经波兰到苏联：“我这次到苏联去是在6月底的时候，那时我先从柏林起身到列宁格勒，到莫斯科，又到南俄乌克兰的哈科佛，最后从基铺到阿地萨，然后又去维也纳了。在苏联我一共只到了五个地方，待了一个月又七天之久，是从 6 月底到 8 月初。"[37]在莫斯科时，他向汉学家、莫斯科大学教授伊凤阁了解十月革命后苏联大学教育状况。

冯友兰在游历柏林的时候，遇到一位曾访问过清华大学的德国人。经这位德国人的介绍与德对外文化联络委员会联系，该委员会提议中德互派留学生，并请冯友兰将建议书带回："当我在柏林的时候，有个德国人（名字记不得了）来找我，他可能是听见别的中国留学生说，我到柏林的。在我当清华校务会议主席的时候，他到清华大学参观过。我不记得他，他认识我。他介绍我同一个德国对外文化委员会的人见面，提议要同清华交换留学生，条件是清华到德国交换的学生，费用由德国供给，德国到清华的交换学生，费用由清华供给。我答应他们回国后向清华转达他们的提议。回国后我同清华校长梅贻琦说了，梅贻琦同意。清华与德国对外文化委员会定了正式协议。清华于 1934 年或 1935 年派往德国三个学生（其中有一个是乔冠华）。德国也派来了三个人。"[38]乔冠华回忆说："1935 年的假期，发生了这样一件事情：清华和其他几所大学每年都和德国相应的大学有交换优秀留学生的制度。各方举荐优秀的毕业生到对方的大学继续深造，就是攻读研究生的博士学位。德国给清华的哲学方面的学位只有一个名额。当时文学院院长冯友兰教授和哲学系主任，还有我的老师，由于我在学校的学习成绩好，他们推荐我去。……我很高兴地接受了。"[39]乔冠华后来进德国图宾根大学哲学系深造，获得哲学博士学位。

西方列强，若单从某一个国家看，他们的历史也许不连贯，所谓"希腊罗马，有古而无今；并世列强，有今而无古"，不像中国这样"亘古亘今"。但从整个西方看，他们的历史和文化倒是很连贯的。由于特殊的地理条件，西方文化一开始就在与外部发达文明的接触和影响中发展起来。这些文明在西方文化的形成中贡献出自己的力量后，通常就或是消亡，或是退出历史舞台，而它们的基本精神都融进西方文化的洪流之中。西方文化的中心也就依次从希腊罗马到中欧，再到西欧与北美转移。在空间上扩展的同时，随着时间的推移，也实现了从上古到中古，再到近现代的转化，呈现出明显的进步和发展趋势，而不像"中国很早就已经进展到了它今日的情状，但是因为它客观的存在和主观运动之间仍然缺少了一种对峙，所以无从发生任何变化，一种终古如此的固定的东西代替了一种真正的历史的东西”[40]。与此同时，西方人善于保护他们的历史遗迹，从古希腊罗马到近代，西方很多主要建筑和遗迹都被保护下来了。这不仅与他们建筑用的是石材有关，也与他们的建筑理念和历史观念有关。冯友兰在欧洲游历，所到之处，或为文化名城，或为历史古镇。在那里，他不仅看到了近代以后的西方，而且看到了古代的西方，他感受到了一个自古至今、连续不断的西方。这使得冯友兰对西方有了更为具体和完整的认识。他进而感觉到，一般人们所说的中西差异其实不是地域上的差异，而是时间上的差异，是古代文化和近代文化的差异。这就是所谓的“中西之交，古今之异”。

冯友兰在英国和人们交往时，对英国保留着古代的风俗习惯感受很深：“到了英国，最初感觉到的，就是中世纪封建社会的遗风还是显著地存在。在美国，人们互称 Mister；在英国，还有一种称渭 Esquire。我没有听见在口头上谁称谁为 Esquire，但是在通信中，信皮上写 Esquire 的很多。那时候，张荫麟也在英国，他给我写信，信皮上写 EsquireFung，旁边又用中文写‘冯大老爷’，这当然是他的戏称，也可以看出 Esquire 大概相当于‘大老爷’吧。”[41]英国是世界上第一个建立了现代民主社会的国家，更为难得的是，英国在建立现代民主社会的时候是通过和平的方式实现的，他们至今仍然保留着国王和王室。英国也是第一个实行宪政的国家，在传统的王国里注入了民主共和的精神，其民主程度远在那些自称人民共和国的国家之上。这种在旧形式里注入新内容，在旧传统里熔进新精神的做法，使引冯友兰对它很感兴趣。

冯友兰几十年后还津津乐道地回忆当年见到的情形，这当然不是发思古之幽情，而是在说明中西历史和文化的异同：

> 中国是个统一的大国。美国也是个统一的大国。我在 1919 年到美国，从旧金山上火车，走了几天几夜，一口气到了纽约，从西海岸到东海岸，当时并不觉得有什么特殊的感觉。可是在欧洲旅行就不同了。从一个地方到另一个地方，往往坐火车走几个钟头，甚至一两个钟头，就由一国到另外一国了，火车就得停住，旅客们就得拿出护照，到海关办手续，说的话也不同了，用的钱也不同了。用中国历史的标准看，欧洲是一个诸侯割据的局面，到了欧洲，就好像回到

中国的春秋战国时代。……欧洲虽也有过几次统一，但都未能维持很久，到了近代，就成了近代化的春秋战国。到了现在，欧洲需要一个欧洲合众国，结束诸侯割据的局面。但是搞了十几年，才仅仅完成了一个欧洲共同体。中国比欧洲早统一了两千年，这是中国历史的特点。这个特点，是优点也是缺点。我有一个想法：认为这也是中国封建社会长期存在的一个原因。像中国这样的大国，各地方的经济发展，是不平衡的，但因为是一个统一的大国，经济发展落后的地方，往往拖住了经济发展先进的地方的后腿。例如福建、广东这些地方，在宋代就成了和外国通商、交通的港口，如果听其自然发展，像这样的地方很可能比较早就有了近代化的生产，有了资本主义的生产方式。但它们上边有一个统一的政府，这个统一的政府是封建社会的上层建筑，是建筑在内地封建经济基础上的。因为它是个专制主义中央集权的政权，它就能压住像福建、广东这些经济上先进的地方，不让它们改变它们的上层建筑。西方有一句话说，一个舰队的速度，决定于其中最慢的船。中国的封建社会的统一的政权，到了后期，没有起先进带后进的作用，而起了使后进拖住先进的作用。历史上的事情，总是利害交织在一起的，这是历史发展的辩证法。

美国是没有历史的。这并不是说它真没有历史，只是说它的历史不在美国而在欧洲，美国是欧洲的延伸。要知道美国的来龙去脉，那就非到欧洲去看看不可。我这一次的欧洲之行，算是补了这一课。[42]

通过这些观察，冯友兰敏锐地感觉到：欧洲封建时代，跟中国古代有许多相同之处，或者大同小异。一般人所说的西洋文化，实际上是近代文化。所谓西化，严格地说，应该是近代化。在人们心目中的中国文化和西方文化之别，其实就是中国古代文化和西方近代文化之别。因为中国近代一直难产，所以中西文化之别也就成了古今文化之别。因此，主要的问题不是笼统地和简单地去评价中西文化的优劣，而是如何吸取中西文化优点来铸造新文化，或者说是用西方近现代文化去阐释中国古代文化从而使中国文化由古代走向近代和现代。这一思想成为他在第八届国际哲学大会上演讲的主题。冯友兰次会议上宣读了题为《哲学在当代中国》的论文。

在英国讲学备课时，冯友兰读了马克思的著作，对唯物史观产生兴趣。因此就想去当时号称按照马克思主义理论建立起来的苏联看看。关于在苏联看到的情况和自己的感受，他回忆说：

我当时很希望去苏联。关于苏联革命后的情况，有人把它说成是天国乐园，有人把它说成是人间地狱。我想亲自去看看究竟是个什么样子。我在柏林向苏联的旅游局办手续，他们说要打电报向莫斯科请示。等了一些时候，他们说回电来了，可以去。我就从德国经过波兰，一直到莫斯科。我不懂俄文，既不能同一般苏联人说话，也不能看报，只能看一种用英文出版的小报，那也是官方的报纸。照着苏联旅游局所规定的行程转了几个大城市，我所得到的印象是，苏联既不是人间地狱，也不是天国乐园，它不过是一个在变化中的人类社会。这种社会可能通向天国乐园，但眼前还不是。我在莫斯科，由中国使馆介绍，找到了一位汉学家，中国名字叫伊凤阁。他久住北京，那时在莫斯科大学担任教授。据我听他所说的情况，当时的莫斯科大学，跟欧洲大陆其他国家的大学差不多。也就是说，它和帝俄时期的莫斯科大学差不多，组织上和教学上都是这样。因此我就不相信资本主义国家报纸所说的，苏俄割断了历史传统，把以前的文化都不要了。莫斯科的教堂很多，都是东正教的。有几个大的教堂，已经收为国有，其中是空空洞洞的，但不少小的教堂还是照常活动，做礼拜的人也很拥挤。因此我也不相信资本主义国家报纸所说的，苏联人没有信教自由，苏联没有宗教了。我在公园中，看见有许多成双成对的夫妇，推着小孩车，在公园游玩休息，因此我也不相信资本主义国家报纸所说的，苏联不要家庭了。资本主义国家的报纸，每天所报道的消息，大都是关于政治的和在政治上出头露面的人物的，有时甚至把他们的穿戴都作详细的描写。而苏联的报纸（当然我根据的是那个英文小报）所报道的几乎完全是工农业生产情况和劳动模范等先进人物。当时我想，这大概就是苏联的新社会和旧社会不同的地方吧。我得出一个结论：封建社会“贵贵”，资本主义社会“尊富”，社会主义社会“尚贤”。我在当时所谓“贤”，是指有学问有技术的人，我所想的大概就是像资本主义国家的人所说的 technocracy（技术政治）。就是说，政治应该掌握在有技术的人的手里。这并不是社会主义，不过当时我想，尚贤是最合理的。这虽然是对社会主义的误解，但这说明我对社会主义发生了好感。

司马迁有句话说："好学深思之士，心知其意。"我当时自以为，"贵贵"、"尊富"、"尚贤"就是封建社会、资本主义社会、社会主义社会的"意"，对于这三种社会，我都"知其意"了，并且归结为那六个字。其实"知其意"，谈何容易！对于一种社会要"知其意"，不但要"好学深思"，还得要实践，要亲身在其中生活。现在看起来，我虽然不能说是"知其意"，但是却有一个"知其意"的条件，那就是曾经生活在这三种社会之中。[43]

以上是冯友兰在苏联看到的情况和他自己的感想。他在苏联逗留的时间不长，去的地方也是官方事先安排好的，他自己也不懂俄语，看的英文小报也是官方办的，没有办法对苏联社会真实情况进行深入地了解。这些都是情理之中的事情。回国之后，冯友兰根据在欧洲和苏联观察到的情况，结合他所理解的唯物史观，借助中国古代的"五德""三统"说，写下了《秦汉历史哲学》一文。接下来，他还做了几次演讲。1934 年 10 月 23 日，出席现代座谈会，做《在苏联所得之印象》的演讲。现代座谈会成立于 1934 年，曾公开讨论生产力与生产关系、中国社会的经济和政治结构、新文艺创作方法、哲学的党派性及时事述评等专题。中共地下党员周小舟、蒋南翔、姚依林、黄诚等为其重要成员。在这次演讲中，冯友兰从"农业组织与商业，苏联所行的是否是真正的共产主义，苏俄是否废除家庭，苏联是否取消民族的界限，苏俄是否不要学问，苏俄是否要艺术，苏俄是否要宗教，苏俄的大学生活"几个方面对苏联经济、社会、家庭、民族、知识、艺术、宗教、大学等方面情况做了介绍，并作结论说："总之，苏联是有一定的主义，一定的计划的，他们现在的口号是以苏维埃社会制度，加上美国的工业化，如果他们做得到，是可以成为世界上一个新的地方的。"对此，《清华周刊 · 副刊》刊出《在苏联所得之印象——摘录冯芝生先生在座谈会上之讲演》，并加说明："冯先生此次出国考察，以在俄印象最佳。听冯先生讲演，在苏联所得之印象后，足证苏联之进步，并非虚传。"[44] 11 月 25 日，冯友兰应邀在北京大学做题为"新三统五德论"的讲演，内容和《秦汉历史哲学》差不多。根据汉代历史哲学之金、木、水、火、土"五德"说，黑、白、赤"三统"说，据乱、升平、太平"三世"说，得出结论，认为历史是变的，历史演变乃依非精神的势力，历史之演变是辩证的;“没有永久不变的社会政治制度”,“每一套的经济社会政治制度也各有其历史的使命,例如资本主义的社会的使命,是把一切事业集中,社会化,以为社会主义的社会的预备。在资本主义的社会完全成功的时候,也就是他应该,而且必须让位的时候”。这些言论不是一个纯粹的学术问题,而是一个敏感的政治问题,是国民党和共产党在意识形态领域争论的焦点。冯友兰讲演无异于在为共产党做舆论宣传,这自然引起了人们关注尤其是国民党高度警惕。

这些讲演,给他带来了一场灾难,差点就有牢狱之灾:

> 就在这个时候,就是1934年11月,有一天,我在办公室正要下班回家吃午饭,秘书长打来一个电话说:“你先别出去,有个人要来找你。”等了一会,果然来了一个人,他对我说:“警察总监请你去说一句话。”我说:“什么时候?”他说:“现在就走。”后来我听当时在办公室的助教说,他看见那个人拿了一支手枪,暗中对着我,不过当时我没有觉察。我同他出来,上车走了。到了警察局,那个人叫我坐在门房等着,他就走了。我坐在那里,一直没有人过问。大约过了两个钟头,有个人进来拿了一个收条,上面写着:“收到冯友兰一名口。”他把收条交给管门房的人,就叫我出来。走到院中,已经有十几个人在那里排队站着,带我的那个人叫我也站到队中,拿来一副手铐要给我带上。我问他:“我犯了什么罪?”他不回答,只说:“你也带上一个。”带上了手铐,那个人就叫队伍往外面走,走出大门,就上一辆闷子车。车门锁了以后,车就开了。我想:“这莫非就上天桥?”(天桥是当时的刑场)我当时心里很平静。我想:这样看起来,古人所谓“从容就义”,也不是很难的事。车走了不久,就停了。下来一看,原来是前门西火车站。我们这一批囚犯走进车站,上了一列火车中的闷子车,车就开了。大约走了四五个钟头,车停了,闷子车的门开了,叫我们下车。到站台上一看,原来是保定。那时候蒋介石在保定设了一个“行营”,我才知道,原来是把我解到保定“行营”来了。我们这批囚犯,又被押上一辆卡车,开到一个大衙门,看样子,大概是清朝的总督衙门。我想,这大概就是“行营”了。下车以后,我和其他的难友就被分开了。我被单独带进一个房间,看样子是一个职员的办公室。进去以后,有个人进来,给我解开手铐,就

出去了。过了一会儿，他又进来说："你最近到外国去了吗？"我说："到欧洲去了一趟。"他说："请你写一写，你到过什么地方，见过什么人，说过什么话，都写下来，今天晚上就写完。"我本来是以一个普通旅游者的身份在欧洲游历的。我看见的东西，所遇到的人，所说的话，也和普通旅游者一样，没有什么特别。只是在捷克的布拉格参加国际哲学会议的时候遇见了南京政府的司法院院长居正。他告诉我一些孙中山在日本东京时的轶事。我如实写了。那个人来了，看了以后，也没有说什么，只说："套间有一张床，你就睡在那里吧。"[45]

冯友兰被无端逮捕，引起社会广泛关注。《清华周刊·副刊》载此消息说："文学院长冯芝生先生谦虚近人，颇得全体同学爱戴。自去年暑假出国考察，辛苦一年有余，今年10月返校授课。虽曾应燕大、北大诸校之请求前往讲演，然无任何嫌疑可觅。突于上月28日下午1时被北平公安局会同保定行营特务队传去，来人势甚凶恶，不稔究犯何罪。据闻学校当局与河南同乡会正设法营救之。"[46]

冯友兰被捕的当天下午，各方面在震惊之余，立即设法营救。清华大学校长梅贻琦往见北平行营主任黄郛，陈述事实，据理力争，要求释放冯友兰。顾毓琇在北平、傅斯年在南京也为此事奔走。冯友兰夫人任载坤往见北京大学校长蒋梦麟、文学院院长胡适，求他们设法营救。朱自清日记中记道："看来很严重，学校拍去六份电报营救，并开会讨论此事。"[47]

冯友兰本来就没有犯什么罪，他只是讲了在苏联的见闻，虽然不够全面，但毕竟也是事实。可在没有言论自由和公民权利的国度里，冯友兰就直言贾祸了。幸而当时还有人伸以援手，没有幸灾乐祸，更没有落井下石，政府也还顾及社会舆论和名流清议的压力，有所顾忌和收敛。在清华大学领导及社会贤达的多方奔走、积极营救下，当局迫于各种压力，当局释放冯友兰。29日上午，保定行营办事职员出示国民政府军政部部长何应钦电报："冯友兰如无重大嫌疑，着即释放。"于是将冯友兰获释。当时已经是中午，没有去北平的火车。那位办事员倒还文明和客气，他请冯友兰吃午饭，饭后还陪着游莲花池，下午又亲自上火车把冯友兰送回北平。冯友兰到北平火车站下车后，恰好遇到要去保定探监的弟弟冯景兰，兄弟两人一同返回清华园。

冯友兰能够安全归来，清华大学上下如释重负。在他回来的第二天，人们纷纷去看望。冯友兰整日接待来访的师生，并给他们讲被传经过。朱自清日记云："冯昨晚归来。我今晨去看他。他详细叙述其被捕经过。谓该部队得一报告，称冯将以中共代表身份赴俄，并将带回重要消息。经冯驳斥力争后，他们才答应将其释放。后何应钦又去电，该部向冯道歉，并于昨日下午将其放回。"[48]《清华周刊·副刊》报道说："文学院长冯芝生先生，于 11 月 28 日下午 1 日突被保定行营特务员及北平公安局擅行传去后，即于当晚解至保定行营。本校师长同学惊惶失措，气愤填膺。各方奔走，探听究竟。次日下午接得冯先生保定来电云，误会冰释，即将返校。消息传来，全校师生工友莫不长吁一口气。果于当晚 11 时即行返校。翌日同学纷纷前往拜谒。冯先生态度自若，如无其事者。详语由校入城至保定，由保定返校一切经过，听者莫不蹙额切齿。呜呼，法治云乎哉！"[49]清华大学的一些教授建议教授会开会支持冯友兰，金岳霖为此征求他的意见。冯友兰不愿张扬，说是已经出来了，就不必再提了。鲁迅在这年 12 月 18 日致杨霁云的信中谈及此事说："安分守己如冯友兰，且要被捕，可以推知其他了。"[50]

这种突如其来、始而有惊终则无险的灾难，把冯友兰推向人生的十字路口。1924 年 12 月国民党在开封成立省党部，冯友兰经他岳父的战友和亲戚的介绍加入国民党，那时孙中山还在世。1925 年秋冯友兰去广东后，就与河南国民党组织脱离关系。1926 年，国民党在报上发布通知，要求党员重新登记，不登记者以脱党处理。冯友兰没有去登记，也就自行退党。1930 年，接管河南的军阀万选才托人请冯友兰回河南出任中山大学校长，冯友兰因在清华大学有了"安身立命之地"，就没有应聘。后来蒋介石与冯玉祥、阎锡山在中原大战，冯、阎失败，万选才跟着下台。因为此事，在国民党政府看来，冯友兰有"附逆"的嫌疑。真正的原因是在国民党人眼中，冯友兰并不是他们自己的人；当然，冯友兰也确实不是国民党的人。既然冯友兰不是国民党的人，所以上次有"附逆"的嫌疑，这次又有"通共"的嫌疑，也就是十分自然的事情了。抗战以前，冯友兰和国民党的关系只是这样。

冯友兰获释后，一如既往地工作和著述。作为学校领导，出于职责，他要维护学校的稳定和教学的进行；作为大学教授，出于天职，他要疏导和保护学生，并没有因曾经被捕获释就疏远学生运动领导。固然，在此之前他也没有亲近过他们。在他的心里，自己是老师，他们只是学生而已。对他保护的学生，有的他认识，有的他不认识，反正是学生躲到自己家里来，他就毫不犹豫地保护他们。这是老师的天职之所在，出于本能而为之。冯友兰既没有和不信任他的南京政府决裂，也没有参加他自己不熟悉的共产党，这里有多种因素。首先是性格方面。冯友兰是一个中庸和平、温文尔雅的学者，不是一个纵横捭阖、呼风唤雨的英雄。这也与他的思想认识有关。冯友兰是慎思明辨的思想家，不是迷信盲从的投机者。他虽然对马克思唯物史观感兴趣，但他有自己的理解和看法，尤其不主张“以暴易暴”的暴力革命。这与当时流行的唯物史观大有异趣。还有一个主要的原因就是国家动荡已久，人心思治；大敌当前，亟需稳定。

1937年，冯友兰全家于清华大学工字厅前。

冯友兰依然在清华大学教书育人、著书立说，也许这种名山事业才真正是他的用武之地。就在这个时候，新的哲学思想在冯友兰心里萌发，新的哲学体系在冯友兰心中逐渐形成。20 世纪中华民族多灾多难、中国社会翻天覆地，中国产生了数以千计呼风唤雨、翻云覆雨的军阀和政客，而少有深思明辨、博学笃行的学者和哲人；产生了很多在国内纵横驰骋的政治家和革命家，而少有在国际享有盛名的思想家和哲学家。冯友兰没有成为革命家和政治家，而是著书立说成为思想家和哲学家。车载斗量的革命家中少了他一个，凤毛麟角的思想家多了他一个。这对于国家和他个人来说，是幸耶，抑或不幸耶？冯友兰生前只是一个教授，充其量也只是清华大学文学院院长；死后他的遗骨和朱自清等布衣学者一样，静静地躺在那拥挤不堪的万安公墓。他的祖茔，在“大跃进”和“文化大革命”期间先后被毁墓剖棺、暴骨荒野；他的故居，早在 20 世纪 50 年代“土地改革”时就被政府无偿征用，后来全被拆除，如今荡然无存。冯友兰没有炙手可热的权力，没有惠及三代的宦囊。他的儿孙们各自完全凭着自己的才华和努力取得成功，从未得到过父祖的荫庇。他留给儿孙们的只是聪明的才智、良好的素质和精神的财富，尤其是高度的社会责任心以及俭朴持家、勤劳工作的家风。当民族悲剧渐渐离去、政治闹剧慢慢结束的时候，当人们逐步学会用理性思考、凭常识生活的时候，当国家期盼和谐安定、家庭需要和睦相处、个人渴望享受幸福的时候，人们逐渐认识到了冯友兰及其思想的价值。进入 21 世纪以来，他的著作多有再版，经久不衰，不少被翻译成多种文字，流布全球。

注释

［1］ 冯友兰：《三松堂全集》第 1 卷，第 280 页，郑州：河南人民出版社，2000 年版。

［2］ 蔡仲德：《冯友兰先生年谱初编》，第 88 页，郑州：河南人民出版社，2000 年。

［3］ 存清华大学文书档案馆。

［4］ 冯友兰：《三松堂全集》第 14 卷，第 208 页，郑州：河南人民出版社，2000 年版。

［5］ 同上书，第 14 卷，第 44 页。

[6] 《清华大学校刊》,1930 年 8 月 8 日第 195 期。
[7] 存清华大学文书档案馆。
[8] 梅贻琦:《梅贻琦教育论著选》,第 10 页,北京:人民教育出版社,1993 年版。
[9] 胡适:《胡适文集》第 5 卷,第 378 页,北京:北京大学出版社,1998 年版。
[10] 存清华大学文书档案馆。
[11] 此二电文均刊于 1931 年 10 月 20 日出版的《清华大学校刊》第 336 期。
[12] 冯友兰:《三松堂全集》第 14 卷,第 109 页,郑州:河南人民出版社,2000 年版。
[13] 朱自清:《朱自清全集》第 9 卷,第 404 页,南京:江苏教育出版社,1998 年版。
[14] 见《清华大学校刊》,1936 年 2 月 20 日第 721 期。
[15] 姚依林:《"一二·九"运动回忆》,载《党史通讯》1985 年第 6 期。
[16] 张荫麟:《抗日救国宣言》,刊于 1936 年 10 月 25 日《学生与国家》第 1 卷第 2 期。
[17] 鲁孚:《冯友兰教授》,载《北平晨报》1936 年 12 月 10、11、12 日。
[18] 蔡元培:《蔡元培全集》第 3 卷,第 374 页,杭州:浙江教育出版社,1997 年版。
[19] 梁启超:《评胡适之〈中国哲学史大纲〉》,见《饮冰室合集·文集》之三十八。
[20] 蔡元培:《蔡元培全集》第 3 卷,第 376 页,杭州:浙江教育出版社,1997 年版。
[21] 冯友兰:《三松堂全集》第 1 卷,第 245—246 页,郑州:河南人民出版社,2000 年版。
[22] 同上书,第 259—260 页。
[23] 同上书,第 186 页。
[24] 钟璞:《旧事与新说》,第 91 页,北京:新星出版社,2010 年版。
[25] 冯友兰:《三松堂全集》第 1 卷,第 192 页,郑州:河南人民出版社,2000 年版。
[26] 陈寅恪:《陈寅恪文集·金明馆丛稿二编》,第 280 页,北京:三联书

店，2001 年版。
[27] 金岳霖：《冯友兰〈中国哲学史〉审查报告》，引自冯友兰《三松堂全集》第 2 卷，第 618—619 页，郑州：河南人民出版社，2000 年版。
[28] 翟志成：《被弟子超越之后——胡适的冯友兰情结》，见《中央研究院文哲研究所集刊》第 25 期(2004 年 9 月)。
[29] 李慎之：《纪念冯友兰先生》，见单纯、旷昕编：《解读冯友兰·学人纪念卷》，第 63 页，深圳：海天出版社，1998 年版。
[30] 冯友兰：《三松堂全集》，第 11 卷，第 402—412 页，郑州：河南人民出版社，2000 年版。
[31] 引自徐葆耕：《清华圣土——记王瑶与清华大学》，见《随笔》1992 年第 2 期。
[32] 张岱年：《张岱年全集》第 8 卷，第 540 页，石家庄：河北人民出版社，1996 年版。
[33] 冯友兰：《三松堂全集》第 14 卷，第 376 页，郑州：河南人民出版社，2000 年版。
[34] 朱自清：《朱自清全集》第 9 卷，第 345 页，南京：江苏教育出版社，1998 年版。
[35] 见中国共产党北京大学委员会 1962 年《冯友兰小传》。
[36] 引自北大哲学系：《"双反"运动以来对冯友兰教授批判情况》。
[37] 冯友兰：《三松堂全集》第 1 卷，第 74 页，郑州：河南人民出版社，2000 年版。
[38] 引自冯友兰 1968 年 2 月 6 日所写《补充交待》。
[39] 章含之：《我与乔冠华》，第 310 页，北京：中国青年出版社，1994 年版。
[40] 黑格尔：《历史哲学》，第 123 页，上海：上海书店，1999 年版。
[41] 冯友兰：《三松堂全集》第 1 卷，第 74 页，郑州：河南人民出版社，2000 年版。
[42] 同上书，第 80 页。
[43] 同上书，第 81—82 页。
[44] 《清华周刊·副刊》1934 年 11 月 5 日第 42 卷第 3 期。
[45] 冯友兰：《三松堂全集》第 1 卷，第 82—84 页，郑州：河南人民出版社，2000 年版。

[46]《清华周刊·副刊》1934年12月28日第42卷第7期。

[47] 朱自清:《朱自清全集》第9卷,第331页,南京:江苏教育出版社,1998年版。

[48] 同上。

[49]《清华周刊·副刊》1934年12月30日第42卷第8期。

[50] 鲁迅:《鲁迅全集》第13卷,第301页,北京:人民文学出版社,2005年版。

第八章　南渡岁月

一　南岳脚下

二　漂泊西南

三　联大中坚

四　忠孝大节

一　南岳脚下

正当清华大学稳步发展冯友兰也开始创建哲学体系的时候，日本帝国主义者发动大规模的侵华战争。拿破仑有言，中国是一头沉睡着的狮子，一旦惊醒，世界将为之震惊。可让中国这头睡狮醒来也太难了。两次鸦片战争、甲午海战、八国联军入侵乃至“九·一八”事变，一系列灾难和屈辱，都没有引起中国人真正的觉醒。就是在“九·一八”事变的那天晚上，东北军最高统帅张学良还在北平戏院看戏，副统帅张作相在为他父亲举办丧礼，最高参谋长荣臻在为自己祝寿。“九·一八”事变以后，国内状况并没有大的改变：大小军阀争战不休，普通民众麻木不仁，达官显贵醉生梦死，歌舞升平依旧……直到最后，日本进攻北平。这与其说是被人给打得觉醒了，还不如说是被赶得没地方睡了！1937 年 7 月 7 日，中国军队和日本军队在卢沟桥开火了。

7 月中旬，冯友兰举家迁至城内什刹海旁白米斜街，他白天仍在学校办公，有时候夜晚住在清华园。白米斜街 3 号是他 30 年代初买下的，以备不时之用。

“卢沟桥事变”不久，国民政府就决定北京大学、清华大学和南开大学在长沙合并为长沙临时大学。8 月 8 日，教育部颁布的《设立临时大学计划纲要(草案)》规定：临时大学第一区设在长沙；临时大学筹备委员会设主席一人，由教育部部长兼任，设秘书主任一人，常务委员三人，常务委员会商决一切。随后在南京成立长沙临时大学筹备委员会。28日，教育部高教司给梅贻琦等人一封公函说："奉部长密谕：指定张委员伯苓，梅委员贻琦，蒋委员梦麟为长沙临时大学筹备委员会常务委员，杨委员振声为长沙临时大学筹备委员会秘书主任。"[1]

1937年8月初，清华大学召开在北平的最后一次校务会议，讨论南迁事宜："实行南迁的办法是，发出通知，叫教师和学生于暑假后开学时，在长沙集合，学校迁到长沙。教授们去的，学校发给路费，其余的人自想办法前往。在北京，留下一个庶务科主任，应付一些小事，能应付多久就应付多久。决定以后，南迁的人和留守的人，都痛哭而别。"[2]就这样，冯友兰离开苦心经营十年、好不容易才找到的"安身立命之地"——清华园。当时已有10岁的钟璞在51年后写道："多少人血泪飞，向黄泉红雨凝。飘零！多少人背乡离井。枪口上挂头颅，刀丛里争性命。就死辞生！一腔浩气吁苍穹。说什么抛了文书，洒了香墨，别了琴馆，碎了玉筝。珠泪倾！又何叹点点流萤？"[3]这次南下不同往常，这是在逃难！为了方便和安全，冯友兰和很多教授一样，先把家眷留在北平，独自一人南下。

冯友兰经过一路跋涉，于9月初到了长沙，其他教授也先后抵达。9月16日，长沙临时大学常务委员会举行第一次会议。常委会下设机构有：教务处，由清华教授潘光旦负责；训导处，由南开教授黄钰生负责；总务处，由北大教授樊际昌负责。9月20日，临时大学常委会第二次会议决定：10月25日开学，10月26日举行开学典礼，11月1日上课。清华大学在长沙建筑的校舍原来只是为一个学校准备的，也只建成了很少一部分。如今三校同来，校舍自然不够使用。10月15日，临时大学常委会第11次会议决定，因长沙校舍不敷分配，文学院设于南岳圣经学校。11月3日，冯友兰与文学院其他教授朱自清、闻一多、陈梦家、叶公超、金岳霖、吴俊升、罗廷光、周先庚、燕卜孙、罗皑岚、柳无忌等十余人乘坐汽车抵南岳。

南岳市位于衡山脚下。在它的附近有所叫"圣经学校"的教会学校，里面有座名叫"停云楼"的两层小楼，文学院的教师们都住在这座楼上。当时南岳山中，学者云集，书香四溢。冯友兰讲中国哲学史，钱穆讲中国通史，闻一多讲《诗经》，金岳霖讲逻辑，吴宓讲西洋文学史。在众多的课程中，最受学生欢迎的是冯友兰、钱穆、闻一多的课。李赋宁回忆说："作为清华大学文学院院长兼哲学系主任，冯友兰先生实际是临大文学院的最高领导和主持人，类似我国明清时期书院的山长，因为冯先生也是学术上最高的带头人之一。当时南岳山上大师云集，生活艰苦，但学术空气活跃、浓厚，授课的教师有冯友兰、金岳霖、沈有鼎、钱穆、汤用彤、朱自清、闻一多、陈梦家、吴宓、叶公超、柳无忌等，还有英国青年诗人、批评家威廉·燕卜孙。当时冯先生的中国哲学史，钱穆先生的中国通史和闻一多先生的诗经这三门课的听众极为踊跃。教室窗外挤满了旁听的人。每当我回忆起南岳那一个学期的生活，我总是神往不已，好像是置身于最圣洁的殿堂之中。"[4]

1937 年冬，冯友兰与长沙临时大学同事潘光旦（右二）、沈履（右一）游岳麓山。

这些教授在教书育人的同时，又发愤著述，笔耕不辍。国难当头，世事巨变，激发了他们的民族意识和著述激情。冯友兰撰《新理学》，金岳霖著《论道》，汤用彤写《汉魏两晋南北朝佛教史》，钱穆研究理学，闻一多考订《周易》。在《新理学·自序》中，冯友兰说："数年来即拟写《新理学》一书，因杂事多未果。去年中日战起，随学校南来，居于南岳。所见胜迹，多与哲学史有关者。怀昔贤之高风，对当世之巨变，心中感发，不能自已。又以山居，除授课外无杂事，每日皆写数千字，积二月余之力，遂成此书。数年积思，得有寄托，亦一快也。此书虽'不着实际'，而当前年许多实际问题，其解决与此书所论，不无关系。故虽知其中必仍有需修正之处，亦决及早印行，以期对于当前之大时代，即有涓埃之贡献，且以自珍其敝帚焉。"[5]大家当时都没有携带家眷，住房紧张，几个人合住一个房间，这为他们交流思想、切磋学问提供了难得的机会。这么多专家学者住在一栋楼上，挤在一间房里，他们朝夕相处，切磋问学，的确是以前在北平时所不曾有过的。在写完《新理学》以后，冯友兰就向同仁征求意见："金龙荪岳霖、汤锡予用彤、钱宾四穆、贺自昭麟、郑秉璧昕、沈公武有鼎诸先生均阅原稿全部；叶公超崇智、闻一多、朱佩弦自清诸先生均阅原稿第八章，有所指正。"当时钱穆也在研究宋明理学，研读《王龙溪先生集》和《罗念庵文集》。他发挥王阳明良知论与知行合一说，认为王学不把心与物对立，不把内外分成两截；王学精髓便是"圆浑天成"，直诉"自心"。冯友兰在《新理学》中谈的问题也正是他关心的。"一天傍晚，冯友兰来余室，出其新撰《新理学》一稿，嘱余先读，加以批评，彼再写定后付印。约两日后再来。余告以中国理学家论理气必兼论心性，两者相辅相成。今君书，独论理气，不及心性，一取一舍，恐有未当。又中国无自创之宗教，其对鬼神亦独有独特观点，朱子论鬼神亦多新创之言，君书宜加如此一节。今君书共分十章，鄙意可将第一章改为绪论，于第二章论理气下附论心性，又加第三章论鬼神，庶新理学与旧理学能一贯相承。芝生云，当再加思。"[6]后来冯友兰采纳了钱穆的一些意见，如把第一章改为绪论，增加了鬼神一章。金岳霖当时在写《论道》，他和冯友兰互相看稿子，互相影响。金岳霖在《论道》序言感谢冯友兰说："无论如何，我深知我缺乏运用文字的技能。在这方面。我要对冯芝生表示谢意。他看过全部原稿，经他随时指示，太过意不去的地方或者没有。"[7]一般说来，金岳霖对冯友兰的影响主要是在逻辑分析和新实在论方面，而冯友兰对金岳霖的影响主要在天人合一论与人生境界论方面。他们二人在哲学上似乎有分工：冯友兰着重论述社会和人生方面，金岳霖着重论述知识论和逻辑问题。他们二人共同完成中国哲学的现代转型。

众多的学者名流拥挤在一起，也难免发生些不愉快的事情。这些人过去在北平独居书房、坐拥书城，如今就多有不便："时诸人各择同室，各已定居。有吴雨生、闻一多、沈有鼎三人，平日皆孤僻寡交游，不在诸人择伴中，乃合居一室，而尚留一空床，则以余充之，亦四人合一室。室中一长桌，入夜，一多自燃一灯置其座位前。……一人在灯下默坐撰写。雨生则为预备明日上课抄笔记写纲要，逐条书之，又有合并，有增加，写定则于逐条下加以红笔勾勒。……沈有鼎则喃喃自语，如此良夜，尽可闲谈，各自埋头，所为何来。雨生则加以申斥，汝喜闲谈，不妨去别室自找谈友。否则早自上床，可勿在此妨碍人。有鼎只得默然。雨生又言，限十时熄灯，勿得逾时，妨他人之睡眠。"[8]冯友兰和郑昕、汤用彤等同住一室。任继愈回忆说："冯先生读书学习有一个特点，就是从不熬夜。他说他从20岁时就养成了这样的习惯，学习是学习，工作是工作，休息是休息。抗战开始时，冯先生在衡山写《新理学》，还在写《诸子哲学讲义》，工作十分繁忙，人开玩笑说他像一架写作机器。据与他同住一室的康德研究专家郑昕讲，就是在那个时间，冯先生也是按部就班、有条不紊地按照作息时间工作。早上不上课时就写书，中午休息，下午接着写，晚饭后再写段时间就按时休息，从来没有熬夜加班。他这一良好的习惯坚持了一辈子，确实不容易。"[9]冯友兰一直担任着行政职务，襄助学校事务并参加社会活动，但这并没有影响他著书立说。在20世纪的学者中间，还少有人像冯友兰这样一边担任行政职务，一边在学术上取得卓越成就的。这当然与他才智充盈和精力充沛有关，但与他严格遵守作息制度和合理有效利用时间也是分不开的。冯友兰生活习惯之良好、作息制度之严格，令人想起德国哲学家康德。

这些学者们在从事教学著述紧张繁忙工作的同时，还不失文人的幽默与风趣。当时大家都没有带家眷，文学院设有食堂。"教授饭食有两团体。其一为米食，其二为面食。乃冯友兰君所带来之河南厨役制办。宓加入此面食团，每月二十元，不但有馒头，且肴丰美，红烧肘子常有，炒菜亦好，在平常亦不易得也。"[10]这些教授平时就在一个食堂里用餐，一个房间里作息，在茶余饭后，睡前醒来，说文论道，吟诗填词，也增加了不少乐趣。当时，哲学系金岳霖眼睛怕光，经常戴一副眼罩，郑昕喜欢喝酒。吴宓曾经写有一首诗，其中有"相携红袖非春意"一句，冯友兰认为不很得体，恰好停云楼旁边有棵腊梅，那时腊梅正开，站在楼上栏杆旁边，正好与腊梅相齐。有一天，闻一多同冯友兰又说起吴宓那一句“红袖”诗，随口说出了一句诗：“每饭不忘‘红袖’句。”冯友兰接着说：“凭栏唯见腊梅花。”沈有鼎正在研究《周易》占卦的方法，用纸枚代蓍草。于是，闻一多就写了一首诗，调侃哲学系的人：“唯有哲学最诡恢，金公眼罩郑公杯，吟诗马二评红袖，占卜冗三用纸枚。”

11月19日，文学院开始上课，当时教授共有19人。北京大学哲学系教授容肇祖善于作诗，他用这19人的名字联诗，作七绝数首，其中第三首为冯友兰所作：

冯阑雅趣竟如何(冯友兰)，闻一由来未见多(闻一多)。
性缓佩弦犹可急(朱自清)，愿公超上莫蹉跎(叶公超)。

鼎沈雒水是耶非(沈有鼎)，秉璧犹能完璧归(郑璧璧)。
养仕三千江上浦(浦江清)，无忌何时破赵围(柳无忌)。

从容先着祖生鞭(容肇祖)，未达元希扫虏烟(吴达元)。
晓梦醒来身在楚(孙晓梦)，皑岚依旧听鸣泉(罗皑岚)。

久旱苍生望岳霖(金岳霖)，谁能济世与寿民(刘寿民)。
汉家重见王业治(杨业治)，堂前燕子已卜孙(燕卜孙)。

卜得先甲与先庚(周先庚)，大家有喜报俊升(吴俊升)。
功在朝廷光史册(罗廷光)，停云千古留大名(停云楼)。[11]

其中燕卜孙是外国人，起了个中国的名字。当时容肇祖苦于没有办法把他的名字联入诗中，他求援于冯友兰。冯友兰脱口而出：“堂前燕子已卜孙。”

仁者乐山，智者乐水。衡山山势蜿蜒，群峰骄列，岩壑分明，林木葱郁，风景奇丽，七十二峰中以祝融峰为最高，景色至美，“参差七十二英蓉，回望峰峰拱祝融”。唐宋以来，李白、杜甫、韩愈、柳宗元、刘禹锡、白居易、朱熹、黄庭坚、范成大、张居正、王夫之、魏源、郭嵩焘等人皆游此山。明末清初，王夫之、王介之兄弟曾结庐隐居于此。这些文人学者留下了不少脍炙人口的诗篇。黄庭坚《祝融峰》诗云："万丈祝融插紫霄，路当穷处驾仙桥。上观碧落星辰近，下视红尘世界遥。"朱熹在此也留下了"我来万里驾长风，绝壑层层许荡胸。浊酒三杯豪气发，朗吟飞下祝融峰"的豪迈诗篇。南岳也是儒道释三家文化荟萃的地方，这里书院成群、宫观迤逦、寺院林立。方广寺是其中最为有名的一个。它建于南朝萧梁天监年间。在莲花峰下，为"南岳四绝"之一，宋徽宗曾亲题"天下名山"的匾额。祝融峰南面的燕子岩下有名胜古迹磨镜台，相传是唐代高僧南岳怀让磨砖作镜的地方。紫盖峰下有著名道观黄庭观，它是开中国女子修道之先河，后为道教上清派尊为第一代宗师的东晋魏夫人修真和飞升的圣地。

儒家在这里影响最大的是"二贤祠"。它位于方广寺的右边，是当年张栻与朱熹聚会论学的地方。张栻，字敬夫，号南轩，受学于衡山胡宏，为宋代理学大家。朱熹闻张栻得衡山胡氏之真传，不远千里，从福建来到湖南，与张栻同游南岳，论中庸之义，"三昼夜不能合"。为了纪念他们衡山之会，后人在方广寺旁建二贤祠。祠里正房名曰嘉会堂，上挂有一块"一会千秋"大匾。冯友兰常去二贤祠追念先贤，吟出了"二贤伺里拜朱张，一会千秋嘉会堂"的诗句来：

> 二贤祠里拜朱张，一会千秋嘉会堂，
> 公所可游南岳耳，江山半壁太凄凉。
>
> 洛阳文物一尘灰，汴水繁华又草莱。
> 非只怀公伤往迹，亲知南渡事堪哀。

在有一次会上，朱自清朗诵了这两首诗，全体师生都感到凄怆。

当然，这么多一流学者聚集在一起，难免出现分歧和争论。冯友兰和钱穆在对待学生去延安的态度差异就是一例。1937 年 12 月，日军侵占京、沪、杭后，沿长江西进，进攻华中地区，武汉成为前线。日寇的疯狂进攻和大片国土的沦丧，激发了临时大学学生的抗日热情，一时掀起了大规模的抗战卫国的从军运动。不少学生就地从军，参加抗战，也有一部分学生冲破封锁，奔赴延安。1937 年 12 月的一天，北京大学学生为两位学生奔赴延安举行欢送会，大家慷慨陈词，发表对抗战的看法。冯友兰、钱穆也被学生邀请前去讲话。在对待学生去延安的态度上，冯友兰和钱穆有很大分歧："又其前某一日，有两学生赴延安，诸生集会欢送。择露天一场地举行，邀芝生与余赴会演讲，以资鼓励。芝生先发言，对赴延安两生倍加奖许。余继之，力劝在校诸生须安心读书。不啻语语针对芝生而发。谓青年为国家栋梁，乃指此后言，非指当前言。若非诸生努力读书，能求上进，岂今日诸生便即为国家之栋梁乎。今日国家困难万状，中央政府又自武汉退出，国家需才担任艰巨，标准当更提高。目前前线有人，不待在学青年去参加。况延安亦在后方，非前线。诸生去此取彼，其意何在。散会后，余归室，芝生即来，谓君劝诸生留校安心读书，其言则是。但不该对赴延安两生加以责备。余谓，如君奖许两生赴延安，又焉得劝诸生留校安心读书。有此两条路，摆在前面，此是则彼非，彼是则此非，如君两可之见，岂不仍待诸生之选择。余决不以为然。两人力辩，芝生终于不欢而去。"[12]冯、钱之争是君子之争，这种争论并不妨碍二人在学术上的往来，冯友兰仍把《新理学》书稿送钱穆看，并请他提出意见和建议。

二　漂泊西南

临时大学在长沙刚站住脚跟，战争的局势又急剧恶化。1937 年 12 月 13 日，国民政府首都南京陷落，武汉震动，危及长沙。蒋梦麟专程往重庆面见蒋介石，商谈临时大学前途问题。蒋介石指示临时大学迁往昆明。此前，也有人提出临时大学迁往桂林的建议，但北京大学经济系教授秦瓒主张迁往云南，理由是云南群峰叠嶂，易守难攻，日军难以侵犯，而且有滇越、滇缅公路通往国外，便于学校搬迁。1938 年 1 月 19 日，国民政府批准长沙临时大学迁往昆明。1 月 20 日，临时大学常委会第 42 次会议决定：因战火逼近长沙，临时大学迁往昆明。2 月 4 日，临时大学常委会修正通过学生赴滇就学的方案。2 月 5 日，南岳文学院师生回到长沙，与其他三院师生会合。文学院在南岳山中三个月的工作、学习生活结束。冯友兰后来在国立西南联合大学校歌中写到这段历史时说："万里长征，辞却了五朝宫阙；暂驻足衡山湘水，又成离别。"

临时大学由长沙分三路向昆明迁移。一路沿粤汉铁路到广州，从香港乘船至越南海防，再乘滇越铁路火车至昆明，吴宓、叶公超等人走这一路线。一路组成湘黔滇旅行团，步行入滇。走此路的有黄钰生、闻一多、袁同礼、曾昭抡等三百多名师生，徒步经过湘西、贵州，抵达昆明。为了安全，步行团由东北军一师长黄师岳中将任团长，临时大学军训教官毛鸿任参谋长，采取行军编制和管理。另一路是由广西入云南，冯友兰、钱穆、贺麟、汤用彤、朱自清、陈岱孙等人走这条路，乘车沿湘桂公路经桂林、柳州、南宁等地，出镇南关，取道河内，再乘滇越线火车到昆明。

1938年2月16日，冯友兰和钱穆、贺麟、朱自清、陈岱孙等人乘汽车离开长沙向昆明进发，一路颠簸，十分辛苦。但所经之处，稍有时间，他们就去参观名胜古迹，游览祖国大好河山。在桂林游七星岩和月牙山时，还看到了“平蛮三将题名”和“元祐党籍”石刻。3月2日，在通往河内的途中，过凭祥县一拱门时，冯友兰左臂被城墙壁碰骨折了。冯友兰骨折后，经朱自清与中国领事馆联系，住进河内法国圣保罗医院治疗。朱自清、陈岱孙留下陪冯友兰，其他人离开河内继续向往昆明进发。

“仰登飞鸟道，俯视万峰低。”湘、黔、滇旅行团的师生在湘西、贵州、云南的山山水水间经过了68天跋涉，行程3 500余里，终于在4月28日抵达昆明。临时大学迁移工作至此完成，这是另一次具有重大历史意义的“长征”。从古都北平辗转到长沙，再又长沙辗转到昆明，行程数千里，历经艰辛。他们餐风沐雨，翻山越岭，经受了体力的考验和意志的磨炼，学到了许多在课堂上和书本中学不到的东西。一路上，他们或瞻仰古迹，或游览名胜，观赏祖国壮丽河山，访问少数民族村寨，了解各地风土人情，更亲身体验了人民群众的困苦生活。他们沿途采集了不少标本，收集到上千首歌谣。学生刘兆吉把他收集到的民歌整理为《西南采风录》，由商务印书馆出版，朱自清、闻一多和黄钰生为该书作序。钱能欣根据自己68天的日记整理出版了《西南三千五百里》反映旅行团的生活，闻一多在途中作风景速写数百幅。这在中国现代教育史上写下了可歌可泣的一页，为中国现代教育和学术保存了元气，是一次具有重大意义的“文化长征”。

4月2日，教育部曾电令，并得到国防最高会议通过，国立长沙临时大学改称国立西南联合大学。由于昆明校舍不够使用，文、法两学院暂时安置在蒙自原海关衙门内。“联大所租系三部分。一为旧海关，作教室上课。二为旧汇理银行，设图书馆、讲堂及教职员宿舍。三为歌胪士洋行，楼下及后进为学生宿舍，面湖楼上尽作教授住所。海关与银行通连，洋行则略隔百码。”“海关旧址花木繁多。一进大门，松柏夹道，殊有些微清华园工字厅一带情景。故学生中有戏称，昆明如北平，蒙自如海淀者。"[13]冯友兰于4月上旬到达昆明，随后与文、法两院师生们一同离开昆明去蒙自。5月底，在朱自清陪同下，冯友兰到桂林街王维玉家租赁住房。6月初，任载坤带钟琏、钟辽、钟璞和钟越兄妹四人与朱自清、周作人等几家眷属一起，从北平出发，取道天津、香港、越南，抵达蒙自，水陆兼程，历尽辛苦。从香港到海防这段航线还上遇见狂风，冒了很大的危险。冯友兰全家团圆后，就在蒙自桂林街王维玉住宅内安家。他们一家住在楼下，陈梦家和赵萝蕤夫妇住楼上。《蒙自县志》记载说："西南联大文法学院迁来蒙自时，冯友兰等教授在王维玉桂林街的住宅内，王维玉十分尊敬他们，教育子女做人要做他们那样的人。"[14]

西南联大时的冯友兰。

在蒙自，冯友兰在授课之余，根据在赴滇途中的思考，接受了钱穆的建议，对《新理学》进行修订，把原来的第一章改为绪论，同时加进了“心性”和“鬼神”两章。钟璞回忆说：“在楼下的一间小房间里，父亲修订完毕《新理学》，交小印刷店石印成书。……据兄长钟辽回忆，父亲写作时，他曾参加抄稿。大概就是《心性》、《义理》和《鬼神》这几章，我因年幼，涂鸦未成，只能捣乱，未获准亲近书稿。”[15]完稿后，交付一石印馆印刷，共印二百本，赠送师友。在自序中，冯友兰题诗道：“印罢衡山所著书，踌躇四顾对南湖。鲁鱼亥豕君休笑，此是当前国难图。”这个版本的“《新理学》现在仅存一部，为人民大学石峻教授所藏。纸略作黄色，很薄，字迹清晰。这书似乎是该在煤油灯或豆油灯下看的”。

暑假期间，西南联大文、法两院在昆明有了校舍，于是就从蒙自迁到昆明昆。冯友兰一家也随着搬到昆明，租用位于登华街云南教育厅厅长龚自知的房屋，仍与陈梦家、赵萝蕤夫妇为邻。后来，因受日本飞机空袭的影响，又搬到小东城脚 16 号。这里是一个小花园，里面有两幢小楼，冯友兰和他弟弟两家住里面一幢，大门边的一幢由房东自己住。园中花木扶疏，颇为清雅，还有一口水井。

第二年，西南联合大学经过了一年多东拼西凑、捉襟见肘的艰难和尴尬后，终于在昆明大西门外有了占地 120 亩的校园。西南联合大学有了能遮风避雨、学习读书地方。“西南联大原先借用了昆明的几个学校的校舍和几个会馆的房子。后来在北城墙外边弄来了一大片空地，在其上建筑了一些简易平房，虽然简易，可是应有尽有：有宿舍，有教室，有图书馆，有大饭厅，肝胆俱全。有了这座校舍，联大可以说是在昆明定居了。”校园及校舍由梁思成规划和设计，因经费有限，他只得因陋就简，几易方案。整个建筑十分简陋，除了图书馆是砖木结构的瓦房外，其他都只是黄土筑墙，铁皮盖顶，学生宿舍和办公用房还是用茅草盖顶。后来铁皮涨价，经费紧张，又把铁皮卖掉全换成茅草。学校条件如此艰苦，落后的设备，低矮的教室，阴暗的宿舍，粗糙的饭食，泥泞的道路劣……学生宿舍低矮、阴暗，每间要住四十多人，很多人没法在宿舍里看书，做作业。下大雨时，宿舍有时漏雨，学生们只好用脸盆、水桶、口缸、饭盒接水。有人一边听着雨漏的“滴答”声，一面吟诵杜甫的《茅屋为秋风所破歌》：“八月秋高风怒号，卷我屋上三重茅……”

当时在昆明，各机关都有一辆小车，供负责人使用。在空袭频繁的时候，城里发出警报后，不少机关负责人纷纷乘坐汽车出城到乡间躲避。西南联大当时也有一辆小车，供常在学校的常委梅贻琦使用。由于通货膨胀，物价日升，师生生活日趋困难，梅贻琦毅然封存汽车，辞退司机，每日安步当车，往返于寓所和西南联大办事处；有应酬时，则以人力车代步。在躲避空袭时，他和师生们一起，出联大校舍北门，在门外小山上，坐于乱坟之间。飞机飞到临头时，他又和师生们一起跳入事前挖好的壕沟里。

西南联大的校长办公室，设在校园东北角一座土墙铁皮顶的房屋里。这是世界上最简陋的大学校长办公室，可在这里办公的是中国现代著名教育家张伯苓、梅贻琦和蒋梦麟。1939年冬天，学校没钱买煤，梅贻琦下令撤掉了所有办公室的火炉。教授们常常冷得直打哆嗦，梅贻琦自己也这样。到了夏天雨季，办公室外道路泥泞，青苔疯绿。年迈体胖的张伯苓，需要拄着拐杖，被人搀扶着才能到达办公室；往日颇有绅士派头的梅贻琦，也和大家一样踏着泥泞的道路，皮鞋上粘着泥巴。就在这简陋的校园里，西南联合大师生们坚持研究、实验、教学和读书，开拓一条弘扬民主和科学，坚持学术独立、思想自由的道路，“创造了战时联合办学的典范，发扬了民主治校的精神”，成就了一批学术大师，培养了一批栋梁之才，为中华民族的文化传承和现代建设做出了巨大贡献。

条件艰苦也只不过是受些心志之苦和筋骨之劳，可日本飞机的频繁空袭让联大师生们时刻都有性命之虞。冯友兰家在城脚住了将近一年，到了1939年秋天，日本飞机空袭加强，为躲避空袭，他们举家迁往昆明郊区龙泉镇。“当时冯友兰先生家住龙头村东端，金岳霖先生和钱端升先生家住在一处，在龙头村西端，汤(用彤)先生家在麦地村，处于司家营和龙头村之间，相距各约一里。”[16]龙头村距离昆明近二十里，往返需要四个小时。为了不耽误工作，冯友兰在城内平政街租房，上班时间住在这里。房东住楼下，冯友兰、吴有训及陈梦家夫妇住楼上。周培源一家疏散得最远，住在城外西山脚下，离联大新校园约有四十里，他只好自己养一匹马，骑马来上课。这成为西南联合大学一大风景。

冯友兰的四个孩子都入学读书，平时住在城里，只有周末才和他一起回家。这样家里平时就只剩下任载坤一人。一向专事相夫教子的她一下子很不习惯，她倍感寂寞、孤独甚至害怕，只得养了一只狗做伴。

在面临着不时空袭威胁的同时，冯友兰这些教授们又经受着贫穷、饥饿的煎熬。在西南联大草创之初，物价还不太高，教师们可勉强度日。

随着大批工厂、机关和学校迁到昆明，法币便不断贬值，度日相当艰难。联大初到昆明时，人均伙食费每月6元。1939年下半年，上涨到30元才能维持最低生活水平。1940年以后，物价陡涨，伙食费涨到200元，1944年涨到1 000元，1945年为5 000元至6 000元，1946年更高达到10 000元。[17]化学系教授黄子卿写过一首诗，序曰："30年(1941年)秋，疟疾缠绵，卖裘书以购药，经年乃痊。追忆往事，不禁怆然。"诗云："饭甑凝尘腹半虚，维摩病榻拥愁居。草堂诗好难驱疟，既典征裘又典书。"西南联大经济系教授李云青曾为他撰写一副对联："天下事总如斯，尽他芸案萤窗，只赢得数卷残书，几茎华发；昆明居大不易，值此米珠薪桂，但愿能半年克敌，一路还乡。"陈寅恪在诗中写道："大贾便便腹满腴，可怜细身是吾徒；九儒列等真邻丐，五斗支粮更殒躯。世变早知原尔尔，国危安用较区区；闻君绝笔犹关此，怀古忧今并一吁。"[18]

1942年冬天，昆明天气奇寒，朱自清没有棉衣，只好买马夫们穿的毡披风御寒。这"在联大教授中绝无仅有，与潘光旦的鹿皮背心、冯友兰的八卦图案的黄布包袱皮，被称为'联大三绝'。"冯友兰回忆说：

> 因为通货膨胀，物价飞涨，教师们的生活也是很困难的。一个月的工资加到几百万，不到半个月就完了。教师们多是靠兼职兼薪，以为贴补。大多数的人是卖文，向报刊投稿，得一点稿费。能做古文的人，向当地富贵人家"谀墓"之文，这样的生意最好，因为可以得实物报酬。到了抗战末期，联大一部分教授组织了一个卖文卖字的会。说是要卖字，闻一多还给我刻了两个大图章，以备使用。不过还没有开张，日本就投降了，我的图章始终没有用上。到1946年我们将要离开昆明的时候，教师们大都把原来从北京带来的东西在街头拍卖了。家属们坐在街头摆地摊，占了很大一块地方，持续几个星期之久。
>
> 我家先住在龙头村的村子里，后来搬到一个旧庙里，那座庙修在村边的小土山上，已经没有神像了。这座庙有两层院子，后一层是龙泉镇镇公所，前一层的北房是一个公司的仓库，东厢住一对德国犹太人夫妇，据说男的原是德国外交部官员，被希特勒赶出来的。我家住在西边厢房里。旁边是个小学，叔明一度在院里设了一个油锅炸麻花，学生下课了就来买麻花吃。

梅贻琦夫人韩咏华约集了几家联大家属，自己配方，自己动手，制出一种糕点，名为“定胜糕”，送到昆明的一家大食品商店冠生园代销。据她说，初次送货去的时候，还不敢说姓梅，只说是姓韩。还有一家眷属在云南大学及联大附近，开了一个小馆子。[19]

闻一多靠治印卖字赚钱以补家用，浦江清还写了《闻一多教授金石润例》，梅贻琦、蒋梦麟、熊庆来、冯友兰、杨振声、姜寅清、朱自清、罗常培、唐兰、潘光旦、沈从文等人还在上面签名。

冯友兰家也是经济拮据，疏散到乡下以后，没有电灯照明，也没有钱买煤油点灯，只得用劣质的菜油点灯照明，并且还不敢把灯亮拨大点，害怕浪费菜油。冯友兰深夜独自一人就在这种昏暗的菜油灯下著述。一个晚上过去，他的脸被油烟熏得黑乎乎的。第二天清早孩子们看到他的脸都哭笑不得。他还给孩子们讲老婆点灯的故事，说是一个老太婆点灯为省油，一次只在灯盏里放一点点油。岂不知这样挥发得快，更浪费油。他还借题发挥，分析日军在侵华战场上兵力投入时，也曾用老婆点灯来比喻。

1941 年 12 月，联大教授因经济困难以教授会的名义上书教育部，报告经济情况。就是在这样极端艰苦的情况下，竟然出现奇迹。1942 年 10 月，教育部给大学担任行政职位的教授发放特别办公费。可联合大学有 25 位名教授，他们都担任行政职位，联名致函校领导，拒绝教育部发给他们的特别办公费。据任继愈考证，此函出自冯友兰之手。其辞曰：

敬启者：承转示教育部训令总字第 45388 号，附“非常时期国立大学主管人员及各部分主管人员支给特别办公费标准”，奉悉一是。查常务委员总揽校务，对内对外交际频繁，接受公费亦属当然。为同人等则有未便接受者：盖同人等献身教育，原以研究学术启迪后进为天职，于教课之外肩负一部分行政责任，亦视为当然之义务，并不希冀任何权利。自北大清华南开独立时已各有此良好风气。五年以来，联合三校于一堂，仍秉此一贯之精神未尝或异。此为未便接受特别办公费者一也。且际兹非常时期，从事教育者无不艰苦备尝，而以昆明一隅为尤甚。九儒十丐，薪水犹低于舆台，仰事俯畜，饔飧时虞其不给。徒以同尝甘苦，共体艰危，故虽啼饥号寒，尚不致因不均而滋怨。当局尊师重道应一视同仁，统筹维持。倘只瞻顾行政人员，恐失均平之谊，且令受之者无以对其同事。此未便接受特别办公费者二也。此两端敬请常务委员会见其悃愫，代向教育部辞谢，并将原信录附转呈为荷。专上常务委员会。[20]

签名人是冯友兰、罗常培、吴有训、汤用彤、陈岱孙等 25 个人。12 月 19 日，西南联大将此信上呈教育部，并附言云：“唯本校训导长、总务长及各院院长、各系主任等闻讯后以依照三校以往惯例，并为维持联大甘苦共尝之精神，此项特别办公费未便接受，函请代为辞谢，谨将原函录副转呈，仰祈鉴核。”这些人都是著名教授，在教学科研之余，担任行政职务，付出了巨大劳动，在经济拮据、衣食不继的情况下，不肯领取分文补贴。他们的胸襟如风光霁月，照彻千古。

条件的艰苦、空袭的威胁和贫穷的煎熬，丝毫没有动摇联合大学师生们抗战必胜的信念，丝毫没有影响他们认真工作、发愤学习报效祖国的热情。“到此暂驻文旌，痛残山剩水好叮咛。逃不完急煎煎警报红灯，嚼不烂软蹋蹋苦菜蔓青，咽不下弯曲曲米虫是荤腥。却不误山茶童子面，腊梅鬌翁情。一灯如豆寒窗暖，众说似潮壁报兴。见一代学人志士，青史彪名。东流水浩荡绕山去，岂止是断肠声！”[21]西南联大总是充满自信与乐观、风趣与幽默。在中国传统文化里，“儒家墨家教人能负责，道家使人能外物。能负责则人严肃，能外物则人超脱。严肃而超脱，使人虽有‘满不在乎’的态度，却并不是对于任何事都‘满不在乎’。严肃而超脱，使人于尽道德底责任时，对于有些事，可以‘满不在乎’。有儒家墨家的严肃，又有道家的超脱，才真正是从中国的国风里养出来的人，才真正是‘中国人’”。联合大学的教授都是真正的中国人，他们既严肃又超越，在国难当头，生活潦倒的时候也不失乐观与超脱、风趣与风流。1941 年 4 月 27 日，举行清华大学 30 周年校庆纪念会，与会者上千人，冯友兰出席会议。在龙云致辞后，冯友兰代表北大、清华教授致辞。黄子坚转达张伯苓的意思，说清华与南开为“通家之好”，北大与清华亦为“通家之好”，北大文学院院长胡适出身清华，冯友兰自己是清华文学院院长而出身北大，此外还可举出多人。其他人也争相举例说明，气氛非常活跃。

在西南联合大学，冯友兰经常是一袭长衫，一双布鞋，头发蓬松，胡须飘飘，一副道风仙骨。“一位留有长髯的长者，穿着灰蓝色的长袍，走在昆明西南联大校舍的土径上，两侧都是一排排铁皮顶、有床无玻璃的平房，时间约在1942年。……正在这时，从垂直的另一小径走来一位身材高高的，戴着一副墨镜，将风衣搭在肩上，穿着西裤衬衫的学者。只听那位学者问道：‘芝生到什么境界了？’冯友兰回答说：‘到天地境界了。’于是两位教授大笑，擦身而过，各自去上课了。”[22]

1944年2月29日，冯友兰做题为“论风流”的演讲，盛况空前，教室里座无虚席，走道里水泄不通，窗子外站满听众。当时是罗常培主持讲演，他在开场白时风趣地说，冯友兰先生要讲《论风流》，不知道是他的胡子比闻一多先生的风流呢，还是他说话结结巴巴的风流呢？冯友兰虽然平时说话时有些结巴，可做演讲时却不怎么结巴。他旁征博引，娓娓道来，不时穿插典故，妙趣横生，引人入胜。朱自清听后在日记中记道：“昨晚听芝生《论风流》的讲演，起于晋人之风流，终于宋儒。风流之条件为玄心、妙赏、情深。大有卫玠‘对叶茫茫’之感。”[23]后来演讲稿发表在《哲学评论》上。此文认为，美有主观成分，也有一定标准，其没有主观成分之性质可以言语传达，其有主观成分之性质不可以言语传达。风流作为一种人格美也是如此，其可讲者只是构成风流的一部分的条件，这些条件是，有玄心，能超越自我而无我；有洞见，能言约旨远，有着一字，尽得风流；有妙赏，能对于美有深切的感受；有深情，能有情而无我，以至于忘情。认为魏晋名士中陶潜的境界最高，“渊明并不任放，他已于名教中得到乐地了”；宋儒亦于名教中求乐地，“这确是一种最高底乐处，亦是最大底风流”。

三　联大中坚

国立西南联合大学虽然办学条件很差，却是中国近代有大学以来办得最为成功的大学。作为最高学府，在研究学术、培养人才和传承文化方面，都做出了杰出的贡献；作为战时流亡大学，在保留文化命脉、鼓励民族士气方面，它出色地完成了自己的使命；在政治环境恶劣的情况下，它“内树学术自由之规模，外博民主堡垒之称号”，保护了学术的独立、捍卫了大学的尊严。冯友兰作为西南联合大学主要领导之一，在中间起了很大作用。

西南联大文学院是第一院，其院长为首席院长。文学院院长一职，1938年1月20日胡适受聘未到任，4月19日由冯友兰代理，10月18日他被选为院长，自受聘之日到联大结束，除了暂时由他人代理外，其他时间文学院院长均由冯友兰担任。西南联大的领导班子里，三个校长加上秘书长和教务长，其次就是文学院院长。北大和南开校长基本上不管学校内部事务，负责联大内部事务的主要是梅贻琦与秘书长、教务长和冯友兰。

1937 年 9 月 28 日，推定冯友兰为长沙临大课程委员会十三委员之一。1938 年 4 月 19 日，西南联大首次常委会举行会议，议决设立建筑设计委员会，冯友兰代胡适任委员；10 月 6 日，受聘为“编制本大学校歌校训委员会”委员并被推选为主席；11 月 8 日，改组校图书设计委员会、建筑设计委员会，冯友兰任委员；12 月 13 日，被推为与北平图书馆合作之征辑中日战事史料委员会委员。1939 年 10 月 17 日，改组校舍设计、图书设计两委员会，冯友兰任委员。1940 年 7 月 1 日，西南联大第 10 次评议会推举冯友兰与陈岱孙等八人为留美自费生奖学金申请书审查员。1942 年 6 月 24 日，冯友兰被推定与吴有训等会同黄钰生商讨联大附属学校整理办法，并为召集人；10 月 7 日，推冯友兰、钱端升起草宣言，对在英同盟国大学教授联合会之谴责轴心国家摧残教育之罪恶，21 日，该宣言稿经校常委会修正通过发表；12 月 30 日，受聘为“文池奖学金委员会”委员。1944 年 2 月 3 日，被选定与汤用彤一道为印度来华研究生拟定下学期研究计划。1945 年 8 月 20 日，联大常委会议推定冯友兰参与商讨师范学院处置问题；10 月 30 日，他受聘为西南联合大学纪念册编辑委员会委员，并被推为主席。1946 年 3 月 13 日，受聘为图书迁运委员会委员。另据《冯友兰先生年谱初编》记载，西南联大所有最重要的会议，冯友兰先生都是当然的与会者之一，蒋梦麟、梅贻琦、张伯苓三巨头组成的联大常委会会议，冯友兰有列席资格；而联大教授会议、聘任委员会会议及其他商议大事的会议，冯友兰都有出席资格，并经常被推举为主席或召集人；至于冯友兰所属的清华大学的校务会、评议会等最高层会议都要他出席。

作为大学教授和文学院院长，冯友兰对西南联大的贡献首先是他自己的学术研究和对文学院的得力领导。他写了《新理学》、《新事论》、《新世训》、《新原人》、《新原道》、《新知言》等一系列著作，建立了“新理学”体系，成为 20 世纪几个能建立自己体系的哲学家之一。他的一系列旨在鼓励士气、积极抗战的论文，在当时产生了很大的影响，后来被结集为

《南渡集》。1940年,《新理学》荣获国民政府教育部一等奖。1942年,他被国民政府教育部聘为教授。1948年,他被遴选为中央研究院第一届院士。有这样的学术成就和学术地位,冯友兰久任文学院长也就是众望所归的事情。在任文学院院长期间,他与其他资深教授,如叶企孙、陈岱孙、吴正之、汤用彤等合作无间,以延致第一流学者提高教研水平为鹄的,使联大文学院云集了国内众多一流学者。根据《国立西南联合大学校史资料》记载,西南联合大学文学院在抗战期间,各系先后聘请教授就有朱自清、罗常培、魏建功、杨振声、陈寅恪、刘文典、闻一多、王力、浦江清、唐兰、游国恩、叶公超、柳无忌、燕卜荪、吴宓、陈铨、吴达元、钱钟书、朱光潜、雷海宗、傅斯年、钱穆、张荫麟、吴晗、冯友兰、汤用彤、金岳霖、熊十力、贺麟等人。众多学者云集的西南联合大学文学院,这在中国教育史上是空前绝后的,在世界学术史上都是少有的。他们研究范围不同,师承渊源复杂,学术观点各异,政治倾向不一,禀性脾气参差,兴趣爱好纷呈……可这些没有影响他们和睦相处、和衷共济,这与文学院院长冯友兰的领导是分不开的。他著书立说,成就卓越;他胸怀坦荡,与人为善;他深孚众望,领袖群论。他不仅有治学之文才,而且有做事之干才。正所谓能则服人,宽以得众。1938年钱钟书回国。冯友兰致函梅贻琦,力主聘请钱钟书。后来,钱钟书应聘到西南联大。1945年9月,冯友兰专门致函梅贻琦聘请著名的翻译曹靖华到西南联大任教。就在这年秋天,陈寅恪原来在中央研究院的薪水停发,他家用无着落,还要去英国治疗眼睛,十分焦急,想以部聘教授的名义调联合大学。冯友兰得知后,十分关心,立即写信给梅贻琦,建议把陈寅恪调回联大。这样陈寅恪就回到联合大学,并去英国治疗眼睛。

西南联大学生、史学家何炳棣写道:"不少清华海内外人士对此甚为不解。冯系北大出身,与清华学堂毫无关系。北伐成功后,新被任命为清华校长的罗家伦从燕京大学延揽冯友兰以为班底,冯初任秘书长,迅即为文学院院长,校务委员会成员,兼哲学系主任。虽然梅贻琦长校(1931年12月)以前清华屡有学潮,校长迭换,而冯能屹然不撼者,主要由于:(一)头脑冷静,析理均衡,明辨是非,考虑周至。(二)深通世故,处世和平中庸,而观点进步,学术上有高度安全感,故能与清华资深教授(如叶企孙、陈岱孙、吴正之等)合作无间,以延致第一流学者提高教研水平为共同鹄的。(三)国学根底雄厚,文言表达能力特强,初则勇于起草，继则众望所归，经常被推执笔。但凡任何政治或学术会议，意见纷纭，发言者众，愿做综合报告者寡，凡执笔者往往被公认为最干练‘得力’之人。冯友兰在清华及联大正一贯是‘得力’之人。钱穆追忆联大文学院初设蒙自之际，北大师生开会谓清华事事‘有偏’，‘如文学院长长由清华冯芝生连任，何不轮及北大如汤锡予(用彤)，岂不堪当一选’。这真书生门户之见，完全不懂三校事务之繁局与桀桀干才之难得。冯友兰主持清华、联大人文行政二十有余年绝不是偶然的。”[24]

作为大学教授，教书育人是冯友兰的职业和志业。冯友兰身为文学院院长，一直工作在教学第一线，讲授中国哲学史方面的课程。除了中国哲学通史以外，还讲授“哲学方法论研究”、“中国哲学史研究”、“朱子哲学”、“人生哲学”等专题以及“伦理学”等必修课。他的课程深受学生欢迎。“听冯先生的讲课，是比较轻松的事情。我是在二年级的时候听他的中国哲学史课。因为冯先生名气很大，他的课不仅文学院学生选修，其他院系的学生也来也都来旁听，他的课经常有一百多人听。他讲课的时候有一个毛病，就是口吃。他常常是把一句话写在黑板上，一边写一边念，往往是写完了，还没有念完。所以我们有很深的印象。但是冯先生讲课，的确跟金岳霖先生不一样。金先生一直是在思考他的问题，讲得很细致。金先生讲的课，我们很难记，但是也必须记住。如果记笔记的时候记不好，下来自己就很难懂了。但冯先生讲课就不这样，他不是一步一步地去进行逻辑分析，而是讲得比较通俗一点，还常常讲一些哲学史上的故事。他讲这些故事，大家很高兴，而且把他讲的意思也都体会了。所以冯先生的课的确是讲得很清楚、很生动。冯先生的课呢，有时候根本就不用记笔记，他的两本《中国哲学史》在图书馆藏有，我们下课只要再去看看书，再仔细想一想那就容易记得和理解了。”[25]由于冯友兰主要是讲授中国哲学，并且注重从正面挖掘中国哲学的优秀传统，自然也就不为激进的“左派”学生所接受，他们对冯友兰有看法。当时在西南联合大学读书，后来任北京大学哲学系主任的黄楠森曾说：“对冯先生的表现，学生们是有看法，主要是觉得他不够清高。因为当时大家都倾向民主自由，倾向进步。共产党当时在西南联大的影响还不是很大，但学生里面不少是中共地下党员，而共产党也在不断做宣传，这方面的报纸杂志就很多。那时候西南联大虽然还不像1945年那个时候学生运动已经开展得很好了，但大家都比较趋向于学问，所以大家对他们也比较尊重。”[26]

在《新理学》、《新事论》、《新世训》相继出版后，有人在校园贴出这样一幅漫画：一个留着长须的人背手弯腰，踩着由三本书组成的台阶，去见站在台阶上的蒋介石。冯友兰看过后频频点头，微微一笑说，画得还蛮像呀。当天晚上有告诉他是谁画，他听后还是微微一笑说，漫画嘛，画着玩的，何必认真呢。

抗战期间的昆明作为学术重镇，是中国抗日战争和世界反法西斯战争的一个文化战场。当时在中国工作的李约瑟说，我们这些科学前哨同仁尽了我们自己最大的努力，协助抗战军人完成了一次最大的扼制侵略的业绩。冯友兰就是文化战场上的一位勇士，为抗战胜利竭尽全力，他或著述、或撰文、或讲学、或演讲，以各种方式发表主张，鼓励士气。这抗战时期，冯友兰在学术上的最大成就，就是撰写《贞元六书》，而撰写这些书的直接动力就是为了抗战。在《新事论·论抗建》中，冯友兰指出："我们的时代是中国中兴的时代，而不是中国衰亡的时代。旧说'否极泰来'。在近代，中国否极的时候是在清末民初，现在已是泰来的时候了"，而中日之战是"日本怕中国进步到一个地步，不可复制，所以它先下手为强"，所以它是"中国进步的一个必经的阶段"。"明白了这次战争的真正性质，我们即可以明白，这次战争为什么是不可避免底，为什么是中国进步的一个必经底阶段，一个必过底关。知其是必过底关，则即非往前闯不可。闯过也要闯，闯不过也要闯。因为往前闯有闯过底希望，即使万一闯不过，其结果也不过与不闯一样。""我们若知这次中日战事是中国的成为城里人的过程中的一个阶段，我们即可知，所谓抗战与建国，并不是两件事情，而只是一件事情的两方面。在这个阶段中，我们发现了一个真理，此即是一面抗战，一面建国。""有一个人画了一幅讽刺画。画中有一条大河，河上有一条独木桥。桥上有许多人从一边往另一边走。桥下有许多像所谓魔鬼者流，抓着每一个过桥底人的腿，用力往下扯。桥上每一个人，都正在一面过桥，一面努力与魔鬼争斗，同时河里面也漂流些落下桥底人的死尸。这幅画旁边注说：'这就是人生。'这实在就是人生。""一个人就是这样活下去底。一个国家、一个民族，也就是这样活下去底。那个独木桥，总是走不完底。无论是一个人，或一个国家、一个民族，只要是在活底时候，即是在走独木桥与魔鬼争斗的时候。小说上有一句话是：'且战且走。'一面与魔鬼争斗，一面过桥底人，亦正是'且战且走'。不过这走不是向后走，而是向前走而已。中国现在一面抗战，一面建国,亦正是这一种底且战且走。”[27]

1938年7月7日清晨,冯友兰出席抗战一周年纪念会并讲演。他在讲演中指出:(一)中日战争非出于偶然,乃历史之必然产物。其意义在争夺作东亚之主人,而中国一向为东亚之主人,但加速近代化之日本要取代中国之地位。为保持其地位,故日本自当力阻中国之近代化。(二)一年来之抗战成绩令人满意。中国方面坚持持久战,大有希望。各城一时失陷,不足悲观。我军最后胜利之日,将在日本资源耗尽之时。(三)战争固能破坏,然同时将取得文明之进步。一年来已可见各种进步。然学术界之效率则有减退,对此我等须做更大的努力。冯友兰的演讲赢得了文学院师生的高度赞扬。吴宓在日记里说:“言一年来的来中国之胜而非败,语极乐观。”[28]

1938年7月,清华第十级学生毕业,冯友兰为学生们题词:“天将降大任于斯人也,必先苦其心志,劳其筋骨,饿其体肤,空乏其身,行拂乱其所为,所以动心忍性,增益其所不能。第十级诸同学由北平而长沙衡山,由长沙衡山而昆明蒙自,屡经艰苦,其所不能,增益盖已多矣。书孟子语为其毕业纪念。”就在这月,西南联大发起为抗战献金运动,冯友兰捐75元,为文、法两院之首。

1938年10月6日,联合大学常委会第89次会议决定聘冯友兰及朱自清、罗常培、罗庸、闻一多为校歌校训编制委员会议委员,以冯友兰为主席。1939年7月11日,联合大学常委会第112次会议通过了冯友兰为西南联合大学撰写的校歌:“万里长征,辞却了五朝宫阙。暂驻足,衡山湘水,又成离别。绝徼移栽桢干质,九州遍洒黎元血。尽笳吹弦诵在山城,情弥切。千秋耻,终当雪。中兴业,需人杰。便一成三户,壮怀难折。多难殷忧新国运,动心忍性希前哲。待驱除仇寇复神京,还燕碣。”

1941年8月14日,日本飞机对联大校园狂轰滥炸。男生宿舍楼、常委会办公室、训导处、总务处、图书馆,及第七和八教室、生物实验室、师范学院教职员宿舍、女生宿舍均被炸毁,损失惨重。日本飞机在校园投下了70余枚炸弹,落在空地的炸弹,在校园炸了几个大坑,有的深达几米。第二天,恰好冯友兰有课,他就把课堂搬到弹坑里,给学生上了一节别开生面,让人铭心刻骨终生难忘的课:他自己站在弹坑里面讲,学生站在弹坑周围听。

1941年4月清华校庆时冯友兰与领导成员梅贻琦(右四)、潘光旦(右六)等人在西南联大工学院迤西会馆留念。

1943年秋末,美国出兵援华抗日。为配合美军作战,战地服务团举办译员训练班,国民政府组织青年军,动员大学生从军。西南联大学生开始报名者不多。应西南联大的要求,冯友兰与潘光旦、朱自清、钱端升等十余教授为此事进行讲演。于是报名者增多,超过规定名额。讲演结束后,冯友兰在门外见有大字报劝学生不要报名从军,他上去将大字报撕去,并怒不可遏,厉声说道:"我怀疑写这大字报的是不是中国人。"冯友兰自己率先垂范,让他长子钟辽报名并开始受训。当时,冯钟辽只有19岁,还只是大学二年级的学生,按规定他不在征募范围。当时,和他一同报名从军的还有梅贻琦的儿子梅祖彦,也是二年级的学生。冯友兰以儿子从军报国为荣,在给母亲的祭文中还专门提到此事。11月29日,联大举行动员知识青年从军讲演会,冯友兰与梅贻琦、闻一多等勉励学生从军。他讲演说:"过去以血肉之躯与敌人对拼的时期,艰苦的时期,已经由我们老百姓去担当了,际今最后关头而又有新武器,新式装备可供应用之时，知识青年应避免其责任吗？”

1946 年 5 月 4 日，西南联大举行结束典礼。在典礼上，冯友兰宣读了他撰写的《国立西南联合大学纪念碑碑文》，学生唱《国立西南联合大学进行曲》。进行曲是冯友兰撰写的，其辞曰：“八年辛苦备尝，喜日月重光，愿同心同德而歌唱：西山苍苍，滇水茫茫。这已不是渤海太行，这已不是衡山潇湘。同学们莫忘记失掉了的家乡，莫辜负伟大的时代，莫耽误宝贵的辰光。赶紧学习，赶紧准备，抗战、建国，都要我们担当！都要我们担当！同学们要利用宝贵时光，要创造伟大的时代，要恢复失掉了的家乡。千秋耻，终已雪，见仇寇，如烟灭。大一统，无倾折，中兴业，继往烈。维三校，如胶结，同艰难，共欢悦。联合竟，使命彻，神京复，还燕碣。”

冯友兰不仅为抗战的胜利著书立说，奔走呼号，竭尽全力，还和梅贻琦等学校领导和其他教授一道，时刻都在维护学术的尊严、保护学校的独立。

1940 年后，抗战进入对峙阶段，共产党和国民党的斗争就公开化了：共产党加紧了在国统区特别是高等院校的活动，国民党同时也加强了对高等院的控制。国立西南联合大学也就成了这两个大党争斗的战场。尽管如此，组成西南联合大学的三个学校都是按照西方大学建制建立起来的，已经形成比较悠久的民主传统和传比较健全的民主机制，张伯苓、梅贻琦、蒋梦麟都是德高望重的资深校长，在那里执教的教授也多是经过欧风美雨洗礼，具有民主主义和自由主义的学者，即使没有出国留学的人，中国优秀传统文化的熏陶他们自觉地、本能地在维护学术的尊严和争取学校的独立。因此，“从表面上看来，联大成为国民党完全统治的学校了。其实并不尽然。据我所知，联大还是照三校原有的传统办事，联大没有因政治的原因聘请或解聘教授；没有因政治的原因录取或开除学生；没有因政治的原因干涉学术工作；所以在当时虽然有这些表面的措施，但社会上仍然认为联大是一个‘民主堡垒’”[29]。

在这中间，教授会议和“教授治校”的传统起了较大的作用。这种作用的具体效果，可从下面这件事情看出来。1940 年 6 月，因春夏之交，陈立夫以教育部部长的身份曾三度训令国立西南联合大学务必遵守教育部核定应设的课程，使用全国高校统一教材，举行统一考试。西南联合大学的教授们坚决反对，予以抵制，他们以教务处名义致函西南联合大学常委会的方式，驳斥教育部的三度训令，维护学术的尊严和独立。西南联大学生、著名历史学家何炳棣研究断定，此信出自冯友兰之手。其辞曰：

敬启者，屡承示教育部二十八年十月十二日第25038号，二十八年八月十二日高壹3字第18892号、二十九年五月四日高壹1字第13471号训令，敬悉部中对于大学应设课程及考核学生成绩方法均有详细规定、其各课程亦须呈部核示。部中重视高等教育，故指示不厌其详，但准此以往则大学将直等于教育部高等教育司中一科，同人不敏，窃有未喻。夫大学为最高学府，包罗万象，要当同归而殊途，一致而百虑，岂可刻板文章，勒令从同。世界各著名大学之课程表，未有千篇一律者；即同一课程，各大学所授之内容亦未有一成不变者。唯其如此，所以能推陈出新，而学术乃可日臻进步也。如牛津剑桥即在同一大学之中，其各学院之内容亦大不相同，彼岂不能令其整齐划一，知其不可亦不必也。今教部对于各大学束缚驰骤，有见于齐无见于畸，此同人所未喻者一也。教部为最高教育行政机关，大学为最高教育学术机关，教部可视大学研究教学之成绩，以为赏罚殿最。但如何研究教学，则宜予大学以回旋之自由。律以孙中山先生权、能分立之说，则教育部为有权者，大学为有能者，权、能分职，事乃以治。今教育部之设施，将使权能不分，责任不明，此同人所未喻者二也。教育部为政府机关，当局时有进退；大学百年树人，政策设施宜常不宜变。若大学内部甚至一课程之兴废亦须听命教部，则必将受部中当局进退之影响，朝令夕改，其何以策研究之进行，肃学生之视听，而坚其心志，此同人所未喻者三也。师严而后道尊，亦可谓道尊而后师严。今教授所授之课程，必经教部之指定，其课程之内容亦须经教部之核准，使教授在学生心目中为教育部之一科员不若，在教授固已不能自展其才；在学生尤启轻视教授之念，于部中提倡导师制之意适为相反，此同人所未喻者四也。教部今日之员司多为昨日之教授，在学校则一筹不准其自展，在部中则忽然周智于万物，人非至圣，何能如此，此同人所未喻者五也。然全国公私立大学之程度不齐，教部训令或系专为比较落后之大学而发，欲为之树一标准，以便策其上进，别有苦心，亦可共谅，若果如此，可否由校呈请将本校作为第……号等训令之例外。盖本校承北大清华南开三校之旧，一切设施均有成规，行之多年，纵不敢谓为极有成绩，亦可谓为当无流弊，似不必轻易更张。若何之处，仍祈卓裁。此致常务委员会。[30]

此函上呈以后，教育部也就没有强行命令西南联合大学遵照要求统一教材和统一考试，西南联合大学仍然秉承“学术自由，兼容并包”的治校原则，由教授们自己编写讲义、组织考试。

1945 年 9 月 16 日，冯友兰在《扫荡报》上发表《大学与学术独立》一文。他认为“同盟国的胜利是知识的胜利”，中国要成为世界强国，必须“定下知识学术独立自主的百年大计。目前急要决定的，就是要树立几个学术中心。其办法是把现有的几个有成绩底大学，加以充分的扩充，使之成为大大学”，使之“一方面是教育机关，一方面是研究机关。它不但要传授已有的知识，而并且要产生新的知识。他应当是一代知识的宝库。他对于人类的职务，真正是所谓继往开来”；他大声呼吁，对于这些大大学，政府及社会应有的态度“一是尽量予以财政上的支持”，“二是不可有急功近利的要求”。“学术知识，对于人生的功用，不是短时间之内所能看出来底，也许有些是永远看不出来底，因为有些功用是无形底。一个大大学中，必需有许多很冷僻底学问。因为他要包罗万象，而有许多学问，无论在何时何地，都是冷僻底，然而维持这些学问，正是大大学的责任。……所谓冷僻底学问，是要专靠国家提倡底。大家在大大学里维持这种学问于不坠，有没有有形底功用，以至于学这种学问底学生是多是少，国家社会都不必介意。”他着重强调：“三是对于大大学。国家社会要持不干涉的态度。……对于每一门学问，只有研究那一门的专家有发言权。大大学之内，每一部分的专家，怎样进行他们的研究，他们不必使别人了解，也没有法子使别人了解。在他们的同行当中，谁的成绩好，谁的成绩坏，也只有他们自己可以批评。所以国家社会，要予他们研究自由，并且要予他们以选择人才的自由。每一个大大学都应该是一个所谓‘自行继续’底团体。这就是说一个大学的内部新陈代谢都应该自己处理。由他自己淘汰他的旧分子，由他自己吸收他的新分子，外边的人，不能干涉。”“一个国家，必须有些大大学，而大大学必需在这些情形下，才能发展。”[31]

冯友兰这种为维护学术尊严和捍卫学校独立的思想与言论，不仅在民国抗战时期具有重要影响，而且对于整个中国现代的教育和文化建设也具有重要意义。

四 忠孝大节

在传统社会里，尽忠是对皇帝一人一姓尽忠。当然，皇帝也是一个民族和国家的象征。在这样的历史条件下，忠于皇帝在某种意义上讲也就是忠于国家和民族，不能脱离具体的历史背景抽象地谈“忠”。可自清朝灭亡、民国建立以后，中国发生了巨大变化，在从生产以家庭为本位的社会逐步向生产以社会为本位的社会转变，在从皇帝家天下的社会逐步向民主共和的社会转化。这是大势所趋、人心所向的事情。虽然在这个过程中还没有完全消灭家天下的遗存，但在人们的心目中，已经不再认可家天下了。无论如何独裁的人物和无论如何专制的政府，也只能打着民主与共和的旗帜，明目张胆的独裁和专制已是不可能的。抗战时期，大敌当前，在中国人民的共同强敌面前，各个政党与各种派别，各个阶层和各种团体暂且能够捐弃前嫌，和衷共济，团结一致，抵御外侮。1937年7月17日，就在“卢沟桥事变”后第十天，蒋介石在庐山发表宣言：“我们既是一个弱国，如果临到最后关头，便只有拼全民族的生命，以求国家生存；那时节再不容许我们中途妥协，须知中途妥协的条件，便是整个投降，整个灭亡的条件。全国国民最要认清，所谓最后关头的意义，最后关头一到，我们只有牺牲到底，抗战到底，唯有‘牺牲到底’的决心，才能博得最后的胜利。若是彷徨不定，妄想苟安，便会陷民族于万劫不复之地！”“我们希望和平而不求苟安，准备应战而决不求战。我们知道全国抗战以后之局势，就只有牺牲到底，无丝毫侥幸求免之理。如果战端一开，那就是地无分南北，年无分老幼，无论何人，皆有守土抗战之责任，皆应抱定牺牲一切之决心。”[32]

冯友兰本是一介书生，并没有什么政治色彩和党派背景，和国民党及民国政府没有什么联系，还因为发表“左倾”的演讲而遭到传讯，差一点就有牢狱之灾。可抗日战争的全面爆发，不仅改变了他的生活，也改变了他和国民党及国民政府的关系。1937年7月，蒋介石邀请冯友兰与梅贻琦、吴有训、潘光旦、顾毓琇、陈岱孙、萧公权等学者和名流赴庐山参加座谈会，共商抗日大计。冯友兰被安排在第三批，后因“卢沟桥事变”爆发，交通中断，他未能赴庐山参加座谈会。后来就南下长沙，辗转昆明，一直服务于国立西南联大。

伴随着《新理学》尤其是《新事论》、《新世训》的先后出版，冯友兰成为当时最有影响的哲学家。《新事论》、《新世训》以切中时事、立论平实和观点新颖而广为学界赞许和社会推崇，冯友兰也因学术地位得到了政府礼遇；同时，他围绕抗战这中心发表一系列文章，鼓励士气，争取抗战胜利，在当时影响很大，就是在“左派”青年中间也广为传诵；作为西南联大文学院院长，他在整个教育界也有崇高地位。正是这些众多原因，历史把冯友兰推倒了前台。

1939 年 7 月 23 日，蒋梦麟在梅贻琦住宅召集北大、清华、南开三校院长以上领导及教授参加的茶话会。蒋梦麟是国民党中央委员，奉国民党中央组织部部长朱家骅命令，在西南联大教授中发展国民党员，要求西南联大负责人中不是国民党党员的教授率先加入国民党。冯友兰和其他院长一起参加了会议，除了法学院院长陈序经表示反对外，其他人没有什么表示，不久蒋梦麟就给冯友兰发了国民党的党员证。就是在这样的情况下，冯友兰第二次加入中国国民党。1940 年 6 月 14 日，中国国民党西南联大直属区举行分部成立大会，大会选冯友兰及周炳琳、黄子坚为执行委员，查良钊为候补委员。“在联大国民党组织内，我担任过文学院各系国民党党员组成的区分部……的执行委员。又担任过为教授以上的国民党党员而设的‘直属区分部’的执行委员，同时担任的有黄钰生、查良钊、周炳琳。”[33]

1943 年春天，冯友兰在国内休假期间，应民国政府的邀请去重庆和成都讲学。到重庆时，《文化先锋》主编李辰冬到机场迎接，冯友兰下榻文化会堂。他在文化会堂做了题为“不变的道德与可变的道德”、“人生的四种境界”和“一元多元、唯心唯物问题”的三次讲演。这些讲稿后来发表在《文化先锋》上。离开文化会堂以后，他去复兴关中央训练团讲“中国固有道德”，时间为期两周。离开中央训练团以后，他又去南温泉中央政治学校讲演四周，内容是“儒家哲学之精神”、“先秦儒家哲学述评”和“宋明儒家哲学述评”等。这些讲演稿当时就发表在《中央周刊》上，后来收集在《三松堂全集》第 11 卷中。1944 年 2 月和 1945 年 3 月，冯友兰先后去中央训练团讲“中国固有道德”几周。所有这些演讲，内容或者是关于中国传统的优文化特别是优秀道德，或者是发挥他在《新原道》、《新原人》中的思想。这和国民党党义与蒋介石思想没有什么关系。他效忠的既不是国民党一党一派，更不是蒋介石一家一姓，而是我们的民族和我们国家，他是在为民族和国家尽忠。

同年秋天，西南联大国民党党员教授召开会议，讨论国内政治形势，决定以联大区党部名义上书蒋介石，提出对国内形势的意见，要求开放政权，实行立宪，并推举冯友兰起草函件。冯友兰在信中写道“睹一叶之飘零，知深秋之将至”，又谓“昔清室迟迟不肯实行宪政，以致失去人心，使本党得以成功。前事不远，可为殷鉴”，故应实行宪政。与会者赞赏信稿，陈雪屏称冯友兰为“当代大手笔”；雷海宗说，“即使你写的书都失传了，这一篇文章也可以使你不朽”。信函通过后即由西南联合大学三民主义青年团分部干事长陈雪屏带至重庆。陈雪屏回到昆明说，蒋介石看信后“为之动容，为之泪下”。不久，蒋介石复信联大区党部，表示同意实行立宪。国难方殷，局势动荡，冯友兰和西南联大教授们以国家民族为念，建言献策，忠贞之志，可鉴日月。至于国民党和蒋介石是否能够接受冯友兰这些教授的建议，开放政权，实行宪政，那是另外一回事。后来形势的发展，距离宪政越来越远。冯友兰这些教授的建议也就成为空谷的绝响。

1946年5月4日，国立西南联大在图书馆举行结业典礼。全校师生及在昆明的校友参加典礼，云南省、昆明市各机关负责人及各界人士应邀出席。先是梅贻琦作报告，三校代表汤用彤、叶企孙、蔡枢衡致词，来宾马伯安、严燮成、熊庆来致词。接着冯友兰宣读西南联大碑文，会后为纪念碑揭幕。纪念碑由冯友兰撰文、闻一多篆额、罗庸书丹。

中华民国三十四年九月九日，我国家受日本之降于南京。上距二十六年七月七日卢沟桥之变，为时八年；再上距二十年九月十八日沈阳之变，为时十四年；再上距清甲午之役，为时五十一年。举凡五十年间，日本所鲸吞蚕食于我国家者，至是悉备图籍献还。全胜之局，秦汉以来所未有也。国立北京大学、国立清华大学原设北平；私立南开大学原设天津。自沈阳之变，我国家之威权逐渐南移，唯以文化力量与日本争持于平津，此三校实为其中坚。二十六年平津失守，三校奉命迁于湖南，合组为国立长沙临时大学，以三校校长蒋梦麟、梅贻琦、张伯苓为常务委员，主持校务。设法、理、工学院于长沙，文学院于南岳，于十一月一日开始上课。迨京沪失守，武汉震动，临时大学又奉命迁云南。师生徒步经贵州，于二十七年四月二十六日抵昆明。旋奉命改名为国立西南联合大学，设理、工学院于昆明，文、法学院于蒙自，于五月四日开始上课。一学期后，文、法学院亦迁昆明。二十七年，增设师范学院。二十九年，设分校于四川叙水。一学年后，并于本校。昆明本为后方名城，自日军入安南、陷缅甸，又成前方重镇。联合大学支持其间，先后毕业学生二千余人，从军旅者八百余人。河山既复，日月重光，联合大学之战时使命既成，奉命于三十五年五月四日结束。原有三校即将返故居，复旧业。缅维八年支持之辛苦，与夫三校合作之协和，可纪念者，盖有四焉。我国家以世界之古国，居东亚之天府，本应绍汉、唐之遗烈，作并世之先进。将来建国完成，必于世界历史居独特之地位。盖并世列强，虽新而不古；希腊、罗马，有古而无今。唯我国家，亘古亘今，亦新亦旧，斯所谓'周虽旧邦，其命维新'者也。旷代之伟业，八年之抗战，已开其规模，立其基础。今日之胜利，于我国家有旋转乾坤之功，而联合大学之使命与抗战相终始。此其可纪念者一也。文人相轻，自古而然，昔人所言，今有同慨。三校有不同之历史、各异之学风，八年之久，合作无间。同无妒异，异不害同，五色交辉，相得益彰；八音合奏，终和且平。此其可纪念者二也。万物并育而不相害，道并行而不相悖，小德川流，大德敦化，此天地之所以为大。斯虽先民之恒言，实为民主之真谛。联合大学以其兼容并包之精神，转移社会一时之风气，内树学术自由之规模，外来'民主堡垒'之称号，违千夫之诺诺，作一士之谔谔。此其可纪念者三也。稽之往史，我民族若不能立足于中原，偏安江表，称曰'南渡'。南渡之人，未有能北返者：晋人南渡，其例一也；宋人南渡，其例二也；明人南渡，其例三也。'风景不殊'，晋人之深悲；'还我河山'，宋人之虚愿。吾人为第四次之南渡，乃能于不十年间，收恢复之全功。庾信不哀江南，杜甫喜收蓟北。此其可纪念者四也。联合大学初定校歌。其辞始叹南迁流离之苦辛，中颂师生不屈之壮志，终寄最后胜利之期望。校以今日之成功，历历不爽，若合符契。联合大学之终始，岂非一代之盛事，旷百世而难遇者哉！爰就歌辞，勒为碑铭，铭曰：痛南渡，辞宫阙。驻衡湘，又离别。更长征，经峣嵲。望中原，遍洒血。抵绝徼，继讲说。诗书丧，犹有舌。尽笳吹，情弥切。千秋耻，终已雪。见仇寇，如烟灭。起朔北，迄南越，视金瓯，已无缺。大一统，无倾折。中兴业，继往烈。维三校，兄弟列，为一体，如胶结，同艰难，共欢悦。联合竟，使命彻，神京复，还燕碣。以此石，像坚节，纪嘉庆，告来哲。[34]

冯友兰为国尽忠也是为家尽孝。冯家数代耕读传家，冯友兰踵事增华，著书立说，把这一传统推向极致，祁仪冯氏因此而闻名天下。冯友兰的父亲是清朝末代知县，却英年早逝，本像众多官吏一样堙然无闻，后因子而显，青史留名。抗战期间，冯友兰母子分离，天各一方，他虽然没有侍母膝下，昏定晨省，可供职国立大学，服务抗战大业，他母亲深感自豪，引以为荣。冯友兰为他的家族赢得了荣誉，对他的父母尽到了孝心！正当中国抗战胜利在望的时候，冯友兰的母亲吴清芝于1944年12月22日（岁次甲申十一月初八）在唐河老家去世。"呜呼！先妣竟不及见抗战胜利而永逝矣！沈阳变作时，景兰奉先妣在天津，先妣闻变而垂涕曰：'吾老矣，诸孙将奈何？'及长城战起，先妣由北平返唐河，旋复来北平。至二十四年冬返里视伯姊。七七事变之前数日，方拟自家赴北平，车已备而变作，遂中止。嗣后友兰等随学校播迁，即未得再相见。闻先妣常问：'战事何时了？'或告以二年三年者，先妣辄摇首曰：'未必。'盖深知事变之大与其影响之远。今幸胜利将临，而先妣已不及待矣。"[35]吴太夫人于1935年冬天回到老家，操劳家务，料理家产。当时唐河还没有被日本侵占，仍在中国政府管辖之下，社会还比较稳定。吴清芝勤俭持家，经营有方，虽是乱世，可家业兴旺。由她参与经营的"复盛馆"，在民国二十一年（1932）还发行过面值"一串文"的货币。[36]"民国三十一二年间，豫北大饥，逃荒来唐河者络绎于途，先妣出所积谷，每日施粥，全活甚众。"她除了不时接济儿子外，还把家业分为两份，留给子孙。吴清芝早年守节育儿，含辛茹苦；如今，孩子们都早已长大成人，功成名就，虽然母子分离，可她知道子女在外面做的是报效国家的好事，纵然自己孤单一人，没有含饴弄孙之乐，也没有丝毫抱怨，反而十分高兴。唯一让她盼望的是，抗战能够早日胜利；唯一让她遗憾的是，冯家到唐河已有二百三十余年，繁衍生息，人才辈出，成为望族，可还没有宗祠。她下定决心要带领全族人建造冯氏宗祠。她率先垂范，出一块万银圆，并亲自组织和监工。无奈她年事已高，祠堂还没有完工时就积劳成疾，溘然长逝。冯友兰远在万里，得到凶信，星夜兼程，历尽艰辛，回家奔丧，以大礼安葬母亲，尽最后一份孝心。

2月初，冯府发出讣告。讣告发出后，冯友兰、冯景兰兄弟一起写《先妣吴太夫人行状》。冯友兰执笔，冯景兰研墨。泪水滴在砚池里，洒在宣纸上，墨里和着泪水，纸上印着泪痕。写完之后，冯友兰衔悲饮泣，一口气写下了《祭母文》。当时李宗仁在襄阳，派人代表国民政府送来挽幛，已迁至豫西的河南省政府也派人到祁仪吊唁。南阳行署专员褚怀理和唐河县长符明信亲自前往吊唁，帮助料理丧事。在为期七天的开吊期间，冯友兰日夜陪伴着母亲，寝苫枕块，白天席地而坐，夜晚和衣而睡，迎来送往之余，就在灵前看书。

2月6日，冯友兰为母亲举行行礼点主仪式。自1908年冯友兰13岁时父亲冯台异去世，到现在整整36年。其间的往事历历在目，一桩桩一件件，桩桩件件，浮在眼前，涌上心头，冯友兰的理智控制不住孝子的感情，他痛不欲生，泣不成声，一头跪倒在母亲灵前，呜呜咽咽，断断续续，宣读《祭母文》：

维中华民国三十四年二月初六日，儿友兰谨以豕一、羊一、香楮庶羞之尊，致祭于吾母吴太夫人之灵曰：

唯人杰之挺生，皆造化之钟灵，但多伤于偏至，鲜能合乎中行：或仁爱而优柔，或刚断而寡情，或方正而迂阔，或干练而无诚，或豁达而疏略，或谨慎而不宏，或豪施而奢汰，或俭约而吝硁。唯吾母之懿质，集诸德之大成。使晚生以百祀，当女权之已明，作领袖于社会，宜冠冕于群英。值时代之不偶，屈长才于家庭，譬鲲鹏之巨翼，乃水击于池中，谢经国之远略，而造福于诸冯。闻吾母之来归，事重闱于高堂，作新妇之匝月，已见惊于族党，称才调为第一，父咏叹于篇章。父得助而高骞，乃游宦于武昌，受高贤（梁鼎芬——作者自注）之知遇。始为宰于崇阳，虽牛刀之小试，亦驹隙之不长，忽遘疾而奄化，坠鹏程于初翔。无一言之遗命，留群雏于孟光。扶一柩而北驾，备廉吏之凄凉。既相夫之已毕，唯事亲与抚孤，凛劲节于冬雪，存冰心于玉壶。终慈日之余辉，游儿曹于上都，虽节衣而缩食，唯馈给之无虚，不相累于庶务，令专志于远图。县女学之初创，尊吾母为大家，集婉娈之庶姬，开一时之规模，以闺门之肃雍，加学校之诗书，惜为时之过暂，虽有志而未舒。及儿曹之名立，始开颜而息肩，欣诸孙之入抱，若玉树之竞鲜。睹皇居之壮丽，观长城之蜿蜒，乘遄飞之逸兴，吟孟姜之诗篇（母居北平，一日游八达岭，甚欢，口吟孟姜女民歌——作者自注）。维天道之消息，盖无平而不陂，值东师之渝盟，忽袭我之东陲，知来日之大难，母闻信而兴悲，忧子孙之萍飘，虑国家之黍离。既频惊于风鹤，乃遄返于园田，修松竹之三径，备儿曹之南旋。谓战争之有止，斯聚会之有年。乃一时之离别，竟永诀于人天。呜呼哀哉！母晚年之家居，唯专志于宗祠，凡堂庑之创建，思一人而任之，日聚资而蓄材，盖数年之于斯。迄客秋而始营，亲监督于始基，日夙兴而夜寐，工未竣而身危。岂劳苦之太过，形疲敝而不支，抑责任之已毕，神逍遥而永辞。自况譬于阵殁，虽形苦而神怡。乃人道之完尽，非澌灭而无余，不曰死而曰终，宜正名以称誉（《礼记·檀弓》：'君子曰终，小人曰死。'宋人注：'终者所以成其始之辞，而死则澌尽无余之义。'——作者自注）。母既返于故里，寇旋入于北平，儿初守于学校，继间关而南征。经武昌之故居，望崇阳之旧封，吊屈贾于长沙，怀朱张于祝融。当百代之巨变，对千古之遗踪，昔所怀而未达，今受感而始通。如有鲠之在喉，乃述作以为工，据所见而立说，岂好辩以为雄？维抗战之七载，媳备著于辛劳，日斤斤于盐米，夜频频于尺刀，胼双手于浣浣，疲一身于厨庖，致爱护于夫子，尽养育于儿曹，幸痼疾之已去，勉支持于作操。琏（女钟琏——作者自注）幼依于祖母，备受母之恩勤，今远嫁于星岛，久不通于音闻，即吾母之永逝，亦欲告而无因，唯确知其无恙，母无用于忧心。应盟军之东至，辽（子钟辽——作者自注）从军而远征，渡怒江而西进，旋奏绩于龙陵，继歼敌于遮放，今次师于畹町。斯吾母之遗体，为国家之干城，虽名位之微卑，亦告慰于尊灵。尚幼稚之璞越（次女钟璞，次子钟越，为母篆书"福体安康"四字——作者自注），祝福体之安康，书鸟篆于鸾笺，欲进贴于母床，藉献岁之发春，博欢笑于一觞。奈慈舆之不留，空涕泪之淋浪，离昆明而巴渝，经夔府而东航。忆昔日之传言，父为神于此乡，想慈舆之已临，或并坐于堂皇。冀深宵之入梦，奈竟夕而渺茫，忆吾母之夙论，叹有生之无常，况人死如灯灭，随形化而神亡。然噩耗之将至，媳梦柩自北方，似母神之不灭，远寻儿于昆明。信斯道之茫昧，心再思而惝恍。母永逝之匝月，儿始返于故枝，空抚棺而长恸，悔九年之归迟！维抗战之七载，日仓皇于乱离，虽春秋之代序，忘岁月这已驰，冀金萱之长茂，忽承欢之及时，恨已往之不再，痛逝者之难追。叹吾父之至论，怨庄叟之妄辞（祖父殁时，父挽联有云：‘再休说八千岁灵椿，庄叟妄谈，误尽古今承欢者’——作者自注）。母未完之志事，唯宗祠之续修，现已成之二屋，信坚固而寡俦，俟大事之已毕，即召工而与谋，必继志而述事，如吾母之所筹。八十年之人生，信始终之全完，备洪范之五福，宜无憾于人间。维明日之良辰，请起柩而奉安，留神灵于宗祏，藏形骸于田园，启吾父之旧茔，入吾母之新棺，葬父母于同穴，其永宁于九原。呜呼哀哉！尚飨。

2月7日（农历腊月二十五日），冯友兰与弟弟冯景兰为母亲举行隆重的葬礼。当天，风停树静，彤云低垂，大雪纷扬，村镇、田野都覆盖在冰雪之下，真是“天地同悲，万物戴孝”。正是农闲季节，祈仪镇无论男女老少都冒着寒冷，肃立街头，衔泪饮泣；附近村庄，人们从远处赶来，站在道旁，伫立默哀，大家都要送这位伟大母亲的最后一程。35年前，冯台异英年早逝，留下了孤儿寡母，人们倍感痛惜，显得十分悲痛；如今，吴清芝在供养教育儿女成名之后，又因修建祠堂积劳成疾，人们由衷景仰，显得十分悲壮。冯友兰父母的墓地距离祈仪镇有十二华里，送葬队伍绵延三里多。冯友兰按故里的殡葬习俗，以长子主孝的身份，身穿孝衣，怀抱牌位，手持灵幡，赤脚走在出殡队伍的最前面。中午12点整，安葬吴太夫人于昝岗乡郝庄，与其夫冯台异合墓。

冯沅君当时没有回去奔丧，后来她写《倒下了，这个家族的巨人》这篇短文，纪念母亲。

倒下了这个家族的巨人！为了我们这个家族，她贡献出超越半个世纪的身心劳力。侍奉了婆婆的婆婆，恩养了子女的子女，掌握着一个家族盛衰的专力机。她像画家对待她的画幅，像农人对她的庄稼，严肃、热情，不肯放松一个笔触，不曾轻忽一棵禾苗。

倒下了这个家族的巨人！抛撒开文字的媒介，从生活经验这宝典上，她读出人生的意义，道德的规范，建立起她自己的思想体系。圻穿了巫人、堪舆家、日者，一切神秘、迷信违反科学的谎言。

用她的智慧理解宇宙的一切；宇宙间的一切疏瀹，丰富了她的智慧。

倒下了这个家族的巨人！谨慎蕴藏着她的勇敢，严正陪伴着她的意志，理智指导着她的感情。正视着不易克服的困难。她不忙乱，不畏缩，用稳定的脚步，直走到尽头。成功、失败，她都泰然接受。在一切工作完成上，她获得她处寻不到的愉快。在古今人善良的行列里，她看到天地间无比的美丽。

倒下了这个家族的巨人！像照明黑夜的火把，她教育了她四周的人群。因她的示范，人们知道如何对前一代、后一代尽自己的职分，如何战胜精神的、物质的袭击；因她的启发，人们知道爱工作、爱正义，用忠恕消除彼此间的猜忌、怨怒；更因她的倡导，不少妇女，在学问对女人还是禁果时，却尝到他的异味，得到他的滋养。完成自个又完成别个，这是旧园地的花朵，却又肥沃了新苗的根土。

倒下了这个家族的巨人！如果人生真像演剧，她就像个优秀的演员。忠实地、出众地演罢她担任的角色后，她庄严的、安详的退出了剧场。在我们家人摧心的哀痛里，在乡党邻里识者与不识者的赞美叹息里。[37]

办完丧事正赶上春节，冯友兰走门串户，谢吊拜年。春节过后，他就离开老家，到了重庆。在那里他为中央训练团讲演两周，在此期间，蒋介石召见了他。在得知冯友兰母亲去世时，蒋介石说："我不知老太太去世，如果知道，就要叫刘主席（河南省主席刘茂恩）去吊祭。"[38]同样是幼年丧父失怙、由寡母抚养长大的蒋介石对此感同身受，他从内心里景仰这位伟大的母亲，理解冯友兰的心情。于是就效仿当年孙中山给他母亲的墓写"蒋母之墓"的做法，题写了褒奖吴清芝的匾额送给冯友兰。这是当时的国家元首对一位著名学者的伟大母亲的褒奖。作为孝子，冯友兰欣然接受。这既是国之大礼，也是人之常情。为了尽到孝心，冯友兰还托国民党元老吴稚晖写了墓志的盖子，托著名学者刘文典教授作了一篇墓志文。他原来计划待天下太平之后，修建父母亲的坟墓时，把这些都用上。可后来抗战刚一结束，内战接着爆发。遗憾的是待天下稍微安定后，冯友兰就开始了几十年被批判、被斗争的生涯，再也没有踏上故土一步，再也没有看到父母坟墓一眼。到后来，拆祠堂、挖祖坟的事情遍及天下，冯友兰母亲苦心经营、赍志而殁以修建的祠堂在 20 世纪 50 年代"大跃进"中被拆除了，冯友兰父母亲的坟墓连同他的祖茔也在"文化大革命”期间被毁坏了。到了 80 年代，年过九旬的冯友兰为家乡捐资一万元兴建教学楼。祁仪中学原打算以“友兰楼”命名，冯友兰执意不肯，建议以他母亲的名字命名，并亲自题写了“清芝楼”的匾额。这也是尽了最后一份孝心。1996 年，冯友兰的女儿冯钟璞，绍父志，尽孝道，重新修建了祖父母的坟墓，并立了石碑。

注释

［1］ 西南联合大学北京校友会编：《国立西南联合大学校史》，第 18 页，北京：北京大学出版社，1996 年版。

［2］ 冯友兰：《三松堂全集》第 1 卷，第 87 页，郑州：河南人民出版社，2000 年版。

［3］ 钟璞：《野葫芦引・南渡记》，第 1 页，北京：人民文学出版社，1988 年版。

［4］ 李赋宁：《怀念冯芝生先生》，见《追忆冯友兰》，第 65 页，北京：社会科学文献出版社，2002 年版。

［5］ 冯友兰：《三松堂全集》第 4 卷，第 3 页，郑州：河南人民出版社，2000 年版。

［6］ 钱穆：《八十忆双亲・师友杂忆》，第 201 页，北京：三联书店，1998 年版。

［7］ 金岳霖：《论道》，第 1 页，北京：商务印书馆，1985 年版。

［8］ 钱穆：《八十忆双亲・师友杂忆》，第 202 页，北京：三联书店，1998 年版。

［9］ 许进安采访、王仁宇整理：《实说冯友兰》，第 5 页，北京：北京大学出版社，2008 年。

［10］ 吴宓：《吴宓日记》第 6 册，第 271 页，北京：三联书店，1998 年版。

［11］ 柳无忌：《南岳山中的临大文学院》，见北京大学校友联络处编：《笳吹弦诵情弥切——国立西南联合大学五十周年纪念文集》，第 55 页，北京：中国文史出版社，1988 版。

［12］ 钱穆：《八十忆双亲・师友杂忆》，第 244 页，北京：三联书店，1998 年版。

［13］ 浦薛凤：《浦薛凤回忆录》中册，第 85 页，合肥：黄山书社，2009

年版。
[14] 钟璞：《旧事与新说》，第 6 页，北京：新星出版社，2010 年版。
[15] 冯契：《忆在昆明从汤先生受教的日子》，见汤一介编：《国故新知：中国传统文化饿再诠释》，第 37 页，北京：北京大学出版社，1993 年版。
[16] 杨西孟：《九年来昆明大学教授的薪津及薪津实值》，载 1946 年 9 月《观察》第 1 卷第 3 期。
[17] 陈寅恪：《陈寅恪文集·诗集》，第 34 页，北京：三联书店，2001 年版。
[18] 冯友兰：《三松堂全集》第 1 卷，第 94 页，郑州：河南人民出版社，2000 年版。
[19] 此函存于清华大学文书档案馆。
[20] 钟璞：《南渡记》，第 1 页，北京：人民文学出版社，1988 年版。
[21] 郑敏：《忆冯友兰先生的"人生哲学"课》，见郑家栋、陈鹏选编：《追忆冯友兰》，第 68 页，北京：社会科学文献出版社，2002 年版。
[22] 朱自清：《朱自清全集》第 10 卷，第 282 页，南京：江苏教育出版社，1998 年版。
[23] 何炳棣：《读史阅世六十年》，第 191 页，南宁：广西师范大学出版社，2005 年 7 月版。
[24] 许进安采访、王仁宇整理：《实说冯友兰》，第 21 页，北京：北京大学出版社，2008 年。
[25] 同上书，第 67 页。
[26] 冯友兰：《三松堂全集》第 4 卷，第 197 页，郑州：河南人民出版社，2000 年版。
[27] 吴宓：《吴宓日记》第 6 册，第 338 页，北京：三联书店，1998 年版。
[28] 冯友兰：《三松堂全集》第 1 卷，第 295 页，郑州：河南人民出版社，2000 年版。
[29] 据《清华大学史料选编》，第三卷(下)，第 191—192 页。
[30] 冯友兰：《三松堂全集》第 5 卷，第 456—459 页，郑州：河南人民出版社，2000 年版。
[31] 蒋介石：1937 年 7 月 17 日《庐山讲话》。
[32] 引自冯友兰：1968 年 6 月 6 日所写《问题交待》。

[33] 冯友兰:《三松堂全集》第 1 卷,第 301 页,郑州:河南人民出版社,2000 年版。

[35] 同上书,第 14 卷,第 289 页,郑州:河南人民出版社,2000 年版。

[36] 吴金榜:《冯友兰家字号复盛馆发行的钱币再现于世》,见王仁宇主编:《冯学研究通讯》第 6 辑,第 1 页。

[37] 冯沅君:《倒下了,这个家族的巨人》,见赵清阁主编:《无题集——中国现代女作家小说专集》,上海:上海晨光出版公司,“中华民国”三十六年版。

[38] 冯友兰:《我的反动历史和反动关系(补充材料之一)》(1966 年所写)。

第九章　贞元六书

一　《贞元六书》

二　思维方式的变革——《新理学》

三　人生境界的提升——《新原人》

四　中国走向自由的道路——《新事论》

五　个人获得成功的方法——《新世训》

六　新道统的建立——《新原道》与《新知言》

一 《贞元六书》

在抗战期间,冯友兰最大的贡献是他撰写《贞元六书》,创立"新理学"体系,成为中国现代几个能建立自己思想体系的哲学家之一。这些著作的陆续出版,标志着冯友兰"新理学"体系的完成。

"新理学"的产生是时代和中国哲学发展的需要。1935年,冯友兰中国哲学会第一届年会上致辞。此后不久,他在回答《大公报》记者采访时指出,"中国如果要有一种新社会,作这种社会之理论的根据之哲学一定会出来。不过一定是自然地出来"。时代需要只是冯友兰建立"新理学"体系的外因,而内因则是他的志愿和兴趣。"在我的《中国哲学史》完成以后,我的兴趣就由研究哲学史转移到哲学创作。哲学方面的创作总是凭借于过去的思想资料,研究哲学史和哲学创作是不能截然分开的。不过还是有不同。哲学史的重点是要说明以前的人对于某一哲学问题是怎样说的;哲学创作是要说明自己对于某一哲学问题是怎么想的。自己怎么想,总要以前人怎么说为思想资料,但也总要有所不同。这个不同,就是我在《新理学》中所说的'照着讲'和'接着讲'的不同。""1931年我在《大公报》的《世界思潮》副刊上,连续发表了几篇《新对话》。1937年我在《哲学评论》第七卷第三期上,发表了一篇文章,题目是《哲学与逻辑》。在这些文章中,'新理学'的主要观点已有了萌芽。”[1]

“卢沟桥事变”后，日本大举侵略中国，把中国人逼到了绝路上。在当时的情况下，无论如何软弱的国家也要起来抗击，无论如何懦弱的民众也要挺身抗争。中日战争是中国百年来民族矛盾和社会矛盾的总交会和总爆发，是中华民族百年命运的转折点。作为哲学家和思想家，冯友兰高瞻远瞩，从理论的高度来阐发中国这次抗战的意义，把抗战和建国、抗击外敌入侵和实现民族复兴、保护中华民族的“旧邦”和实现现代化的“新命”等诸多方面联系起来考虑问题。《贞元六书》就是对中国抗战的深入思考。《贞元六书》是指“贞元之际所著书”。“所谓‘贞元之际’，就是说抗战时期是中华民族复兴的时朔。当时我想，日本帝国主义侵略了中国大部分领土，把当时的中国政府和文化机关都赶到西南角上。历史上有过晋、宋、明三朝的南渡。南渡的人都没有能活着回来的。可是这次抗日战争，中国一定要胜利，中华民族一定要复兴，这次‘南渡’的人一定要活着回来。这就叫‘贞下起元’。这个时期就叫‘贞元之际’。”[2]《贞元六书》实际上只是一部书，分为六个章节。这一部书的主要内容，是对于中华民族的传统精神生活的反思。凡是反思。总是在生活中遇见什么困难，受到什么阻碍，感到什么痛苦，才会有的。如同一条河，在平坦的地区，它只会慢慢地流下去。总是碰到了崖石或者暗礁，它才会激起浪花。或者遇到了狂风，它才能涌起波涛。

若从更深的层次和更远的背景来考察，可以说，《贞元六书》是近代以来中国人熔铸中西文化、创造新文化从而实现中华民族复兴的努力。它是冯友兰对中西哲学进行相互解释，主要是对西方的新实在论、唯物史观和中国道学进行阐释和融会。1935 年，孙道升的《现代中国哲学界之解剖》一文就认为冯友兰“是将程朱之学说、新实在论之共相、新唯物论之史观‘合一炉而治之’，形成新理学体系”[3]。

冯友兰在吸取西方新实在主义的同时，还吸取了马克思的唯物史观。俄国十月革命胜利，引起人们对马克思主义的重视。马克思的学说早在清朝末年就被介绍和引进中国，但马克思主义在中国的迅速传播，则是在五四运动以后。马克思主义是植根于西方文化的现代思潮，在被其他民族所接受时，是被经过筛选和改造的。李泽厚说：“马克思主义有各方面丰富的内容。恩格斯在马克思墓前演说中曾指出唯物史观和剩余价值是马克思的两个重大发现。剩余价值理论本就是无产阶级进行社会主义革命的理论根据和思想基石。但在当时，中国的资本主义刚才起步。无产阶级非常薄弱，连进行宣传鼓动的厂矿企业都少得可怜，这一基本学说的实用性质和使用范围都非常有限。因此，尽管李大钊、陈独秀等人介绍马克思主义时，都要介绍剩余价值学说，但如果仔细看一下，便会发现，他们介绍的重点，真正极大地打动、影响、渗透到他们心灵和头脑中，并直接决定或支配其实际行动的，更多是马克思的唯物史观。其中，有特别是阶级斗争学说。”[4]冯友兰自到北京大学读书开始，即便是在美国留学，都一直关注中国学术界和思想界的新动向；1926 年到燕京大学后，就一直处在中国学术和文化中心，对马克思主义在中国传播的情况是比较熟悉的。在撰写《中国哲学史》和《中国哲学史补》，研究中国哲学各种学派起源时，他就已经熟练地运用唯物史观的基本原理；在英国讲学期间，他研究了马克思的著作，熟悉唯物史观；从欧洲回来后，他根据他理解的唯物史观撰写文章、发表演讲。同当时很多学者一样，对于马克思主义，冯友兰最热衷的是唯物史观。冯友兰在吸取西方新实在主义和唯物史观用以建构“新理学”体系的同时，又充分地挖掘了中国哲学资源。他是在做了史研究之后进行哲学创作的。冯友兰从哲学是对共相世界做形式的肯定、其功用在于提升人生境界的这一基本立场出发，以“极高明而道中庸”为标准，对于中国哲学历史上的主要派别多有吸取和改造。对先秦哲学，他吸取了名家尤其是公孙龙的共相理论；吸取并改造了孔子忠恕之道、孟子的人性学说和人格理论；对于魏晋玄学，他重点吸取了辩名析理的思想方法和经虚涉旷的境界理论，对于宋明道学，他重点汲取了理学派的以理气观为主要内容的形上学、和心学派以心性论为主要内容的修养论；对于佛教禅宗，他汲取并改进了其中的“神秘境界”和“负底方法”。

冯友兰的“新理学”对中西哲学多有吸取和改造，可以说是海纳百川、四通八达。正因为“新理学”对中西哲学有着如此广泛的传承关系，所以在现代中国思想史上，冯友兰同在中国广有影响的马克思主义、西方自由主义和文化保守主义这三大思潮有着错综复杂的关系。就此而言，冯友兰的“新理学”体系可以说是截断众流，囊括百家。

关于《贞元六书》中“六书”的具体关系，根据冯友兰把哲学界定为对真际（共相世界）只做形式的肯定，其功能在于提升人生境界的观点，再结合 20 世纪中国学术和思想发展的状况，可以说，《新理学》是“新理学”

的自然观和形上学基础，它在为中国思维方式的变革做努力；《新事论》是"新理学"的社会文化观，它在为中国走向自由和实现现代化寻找出路；《新世训》是"新理学"的伦理学，它不仅是攀登人生最高境界的阶梯，也是个人获得成功的方法；《新原人》是"新理学"的人生哲学，是《贞元六书》的核心，旨在提升人生境界；《新原道》从中国哲学发展的角度讲"新理学"在中国哲学史上的"道统"地位，《新知言》则从世界哲学发展的角度讲"新理学"在现代世界哲学中"新统"性质。

二　思维方式的变革——《新理学》

《新理学》是《贞元六书》的第一部，是"新理学"体系的自然观和形上学；在中国现代思想和学术史上，《新理学》以其高度思辨和纯粹理论特色独树一帜，为理性主义和逻辑分析方法在中国的传播做出了贡献，在实现中国思维方式变革具有重要地位。

在《贞元六书》中，《新理学》思辨程度最高，受新实在论影影较大。它解决的是共相与殊相的关系问题。冯友兰吸收西方理性主义和逻辑分析方法，对中国传统哲学的概念进行阐释和改造，从而建构自己的"新理学"体系，促进中国哲学现代化。在《新理学》中，冯友兰首先根据哲学的发展和自己的理解对哲学进行重新界定。虽然每种学科的研究对象和研究范围都在不断变化，但还没有哪种学科像哲学这样变化巨大。哲学在很长时期内曾经是"万学之母"和"众学之王"，可到了近代，继自然科学首先从哲学中独立出来之后，很多实证科学乃至神学都从哲学中分离出来，哲学研究对象日渐减少，研究范围日益缩小。"曾经有一个时候，形而上学被称为一切科学的女王，并且，如果把愿望当作实际的话，那么她由于其对象的突出重要性，倒是值得这一称号。今天，时代的时髦风气导致她明显地遭到完全的鄙视，这位受到驱赶和遗弃的老妇像赫卡柏一样抱怨：modo maxima rerum，tot generis natisque — nunc trahor exul，inops — Ovid. Metam（不久前我还是万人之上，以我众多的女婿和孩子而当上女王——到如今我失去了祖国，孤苦伶仃被流放他乡）。"[5]

但哲学作为人类形而上学的追求，它深深地植根于人类本性之中。随着对人心的挖掘和人性的提升，哲学随之不断挖掘深度和开拓范围。早在古希腊，柏拉图就说："人在其天性中就包含有哲学成分。"[6]现代哲学家海德格尔也说，“形而上学属于‘人的本性’”，“只要我们生存，我们就总是已经处于形而上学中的”。[7] 自形而上学建立以来，所有瓦解和否定它的努力最后都促使并成全一种新的形而上学产生，使形而上学上升到更高层，扩展到更大范围。冯友兰对此有清醒的认识和高度的自觉。在《新理学》绪论中，他对哲学和科学做了严格的区别，并重新给哲学做出界定。在他看来，哲学与科学的区别不是研究范围和发展程度的不同，而是性质和种类的不同，在于“哲学中之观念命题及推论多为形式底，逻辑底，而不是事实底，经验底”。“哲学对于真际，只形式地有所肯定，而不事实地有所肯定。换言之，哲学只对于真际有所肯定，而不特别对于实际有所肯定。真际与实际不同，真际是指凡可称为有者，亦可名为本然；实际是指有事实底存在者，亦可名为自然。真者，言其无妄；实者，言其不虚；本然者，本来即然；自然者，自己而然。实际又与实际事物不同。实际底事物是指有事实底存在底事事物物，例如这个桌子，那个椅子等。实际是指所有底有事实底存在者。有某一件有事实底存在底事物，必有实际，但有实际不必有某一件有事实底存在底事物。属于实际中者亦属于真际中；但属于真际中者不必属于实际中。我们可以说：有实者必有真，但有真者不必有实；是实者必是无妄，但是真者未必不虚。其只属于真际中而不属于实际中者，即只是无妄而不是不虚者，我们说它是属于纯真际中，或是纯真际底。”[8] 关于真际、实际和实际底事物的区别，“综观冯先生的用法和‘新理学’的逻辑，我们可以说，‘实际底事物’是一个‘某物’的概念，即‘个别’；而‘实际’的问题就要来得复杂一点。中文语词作为概念常可同时有数义，既可以指某类事物之中的任何一个，亦可指此类事物的全体，还可以指此类事物的抽象属性，既可作类名，又可总名，还可作指名（‘指’字之义取自公孙龙）。‘实际’相对于个别的某事物，是一个类名，即普遍概念，它的建立是要把个别和类分别开来，指实际存在的这一类、那一类的存在物。而实际相对于潜存的‘真际’，就是一个总名，是‘事世界’，近于‘实存’的概念”[9]。冯友兰在这里的真正目的是沿袭着历史上哲学家建立形而上学的一般路数，在共相和殊相、事物的一般规定和具体存在之间做出区别。这种区别在中国哲学史上也由来已久。“在中国哲学中，程、朱理学的特点之一就是对于形而上和形而下作严格的区分。理是形而上者；器是形而下者。器之所以能成为器，是因为它有一定物质的基础。”“这样，理学就把整个的宇宙一分为二，一个是形而上的理世界，一个是形而下的器世界。程颐说：‘冲漠无朕，万象森然。’这是他形容理世界的话。理世界里面的共相，都是无形的，所以说‘冲漠无朕’；但是所有的共相都在其中，所以说是‘万象森然’。”

冯友兰是由逻辑进入哲学的，是从判断和命题着手对“真际”和“实际”、哲学和科学进行区别的。在《新理学》的开头，他开明宗义地写道：“每一平常人，每日皆有许多经验，质言之，即每日必有许多知识，做许多判断，说许多命题。”“我们的知识及由此而起之判断、命题，皆系关于其所知者。例如我们说：‘这是方底。’‘这’是所知，亦即实际底事物。‘这是方底’之命题，表示我们对于‘这’有知识，有判断。”这些命题和判断“是及于实际底事物者，即系对于实际事物有所肯定。我们日常生活所作之命题，大都类此。”[10]日常生活中多是对具体事物做判断，如果再进一步，就是对同类事物做判断，“我们可思及凡有方性底物，即凡属于方底物之类底物。我们亦可对于凡属于方底事物之类底物，作许多肯定。……如果我们是思及所有有事实底存在底方底物，虽然我们并不知其数目果有若干，但我们是将其总括而一律思之，如此，则这个判断，这个命题，即是及于实际者，即对于实际有所肯定”。这种对同类事物的判断是科学判断。

哲学与常识及科学不一样，它不是对具体事物或同类事物作判断，而是对同类事物的理作判断，是在对同类事物判断上进一层。冯友兰突出了事物一般规定性的重要性，突显出了“真际”或“理世界”存在的重要性。这在认识论上具有重要意义。认识虽然是对个别事物的认识，并且是从认识具体现象开始，但其目的不是认识个别事物及具体现象，而是认识事物的普遍本质和一般规定。固然，对事物属性的认识要通过对认识到的个别现象进行归纳来实现，但事物普遍本质并不来自众多个别现象的简单相加。不仅如此，认识个别事物其实是在它和事物一般规定之间做判断。个别事物是“实际”的，而其一般规定则是“真际”。就此而言，所有的认识都是对真际的认识。同时，突显“真际”或“理世界”的重要性在价值论上也具有重要意义。“理世界”是与现实世界相对的世界，是理想与可能的世界，它为社会进步和人生发展提供了前进的目标和趋势。在不尽如人意甚至是残酷的现实面前，理世界或许是苍白无力的。但这并不意味着理世界不重要，并不意味着人类的理想不重要。接下来，冯友兰又从分析实际事物入手谈到“气”。

冯友兰的“新理学”不同于程朱理学，也不同于颜元的唯物论。冯友兰十分熟悉中西哲学史上唯心与唯物之争。他认为，这些争论都宥于科学的思维路数，就是对实际作积极的肯定与解释。冯友兰对哲学与科学的差别做了严格的区分：科学对实际做积极的肯定与解释，哲学对实际做形式的肯定与解释。《新理学》是对实际只做形式的肯定与解释，不做事实的判断，不讨论物质和意识具体关系的实际问题，因此也就不在唯物论和唯心论争论的范围。在给熊十力的信中，他说：“论者多谓新理学的形上学为二元论，实因将气作为一物看所致。旧理学的形上学可谓二元论，新理的形上学则不可。新理学的形上学的出发点与普通所谓唯心论（或）唯物论，一元论或二元论均不同。新理学的形上学是超过这些论底，犹之庄子的齐物论超过儒墨。齐物论之超过儒墨，并不是关于实际底问题，儒墨所不能解决者，他能解决，而是他不谈儒墨的问题。不谈并不是故意避免不谈，而是从他们观点看，这些问题本无需谈。新理学的形上学所以超过普通所谓唯心论唯物论，亦正是如此。”[11]直到1951年，在对他众口一词的批判声中，冯友兰还在为“新理学”不是唯心论而申辩：“在解放以前，我本已不喜欢‘唯心论’这个名词。我自以为我的哲学思想不是‘唯心论’。我所以这样以为，有两点理由。第一点，我底哲学思想承认有独立于心外的外界。第二点，我底哲学思想不承认心是宇宙的本质或根源。我承认心必有其物质的根据，始能存在。就第一点说，我底哲学思想不是旧哲学中所谓主观的唯心论。就第二点说，我的哲学思想也不是旧哲学中所谓客观的唯心论。有此两点理由，我一向不承认我的哲学思想是‘唯心论的’。”[12]

作为以纯粹概念为对象的精神活动，哲学本质上是人类对自己所处时代的精神进行探索和反思，这是一个自由思考的过程。每一具体的哲学体系都是这过程的一部分，是继续前进的一个环节，其价值就在提出问题和对问题的思考上，而不在具体结论上。哲学的本性是思考，而不是定论。因而，对它们评价就不必拘泥于唯心或唯物的“结论”上。冯友兰是从共相和殊相关系这一角度去思考问题的。区分共相与殊相、真际与实际的不同，突现共相世界的存在，分析共相世界中理的关系，才是《新理学》要解决的问题，也是冯友兰的一贯立场。这一立场蕴涵着两个基本原则：一是客观主义原则，一是理性主义原则。承认共相世界的客观存在是所有实在论的共同立场，它们的分歧只是在具体处理共相世界和个别事物关系的态度上。《新理学》主张形式地肯定真际世界或共相世界的存在，不仅把中国传统哲学的伦理剥离出来，而且把西方哲学传统中物理剥离出来，使共相世界或理世界更加纯粹、更为客观。在《新理学》中，冯友兰利用逻辑分析的方法突显了理世界的存在。在突显了理世界之后，《新理学》又对理世界中的多种关系和多层含义进行详尽的分析，建立了形上学体系，始终贯彻着理性主义和客观主义原则。

在分析“理”和“气”的基础上，冯友兰又提出“道体”和“大全”两个概念。先看“道体”。冯友兰说，理世界总所有的理，又名“太极”。“真元之气”是绝对的料，没有规定性，无名无状，又名“无极”。“事物的存在，是其气实现某理或某某理的流行。实际的存在是无极实现太极的流行。总所有底流行，谓之道体。”[13]再看“大全”，冯友兰说：“总一切底有，谓之大全。大全就是一切底有。”[14]《新理学》的形上学就是由这四个概念以及由此而来的四组命题组成。

冯友兰对这哲学基本问题及解决有自己的理解。他在《中国哲学史新编》中说，有两种基本的矛盾，一是殊相和共相的矛盾，一个是主观和客观的矛盾。对这两种基本矛盾的解决，有三条路子：本体论的路子、认识论的路子、伦理学的路子。在中西哲学史上，走这三条路子的代表分别是柏拉图、康德、宋儒。这段话虽然是在晚年明确提出来的，但他在建立“新理学”体系时已经采取了这些路子。《新理学》是采用本体论路子建立形上学，《新原人》则采用认识论特别是伦理学的路子建立境界说。所有这些在一起，共同构成“新理学”的完整体系。尽管在《新理学》在处理真际世界与实际世界的关系时存在一些纰漏，在共相世界和天地境界之间也缺少必要的过渡，但冯友兰完全是利用逻辑分析方法来建立“新理学”体系的。在《新理学》中，冯友兰把这种方法运用到炉火纯青的地步。

三　人生境界的提升——《新原人》

若按撰写时间顺序看，《新原人》在《贞元六书》中居于《新事论》和《新世训》之后，但从逻辑顺序上讲，从“新理学”内部结构上看，《新原人》紧接在《新理学》之后。《新理学》最后一章题为“圣人”，讲的就是人生境界，这恰恰是《新原人》的核心内容。在《新理学》之后接着再说《新原人》

便是顺理成章的事情。“境界说”是“新理学”的归宿,《新原人》是《贞元六书》的核心。《新理学》运用逻辑分析方法建立了形上学从而为境界说廓清基础、奠定根基,“新理学”的落脚点是《新原人》。

冯友兰重新思考人生问题、建构人生哲学。他没有采用直接谈人生意义的做法,而是从更为广阔的背景和更为深刻的层次来思考这一问题。在《新原人》开头,他开明宗义说:“我们常听见有些人问:人生究竟有没有意义?如其有之,其意义是什么?有些人觉得这是一个很严重底问题。如果这个问题不能得到确切底答案,他们即觉得人生是不值得生底。”[15]冯友兰没有直接回答这一问题,而是追问什么是“意义”。在他看来,一事物的意义,各人所说,可以不同。其所以不同,乃因持此各种说法者,对于此事底了解不同。其对于此事底了解不同,所以此事对于他底意义亦不同。一件事的性质,是它原有底。其所可能达到底目的,或其所可能引起底后果,这些可能亦是原有底。其与别事物底关系,亦是原有底。但一件事底意义,则是对于它有所了解底人而后有底。如离开了对它有了解底人,一事即只有性质,可能等,而没有意义。我们可以说一事的意义,生于人对此事底了解。人对于一事底了解不同,此事对于他们即有不同底意义。就是说,一个事物的意义,不仅取决于它自身的性质,也取决于人们对它的了解;并且,事物的性质及关系是客观的和固定的,但它的意义则随着人们对它的了解而变化。那么,究竟怎么算是了解呢?“最低底了解”是了解事物“是属于最大底类,表现此类的理”。再看对事物“最高程度的了解”,冯友兰称此为“殊胜解”。任何事物总是处于多级属种的隶属层次中,处于和其他事物的多种关系中,因此也就有很多理。“一事物所表现底理,我们若皆知之,则我们对于此事物,即可谓有完全底了解。完全底了解,即最高程度底了解也。不过最高程度底了解,理论上虽是可能有底,而事实上是不能有底。因为一事物之为一事物,其构成底性质,也是极多底。此即是说,其所属于底类,及其所表现底理,是极多底。”因此,“我们完全了解此事物是怎样一个东西,怎样一回事。但事实上这是不可能底,因此我们对于一事物底了解总是不完全底,而一事物对于我们底意义亦总是不完全底。”没有认识事物的理就谈不上对它有所了解,但“对于一类事物底完全底了解,亦是极不容易得到底。”因此,所谓的“了解”就在“最低程度底了解”与“最高程度底了解”之间。

在论述了一般的意义后，冯友兰就讨论人生意义："人生亦一类底事，我们对于这一类底事，亦可以有了解，可以了解它是怎样一回事。我们对于它有了解，它即对我们有意义，我们对于它底了解愈深愈多，它对于我们底意义，亦即愈丰富。"冯友兰这样发问和思考，夯实了问题的根基、开拓了思考的空间。对人生问题的讨论和人生境界的关注，是中国哲学特别是儒家哲学留下来的丰厚遗产。但在中国哲学中，所有论及这些问题的理论都在某种程度上存在着以下弊病。首先是缺乏逻辑分析和理性反思，很多结论或局限于经验和常识，或停留在臆猜和独断。其次是在讨论问题时，多诉诸情感等心性，就是所谓的直抵心性，没有外在对象和必要中介，使得人生价值和意义不仅无法得到确证和印证，也缺乏丰富性和多样性。再次是在直抵心性讨论人生时，多看重人的道德良知，而轻视了人的认知理性，过分强调了道德，而忽视了认知，把人的兴趣和爱好压缩在社会政治伦理层面，对自然界和精神自身全然没有兴趣。最后是因为缺乏逻辑分析和客观印证，对人生境界的层次分辨不清楚。冯友兰把对人生意义的思考放在对意义的追问上，放在事物意义的分析上，不仅使得对人生意义和境界这些问题的讨论有了客观基石、知性维度和理性支撑，也使得人生意义含义明晰、人生境界层次分明。

冯友兰的这样发问和思考，很大程度是继承西方知善合一的传统。冯友兰汲取西方知善合一传统，把人生哲学建立在理性主义基础上。他又把道德建立在认知的基础上，强调知觉灵明的重要性，并没有导致伦理学上的唯知主义。对觉解的觉解不是一般知识，是对一般知识的超越。科学知识不是高级觉解，一般的科学家也未必做到尽心尽性。但这并不是科学研究和高级觉解没有关系，科学研究进不了高级觉解。若能对科学研究进行反思，转识成智，就进入高一层觉解。至于人何以要有高一层次的觉解，要尽心尽性，冯友兰说："'性即理也'，理是一类事物的标准。宇宙间无论什么事物，都有其标准，道学家所谓'有物必有则'。人的生活，亦有其标准。此标准不是什么人随意建立，以强迫人从之者，而是本然有底。有标准亦并不是有什么外力加于人者，而是事实上他所本来依照底。此即是人之理，亦即道学家所谓天理。人的生活在事实上是本来依照此标准底。此即是说，人在事实上是本来依照此标准而生底。在事实上，生活能完全合乎此标准底人，固是'绝无仅有'，但生活完全不合乎此标准底人，亦是绝对没有底。例如就觉解说，有完全觉解底人，固是‘绝无仅有’，但完全无觉解底人，亦是绝对没有底。就道德说，完全道德底人，固是‘绝无仅有’，但完全不道德底人，亦是绝对没有底。”[16]这种高一层次的觉解，这种“尽心尽性”不仅是认识上的，也是道德上的，合而言之，就是人对自由追求。冯友兰已经触及人的自由意志问题，只是没有展开。

在论述了“觉解”和“心性”后，冯友兰接着就阐述“境界”：“人对于宇宙人生底觉解的程度，可有不同。因此，宇宙人生，对于人底意义，亦有不同。人对于宇宙在某种程度上所有底觉解，因此，宇宙人生对于人所有底某种不同底意义，即构成人所有底某种境界。”[17]外在事物及其理是客观的和同一的，但不同的人对此有不同觉解，从而形成不同境界。不同人的境界也有其相同的一面。“各人有各人的境界，严格地说，没有两个人的境界，是完全相同底。每个人都是一个体，每个人的境界，都是一个个体底境界。没两个个体，是完全相同底，所以亦没有两个人底境界，是完全相同底。但我们可以忽视其小异，而取其大同。就大同方面看，人所即可能有底境界，可以分为四种：自然境界，功利境界，道德境界，天地境界。”[18]

在自然境界中的人，顺才而行，是“行乎其所不得不行，止乎其所不得不止”；顺习而行，是“照例行事”。人在这种境界里，对于他所做事情的性质及意义都没有清楚的了解。但这并不是说，他们做的事情对他没有意义；也不是说，他自己不知道自己在做什么事情。在自然境界中的人，不是不识不知，而是“不著不察”，对自己的行为及其意义没有清楚的了解。有这种境界的，多是原始人、小孩子以及愚蠢人。生活在原始社会中的人就是这种境界。在文明社会里，小孩子以及智力底下的人，由于对他们行为没有清楚的了解和觉解，其境界也是自然境界。不仅如此，文明社会里正常的成年人有些时候也停留在自然境界。只是顺从法律和习惯生活工作，却对其生活没有清楚了解和高度觉解的人，其境界是自然境界；仅仅按照仁义道德等规范行事，但对道德规范及其行为没有清楚了解和高度觉解的人，其境界也自然境界。道德活动中有这种自然境界，艺术创作时也有种自然境界。一些人在进行创作活动时，若对他的活动没有清楚了解和高度自觉，“但凭其兴趣以创作，于创作时，可以不自觉其天才，亦可以不自觉其创造的价值。他可以有许多伟大底创作，但他不自觉其创作是创作，更不自觉其是伟大。由此方面说，他的创作是顺才底。就其顺才而不自觉说，其境界是自然境界。”[19]

冯友兰说：“功利境界的特征是：在此种境界中，其行为是‘为利’底。所谓‘为利’，是为他自己的利。”他承认功利境界的合理性。一个人为自己的利而做事，在主观上固然自私，但在客观上未必害人，利己和害人之间没有必然联系。冯友兰说：“道德境界的特征是：在此种境界中底人，其行为是‘行义’底。义与利是相反亦是相成底。求自己的利底行为，是为利底行为；求社会的利底行为，是行义底行为。”“天地境界的特征是：在此种境界中底人，其行为是‘事天’底。在此种境界中底人，了解于社会的全之外，还有宇宙的全，人必于知有宇宙的全时，始能使其所得于人之所以为人者尽量发展，始能尽性。在此种境界中底人，有完全底高一层底觉解。此即是说，他已完全知性，因其已知天。他已知天，所以他知人不但是社会的全的一部分，而并且是宇宙的全的一部分。不但对于社会，人应有贡献；即对于宇宙，人亦应有贡献。人不但应在社会中，堂堂地做一个人；亦应于宇宙间，堂堂地做一个人。人的行为，不仅与社会有干系，而且与宇宙有干系。”进入天地境界要经过四个环节、两阶段，这就是知天、事天、乐天和同天。其中知天、事天和乐天是准备阶段，同天才是进入天地境界：“在天地境界中底人的最高造诣是，不但觉解其是大全的一部分，而并且自同于大全。”“人唯得到此境界，方是真得到天地境界。知天事天乐天等，不过是得到此等境界的一种预备。”天地境界中的人则不仅打破了人与我的界限，而且也打破了物与我的界限，他是无“私我”，亦无“大我”，而是“大无我”，他能够“与物冥”，自同于宇宙的大全。就“我”的“主宰”义讲，“自同于大全，并不是‘我’的完全消灭，而是‘我’的无限扩大。在此无限扩大中，‘我’即是大全的主宰”。主宰的“我”犹如孟子所谓“浩然之气”，“其为气也，至大至刚，以直养而无害，则塞于天地之间”。“塞于天地之间”是说“我”的无限扩大；“至大至刚”是说“我”是大全的主宰。

道德境界和天地境界是精神的创造，人要想达到这两种境界需要做一番努力，需要下一种工夫。为了使对宇宙人生有较高的觉解进入了道德境界与天地境界并能常留在这种境界中，就需要更高工夫。冯友兰把哲学基本问题归结有两种基本矛盾：一是共相与殊相的矛盾，一是主观与客观的矛盾。对于这些矛盾的解决有本体论、认识论、伦理学三条路子。他首先承认理的先在性，走的是本体论路子；把人生境界建立在对于宇宙人生的觉解上，走的是认识论路子；最后以"我"自同于大全，最终走的是伦理学路子。就此而言，冯友兰的"新理学"和"新心学"没有什么区别，这里涉及"新理学"和"新心学"关于"良知"的一段公案。熊十力说是"良知"呈现，冯友兰是"良知"假设。其真正区别在于："新心学"说的"心体"是先验的，人人都有，在道德实践中不断呈现出来；冯友兰说"真我"是在"穷理"过程中逐渐发展起来。"新心学"的形上学是实体形态的，所谓"心物不二"和"即存在即活动"，指的是实态的宇宙世界；冯友兰的境界论是把实有形态转化为境界形态，天地境界是由最深觉解而来的意义构成的。其实，认为人的本心即宇宙的本体的看法失之武断，认为人的自由意志是自己所达到的天地境界的主宰的看法则比较切实。只有在精神境界中，人的心灵才能成为世界的本体，只有在境界论中人的心才能上升为本体性存在。

四 中国走向自由的道路——《新事论》

冯友兰没有躲进象牙塔，他时刻关心着民族的命运和民众的福祉。在建立"新理学"体系时，他始终在思考中国的现实问题，关注着中国如何走出古代跨入现代、摆脱奴役走向自由问题。他不仅要"承百代之流"，还要"会乎当今之变"；不仅要建立"内圣"之学，还要建立"外王"之学；不仅要提升人们精神境界，还要探寻中国走向自由道路：既要"极高明而道中庸"，也要"阐旧邦以辅新命"。在《新理学》出版后，冯友兰就撰写《新事论》。这并不是说《新事论》的思想产生在《新理学》之后。事实上，是中国社会现实问题促使冯友兰从哲学高度进行思考，以期找到更好的解决方案："民族的兴亡与历史的变化，倒是给我许多启示和激发。没有这些启示和激发，书是写不出来的。即使写出来，也不是这个样子。"[20]早在抗战前，冯友兰发表了《新对话》一组文章和《中国现代民族运动之总动向》等。在这些文章中，《新事论》的基本思想已初具雏形。《新理学》完成后，有了形上学和方法论做基础，这些思想也日渐明朗和清晰，日臻圆融和贯通。

冯友兰对中国现实问题的思考有当时的文化和时代背景。1935 年1 月萨孟武、何炳松等十位教授发表《中国本位的文化建设宣言》，从而引发了"中国文化本位论"和"全盘西化论"的争论。囿于方法论的局限，那场争论并没有提出多少新颖的或建设性的思想，多半或落入俗套，或流于空泛。《中国本位的文化建设宣言》所提出的“五项原则”、“两条注意”和“三项目标”固然多半是些“循词”和“反复”，而“全盘西化论者”也同样没有提出有建设性的思想。胡适是“全盘西化派”领袖，可他的理无非是“我是主张全盘西化的，但我同时指出，文化自有一种‘惰性’。全盘西化的结果自然会有一种折中的倾向。例如中国人接受了基督教的，久而久之，自然和欧洲的基督教不同，他自成一个中国的基督徒。又如陈独秀先生接受共产主义，我总觉得他只是一个中国的共产主义者，和莫斯科的共产党不同。现在的人说折中，说中国本位，都是空谈。此时没有别的路可走，只有努力全盘接受这个新世界的新文明。全盘接受了，旧文化的惰性，自然会使他成为一个折中调和的中国本位新文化。若我们自命做领袖的人也空谈折中选择，结果只有抱残守缺而已。古人说：取法乎上，仅得其中；取法手中，风斯下矣。这是最可玩味的真理”。对此，冯友兰认为胡适“主张‘全盘西化’的理由，似乎有点特别，他似乎也认为‘全盘西化’的主张有点极端，但是只有主张极端，才能在实际上化得恰到好处。恰到好处是个什么样子，他没有说”。作为实证主义者，胡适列举了贫穷、疾病、愚昧、贪污和扰乱等现象，但对于产生这些现象的原因并没有深究；作为改良主义者，胡适虽然倡导改良，但对于具体怎样改良，也没有切实可行的主张。

冯友兰则不然。在中西文化大讨论中，他的主张独到而又深刻，平实而又可行。在《新事论》中，他以解决中国如何实现现代化为核心，以处理现代化和民族性关系为主线，吸取了新实在论的思维方法和唯物史观的基本原理，并把它们有机地结合起来；借用中国哲学中“共、殊”、“体、用”、“质、文”等范畴，赋予它们新的含义，全面阐释自己的社会文化观。

对中西文化的比较，对中国现代化道路的探索，一直是冯友兰关注的问题。他先是持“地域说”，认为中西文化差别是一种地域上的差别，是东方和西方的差别。这种看法集中体现在《中国为什么没有科学》一文中。特别是 20 世纪 30 年代在欧洲考察后，他得出了新的结论，这就是“古今说”。他认为，中国和西方的差异是，西方有了近代文化，中国还是古代文化。所谓中西的差异，实质是古代与近代的差异。这一思想集中体现在《秦汉历史哲学》一文中。抗日战争暴发后，冯友兰为了更好地解释中西文化差异问题并为中国找到一条“走向自由之路”，他以“类型说”代替“古今说”，最终将自己的文化哲学发展为“类型说”。

冯友兰除了运用“别共殊”和“辩体用”的方法外，还借用了中国哲学中“质”与“文”的概念来解决这一问题，可以说是“判质文”。在中国传统哲学中，质即质朴，指未被雕琢过的原始材质；文即文饰，指加工在材质上的文采。它们相当于后来讲的内容与形式。清朝末期，有人说中国文化属于“文家”，西方文化属于“质家”，中国人讲究礼仪和形式，西方人讲究实际和内容。民国初年，人们不再像清末人那样简单地看待中西文化的差别。他们意识到，所谓文化，包括精神文明和物质文明。物质文明包括声光化电、坚船利炮等科学技术，精神文明包括人的道德、礼仪以及价值取向等。于是有些人用物质文明释清末人所谓“质”，用精神文明释清末人所谓“文”，认为中国文化是精神文明，西方文化是物质文明，精神文明优越于物质文明，中国文化优越于西方文化。冯友兰不同意这种视中国文化为精神文明、西方文化为物质文明的看法，更不同意认为中国文化优越于西方文化的说法，他赋予“文与质”以新的含义。在他看来，文与质并不是指精神文明与物质文明，而是指文化的现代性与民族性：文化的现代性是质，民族性是文。文化的现代性包含两方面内容：一是指现代文化所具有的不同于传统文化的特性，一是指实现了现代化的各国文化的共性。文化的民族性也包含两方面的内容：一是指现代化在不同民族的表现形式，一是指与现代化无关而具有民族特色的东西。文化的现代性是从类的观点说的。现代文化是一个类，具有这个类的共性就是现代文化。文化的民族性则是从个体的观点说的，任何一个民族都是一个不同于其他民族的个体，有其自身特点。冯友兰对文化现代性的理解，既考虑了现代文化与传统文化的区别，也考虑了一切近现代文化的共同本质，并由此指明中国文化的现代化应该“化”什么以及应该如何“化”。他指出，中国的当务之急是实现中国的现代化，而不是维护所谓的中国“本位”文化，也不是要把中国文化“全盘西化”。“本位”派主张建设“中国本位文化”，“西化”派主张中国文化要“全盘西化”，它们虽然针锋相对，但在思维方式上犯了同样的错误，就是把现代化等同于西化。其实，现代化与西化是两个完全不同的概念：前者是把中国文化从传统类型转变为现代类型，使中国文化具有现代文化的共性；后者是把中国文化变为西方文化，使其具有西方的特征。由于西方国家率先实现了现代化，西方文化率先由传统类型转为现代类型，因此一些人便错误地以为现代化就是西化。冯友兰清楚地看到现代西方与现代化的联系与区别，一方面主张向西方学习，一方面又反对“西化”。在强调学习西方文化的现代性、力主中国实现工业化的同时，冯友兰一直关注着文化的民族性，处理实现文化现代化和保留文化民族性的关系问题。《新事论》后半部就是着重讨论这一问题的。在他看来，任何一个民族的文化都有自己的“质”和“文”：“质”是文化的实质内容，“文”是文化的外在形式。实现中国文化的现代化主要是中国文化的“质”的现代化，使中国文化的“质”具有现代性；保持中国文化的民族性，主要是保持中国文化的“文”的民族性，使中国文化具有民族形式。

为了更好地阐述文化的现代性和民族性的关系，为中国指出一条走向现代化的康庄大道，冯友兰还把“质”、“文”和“体”、“用”结合起来考察问题。他以文化中的生产方法、经济制度、等内容为“质”，以文化中的文学哲学、宗教艺术等内容为“文”。他说：“清末人常用‘体’、‘用’二观念以谈文化。我们于此，可用‘文’‘质’二观念，以说明我们的意思。一个社会的生产方法，经济制度，以及社会制度等，是质。它的艺术、文学等，是文。……一个建筑所用底建筑材料是质，一个建筑所取底样式是文。文是关于花样底不同者。从关于质底类的观点看，文是不主要底。但从一个体，一个社会，或一民族的观点看，文却是重要底。”“质”是指事物的内容，“文”是事物的形式。每种社会现象，如生产方式、经济制度与文学艺术等都有自己的“质”与“文”。但就整个社会来说，生产方法、经济制度等是实质性内容，一个社会只要有了这些内容，人们即可生产生活，文学艺术等不过是人们生活的一些花样。冯友兰以前者为“质”、以后者为“文”。在他看来，文化的“文”有许多方面，如饮食习惯、衣服样式和住房样式等。这些东西都与一个民族的文学艺术密切相关，它们体现了文化的民族性。

要正确处理好实现现代化和保留民族性的复杂关系，就必须分别清楚，中国文化中哪些需要现代化，哪些无所谓现代化；哪些具有民族性，哪些不具有民族性。“对于有些事物，所谓各民族间底不同，是程度上底不同，而不是花样上底不同。例如就交通工具说，一个民族用牛车，一个民族用火车；就战争工具说，一个民族用弓箭，一个民族用枪炮，此是程度上底不同。”[21] 牛车与火车都是交通工具，它们的功用是能载重致远而且快捷，火车要比牛车更能载重致远而且快捷，所以火车比牛车好，比牛车程度高。程度的差异也就是时代性的差异。只能说火车是现代交通工具，牛车是古代交通工具，而不能说火车是西方交通工具，牛车是中国交通工具。对于这些具有时代性差异的东西，存在提高程度的问题，存在现代化的问题。

冯友兰虽然同时强调文化现代化和民族性，但他还是特别看重现代化。这使是他不同于其他新儒家。钱穆回忆说，一次茶话会上，“余言吾侪今日当勉做一中国人。芝生正色曰，今日当做一世界人，何拘拘于中国人为。余曰，欲为世界人，仍当做一中国人，否则或为日本人美国人均可。奈今日恨尚无一国籍之世界人，君奈之何。芝生无言。……芝生自负其学，若每语必为世界人类而发。但余未闻其有一语涉及于当前之国事”[22]。这种说法显然偏颇和失实，冯友兰的《新事论》就是为国事而写的，不过这也说明冯友兰的态度。近代以来，学习西方实现现代化是历史的趋势和主流，中国文化只是实现现代化过程的补充和营养。冯友兰抓住了这一主流、把握了这一趋势。

五　个人获得成功的方法——《新世训》

写完了《新事论》后，冯友兰就接着撰写《新世训》，这是《贞元六书》的第三部。关于这本书的写作，冯友兰回忆说：“在抗战以前，开明书店出了一个刊物，叫《中学生》，发表关于青年修养这一类的文章。我还在南岳的时候，他们向我约稿，当时没有写。到了昆明以后，写了一些，在《中学生》中连载。后来把它们编为一部书。题名为《新世训》。”再看这部著作的对象。作为哲学，“新理学”的“对象有三大部分。一部分是自然，一部分是社会，一部分是人生。在‘新理学’这个体系中，《新理学》讲自然，《新事论》讲社会，《新原人》讲人生”。就内容而言，《新世训》也是讲人生的。《新原人》讲人生境界，《新世训》讲生活方法。从纯粹哲学的角度，冯友兰对《新世训》的评价不高，但有一点应该注意，《新世训》同《新原人》之间是有高级和低级之别。可以说，《新世训》讲的是“立身处世”的方法，是圣学之始；《新原人》讲的是“超凡入圣”的境界，是圣学之终。《新世训》讲的虽然是功利境界，但它和道德境界密切相关。它是对功利行为的规范，从功利境界向道德境界攀升的阶梯。就功利境界而言，功利境界中人要想真的获得成功，也有赖于对自身行为的规范和境界的提升。这种被规范了的功利行为虽然还不是“道德底行为”，但已经是“合乎道德的行为”，是功利境界中比较高级的行为，是向道德境界攀升的阶梯。就个人获得成功的现实意义而言，《新世训》在当时就是以青年为对象而写的，指导青年人生修养是《新世训》的基调，是在后圣贤时代对传统伦理道德教训做新的诠释，以适合现代生活和个人生活，是个人获得成功的方法。

冯友兰《新世训》所做的主要工作，是理性地对待并正确地引导功利行为。这首先表现在对“非道德底”生活方法的强调上。在伦理学中，有“道德的”、“不道德的”和“非道德的”三种情形。“道德的”与“不道德的”是相对立的，而“非道德的”是指中性的或在道德领域之外的。需要指出的是，“非道德的”并非与人生无关，非道德的人生教训往往和道德教训同样重要。与传统人生训条相比，《新世训》突出的正是“非道德方面”的人生劝诫。

冯友兰在《新世训》绪论中指出，此书又可称“生活方法新论”。这种生活方法之所以新，就在它着重于人在生活中采取妥当适宜的行为，而不是集中在人的内心修养。这和宋明理学是不同的。对此，冯友兰有清楚说明：第一，“生活方法，必须是不违反道德底规律底。道德底规律，有些是随着社会之有而有者，有些是随着某种社会之有而有者。”《新世训》所强调的是“随社会之有而有的”一般的普遍的道德规律。第二，“宋明道学家所谓‘为学之方’，完全是道德底，而我们所讲底生活方法，则虽不违反道德底规律，而可以是非道德底。”冯友兰的“生活方法新论”包含了对宋明理学的批评，但它的意义还不止于此，它的主要目的不在于解放为宋明理学所抑制的生命欲望上，而在于突出非道德的人生教训即生活方法上。这当然不是说《新世训》不讲道德的生活方法和道德规范。例如在对待“忠恕”上，它一方面仍“把忠恕作为一种实行道德的方法说”；另一方面则“又把忠恕之道作为一种普通‘接人待物’的方法说。”后面一点，就是把生活方法不作为道德方法，而作为一般接人待物的处世方法。这才是《新世训》的重点和特色。所以，它在宣讲道德的人生教训的同时，也十分重视非道德的人生经验。作为立论平实而又推崇理性的思想家，冯友兰是把“道德底”和“非道德底”的分别建立在“道德底”和“理智底”分别的基础上。

由于《新世训》的特点是突出非道德的人生教训，所以命名为“生活方法新论”，与此相应，“生活方法”对应于“生活规律”，是强调为符合生活规律而采取的生活方法。冯友兰强调“规律”而不是使用“规则”，是有其用意的。“规则”用于道德生活，人们习惯用“道德规则”，而“规律”则多指道德领域之外的生活经验的总结。所以冯友兰强调“生活规律”，虽然与“新理学”的形上学有关，但更与《新世训》对非道德生活的重视有关。“道德规则”是讲在道德上人应该如何做，“生活规律”是讲人如何理智地做才能趋利避害。所《新世训》在态度上是更多地把“道德教训”的规范变成“经验之谈”的规律，或寓道德规则于“经验之谈”中。在中国传统文化中，这一类的内容并不少，如《老子》、《周易》中有很多内容是强调人生成败的经验教训和生存智慧的，其中有不少反映了社会生活规律。儒家文化中也有不少这方面内容。儒家道德思想和伦理价值在具体应用于家庭、社会及人际交往的实践时所形成的应用理论如家训、家规等，它们一方面受儒家价值观的影响，另一方面也以经验教训的面目出现。

对成功的追求已经成为当今青年的主导价值，但成功和做人如何统一，如何用正当或正确的方法求得成功，避免人们取得成功时堕入不道德，正是这个时代所需要解决的人生导向问题。从这方面看，《新世训》有十分重要意义。特别是它提示出，德性之后，未必就是感性的张扬；在后圣贤时代中，“生活方法”必须不违反道德规律，仍然是人生重要的课题；在法律和道德之外，道德中性的人生教训对现代人也特别需要。事实上，《新世训》并没有鼓吹“成功”的价值，它仍然希望在传统圣人理想去魅化以后能找到适宜的方式给青年人生以正确指导，并且这种指导具有可行性和可操作性。“这本书一名《生活方法新论》，这是二十年来同类的书里最有创见最有系统的一部著作，同有是一部有益于实践的书。书中讨论的生活方法似乎都是著者多年体验得来的，所以亲切易行；不像有些讲修养方法的立论虽高，却不指给人下手处。讲生活方法而不指出下手处，无论怎样圆妙，也只是不兑现的支票，那是所谓‘戏论’。‘戏论’的生活方法并不是方法，读者至少当下不能得到什么益处。固然，实践是一步步的实践，读了一本书当下就成圣成贤，那是不可能的。但是本书所指示的生活方法多是从日常行事中下手，一点不含糊，当下便可实践，随时随地都可实践。”[23]

六　新道统的建立——《新原道》与《新知言》

就像很多熟谙哲学史的哲学家一样，冯友兰对中西哲学史十分熟悉。他首先是哲学史家，然后才是哲学家。他的“新理学”不仅“会乎当今之变”，而且“承百代之流”。在《新理学在哲学中之地位及其方法》一文中他就阐述了这种承接关系。《新原道》和《新知言》分别从中国哲学传统和西方哲学发展的角度进行了详细阐述，确立“新理学”体系在中西哲学史上的地位，即“新道统”的建立。张岱年指出：“当代中国哲学界最有名望的是熊十力先生、金岳霖先生和冯友兰先生，三家学说都代表了中西哲学的融合。在熊氏体系里，‘中’层十分之九，‘西’层十分之一，金先生的体系可以说是‘西’层十分之九，中层十分之一。唯有冯友兰先生的哲学体系可以说是‘中’、‘西’各半，是比较完整的意义上的中西结合。”[24]

对中国和西方传统哲学进行批评之后，冯友兰谈了自己“新理学”的形上学。康德所取中道实际上是在先验分析命题及后验综合命题之间取一中道，这一中道即先验综合命题。冯友兰于维也纳学派之后所取的中道是在科学和逻辑学之间的中道，这个中道从对象和起点说同于科学，从分析方法与效果上说同于逻辑。与维也纳学派把知识分为科学和逻辑两种不同，冯友兰认为除这两种之外还有形上学和历史。科学和历史是关于事实的知识，逻辑是关于观念的知识，而形上学则介于科学和逻辑之间。就从经验说起而言，形上学同于科学，是关于实际的知识，而不是关于观念的知识；就只对实际做逻辑分析而言，形上学是的命题是必然的、真假确定的，而不是或然的、真假不定的。“从实际出发，形上学对于实际所作底第一肯定，也是唯一底肯定，就是：事物存在。这可以说是对于实际有所肯定底肯定。……从实际出发，而说有实际，这一说并没有增加我们对于实际底知识。所以这一肯定，虽可以说是对于实际有所肯定，但仍是形式底肯定，不是积极底肯定。”同时，“这一肯定与普通对于实际有所肯定底肯定，还有一点不同。普通对于实际有所肯定底肯定，其是真都或然底。但这一肯定，其是真，如果不能说是确实底，亦近乎是确实底。某些事物不存在，是可能底。但任何事物不存在，至少我们作了这个肯定以后，是不可能底”。“任何事物不存在是不可能底”

这一事实，保证了“事物存在”这个综合命题的真实是必然的。从这有命题出发，冯友兰推演新理学的形上学。

新理学的形上学从“事物存在”这个事实说起，事物存在不可能不是真的，所以“事物存在”这个命题也不可能不是真的；以此为前提而推演出的四组命题都是分析命题，其真实性也是必然的；由这些命题而得出的几个哲学概念也必然是真实的。因此由这些命题和概念组成的新理学形上学必然是真实的。这种形上学是真实性必然性基于它对实际只做逻辑地分析，形式地释义，因此也是空灵的。冯友兰说，新理学的形上学“接着中国哲学的各方面的最好底传统，而又经过现代的新逻辑学对于形上学的批评，以成立底形上学。它不著实际，可以说是‘空’底。但其空只是其形上学底内容空，并不是其形上学以为人生或世界是空底。所以其空又与道家、玄学，禅宗的‘空’不同。它虽是‘接着’宋明道学中底理学讲底，但它是一个全新底形上学。至少说，它为讲形上学底人，开了一个新底路”。它既不同于中国哲学把形上学混同于政治和伦理，也不同于西方哲学把形上学混同于物理和逻辑，它把形上学从物理与事理、伦理和逻辑的“拖泥带水”中真正地解放出来。冯友兰的“新理学”形上学与中国和西方的传统哲学又有联系，是接着它们讲的。相对于中国哲学而言，“《易传》所谓道，是我们所谓理的不清楚底观念；道家所谓道，是我们所谓气的不清楚底观念。我们说它们是不清楚底，因为《易传》所谓道的观念，及道家所谓道的观念，都还是可以再分析底。《易传》所谓道，及道家所谓道，都是能生者。我们还可以说，有能生者，必有能生者之所以为能生者。这是能生之理。实际底能生者，是存在底。存在必有其所有以能存在者。这是能生者之气。《易传》所说底道，近乎是我们所谓理，而又不纯是理。道家所说底道，近乎是我们所谓气，而又不纯是气。所以我们说，这些观念是不纯粹底观念。它们所表示底，还不是‘物之初’（《庄子》中底名辞）。此所谓‘物之初’之‘初’，不是就时间说，是就逻辑说。理与气是‘物之初’。因为理与气都是将事物分析到最后所得底。我们不能对事物作再进一步底分析。所以它们就是‘物之初’，不能有再‘初’于它们者。”[25] 相对于西方哲学而言，“理之观念有似于希腊哲学（如柏拉图，亚里士多德的哲学）中及近代哲学（如海格尔的哲学）中底‘有’之观念；气之观念，有似于其中底‘无’之观念；道体之观念，有似于其中底‘变’之观念；大全之观念，有似于其中底‘绝对’之观念。照西洋传统形上学的说法，形上学的任务，也就是在于说明这一类底观念。我们说，新理学中所得到底四个观念，‘有似于’西洋传统形上学中底四个观念。因为新理学中底四个观念，都是用形式主义底方法得来底。所以完全是形式底观念，其中并没有积极底成分。西洋传统形上学中底四个观念，则不必是用形式主义的方法得来底，其中有积极底成分。有积极底成分者，对于实际，有所肯定。无积极底成分者，对于事际，无所肯定。”[26]由此可见，较之中国和西方的传统哲学，冯友兰的新理学更加“灵空”和“高明”。这种灵空和高明不仅包括超乎形象的形上学，而且包括经虚涉旷的精神境界。上述新理学形上学的“这些观念，又都是‘空’底。他们所表示底都是超乎形象底。所以由这些观念所得到底境界，是虚旷底。在这种境界中底人，是‘经虚涉旷’底”。

冯友兰建立的新形上学，不仅是“经虚涉旷”而“极高明”的，而且是关乎“人伦日常”而“道中庸”的。冯友兰的形上学对实际只做形式的肯定，把它从各种“拖泥带水”中解放出来，在理论上具有极高的纯粹性和普遍性，真正做到了“极高明”，唯其如此，在实践上具有极大的适应性和广泛性，真正做到了“道中庸”。所谓的“道中庸”就是“人伦日用”方面的事。冯友兰继承了儒家传统，主张积极入世，主张“极高明”与“道中庸”的统一，主张于人伦日用之中求做圣人。在他看来，宋明道学家在这方面是做得最好的。他说：“道学家受佛道二家的影响，接孟子之续，说一最高境界。但此最高境界，不必于人伦日用外求之，亦不必于人伦日用外有之。人各即其在社会中所居之位，作日用底事，于洒扫应对之中，至尽性至命之地。他们的说法，可以说是极其平易，亦可说是极其微妙。这是道学家的最大贡献。”[27]不过，在这个问题上道学家尚有未达处，他们的“极高明而道中庸”还不够彻底。道学家所谓人伦日用主要是指与“道德人心”有关的学问和“事父事君”的活动，这些学问和活动都属道德领域。于道德领域之外的学问和活动，他们一般都不大重视，甚至斥责为“玩物丧志”，质问其“那是何学问？”也就是说他们重视道德而轻视事功，在他们的人伦日用中没有事功的地位。由于冯友兰在讲“极高明而道中庸”时常常引用禅宗“担水砍柴，无非妙道”的话，常说道学家为禅宗下了个转语，即“事父事君，无非妙道”，因此有人以为冯友兰所谓“道中庸”也不过是“担水砍柴”和“事父事君”之类的事情。这种看法其实是一种误解。从根本上来讲，冯友兰所讲的理性首先是认知理性，他所讲的

“道中庸”或“人伦日用”也就具有比道学家所谓“人伦日用”更为宽泛和丰富的内容，它不仅包括道德活动，而且包括人们所从事的其他活动。单就道德方面而言，冯友兰的道德观已不同于传统儒家那种以忠孝为核心的道德观，他所提倡的伦理是以仁义为核心的伦理。传统儒家伦理是以“尊尊亲亲”、“事父事君”为最高原则的家族伦理；冯友兰提倡的伦理是以爱人利人为原则的与现代社会有关的社会伦理。所以说，无论如何也不能把冯友兰所谓“道中庸”仅仅理解为“事父事君”。

冯友兰把“极高明”与“道中庸”，提高境界与尽伦尽职的统一，在宋明道学的基础上又向前推进了一步。这一推进，对于把传统儒学改造为与现代社会接轨的新儒学有极大的意义。把悬于空中的圣贤之学再次拉向人间，使之具有更大的世俗价值与积极意义。不过，冯友兰的哲学终究没有离开儒学的传统。他虽然主张仁、智双修，认知理性先于道德理性，极高明与道中庸并重，但其价值取向的重心最后仍然落在仁的一面，在极高明的一面。换句话说，他对于提高精神境界的重视远过于对事功成就的重视。这表现在他认为那些大科学家、大艺术家和大学问家的境界不一定是天地境界，而一些才智不高、成就不大的人的境界倒有可能是天地境界。这不仅在逻辑上说不通，而且也与实际情况不相符合。就逻辑层面而言，人生境界基于对外在事物、宇宙人生的了解，天地境界是对宇宙人生的最高了解，是对宇宙人生共相世界的了解。认识和了解总是从具体的实际事物开始的，事物的一般规定也因事物所属类的不同而不同，相应的，所谓的共相世界也有范围大小和程度高低的不同。因此，只要进到某一范围的共相世界中时，就达到了相应领域的最高境界，可以称为某一领域的“圣人”。在中国历史上被人称为至圣孔子、武圣关羽、书圣王羲之、诗圣杜甫、茶圣陆羽、医圣张仲景……那些获得圣人称号的人哪个不是在某些方面洞烛到“共相”、发现了“本然”进而在某种事功上取得了巨大成就呢？这种现象并非出于历史的偶然。按照美国心理学家马斯洛的理论，人的需要是一级一级向上发展的，只有当人的较低层次的需要（如生理需要、安全需要、归属需要）得到一定程度的满足时，他才会有更高一层次的需要，自我实现的人既是自我超越的人，又是充分发挥了自己潜能的人。冯友兰说的天地境界可以说是人的最高需要，进入天地境界的人一定是在自己的事业中获得了成功的人。

当然，冯友兰也谈到过道中庸不等于平庸。有成就的艺术家、学问家、政治家也能通过他们的事业短时间进入天地境界，圣人应该是最有道德、最聪明的人。可惜他没有把这种思想贯彻到底。冯友兰关于“极高明而道中庸”的理论对于世道人心是有益的，而他所主张的只有天地境界，不必有很高才能的圣人最宜作王的内圣外王之道如果付诸实施，那将是非常危险的。这是传统儒学的弊病所在，也是冯友兰在这个问题上的一间未达之处。李慎之曾经批评说：“冯先生承认张载所说‘为天地立心’是天地境界。既然如此，我想我们不妨说，如果道德境界中人的行善只是出于社会责任感的话，则天地境界中人行善就应出于‘为天地立心’的自觉。用现代语言来说，就是他的思想行动都要能推动人类历史合乎规律的发展，以顺应宇宙进化的进程。这个境界太高，事业太大，是一定不能如冯先生所说的那样‘为无为’、‘不思而得，不勉而中’的。也不一定不是‘只能顺受，不能斗底’。冯先生在其著作中没有提到，而我以为最接近天地境界的，是《周易》所说的‘穷理尽性以至于命’，这里一个‘穷’字，一个‘尽’字，一个一‘以至于’，都不是‘大段着力不得’，而是要花大力气，下大工夫的，要如孔子所说‘造次必于是，颠沛必于是’直到死而后已，无论解作生命、命运、还是使命，都是天之所富裕者。我以为，只有如此认识才能说透天地境界的意蕴。”“这样的天地境界才可以不被参禅谈玄，说油了嘴的和尚道士们大虎皮作大旗。而且也只有如此，天地境界才能不但贯通作为中国哲学精华的道德哲学，而且包罗为中国之所短而为西方之所长的科学精神。总不能把牛顿和爱因斯坦那样穷究宇宙奥秘的大科学家排除在天地境界之外吧！”[28]

注释

[1] 冯友兰：《三松堂全集》第 1 卷，第 210 页，郑州：河南人民出版社，2000 年版。

[2] 同上书，第 236 页。

[3] 孙道升：《现代中国哲学界之解剖》，见 1935 年《国闻周报》12 卷第 45 期。

[4] 李泽厚：《中国现代思想史论》，第 152 页，北京：三联书店，2008 年版。

[5] 康德：《纯粹理性批判》，第 2 页，北京：人民出版社，2004 年版。

[6] 柏拉图:《斐多篇》,见王太庆译:《柏拉图对话集》,北京:商务印书馆,2004年版。

[7] 海德格尔:《路标》,第141页,北京:商务印书馆,2000年版。

[8] 冯友兰:《三松堂全集》第4卷,第10页,郑州:河南人民出版社,2000年版。

[9] 陈来:《"新理学"形上学之检讨》,见《冯友兰先生纪念文集》,第221页,北京:北京大学出版社,1993年版。

[10] 冯友兰:《三松堂全集》第4卷,第19—20页,郑州:河南人民出版社,2000年版。

[11] 冯友兰:《三松堂全集》第14卷,第625页,郑州:河南人民出版社,2000年版。

[12] 同上书,第14卷,第924页。

[13] 同上书,第5卷,第130页。

[14] 同上书,第132页。

[15] 同上书,第4卷,第464页。

[16] 同上书,第492页。

[17] 同上书,第496页。

[18] 同上书,第497页。

[19] 同上书,第521页。

[20] 同上书,第1卷,第209页。

[21] 同上书,第4卷,第278页。

[22] 钱穆:《八十忆双亲·师友杂忆》,第244页,北京:三联书店,1998年版。

[23] 朱自清:《介绍〈新世训〉》,见《读书通讯》1941年12月第27期。

[24] 张岱年:《张岱年全集》第8卷,第469页,石家庄:河北人民出版社,1996年版。

[25] 冯友兰:《三松堂全集》第5卷,第133页,郑州:河南人民出版社,2000年版。

[26] 同上。

[27] 同上书,第4卷,第581页。

[28] 李慎之:《贯通中西通释今古——纪念冯友兰先生》,见郑家栋、陈鹏编:《追忆冯友兰》,第35页,北京:社会科学文献出版社,2002年版。

第十章　美国讲学

一　躲离政治是非

二　执教宾大讲座——《中国哲学简史》

三　扎根祖国大陆

一 躲离政治是非

经过八年的浴血奋战，中国人民终于赶走了日本侵略者，赢得了抗战的胜利。可抗战刚一结束，内战接踵而至。“1945年8月15日的晚上，我同梅贻琦在云南财政厅厅长家里吃晚饭，正在吃饭的时候，这位厅长的秘书来对他说有电话，他去接了电话回来说，日本投降了。在座的人都觉得惊喜，可是没有应该有的那种狂欢之情。吃饭以后，在客厅谈话，大家相对无言，这是因为大家都有一种预感，觉得内战要爆发了。”[1]

国共两党斗争由来已久，只是在抗战刚开始时，中华民族面临着生存危机，中国人尚能团结一致、同仇敌忾，国共两党也再度合作。军事冲突以1941年“皖南事变”为标志，而对高等学府的争夺早在西南联大刚组建时就开始了。1938年8月，中国共产党在西南联大成立组织，中共云南临时工委决定，将云南抗日民族解放先锋队与西南联大的“民先”合并，成立中华民族解放先锋队云南地方部队，李易周担任总队长。不久，“民先”在西南联大组建大队，李善甫担任大队长，队员近百人。当时，昆明不是中央政府直接管辖范围，占据云南的云龙和蒋介石有矛盾，他对把矛头指向蒋介石的学生运动都听之任之，不加干涉。这就使得昆明成为共产党领导的学潮中心。“民主运动在昆明搞得热闹，这和云南地方势力的保护也有关系。当时的云南省政府主席云龙是地方军阀，不属于中央系统，双方总有利害矛盾，所以凡是反蒋的势力，龙云都多少采取保护的态度，凡是反蒋的运动，他虽然不公开鼓励，但也不怎么过问，这在无形中给联大的民主运动造成了一个很好的条件。”[2]

与此同时，国民党也加强了对西南联大的控制。冯友兰就是在这种情况下再次加入国民党。尽管这样，西南联大还维持着高校的独立和学术的尊严。在这个民主堡垒里，西南联大的教授们，在物质条件十分困乏的情况下，还能从容治学、潜心著述，创造了中国现代教育史上的奇迹。教授们大多有留学欧美的背景、信仰自由主义，对国共两党虽然有所倾向，但基本上是持中立态度。

抗战时期，冯友兰和国共两党都没有深的关系。1939 年他所以重新加入国民党，一方面是迫于当局压力，一方面也是吸取 1934 年冬被逮捕的教训。在加入国民党之后，1940 年 6 月被推选为国民党联大直属区分部执行委员，但也没有做什么实际事情。随着《新理学》、《新事论》、《新世训》的陆续问世，冯友兰在学术界受到尊崇，也引起了社会各方面的注意。国民政府对他礼遇有加，但礼遇也只是礼遇而已，他和国民党的关系也仅停留于此。冯友兰在大敌当前一直为抗战建言献策，但又和政治及权贵始终保持着距离。1943 年春天，孔祥熙欲办孔教会，并拟请冯友兰出任会长，冯友兰婉言拒绝：“在我又一次到重庆的时候，孔祥熙说，他要办一个孔教会，请我当会长。我的回答有两点，一点是，没有办这种会的必要，第二点是，如果要办，我也办不了。”这一方面固然是因为他主张中国应实现以工业化为核心的现代化，并由此促进中国传统文化的现代转型，对于孔子思想应做现代阐释，而不是抱残守缺地遵循，因此对举办孔教学会不感兴趣；另一方面是他有意和政治及权贵保持距离。在中央训练团讲学期间，冯友兰讲的“中国固有道德”，是由一组演讲组成，这些内容和国民党党义及官方哲学相差甚远。冯友兰学术地位和社会声望引起了蒋介石的注意，冯友兰去重庆时，他多次宴请冯友兰。当时，受蒋介石宴请的人很多，他们多是学界名流和社会贤达，一直远离政治的陈寅恪也曾经得到蒋介石的宴请。即便宴请也没有给冯友兰留下什么好印象。一贯善于观察、长于概括的冯友兰总结出了一条规律：“我心中忽然明白了一个问题：在中国封建社会中，有许多皇帝，也不能说是不聪明，到后来总是把事情办糟。像唐明皇，在安禄山已经打到潼关的时候，他还是照样寻欢作乐，那些掌权的大小官员，在他面前都不敢说真话，因为说假话最容易最保险，而说真话会引起麻烦。大小官员都不得不用官僚主义的一个妙诀，就是前面说过的‘瞒上不瞒下’。瞒来瞒去，就只瞒着掌握最高权力的那一个人。等到那一个人也觉得他是被瞒了的时候，事情已经糟到极点，无可挽回了。”最能反映出冯友兰和国民党关系的是他参加国民党的第六次全国代表大会，这件事很富有戏剧色彩。“1945 年春天，国民党召开第六次全国代表大会，河南省党员代表大会选举我为出席全国代表大会的代表。我同他们一向并无接触，为什么会选着我呢？原来河南的党员代表大会，在选举时分为两派，竞争很激烈。有一个代表名额，他们相持不下，选不出来，有人建议，提出一个两派都不能反对的人做候选人。他们认为，我有这样的资格，提出我来，就通过了。当选的电报到了昆明，我是不是接受，心中犹豫不决。后来还是接受了。自从卢沟桥事变以后，蒋介石召开座谈会，讨论抗战问题，我被邀参加第三次座谈会，可是开会的日期还没到，北京就沦陷了，抗战势在必行，那次座谈会不开了。以后全国性的会议，都没有邀我去参加。国民参政会也没有我。我当时心中很感不满。我当时想，你上层不找我，基层倒选举我了，我去一趟叫你们看看。这完全是出于为个人打算的私心，不过这种私心，竟使我去重庆参加大会了。一到重庆，大会的预备会选举我参加主席团。会外纷纷议论，说主持大会的人认为，全国的第一流的学者到了，就应该让他进主席团，还给他中委。有个朋友对我说：‘你大概是已经被确定要当选中央委员了，但是中央委员对于别人是一种资本，对于你却是一种负担。’当时我觉得这位朋友的话很有道理。在我照例被邀请到蒋介石那里去吃晚饭的时候，他果然单独找我谈话。他说：‘大会要选举你为中委。’我说：‘我不能当。’他问为什么，我说：‘我要当了中委，再对青年们讲话就不方便了。’他说：‘那就再说吧。’以后再没有提这件事。”[3]这次会议留给冯友兰的印象并不好。他回到昆明后，向朱自清等人谈国民党全国代表大会情况。朱自清在日记中记道：“使余等大失所望。老头子毫无远见，失去声望。彼全然背弃自己之信念，迟早将引起反抗。”[4]

冯友兰和国民党的这种关系，也就决定了他和共产党的关系。他的家庭出身、留学背景尤其是哲学思想和政治主张都使他和共产党距离较远。1943 年他在重庆讲学，共产党学者赵纪彬曾多次到访，《新华日报》社拟请他去谈新理学。可他认为彼此间无共同语言，也就没有去。冯友兰是职业学者和大学教授。他既没有从事实际政治工作，也没有担任政府职位；既没有参加过反共活动，也没有发表过反共文章，还不时保护学生运动领袖甚至鼓励学生去延安。这些又使得共产党对他也另眼看待。“我记得，当时我们这些同志，个个都把唯心主义哲学家冯友兰、贺麟视为对立面。每次聚会，一碰头就谈冯友兰、贺麟，分析他们的政治动向，研究他们的每一篇新文章。这个情况，所有的同志都认为是天经地义的。有一次，周恩来同志来了，我们颇为热烈地正谈论着这个话题。听了好一会儿，周恩来同志发言了。他平静而中肯地对大家说，民族大敌当前，在千千万万种矛盾中间，学术理论界也面临着错综复杂的矛盾。我们和冯友兰、贺麟在阶级立场上，矛盾固然是尖锐的，但毕竟不是主要矛盾。当前，学术理论上最危险的敌人，是国民党右派的妥协投降理论，我们斗争的锋芒应该对准陈立夫的《唯生论》。”[5]

随着抗战胜利、民族危机的过去，国共两党之间斗争就上升为国内主要矛盾，内战一触即发。双方在一边和谈、一边备战的同时，又都瓦解中间势力，力图把他们拉入自己的阵营，起码要得到他们支持。在这种情况下，几乎所有的中间力量和中立人士都要在国共两党之间做出选择。一向务实低调的冯友兰也被发生在西南联大的学潮学卷进入了政治漩涡。“日本投降以后，联大师生虽然实现了原来的信心和期望，但没有表现应有的欢乐，大家都看到，蒋介石一定要向解放区进攻，内战迫在眉睫。”“在这种情况下，联大中的政治空气越来越浓厚了。进步的学生们经常举行集会，请教授们讲演，评论时事，报告些不见于报刊的新闻。”[6]当时，西南联大常委张伯苓、梅贻琦、傅斯年为学校复员大事去了北平和天津，不在昆明。这段时间，昆明学生运动进一步发展。1945 年 11 月 25 日，昆明大中学生六千多人在联大举行“反内战”时事晚会。云南军政当局颁布禁止集会游行令，派军警包围会场并放枪恫吓。26 日起，在中国共产党云南省工委的领导下，昆明学生联合会宣布总罢课，要求当局取消禁止集会游行令，保障人民言论集会自由，惩办祸首，停止内战。针对这种情况，西南联大于 11 月 26 日召开评议会，冯友兰出席会议。会议决定就“11・25”事件向地方政府抗议，并致电教育部。29 日，召开民国三十四年年度第二次教授临时会，与会者共 82 人，冯友兰出席会议。梅贻琦为清华复员事去北平后，叶企孙代理其常委职务。叶企孙在会上报告联大学生罢课发生经过及校务会议处置意见。经过讨论，最后决定：（一）“同人站在教育立场，对本月廿五日晚军政当局行为认为重大污辱，应依校务会议决议原则加强抗议”。（二）召集全体学生训话，劝令即日复课，由全体教授出席。（三）推举冯友兰及张奚若、钱端升、周炳琳、朱自清、赵凤偕、燕树棠、闻一多起草抗议书，冯友兰为召集人。当天下午，冯友兰就和张奚若等七人一起起草《国立西南联合大学全体教授为11月25日地方军政当局侵害集会自由事件抗议书》，并立即向外界发表。抗议书云：

> 近代民主国家，无不以人民自由为重，而集会言论之自由尤为重要。无此自由者，应便有之。既有此自由，应保障之，充实之。此固社会进步之常理，经世建国之要道，而为政府与人民所应共晓者也。其在我国，集会言论自由，载在宪法，全国人民同应享受，大学师生自无例外，且断非地方军政当局所得擅加限制者。乃本月25日晚，方本大学学生与云南大学、中法大学及英语专修学校学生在本大学举行晚会之时，竟有当地驻军在本大学四周施放枪炮，断绝交通。际此抗战已结束，举国方以进入宪政时期，而地方军政当局竟有此不法之举，不特妨害人民正当自由，侵犯学府之尊严，抑且引起社会莫大之不安。兹经同人等于本日集会，全体一致决议，对此不法之举，表示最严重之抗议。[7]

然而，师长的劝阻并没有阻止学生们继续罢课，学校的抗议也没有阻挡当局采取暴力。随着学潮的继续发展，云南军政当局采用镇压手段。12月1日，数百名暴徒分别袭击云南大学、中法大学及西南联合大学师范学院、工学院和附属中学，投掷手榴弹，南菁中学教员于再和西南联合大学学生潘琰、李鲁连，昆华工校学生张华昌遇难，联大学生缪祥烈等25人受伤。造成了举国震惊的“12·1”惨案。

惨案发生之后，国立西南联合大学举全校之力，采取各种办法，争取妥善解决。因西南联大常委当时都不在昆明，冯友兰作为联大领导成员，恪尽职守，不遗余力地维护学校正常运作和争取事情的妥善解决。惨案发生的当天下午，西南联大立即召开第八届第五次校务会议，冯友兰参加会议。会议决定分别致电国民政府主席蒋介石、行政院院长宋子文、教育部部长朱家骅，请派军政大员来昆明彻查处理此事，并派代表赴渝接洽。12月2日，西南联大召开民国三十四年度第三次教授会临时会，与会者共85人，冯友兰出席会议。主席叶企孙报告11月29日召集学生训话经过、12月1日校务会议决定，又报告12月1日暴徒袭击联大师范学院、工学院、新校舍及附中等处情形，训导长查良钊及袁复礼、马大猷、高崇熙、张清常分别报告12月1日所见情形。会议决定：(一) 推派三人参加死难学生入殓仪式，代表教授会同人致吊。(二) 请主席向地方军政当局交涉，万一学生坚持抬棺游行，请准予游行。(三) 建议学生自治会，本校死难二同学在本校校园内安葬。(四) 接受助教28人建议中之法律部分，组织法律委员会负责研讨有关惩办凶手、取消非法禁令等问题。(五) 罢教问题延期讨论。

后来事态更加扩大。学潮进一步升级。12月2日，昆明44所大中学校学生全部罢课，西南联大等学校还出动100多个宣传队到街头、工厂、郊区进行宣传。12月4日，西南联大学生会为在"一二·一"惨案中死难的学生举行公祭。同日，西南联大召开民国三十四年度第四次教授会临时会，与会者共88人，冯友兰出席会议。会上周炳琳报告法律委员会工作进行情形后，有停课与罢课之争，辩论激烈，时间长达6个小时。冯友兰与周炳琳(主张停课)、张奚若与闻一多(主张罢课)发言最为尖锐。主张停课的对主张罢课的以61比19占压倒优势。会议最后决定：(一) 增添法律委员会委员(由7人增至11人)。(二) 委派校务会议招待中外新闻记者，并以书面说此次事件真相。(三) 电请三常委即日返昆主持校务。(四) 委派法律委员会搜集有关本次事件之史料。(五) 自即日起本校停课七天，对死难学生表示哀悼，对受伤师生表示慰问，并对地方当局不法之横暴措施表示抗议。(六) 由校务会议迅速设法劝导学生复课。(七) 督促法律委员会加紧工作，务期早日办到惩办凶手及取消非法禁止集会之命令。

在这次会议上，西南联大教授出现严重分裂。"就三天罢课进行了六小时的激烈辩论，最后作出三项决定，其中第一项是校方宣布停课一周，以表示对死难者之哀悼，二是要学生向受辱的××表示慰问，三是向负责部门提出抗议。会议气氛相当紧张，而且在讨论第一项决议时即有分裂的兆头。然休息十五分钟后，局面有所好转。枚荪(周炳琳的字)、奚若、一多与芝生的发言很明确。尤以芝生的讲话非常鲜明，这在平时是很少有的。"[8]姚从吾在给陈雪屏、郑天挺的信中说："教授会精彩紧张，可谓空前。一多自称反对政府。枚荪发言也力量大增，几乎受全场支持。端升表现最糟。奚若仍是骂人老套。他们竟真的把枚荪烘托成正义派了……这次风潮太离奇了。若能就此而止，保持了三校，则教授会的态度实是一个重要的关键。教授会无形中分成两个系统。一是国民党左翼，以枚荪、西孟、自昭（即贺麟）为代表，一是 CP（共产党），以一多为代表（一多不是 CP，但他站在最"左"的一边，公然反对政府，又说是可以指挥学生会）。吴辰伯（吴晗）只能引起大家的反对，而毫无实力（比方，他说：'人被打死了，我们再不行动就不是人！'但是同时就有人说，自己不牺牲，专让青年去牺牲，那才真的不是人呢！）同事中虽百分之八十，虽不言，辨别是非至精。一多在开会前到处游说罢教，结果六十一对十九票，他应该恍然大悟了。"[9]

就在这天，北京大学校长傅斯年回昆明处理"一二·一"事件。傅斯年于 10 月 30 日就任西南联大常委之职。这年 6 月，蒋梦麟因出任行政院秘书长辞去北京大学校长职位；9 月，教育部任命胡适为北京大学校长；因胡适当时还在美国，由傅斯年代理其职，同时兼任西南联大常委。"一二·一"事变发生时，他因北京大学复员事去了北平。傅斯年回到昆明以后就会见各方代表，寻求妥善解决事变的方案。

12 月 10 日，西南联大民国三十四年度第五次教授会临时会举行，与会者共 86 人。12 月 12 日，清华大学校长、西南联大常委梅贻琦回到昆明。15 日，联大常委和其他教授一起召学生会代表谈话，冯友兰参加。梅贻琦说明学校规定 17 日上课的缘由以及届时不上课后果的严重，冯友兰与傅斯年、潘光旦、陈序经、周炳琳接着先后发言，大旨皆于劝告之外指出此举关系学校前途之重大。16 日，学生代表八人递交书面答复，说 15 日学生代表大会议决，"在条件未圆满解决前不能复课"。12 月 17 日上午，学生仍没复课。下午梅贻琦邀请教授会成员举行茶话会，他报告最近数日事情经过及他与傅斯年感觉无望不能不退避贤路之意。梅贻琦退出会场后，改开第六次教授会，与会者共 88 人，周炳琳主持。19 日，举行第七次教授会临时会，与会者 92 人，冯友兰出席。经过讨论最后决定推冯友兰及周炳琳、赵迺抟草拟《教授会告同学书》："本校罢课已将届月，其中所经过的惨痛之事实，已为国人所共见。本会之措施已屡经议决执行。关于本月一日之惨案，现在除军事负责首脑人员已经政府先行停职议处外，本会并请求政府对行政负责首脑人员先行撤职，决以去就力争，促其实现。关于非法禁止集会之禁令，已于本晚推举代表与军政当局洽商，望其对合法之自由给予以尊重。同学诸君心怀冤抑，同人深有同感，但默察校内外之情势，如学校早日恢复常态，同学对于政府之要求亦可早日实现。如坚持罢课，则前途演变恐有不忍言者。同人爱护同学，爱护学校，本中心之热忱，经屡次之会议，已请学校定于12月20日务必复课，务望同学诸君于是日晨照常上课。其有因故不能上课者，亦勿对上课同学有拦阻之举动，否则同人在校所司何事，尸位之讥，义不能受，亦当有以自处。谨此布告，唯同学诸君察之。”[10]《教授会告同学书》确实起了作用，20日上午已有大部分学生上课。

学校领导是政府任命的，不可能公开反对政府，但他们和学生又是师生关系，对学生有爱护的责任，他们只能采取中立态度，既不公开与学生一起反对政府，但也决不同政府一起迫害学生。他们所能做的，也只是一边劝导学生复课，一边向政府施加压力。22日，西南联大举行第九次教授会临时会，与会者共96人，冯友兰参加，刘崇鋐主持。会议决定学生自治会对于上课学生有剥夺其权利之举，应如何惩处，请常委酌定。同日，梅贻琦发表书面谈话：“今天下午教授会开会，学生自治会送来呈教授会函一件，并派代表二人到会，本人当将此函转交，并征求教授会同意，由学生会代表出席陈述意见。关于请求政府将此次事变之负责首脑人员先行撤职事，教授会已通过决议案，自本日起以两个月为求此事实现最大期限，决以去力争。昨日省政府卢主席曾来函，询问本校校舍、校具损失数目及死难同学家属住址，本校当即复函，并将受伤学生姓名及医药用费开去。本月二十日，本人曾对学生自治会理事会代表面加告诫，对于上课同学不得加以阻拦或采取其他行动。乃近两日学生会对上课学生竟采取行动，剥夺学生应得权利，殊属违背学校纪律，应迅即自行纠正。以后如再有此种行动，本人决将执行学校纪律，严予惩处，以维持秩序。”[11]

“一二·一”运动虽然结束了，但西南联大受到了致命的伤害。“最严重的就是教授会从内部分裂了，它以后再不能在重大问题上有一致的态度和行动了。从五四运动以来多年养成的教授会的权威丧失殆尽了。原来三校所共有的‘教授治校’的原则，至此已成为空洞的形式，没有生命力了。”冯友兰说自己：“我这次运动中当了两派调和人的角色，我自以为是挽救了联大，使其免于被解散之灾，为中国学术界保留一块自由园地，为‘民主堡垒’留个余地。可是进步方面的人，认为我带头破坏运动。我很觉得灰心。觉得这种调和矛盾的角色很难当，本来想照顾两面，可是两面都不满意。料想复员以后，像'一二·一'这类运动还会很多。恰好在这个时候，布德约我去美国，继续和他合作翻译《中国哲学史》，我于是就乘此机会于1946年9月到美国去了，自以为可以脱离是非之地。"[12]充满这种担忧的不只是冯友兰一人，梅贻琦在10月28日记云："食后谈及世局及学校将来问题，颇兴奋，盖倘若国共问题不得解决，则学校内师生意见更将分歧，而负责者欲于此情况中维持局面，实大难事。民主自由果将如何解释？学术自由又将如何保持？使人忧惶！深盼短期内得有解决，否则非但数月之内，数年之内将无真正教育可言也！"[13]冯友兰他们这些学者，在学术和文化领域可以说是纵横驰骋、长袖善舞，可涉足或被卷入实际的政治斗争及党派斗争时，就跋前踬后、捉襟见肘，或玷污名声，或丧失性命，几乎无一幸免。

西南联大于1946年5月4日结束。因为缺乏交通工具，冯友兰于5月下旬才离开昆明前往重庆。临走前他曾邀请闻一多一起去美国讲学，闻一多当时正热衷学生运动，谢绝邀请。就在冯友兰滞留重庆之时，闻一多被暗杀。得知消息，冯友兰十分惊痛。当时滞留重庆的西南联大教授们以快邮代电致教育部部长，要求当局缉拿凶手，严究主使，以平公愤。冯友兰在上面签名，他并致函梅贻琦，要求从优抚恤闻一多家属："昨日始悉一多消息，不胜悲愕。此间同人已联名致教部一电，原稿由锡予寄呈一阅。校中对于一多家属抚恤不知已有决定否，弟意可先决定下学年续发薪津，其余以后再说。"当时，国民政府要冯友兰回昆明，慰问还滞留在那里的师生，他借故没有去。

在重庆滞留期间，冯友兰校阅《新知言》，并写了序言："承百代之流，而会乎当今之变，'新理学'继开之迹，于兹显矣。将返北平，留滞重庆，因取已钞成之稿，校阅付印。《新理学》之纯哲学的系统，将以《新理学》、《新原人》、《新原道》及此书，为其骨干。《新理学》脱稿于南渡途中，此书付印于北返道上，亦可纪也已。"至此，《贞元六书》全部完成。他还把自"九·一八"事变后发表的文章，收集成册，名为《南渡集》。可惜后来局势混乱，形势不好，《南渡集》一直没有公开出版，20世纪50年代曾经被作为批判资料在内部发行。直到后来出版《三松堂全集》时，才被收入第五卷中，单行本是在2007年由三联书店刊行于世。

在重庆滞留近两个月后，冯友兰于7月下旬回到了阔别九年的北平。可他的心情并不好。当时国共矛盾尖锐，内战全面爆发，建立自由、平等、民主国家的目标离人们的期望愈来愈远。冯友兰一直在关心着时局发展。8月4日，他在发表题为“中国哲学与民主政治”的讲演时说：民主政治的必要条件是第一要有“人是人”的观感，即人有独立人格、自由意志，彼此平等，不以任何人为工具；第二对一切事物都有多元论的看法，不必使其整齐划一；第三要有超越感，即要站在一切不同之上而有超越之观感，彼此互忍相让；第四要有幽默感，凡事成功不易，不成功就“一笑了之”。

冯友兰萦怀不下的，还有闻一多的家属。他为此专门致函梅贻琦：“一多之死，就清华言，亦为莫大之损失……见报载校中有抚恤委员会之组织，不知有何决定。在平时，闻家驷屡次来打听弟言，以弟度之，可继发薪津数年，至少一年是不成问题的。家驷又表示望清华仍为一多家眷留一房子，俾其子女不致离开清华团体。弟意以一多在学术上之贡献及其死之情形，此点似应亦为抚恤条款之一，望酌定。如以为可行，并乞告一多太太，俾其放心北上。”后来闻一多家属回到北平，清华大学因他已去世按规定不再为其家属提供寓所。当时冯友兰已经出国，任载坤就把闻一多家属接到白米斜街3号自己家里住，冯家住后院，闻家住前院。闻一多儿子闻立雕回忆说：“可我们回到北平的时候，清华大学没有再给我们提供住房，我们在北平就没有房子住了。……就在这样的情况下，冯先生的夫人请我们到他们家住，当时冯先生还在美国讲学。那座住宅在白米斜街，是冯先生在抗战以前买下来的，是张之洞以前住的房子。前后两进，是个很大的四合院，后面还有个花园，花园对面就是什刹海公园。”[14]

二　执教宾大讲座——《中国哲学简史》

在略做准备之后，冯友兰只身离开北平，到美国讲学。“在日本投降后不久，我在昆明接到一封从美国来的信，信是翻译我的《中国哲学史》的布德(Bodde)寄来的。他在抗战前夕离开北京回美国的时候，那部书只翻译了上卷，约定以后有机会再继续往下翻译。这封来信说，他已经在费城(Philadelphia)宾夕法尼亚大学(University of Pennsylvania)当中文教授，并且已经向洛氏基金(Rockefeller Foundation)请得了一笔款项，基金会把这笔款项捐给了那个大学，那个大学就用这笔款项请我去当一年的客座教授，任务是讲一门中国哲学史的课，其余的时间继续翻译《中国哲学史》下卷，大学在9月1日开始上课，请于9月1日以前到校。我回到北京，已经是7月底了。当即筹备出国，于8月初到上海，乘船于8月下旬到旧金山。”[15]

自1946年9月初开始，直到次年暑假前，冯友兰就在宾夕法尼亚大学讲授中国哲学。讲义后来以《中国哲学简史》的书名出版。讲座是给西方人讲的，是让完全在另外一种文化熏陶下的人了解中国哲学。面对完全陌生的听众，讲授纷繁复杂、源远流长的中国哲学，确实有很大难度和很高要求，非大家难以胜任。冯友兰对此有高度自觉。“小史者，非徒巨著之节略，姓名、学派之清单也。譬犹画图，小景之中，形神自足。非全史在胸，曷克臻此。唯其如是，读其书者，乃觉择焉虽精而语焉犹详也。”“历稽载籍，良史必有三长：才，学，识。学者，史料精熟也；识者，选材精当也；才者，文笔精妙也。著小史者，意在通俗，不易展其学，而其识其才，较之学术巨著尤为需要。”[16]对种要求，冯友兰是胜任的。他是哲学大师，对中国哲学十分熟悉，有以简驭繁的本领；他是语言大师，对汉语运用得炉火纯青，有深入浅出的能力；再加上布德的协助，使《中国哲学简史》撰写得十分成功。就学术背景来说，冯友兰是在刚建立“新理学”体系之后到美国讲中国哲学的，把自己的哲学思想渗透在《中国哲学简史》之中。这主要体现在他对哲学性质和功用的看法上。在《贞元六书》中，冯友兰反复阐述和一贯坚持的就是，哲学尤其是最哲学的哲学，它对实际无所肯定，或只做形式的肯定，它不能增加人的积极知识，但可以提升人的精神境界。在《中国哲学简史》中，他特别强调：“按照中国哲学的传统，它的功用不在于增加积极的知识，而在于提高心灵的境界——达到超乎现实的境界，从而获得高与道德价值的价值。”冯友兰对哲学这种功能的强调与当时美国的现实背景也是密不可分的，当时美国宗教势力抬头。英国和美国是近现代科学主义和分析哲学的大本营，侧重对哲学细节问题的分析，而忽视了人生等主要问题，结果就把这些问题留给了宗教。这也给哲学教学带来问题。从更为深刻的文化背景和更为久远的历史渊源上来看，宗教在社会中占据主要地位，不只是美国特有的现象，而是西方文化和西方社会中的普遍情况。囿于西方文化和西方哲学的最基本价值取向和思维方式，宗教和上帝成为其中不可或缺的因素，居于拱心石的地位。面对这种现实情况和文化背景，要想祛除宗教的魔力，就不能从西方文化里寻找武器，只能在中国文化中开发资源。《中国哲学简史》开明宗仪地指出："哲学在中国文化中所占的地位，历来可以与宗教在其他文化中的地位相比。"问题在于，冯友兰讲的是中国古代哲学，而中国当时正在由古代社会进入现代社会，中国古代哲学中的东西是否还适合现代社会。冯友兰首先要解决这个问题。《中国哲学简史》运用西方人熟悉的逻辑分析方法，清晰地勾画中国哲学的发展线索。20 世纪 40 年代，中国人对现代化的概念并不陌生，中国已经不再是孤立于"四海之内"的"天朝上国"，它也在进行工业化，虽然比西方世界迟了许多，"但迟化总比不化好"。"要生存在现代世界里，中国就必须现代化"。这是冯友兰在《中国哲学简史》中得出的第一个结论。由此而衍生出了第二个问题：一旦中国工业化了，农业社会将成为历史，家族制度势必废除，为这种社会和制度做论证的儒家理论是否也要随之废除。冯友兰对这一问题的回答是否定的："但这样说不是意味着儒家的社会哲学就没有不相对的东西了呢?"他认为，传统哲学对中国社会的理论说明，虽然其中有些东西是专门属于中国古代社会本身的，"但是也一定有些更为普遍的东西属于'社会一般'的。正是后面这些东西是不相对的，具有长远的价值"。挖掘中国文化中具有长远价值的东西是冯友兰一贯的思想。在《新事论》中，他认为，道德是社会之理所规定的一种基本社会规律。社会之理分为某种社会所依照之理和一切社会共同依照之理。因此道德也分为可变的道德和不变的道德：凡随着某种社会之理所规定之规律而有的道德是可变的，凡随着社会之理所规定之规律而有的道德是不变的。这种因所有社会而有的道德具有衡常性和普遍性，它不仅适用于古代社会，也适用于现代社会；不仅对中国社会有价值，对西方社会也有价值。

冯友兰是要在中国文化中寻找那种恒常的普遍的并能取代西方宗教的那种东西。《中国哲学简史》一开始就讨论这一问题：哲学在中国文化中所占的地位，历来可以与宗教在其他文化中的地位相比。"宗教与人生有密切关系，而且每种大宗教的核心都有一种哲学。事实上，每种大宗教就是一种哲学加上一定的上层建筑，包括迷信、教条、仪式和组织。"用这样的标准来衡量中国哲学，特别是儒家哲学，就可以看出，"不能认为儒家是宗教"。因为在儒家的著作及思想中，"没有创世纪，也没有讲天堂、地狱"，更没有宗教形式和宗教组织。不仅儒家如此，道家也是这样。"它是一个哲学的学派；而道教才是宗教，二者有其区别。道家与道教的教义不仅不同，甚至相反。道家教人顺于自然，而道教人反乎自然。"不仅儒家和道家不是宗教，就是作为中国哲学重要组成部分的佛学，与作为宗教的佛教也有区别："受过教育的中国人，对佛学比对佛教感兴趣得多。""中国人即使信奉宗教，也是有哲学意味的。"《中国哲学简史》通过对中国哲学与宗教关系的论述，阐明了中国文化的一个最基本的特征："与别国人相比，中国人一向是最不关心宗教的。"他还引征德克·布德(Derk Bodde)的话："中国人不以宗教观念和宗教活动为生活中最重要、最迷人的部分。……中国文化的精神基础是伦理(特别是儒家伦理)，不是宗教(至少不是正规的、有组织的那一类宗教)。……这一切自然标志出中国文化与其他主要文化的大多数，是有根本的重要的不同，后者是寺院、僧侣起主导作用的。"

中国人所以不关心宗教，是因为中国文化尤其哲学具有宗教的功能和作用。冯友兰认为，在宗教与哲学的价值观上，可做"道德价值"与"超道德价值"的区分。一般的讲，"爱人，是道德价值；爱上帝，是超道德价值"。但不能由此得出结论，说超道德价值就是宗教价值。在冯友兰看来，超道德价值并不限于宗教，哲学也同样具有超道德的价值。他举例说，"爱上帝，在基督教里是宗教价值，但是在斯宾诺莎哲学里，就不是宗教价值，因为斯宾诺莎所说的上帝实际上是宇宙"。这实际上是说，哲学特别是像斯宾诺莎的哲学，具有超道德的价值。因此，哲学高于宗教，因为"严格地讲，基督教的爱上帝，实际上不是超道德的。这是因为，基督教的上帝有人格，从而人爱上帝可以与子爱父相比，后者是道德价值"。就此而言，基督教的爱上帝并不是超道德价值，"它是准超道德价值，而斯宾诺莎哲学里的爱上帝才是真超道德价值"。

既然在哲学也有超道德价值，所以对中国人来说，并非没有人类本性中对超乎现世追求的欲望，而是把这种追求的欲望放在了哲学上。"他们不大关心宗教，是因为他们极其关心哲学。他们不是宗教的，因为他们都是哲学的。他们在哲学里满足了他们对超乎现世的追求。他们也在哲学里表达了、欣赏了超道德价值，而按照哲学去生活，也就体验了这些超道德价值。”[17]这正是中国哲学或中国文化的特点。在冯友兰看来，西方人以宗教为终极关怀，往往不如中国人以哲学为终极关怀更为合理。因为宗教与科学向来有冲突。他通过对西方社会和历史的考察，看到了在科学不断进步面前，宗教权威降低了。在这种情境下，西方一些维护传统的人们往往为宗教权威的下降而悲伤，为越来越多的人不信教而感到惋惜，认为他们已经堕落。但在冯友兰看来，这种悲观是没有理由的。因为“除了宗教还有哲学，为人类提供了获得更高价值的途径——一条比宗教更为简捷的途径，因为在哲学里，为了熟悉更高的价值，无须采取祈祷、礼拜之类的迂回的道路。通过哲学而熟悉的更高价值，比通过宗教而获得的更高价值，甚至要纯粹得多，因为后者混杂着想象和迷信。在未来的世界，人类将要以哲学代宗教。这是与中国传统相合的。人不一定应当是宗教的，但是他一定应当是哲学的。但一旦是哲学的，他也就有了正是宗教的洪福”。

信仰宗教的人不一定会同意冯友兰这种看法，但从中国哲学角度以及人类文化走向上看，这种看法无疑是一副清醒剂。他是以哲学家的眼光看世界，是以东方学者的眼光看文化。中国哲学与文化传统，从孔子开始，便是在日常生活中寻找更高的价值，而不是在现实生活之外去另建宗教信仰的大厦。

这种“在平实的社会生活中寻找的更高的价值”的思想植根于中国文化的两种传统中，即儒家的“入世”精神与道家的“出世”态度，即人们常说的孔、孟重“名教”，老、庄重“自然”。冯友兰认为，“中国哲学的两种趋势，约略相当于西方思想中的古典主义和浪漫主义两种传统”。他还以杜甫与李白的诗为例，“读杜甫和李白的诗，可以从中看出儒家和道家不同。这两位伟大的诗人，生活在同一时期（公元8世纪），在他们的诗里同时时表现出中国思想的这两个主要传统”。这两种传统既对立又统一，既有区别又有联系，相资以为用。冯友兰还把儒道互补的传统提升为“中国哲学的精神”：“中国哲学的历史中有个主流，可以叫作中国哲学的精神。为了解决这个精神，必须先弄清楚绝大多数中国哲学家试图解决的问题。”[18]中国哲学的主流或中国哲学的精神是如何解决一个人生最重要的问题，解决凡人成圣的问题：“对于每一种人，都有那一种人所可能有的最高的成就。”“人虽然有各种，但各种的人都是人。专就一个人是人说，所可能有的最高成就是成为什么呢？照中国哲学家们说，那就是成为圣人，而圣人的最高成就就是个人与宇宙的同一。问题就在于，人如欲得到这个同一，是不是必须离开社会，或甚至必须否定‘生’？”

于是便出现了所谓“出世的哲学”与“入世的哲学”的对立，“佛家就说，生就是人生苦痛的根源。柏拉图也说，肉体是灵魂的监狱。有些道家的人‘以生为附赘悬□，以死为决□溃痈’。这都是以为，欲得到最高的成就，必须脱离尘罗世网，必须脱离社会，甚至脱离‘生’，只有这样，才可以得到最后的解脱。这种哲学，即普通所谓‘出世的哲学’”。与此相对的，还有“另外一种哲学，注重社会中的人伦和世务。这种哲学只讲道德价值，不会讲或不愿讲超道德价值。这种哲学，即普通所谓‘入世的哲学’”。但这两种哲学都没有代表中国哲学的精神，真正的中国哲学的精神是“入世的哲学”和“出世的哲学”的统一：“专就中国哲学中主要传统说，我们若了解它，我们不能说它是入世的，固然也不能说他是出世的。它既是入世而又出世。有位哲学家讲到宋代的新儒家，这样地描写它：‘不离日用常行内，直到先天未画前。’这正是中国哲学要努力做到的。有了这种精神，它就是最理想主义的，同时又是最现实主义的；它既是很实用的，但是并不肤浅。”“入世与出世是对立的，正如现实主义与理想主义也是对立的。中国哲学的任务，就是把这些反命题统一成一个合命题。这并不是说，这些反命题都被取消了。它们还在那里，但是已经被统一起来，成为一个合命题的整体。如何统一起来了这是中国哲学所求解决的问题。求解决这个问题，是中国哲学的精神。”[19]中国哲学的这种精神具有宗教的作用：“中国哲学以为，一个人不仅在理论上而且在行动上完成这个统一，就是圣人。他是既入世而又出世的。中国圣人的精神成就，相当于佛教的佛、西方宗教的圣者的精神成就。”但与一般宗教成圣方法不同的是，“中国的圣人不是不问世务的人。他的人格是所谓‘内圣外王’的人格。内圣，就是其修养的成就说；外王，是就其社会上的功用说”。但这是从价值意义上说的，而不是从实际情况上说的，“圣人不一定有机会成为实际政治的领袖。就实际的政治说，他大概一定是没有机会的”。

从挖掘和阐述中国哲学的这种精神着眼，《中国哲学简史》在具体写法上和《中国哲学史》有很大不同。首先是在分期上没有沿用“子学时代”和“经学时代”的分法，而代之以不同时代哲学思潮的分法，按时代的先后加以阐述，这就使中国哲学的发展脉络更加清晰，前后衔接与传承关系更加明确。两卷本《中国哲学史》所以用“子学时代”与“经学时代”划分中国哲学的发展阶段，主要是为了说明从春秋到秦汉的统一，中间所经历的政治、经济和文化等方面的巨大变化。在冯友兰看来，这一变化契机是“世禄井田之制破，庶民解放，私营产，为富豪，此上古经济制度之一大变动”。正是这种经济上的大变动，导致中国哲学史上“子学时代”的开始。《中国哲学简史》不再采用这种分法是因为：一是这部书的读者是外国人，他们对中国历史的细节不大熟悉，“子学时代”与“经学时代”划分的背后那种复杂的经济、政治乃至文化的原因，对他们来说很难把握；二是按照两卷本《中国哲学史》的划分，“子学时代”只有四百余年，而“经学时代”则延续两千余年，从中国哲学史的全部历史看，这种划分在时间上极为悬殊，不成比例；三是用“经学时代”概括中国两千多年的哲学发展史，从本质上讲是符合中国历史发展的实际情况，但从形式上看，失之笼统，同是在“经学时代”中国哲学发展虽然没有脱离经学的限制，但已经呈现出多样性和丰富性，内容和形式也有重大区别。其次，《中国哲学简史》增加了《中国哲学史》所没有的内容，突出了冯友兰对中国哲学发展的整体把握。这是冯友兰对 20 世纪 30 年代以来中西文化讨论的哲学反思，和对中国哲学的进一步理解。再次，《中国哲学简史》在具体章节上对中国哲学发展的总体把握比两卷本《中国哲学史》更进了一步。冯友兰明确地把先秦道家发展概括为三个阶段：以杨朱为代表的第一阶段，以老子为代表的第二阶段和以庄子为代表的第三阶段。这样概括更好地揭示道家在先秦发展的逻辑关系。对先秦儒家学派的概括，也不同于两卷本《中国哲学史》，他把孔子以后的儒家分为两大派：一派是以孟子为代表的“儒家的理想主义派”；另一派是以荀子为代表的“儒家的现实主义派”。这两派思想的发展，反映了孔子后先秦儒家学派的内部矛盾和发展变化，并由此确立了儒学后来发展的基本格局和主要方向。对于魏晋南北朝的哲学发展，《中国哲学简史》也做了新的概括。冯友兰认为，“玄学”的“玄”字来源于《老子》，所以“玄学”这个名称表明它是道家的继续。这一时期的道家又不同于先秦的道家，因此，玄学是继承并发展了道家，可称为“新道家”。“‘新道家’是一个新名词，指的是公元三四世纪的‘玄学’。”他把“新道家”的思想概括为两派：一派以向秀郭象为代表，称为“新道家的主理派”；另一派以《列子·杨朱篇》及竹林七贤为代表，称为“新道家的主情派”。冯友兰对“新道家”的这种概括及划分，都是以前没有过的。再就是“新儒家”一词，冯友兰早在写两卷本《中国哲学史》时就已经提出，它是指宋代“道学”。《中国哲学简史》对此也做了详细说明：新儒家是先秦儒家理想派的继续，特别是孟子哲学中心性理论的继续。正因为如此，这些人被称为“道学家”，其哲学被称为“道学”。而“‘新儒家’这个名词，是一个新造的西洋名词，与‘道学’完全相等。”与《中国哲学史》不同的是，《中国哲学简史》把唐代韩愈、李翱也直接归到新儒家的行列，“新儒家：宇宙发生论者”这章的第一节就是论韩愈和李翱的，称他们最先提出儒家道统。这是一种新的划分和概括。在《中国哲学简史》中，冯友兰还明确地提出了新儒家的三个主要思想来源：第一，是儒家本身。第二，是佛家，其中包括以禅宗为中介的道家。第三，是道教。他说：“在某种意义上，可以说新儒家是禅宗的合乎逻辑的发展。”“道教有一个重要成分是阴阳家的宇宙发生论。新儒家的宇宙发生论主要是与这条思想路线联系着。”[20]冯友兰的这一看法，对中国哲学史或中国文化史的研究都具有重要意义。清代所以出现对程朱、陆王学派的反动，可以在这里找出部分答案。因为在清代出现的反对程朱陆王的领袖人物，都谴责道学家们在禅宗和道家影响下，错误地解释了孔子的思想，从而丧失了儒家在实践方面的固有品格。冯友兰认为，这种谴责是不公正的，从哲学观点看来，这种谴责与宋明道学的本身完全是不相干的。因为“新儒家是儒家、佛家、道家（通过禅宗）、道教的综合。从中国哲学史的观点看来，这样的综合代表着发展，因此是好事，不是坏事”。

冯友兰在美国讲学的时候，内战正在激烈进行之中。有人希望早日收兵、划江而治，再现历史上的南北朝。冯友兰坚决反对这种主张。在《中国哲学简史》中，他专辟“世界政治和世界哲学”一章，阐述由春秋战国分裂到秦汉统一的历史转变。他认为，在这一转变过程中，除了经济和政治原因外，还有思想上的原因。这就是中国人民对政治上统一的渴望，“中国的实际统一是到秦始皇才实现，可是这种统一的愿望全国人民早就有了”。梁惠王问孟子：“天下恶乎定？”孟子说：“定于一。”荀子也把“一天下”作为政治理想，认为“臣使诸侯一天下，是又人情之所同欲也。”这里的“一”就是“统一”；“天下”就是“世界”。冯友兰认为“秦朝统一以后的两千多年，中国人一直在一个天下一个政府之下生活，只有若干短暂的时期是例外，大家都认为这些例外不是正常情况。因此中国人已习惯于有一个中央集权的机构，保持天下太平，即世界和平”。中国人民，特别是中国的哲学家、思想家是爱好和与平统一的；从历史上看，中华民族是爱好和平与统一的民族。“但是近几十年来，中国又被拖进一个世界，其国际政治局势，与遥远的春秋战国时代的局面相似。在这个过程中，中国人已经被迫改变其思想和行动的习惯。在中国人的眼里，这一方面又是历史的重演，造成了现在的沉重的苦难”。

冯友兰对中国统一充满信心，他的朋友布德曾经提出怀疑。布德认为，在中国历史上，诸如“六朝”、“元朝”和“清朝”等“外族”入主中原，曾多次造成中国的分裂。这些历史“实际上为时之久，足以使中国人在思想上对于分裂或异族统治感到司空见惯，尽管这种局面从理论上讲也许不是‘正统’。况且即使‘正统’的统一时期，还是常有怀柔或征服一系列的外族，如匈奴等，以及镇压国内叛乱的事。所以我不认为目前的内忧外患是中国人在春秋战国以后所不熟悉的局面，当然目前的忧患确具有世界规模，其后果更加严重。”[21]他的意思是说，20 世纪上半期中国的内忧外患同中国历史上所发生过的一系列战乱具有同样性质。冯友兰不同意布德的这种看法。在“关于中国人的民族观念”注释中，他指出，强调元朝、清朝是外来的统治，是现代民族主义的看法。自先秦以来，中国人确实明确地区分“华夏”与“夷狄”，并且特别看重“夷夏之别”，这是事实，“但是这种区分是从文化上强调的，不是从种族上来强调的”。当“蒙古人和满人征服了中国的时候，他们早已在很大程度上接受了中国文化。他们在政治上统治中国，中国在文化上统治他们。中国人最关切的是中国文化和文明的延续和统一，而蒙古人和满人并未使之明显中断或改变。所以在传统上，元朝和满请，只不过是中国历史上前后相继的许多朝代之中的两个朝代而已”。就传统观点而论，元、清两朝正如其他朝代一样，都是“正统”。这种从文化高低上着眼，而非强调种族区别的观念，甚至当佛教传入后，也没有改变。虽然许多中国人认识到除了中国外还有其他文明存在，但信仰佛教的中国人则认为印度是“西方净土”，“他们对印度的称赞，是作为超世间的世界来称赞”。“所以佛教的输入，尽管对中国人的生活产生巨大影响，但并没有改变中国人自以为是人间唯一文明人的信念。”这种信念一直到和西方后接触才有所改变。“由于有这些看法，所以中国人在十六、十七世纪开始与欧洲人接触时，就认为他们也是与以前的夷狄一样的夷狄，称他们为夷。因此中国人并不感到多大的不安，即使在交战中吃了败仗也是如此。可是一发现欧洲人具有的文明虽与中国的不同，然而程度相等。这就开始不安了。情况的新奇之处不在于存在着不同于中国人的人群，而在于存在着不同于中国文明的文明，而且有相等的力量和重要性。中国历史上只有春秋战国时期有与此相似的情况、当时的各国虽不相同，但是文明程度相等，互相攻战。中国人现在感觉到是历史重演，原因就在此。”但西方的进入并没有改变中国大一统的观念。冯友兰坚信，中国内战最终的结果还是中国统一，并且统一在中国文化之下。冯友兰“阐旧邦”是为了“辅新命”，是挖掘和开发中国哲学的永恒价值以促进中国的统一和现代化。在《中国哲学简史》中加上这样一节，其目的就在于阐释历史上已经发生的事情为现实提供借鉴。

《中国哲学简史》于 1948 年 11 月在冯友兰回国后由美国麦克米伦公司出版。自英文本问世后，又先后被翻译为法文、意大利文、西班牙文、南斯拉夫文、捷克文、俄文、日文、韩文等多种文字，在全世界尤其是西方广为流布。1985 年涂又光将它翻译为中文出版，一版再版，经久不衰。这部著作连同卜德翻译的两卷本《中国哲学史》，直到现在还是西方了解中国哲学的必读教材，“如果说中国人因为有严复而知有西方学术，外国人因为有冯友兰而知有中国哲学，这大概不会是夸张”[22]。“事实上，冯友兰先生也正是把中国哲学之全体介绍给世界的第一人。”一部哲学史著作能够如此畅销并产生重大影响的，在西方也只有罗素的《西方哲学史》可与之媲美。罗素因《西方哲学史》获得了 1950 年诺贝尔文学奖。十分有趣的是，罗素的《西方哲学史》最初也是宾夕法尼大学讲座的讲义，而且冯友兰讲座在先，罗素讲座在后。单纯曾介绍到：“后来美国人说，冯先生是第一个做这样的讲座的，而且是真正从东西比较的角度来讲中国哲学史的，那么诺贝尔文学奖的候选人应该考虑冯友兰。但后来没有提名，是因为有政治方面的原因。在美国讲学不久冯先生就回国了。后来接着就是东西方进入冷战时期，意识形态和社会制度的对立高于一切，诺贝尔奖的选评也难免受这种气候的影响，后来也就没有人提这件事情了。但无论如何，他的这本著作影响很大。”[23]

《中国哲学简史》出版的同时，冯友兰有两篇重要文章在美国发表：《中国哲学与未来世界哲学》、《在中国传统社会基础的哲学》，它们主要内容来自《中国哲学简史》。在前一篇文章中，冯友兰要“说明中西哲学如何可以互相补充，以及在这种互相补充中，中国思想如何对未来世界哲学可以有所贡献”。他着重讲：一点是哲学使用的方法，一点是由哲学达到的理想人生。关于前者，冯友兰指出，西方哲学沿着本体论和认识论的路子，多用倾向于理性主义的“正的方法”，中国哲学沿着伦理学的路子，多用倾向于神秘主义“负的方法”。因此，“中国哲学富神秘主义，西方哲学富理性主义，未来世界哲学一定中国传统哲学更理性主义，比西方传统哲学更神秘主义。只有理性主义与神秘主义的统一才能造成与整个未来世界相称的哲学”。关于后者，他认为，中国哲学的主要目的是强调在人类日常事务中实现最高的生活境界，中国哲学若能对未来世界哲学作出贡献，那就是在日常生活之内实现最高价值，加上经过否定理性而‘超过界限’的方法。这两篇文章的发表，为冯友兰前半生的学术研究画上了句号，在以后的三十多年里，他再也没有这样从容自由地谈论哲学了。

在宾夕法尼亚大学讲学期间，冯友兰还代表清华大学参加普林斯顿大学校庆。普林斯顿大学授予他名誉文学博士学位，“1947 年是普林斯顿(Phnceton)大学建校二百周年。我还在国内的时候，清华就接到他们的一份请帖，请派代表参加庆祝大会。清华就派我为代表，就近参加。到了开会的时候，我从费城去参加，到会的人很多，其中有三个中国人：梁思成，赵紫宸和我。普林斯顿大学赠给赵紫宸和我名誉文学博士学位”[24]。

冯友兰在美国期间，何炳棣曾经多次到访，曾谈到许亚芳(清华第六级 1934 年毕业)在斯密丝女校的硕士论文题目“1927 年以前胡适对中国文化界的影响”。冯友兰听后说：“这个题目很好，因为过了 1927 年，他也就没有影响了。”这并非一时即兴之言和对胡适的不敬之辞。冯友兰为人厚道，对胡适也很尊敬。“芝生先生因为教的是中国哲学史，所以有时也批评胡适之先生。但他的批评胡适之先生和时下一班人的批评完全不一样。时下一班人的批评，不是恶意的攻击，便是盲目的谩骂，很少会使我们旁观的人为之心折的。芝生先生不是这样。……有一次，他竟替适之先生当起辩护人来。他说：‘现在批评适之先生的人真多，有的竟著起一部书来批评他。但他们的态度多欠公允，因为他们常把适之先生二十多年前说的话来攻击。这如何可算是公允的呢？'我在清华所听到的批评适之先生的话，可算不少；但大概都带点酸性。其能完全以光明磊落的态度出之者的，芝生先生，真的，要算是独一无二的了。"[25]冯友兰说"胡适'过了1927年，也就没有影响了'"，其真实意思是指胡适对待中西文化的态度在1927年以后就过时了。按照冯友兰对中西文化交流阶段的划分，1927年已经进入第三阶段。这一阶段不同于前两阶段，"第一阶段的精神领袖基本上只有兴趣以旧释新，而我们现在则也有兴趣以新释旧。第二阶段的精神领袖们只有兴趣指出东方西方的不同，而我们现在有兴趣看出东方西方之所同。……因此我们现在没有兴趣用另一种文明的眼光去批评某种文明，像第一、第二阶段的精神领袖们所做的那样，但是有兴趣用另一种文明去阐明某种文明，使两种文明都能被人更好地理解。我们现在有兴趣于东方西方的相互解释，而不是相互批评"[26]。而胡适依然坚持全盘西化论的立场，对采取中国文化一味地批评的态度，所以也就没有影响了。其实，即便是从西化论的角度看，胡适也没有更进一步。事实上，胡适后来主要做民主宣传、文献考证方面的事情，虽然在促进民主建设方面功不可没，但在思想创新上就没有什么贡献和影响了。

冯友兰在宾夕法尼亚大学讲学期间，他的长子冯钟辽也在这所学校读书。冯钟辽是在1943年秋天作为大学二年级学生自愿参加青年军任翻译官的，后来到美国接受培训。"钟辽是在1945年日本投降以前来到美国的，是国民党的军事委员会外事局送来学习翻译的。日本投降以后，外事局把他们一批人遣散了，每人发给一份回国的路费，如果不回国，在美国生活自理。他知道我将要去美国，所以就没有回国。他知道我坐的船的名字，打听出船到的日期，就从洛杉矶由他的一个原来在云南边境一起打日本的美国朋友开车把他送来了。我们一同上岸，辞谢了他的朋友，第二天就坐火车向费城去了。以后钟辽就在那个大学里上学，我们父子住在一起，一直到1947年我离开费城为止。"当时内战正紧，政局动荡，学潮迭起，冯钟辽就在美国继续深造，直到获得工学博士学位。后来中国和美国断交，冯钟辽归国无门，萍浮异国，只好加入美国国籍，直到1972年中国和美国关系正常化以后，才归国探亲。

三　扎根祖国大陆

1947 年，在宾夕法尼亚大学讲学结束以后，冯友兰先后在华美协进社中国文化班、新泽西州立师范大学和威斯康星大学讲中国哲学。这年秋季和冬天，在夏威夷大学任客座教授，继续讲中国哲学。

1947 年，冯友兰在夏威夷大学教授 Ames 家中做客。

为美国人讲授中国哲学，冯友兰不知不觉地产生了一种感觉：在西方，研究古代文化的有“希腊学”、“埃及学”等等，研究中国文化的称为“中国学”。这些“学”都是把他们所研究的对象作为博物馆里的东西来研究。这也难怪，因为在解放以前，外国学者来中国的，中国也无非是让他们看看长城，逛逛故宫。除了这一类古的东西之外，再也没有什么新的东西可看。当时我有一种感觉，我在国外讲些中国的旧东西，自己也成了博物馆里面的陈列品了，心里很不是滋味。当时我想，还是得把自己的国家搞好。我常想王粲《登楼赋》里的两句话：“虽信美而非吾土兮，夫胡可以久留？”1947 年，人民解放军节节胜利，南京政权摇摇欲坠，眼看全国就快解放了。圣诞节过后，第一学期结束了，冯友兰就启程回国。

1948年,冯友兰放弃了国外的优厚待遇,毅然回国,这是他经过夏威夷时。

冯友兰于1948年3月初回到中国。“我回到北京以后，叔明告诉我，她的二姐任锐曾经随着延安的军调代表来到北京，也到过我们家。二姐说：‘你们可以到延安去，现在延安、北京之间，常有飞机来往，如果你们决定去，全家都可以坐飞机去。’叔明说，二姐已经走了，走的时候交代说：‘你们什么时候决定了，可以去找叶剑英同志。’当时我们商量，做出了一个决定，反正我们是不走的，解放军也快要打到北京了，我们就在这里等着他们吧。当时我的态度是，无论什么党派当权，只要它能把中国治理好，我都拥护。这个话我在昆明就已经说过。当时在知识分子中间，对于走不走的问题，议论纷纷。我的主意拿定以后，心里倒觉得很平静，静等着事态的发展。有一次景兰问我说：‘走不走？’我说：‘何必走呢，共产党当了权，也是要建设中国的，知识分子还是有用的，你是搞自然科学的，那就更没有问题了。’当时我心里想的，还是社会主义‘尚贤’那一套。”[27]冯友兰觉得共产党当政以后也还要建设国家、知识分子还有用处，这才留下，而不是因为别的什么。后来，他更清楚地说：“现在回忆我当时的思想情况，其中有三个思想比较突出。一个是，我是中国人，不管哪一党执政，只要能把中国搞好，我都拥护。……还有个思想是，‘中国好比有两个儿子，大的是国民党，二的是共产党。大的把中国搞糟了，应该让二的试一试’。……还有一个思想是，我自以为对于社会主义有了解。我所了解的社会主义，其实就是苏联所谓的‘技术官僚’、精神贵族统治的社会。我想，我是专家、学者，在旧社会中，在政治上，专家、学者是附属于帝王、资本家的，到社会主义社会中，他们就更升一级，岂不也好。……我之所以在解放时没有走，主要是由于对于国民党反动派的失望，并不是由于对共产党的欢迎。”[28]当时抱这种想法的人比较多，钱穆也说，“国家遭此大变，但距抗战流亡不久，家人生计，顾虑实多。亦证当时一辈知识分子对共产党政权抱与人为善之心”[29]。出于这样的认识，冯友兰没有主动去和共产党接触。1949年12月18日，国民党部队在清华园投掷炸弹，所幸都落在空地上，没有造成人员伤亡和财产损失。中共中央给清华发了慰问电报。当时身为校务委员会主席的冯友兰既没有大张旗鼓地宣传，也没有回电表示感谢，只是沿用旧例，把来电贴布告栏里：“在清华遭到国民党空袭以后，党中央、毛主席打来慰问的电报，这是对清华的关心，应该大张旗鼓地宣传，可是我是照旧办法，把来电在学校布告栏内一公布，就算完事。”

冯友兰没有组织师生去欢迎解放军入城。不主动去接近政权，是冯友兰的一贯做法。两年前，就在冯友兰赴美国讲学后，国民党北平市党部曾打电话要他去前登记，任载坤没有去代他登记。这实际上也就是脱党。冯友兰是抗战激烈时被迫加入国民党，在抗战结束后故意脱离国民党。内战期间，他还批评时政。1948 年 6 月，《林屋山民馈米图》再现于世。胡适作序介绍说："河南滑县暴方子先生名式昭，在六十多年前到苏州洞庭山里做角头司巡检。……一个顶小的官偏要事事好出主见，偏要好事，在上台的心眼里，这当然是'情性乖张，做事荒谬'了，果然光绪十六年十一月(1890)暴巡检就被撤职了。他卸任后，因在洞庭西山，没有钱搬家，甚至于没有米做饭，山里的百姓听说……都抢着送柴送米来。……这种人民公意的表示，使暴君很感动，他对他的上司说：'此等赃私，非愚者莫能致，亦非愚者莫能得也。'光绪十七年二月，洞庭山的诗人秦散之先生作洞庭山老百姓送米的长歌，又画成这幅《林屋山民送米图》，曲园先生也作长歌，并为这卷子作篆字题额。"[30]冯友兰在《林屋山民馈米图卷叙》中说："图中的主人暴方子先生，是清末有名的廉吏，也是甲午时代的抗日英雄。""方子先生与俞曲园先生有世谊，所以他家中藏有许多曲园先生与方子先生的函扎。在有一封信中，曲园先生说'百姓之讴歌，万不敌上官之考语，足下宜慎之。'这真是很痛切的一句话。近年来，我们亲眼见，许多官吏，对于办理政治，只顾自己的考成，不管百姓的死活；而中国之大，尚没有发现一个像方子先生那样以直道忤上的廉吏。于此更可见方子先生的行为是难能可贵的了。""这图的流传，也未尝不可与我们眼前的腐败贪污的政治以一个有力的讽刺。"[31]

冯友兰关心的是文化的传承和学术的独立。1948 年 4 月，他和朱自清等人商议为闻一多立碑的事。王国维和闻一多，一个是投湖自尽，一个是惨遭暗杀；一个被贬为封建遗老，一个被奉为革命烈士。冯友兰却把他们两个相提并论，这是从以身殉道的高度来评价王国维、闻一多二人之死的抽象价值，而不是具体意义。这与陈寅恪对王国维的评价遥相呼应。陈寅恪说，王国维"以一死见其独立自由之思想，非所论于一人之恩怨，一姓之兴亡"。闻一多的死也不关乎"一党之恩怨，一府之兴亡"。1948 年 9 月，朱自清病逝，冯友兰主持追悼会，并送挽联："人间哀中国，破碎河山，又伤背影作者；地下逢一多，辛酸论话，应惆怅清华文坛。"

在后来国民政府“抢救”北平著名学者时，南下的人很少，而陈寅恪跟胡适同机离开。对于陈寅恪的离开，冯友兰说，“清华师生正庆幸清华得以保全，而寅恪先生不辞而别，罄室行矣。消息传出，朋友俱感突然，复疑先生南京不去，北京不留，此行将何适乎？后闻其乘火车南下，知其将避世于香港。又闻其到广州后，为朋友所劝阻，止于岭南大学，未出国门，然亦不复回清华，亦不复返北京矣。静安先生与寅恪先生为研究、了解中国传统文化之两大学者，一则自沉，一则突走，其意一也。静安先生闻国民革命军将至北京，以为花落而春亦亡矣；不忍见春之亡，故自沉于水，一瞑不视也。寅恪先生见解放军已至北京，亦以为花落而春亦亡矣，故突然出走，常住而不返也。义亦一也。一者何？仁也。爱国家、爱民族、爱文化，此不忍见之心所由生也。不忍，即仁也，孔子门人问于孔子：‘伯夷、叔齐怨乎？’孔子回答说：‘求仁而得仁，又何怨。’静安先生、寅恪先生即当代文化之夷齐也。”[32]“花落而春亦亡”的典故，出自晚清诗人俞樾的诗句“花落春仍在”。“花落”，指时代巨变，“春”则指中国文化。就研究中国传统文化的成就来说，冯友兰不在王国维和陈寅恪之下。张岱年说，中国20世纪在文、史、哲三大领域成就最高、贡献最大的是王国维、陈寅恪、冯友兰，他们是这三个领域的顶级人物。[33]冯友兰既称许王国维的自沉、陈寅恪的出走为“仁”，而自己在北平被围之日，既不自沉，也不出走，不是自己无“不忍”之心而居于“不仁”之地，而是对中国文化抱有信心，认为“花落”未必意味“春亡”。他对中国文化前景的看法与王国维和陈寅恪不一样，王国维、陈寅恪断定“花落春亦亡”，而冯友兰却相信“花落春仍在”。王国维自沉、陈寅恪出走，而冯友兰淹留，三人行事虽然不同，但他们“求仁”之心则是一样的。冯友兰在以后漫长曲折、艰难坎坷的岁月里，也以自己的实际行动证明了他那种“爱国家、爱民族、爱文化”的“求仁”之志和“践仁”之心。

校外，是烽火连天的战场；校内，是此伏彼起的学潮。就在这样艰难环境下，冯友兰还在坚守着大学的阵地、维护着学校的尊严、呵护着学术的独立。

民国三十四年(1948)，中央研究院成立20周年纪念暨第一届院士会议在南京召开，冯友兰参加了这次会议。晚上，蒋介石在总统府宴请与会院士。“在1948年秋天，南京中央研究院推选我为院士，叫我到南京去开院士会议。在会中，我又当选为院士会议的评议会的委员。这个评议会，大致相当于院士会议的常务委员会。在大会闭会的那一天，蒋介石'总统'的身份出席了……晚上，蒋介石请全体院士，到'总统府'吃了一顿饭。"[34]

1948 年，冯友兰在南京出席中央研究院第一届院士会议，及中央研究院成立 20 周年纪念会。这是他和胡适、汤用彤、梁思成、陈省身等人在一起。

此时举办中央研究院第一届院士会议，无论其动机与效果如何，它在中国近现代科学技术和思想文化发展史上都十分重要。当选的院士囊括了当时学术界的各路精英，大陆后来虽然恢复了院士建制，可一直没有设立人文与社会科学方面的院士。这就使得这次会议成为绝响。会议结束不久，随着局势的急剧恶化，学者也面临着分道扬镳、天各一方的前景，面临着淹留大陆、奔走台湾、漂泊海外的选择。

1948 年 11 月初，国共两党在东北的决战以国民党军队的失败而告终，解放军挥师入关，包围北平。12 月初，由蒋介石亲自过问，国民政府抢救北平大知识分子的方案开始实行，具体负责人为陈雪屏、蒋经国和傅斯年，协助者为教育部部长、国防部长和北平剿匪总司令等。名列这次抢救名单的约三百人，他们主要包括北大、清华以及北平各大学院校馆所各行政负责人，中央研究院所有院士，在学术上确有重要贡献者和因政治关系必须离开者。自 12 月 11 日开始，陈雪屏、傅斯年、朱家骅等人曾数十次函电催促上述人员乘搭国民政府专机南下。冯友兰无论以中央研究院院士的身份，或者清华大学文学院院长的身份，他都有资格乘专机离开北平。就在清华园被解放军占领的几天前，直接负责抢救的国民政府青年部长陈雪屏，曾在清华大学校长梅贻琦家的筵席上，亲自邀请冯友兰与他一道乘专机南下；而梅贻琦在离开清华园的前夜，也与冯友兰单独恳谈。然而，冯友兰执意留在大陆。12 月 14 日晚上，和冯友兰共事多年、相融无间的清华大学校长梅贻琦，与冯友兰见了最后一面，也劝他离开。梅贻琦和冯友兰谈话之后，就离开清华园进北平城，12 月 21 日，乘机离开北平到南京，再也没有回到他经营多年的清华园。到了 12 月 15 日，清华大学召开校务会议，冯友兰出席会议。会上决定：(一) 因梅校长离校未回，推举冯友兰为校务会议临时主席。(二) 本月 20 日起照常上课。(三) 成立保卫委员会，率领校卫队维持治安，以周培源为主任。就在冯友兰担任校务会议临时主席的当天晚上，清华大学就遭到兵火蹂躏。国民党军队退到清华园内，在生物馆前面操场上布置了炮兵阵地，情形十分危机。次日早晨，傅作义军队全部撤走，退守白石桥、动物园防线。冯友兰召集校务会议，会议决定召开全校职工大会，对愿意留下工作的人进行登记。

在兵荒马乱、世局动荡的年代，在人心浮动、经济拮据的清华，冯友兰还在精心筹划着学校发展和学科建设。局势稍微稳定之后，1949 年 1

月 5 日，冯友兰就主持召开文学院教授会，商讨各系课程。中文系有教授提出修正闻一多、朱自清生前留下的方案，主张在文学院设一普通文学系以造就通才，使中外名著合读并鼓励创作翻译，中、外文系仍存在，中文系向学术性方面发展，外文系造就外国语言及专门研究外国文学之专才。冯友兰极力赞同这一设想，他并让历史系拟设多个研究室，请文学院各系共同合作。然而大家虽然留下来了，可对未来并不看好，对这些方案也无心思考。1 月 21 日，冯友兰谈了文学院重新分系问题。

18 年前，在罗家伦辞职后，清华大学一度群龙无首，上面派来的校长，或被学生拒之门外，或被教授逐出学校，冯友兰被推举为校务委员会主席。那时，虽然学校人事不定，但国内局势还好，清华资金充裕，冯友兰主持校务，游刃有余。如今国内局势更非昔比，清华大学在炮火的威胁之下；更为棘手的是，冯友兰接管的清华是囊空如洗。清华大学的经费主要来自庚款清华基金，这笔基金一直由梅贻琦掌管，梅贻琦临走时并没有将清华基金支配权移交给冯友兰，他是为保护清华基金而走的。这样清华大学经济上没有着落，陷入困境；加上物价飞涨，教师们的生计难以维持。巧妇难为无米之炊，校务会议遭到多方责难。1 月 31 日下午，冯友兰主持教授会。会上有人对于城乡交通隔绝时留城清华同人联络会之处理分发城中同人维持费及 1 月份薪水有所责询。《清华园日记》记此云，联络会"本应发给留城同人及眷属经费，2 月 16 日，冯友兰主持校务会议并报告财务情况，他已向教育部长张宗麟汇报清华原校内管辖及自校内接收之款项与食粮问题，其中美金特款（庚款基金）存纽约华美协进社及银行，由原校长梅贻琦亲自经管签字支付。梅贻琦离校后其助理秘书李天朴已于战事发生前辞职。经查，收支账未获确切，余款数目不详，款亦均在美国，无从查考支用"。

3 月 18 日，军管会代表吴晗到校办公，成为清华大学的实际领导人。早在解放军举行入城式后，文管会负责人钱俊瑞到清华宣布：派吴晗为军代表。从此以后，校务就实际上由吴晗主持了。至此，冯友兰把清华大学完好地交给新政权，完成了历史赋予的使命。他自己也安心地留在大陆，可等待他的又是什么样的命运呢？

注释

[1] 冯友兰：《三松堂全集》第 1 卷，第 105 页，郑州：河南人民出版社，

2000 年版。
[2] 何兆武:《上学记》,第 194 页,北京:三联书店,2006 年版。
[3] 冯友兰:《三松堂全集》第 1 卷,第 100 页,郑州:河南人民出版社,2000 年版。
[4] 朱自清:《朱自清全集》第 10 卷,第 347 页,南京:江苏教育出版社,1998 年版。
[5] 侯外庐:《韧的追求》,第 122 页,北京:三联书店,1985 年版。
[6] 冯友兰:《三松堂全集》第 1 卷,第 297 页,郑州:河南人民出版社,2000 年版。
[7]《三十四年年度第二次教授会议》,清华大学文书档案馆藏。
[8] 朱自清:《朱自清全集》第 10 卷,第 379 页,南京:江苏教育出版社,1998 年版。
[9] 姚从吾:《姚从吾 1945 年 12 月 11 日致陈雪屏、郑天挺函》,北京大学文书档案馆藏。
[10]《国立西南联合大学史料(一)》,第 240—241 页。
[11]《国立西南联合大学史料(二)》,第 565 页。
[12] 冯友兰:《三松堂全集》,第 1 卷,第 299 页,郑州:河南人民出版社,2000 年版。
[13] 梅贻琦:《梅贻琦日记》,第 182 页,北京:清华大学出版社,2001 年版。
[14] 许进安采访、王仁宇整理:《实说冯友兰》,第 107 页,北京:北京大学出版社,2008 年版。
[15] 冯友兰:《三松堂全集》第 1 卷,第 107 页,郑州:河南人民出版社,2000 年版。
[16] 同上书,第 6 卷,第 3 页。
[17] 同上书,第 8 页。
[18] 同上书,第 23 页。
[19] 同上书,第 11 页。
[20] 同上书,第 228 页。
[21] 同上书,第 162 页。
[22] 李慎之:《纪念冯友兰先生》,见郑家栋、陈鹏选编:《追忆冯友兰》,第 32 页,北京:社会科学文献出版社,2002 年版。

[23] 许进安采访、王仁宇整理：《实说冯友兰》，第 292 页，北京：北京大学出版社，2008 年版。

[24] 冯友兰：《三松堂全集》第 11 卷，第 601 页，郑州：河南人民出版社，2000 年版。

[25] 郑朝宗：《冯友兰芝生先生》，载《人间世》1935 年第 35 期。

[26] 冯友兰：《三松堂全集》，第 11 卷，第 270 页，郑州：河南人民出版社，2000 年版。

[27] 同上书，第 1 卷，第 110 页。

[28] 引自冯友兰：《自我揭发、自我批判——冯友兰发言稿(1966 年 7 月 5 日开始)》。

[29] 钱穆：《八十忆双亲・师友杂忆》，第 265 页，北京：三联书店，1998 年版。

[30] 胡适：《胡适文集》第 8 卷，第 544—545 页，北京：北京大学出版社，1998 年版。

[31] 冯友兰：《三松堂全集》第 14 卷，第 386 页，郑州：河南人民出版社，2000 年版。

[32] 同上书，第 14 卷，第 309 页。

[33] 许进安采访、王仁宇整理：《实说冯友兰》，第 291 页，北京：北京大学出版社，2008 年版。

[34] 冯友兰：《三松堂全集》，第 1 卷，第 111 页，郑州：河南人民出版社，2000 年版。

第十一章　接受改造

一　适应生疏环境

二　接受思想改造

三　充当反面教员

一 适应生疏环境

冯友兰留下来了，在多种选择中义无反顾地留下来了，那年他53岁。从此以后就依附在这块多灾多难的故土上。也就是从那时开始，直到以95岁的高龄去世为止，他又度过了一生中的42年。冯友兰从留在大陆那一时刻起，就开始了漫长曲折、备受屈辱而又顽强坚韧的后半生。

冯友兰选择留在大陆，是拥护新政权的，新政权也看重他。而一切又是那样的生疏，需要慢慢适应和磨合。虽然自1949年3月18日起吴晗到清华大学掌管校务，冯友兰只是徒挂虚名，但新政权还在“惦记”着他。4月29日，在主持清华大学校庆38周年纪念会后，周恩来就派人来问他有什么意见，冯友兰说没有什么意见。历史的误会就这样产生了。“清华举行校庆的时候，周总理派人找我，问我有什么意见。照我当时的了解，周总理所要问的‘意见’，是对于国家大事有所‘拾遗补缺’的那种意见，那时候的国家大事我看不出有什么‘遗’‘缺’，实在是不知道有什么该‘拾’该‘补’的地方，只好说没有意见。后来才知道，所谓‘意见’比我所了解的广泛得多，大至对国家大事有什么看法，小至对个人工作、生活有什么希望和要求，都可以作为‘意见’提。如果我当时有这样的了解，我就会向总理提出，请他把我调离清华，因为我当时觉得，我在清华处境很困难。”[1]4月底，中共中央召集各界人士座谈，周恩来出席会议，冯友兰应邀参加。在谈到定都问题时，冯友兰说："北平是学术中心，从学术观点看，离政治远一点好。"他反对新政权定都北平，可理由是维护学术独立，要学术距离政治远些。这在"左"派人士看来，冯友兰即便不是"反动"，那也够迂腐的了，不能再让他继续担任清华大学领导职务。

果然，到了5月4日，文管会就任命周培源为清华教务长，陈新民为秘书长，冯友兰只做文学院院长。接着第二天，文管会通知：奉军管会决定，成立清华大学校务委员会，叶企孙为主席兼常委，常委中还有一个助教和一个学生，冯友兰只是一般委员，不在常委之列。这就免去了冯友兰原来由校务会议推举的主席职位，只担任文学院院长。8月下旬的一天，叶企孙向冯友兰转达军代表钱俊瑞意见，说他的思想跟共产党不合，冯友兰当即就表示辞职。8月31日，冯友兰致函校委会，辞去清华大学哲学系主任、文学院院长、校委会委员等职。9月23日，华北高教委批准冯友兰的辞职请求。校委会向冯友兰转达高教委有关批示："冯友兰、雷海宗仍以教授名义任职，应好好反省自己的反动言行。"自1928年起，冯友兰在清华大学（含国立西南联大）前后担任秘书长、文学院院长等职，于时局危难之际，两次被推举为校务会议主席，以他的资历与声望、能力与经验，出色地完成了历史赋予的使命，在事功上也取得了很大成就。可自此以后，他从大学行政职位上永远地退下来了。

虽然不再担任行政职务，冯友兰还是满怀热情地参与新中国建设。1949年6月，他在《进步日报·星期论文》栏目发表《哲学家当前的任务》一文。在该文中，他说："中国共产党已经摧毁了在中国建立新世界底军事上政治上的阻碍，而要改变这个历史的古国底旧世界以建立新世界。"并怀着豪情说："中国哲学家底当前的任务是充分参加这个改变世界底事业。任何一个人当然都有这种任务，但哲学家有他底特殊的任务。那就是'充分地解释这个新世界'。""哲学并不能改变或创造历史底方向。它只能解释历史底方向，使之由不自觉的成为自觉的，由盲目的成为有计划有目的的，因此它就加速历史底变动，使它早完成它底变动。"[2]当冯友兰还在为国家建设建言献策的时候，做梦也没有想到，他早已被定为批判对象，"解释世界"压根就没有他的份。当他满怀热情、积极参与的时候，遭遇的却是迎面泼来的冷水，报社通知，以后不登他这种文章。这确实让冯友兰不好接受，他在后来的"自我检讨"中谈到当时心情时说："我不当校务委员及院长，倒也觉得无官一身轻。何必说我是反动呢？叶企孙告诉我说，钱俊瑞说这含教育意义。我还是不承认我过去的错误和罪恶，也不知教育意义何在。"[3] 他还追忆道："1945 年我因母丧回河南唐河县原籍，听见地主阶级的反宣传说：'共产党有三头政策：初来时，磕头；以后，摇头；最后，杀头。'清华大学初解放时，军管会很尊重我，叫我领导校务委员会，后来我受到批评，只当教授。我觉得受了大打击，觉得在原籍听到的反宣传也有道理。"[4]"文管会改校务会议为校务委员会，我被任为主任委员，这是党的统战政策的实施，也是一种过渡的办法，但是我引误以为，这证实了我对于社会主义的修正主义的看法，我误以为我的'学术地位'果然是被重视的。……这种错误的思想，又产生两个极反动的思想。（一）我认为，我是中国人，人民政府是中国政府，我当然服从，但我不是共产党，党与我没有直接关系。（二）我既然服从人民政府，当然跟台湾断绝关系，但是不骂台湾，'君子绝交，不出恶声'。我认为《礼记》这两句话很有道理。""在这种思想情况支配下，我犯了很多错误，其中最突出的有六个。（一）解放后几个月中，我一直没有公开表态，说我拥护共产党、毛主席。（二）我从来没有找过清华的党组织，有事只与文管会接洽。（三）蒋匪空军轰炸清华，党中央来电慰问。这是清华最大的光荣，可是校委会议传阅后，只照例行公事处理，没有公布。我为主任委员，应负其责。（四）解放军进城，我身居校务委员会主任委员，可是没有进城欢迎。（五）过旧历年教职员生活困难，在一次教授会上，有人叫我往青龙桥（文管会所在地）反映，我说：'我是办学，不是要饭。'（六）总理有一次问我关于建都问题的意见，我说：'从学校的观点看，能够远离政治就好一些。'就是远离无产阶级政治，以保护资产阶级政治。我当时有一种表面上的想法，认为我对共产党不能表现太热烈，太热烈就会叫人说我投机（确实已经有许多比我更反动的人骂我投机）。其实，我对于共产党是面降心不降，在思想上还跟党是对立的，还说不上表现热烈不热烈。在这种情况下，我当然不配在清华做任何领导工作。""我辞去教授以外的兼职以后……写了一篇自传，交给党组织。……此后虽在表面上也向进步的人们学习，也读毛主席的书，读马克思、恩格斯、列宁的书，也学俄文，但就是没有认真检查过去，改造思想。当时不但没有在这一方面努力，而且也不觉得有这样做的必要。"[5]

对于冯友兰这样建立了哲学体系并产生广泛影响的哲学家，不会让他仅仅辞职就了事，上面派人来“开导”他。“有一天，吴有训来找我，说他碰见徐特立，徐老叫他转告我说，这些都是一时的现象，不要灰心，还要继续前进。过了几天，我也在一个会上碰见了徐老，徐老说：‘我很想找你详细谈谈，我把我的电话号码告诉你，你什么时候有工夫，打电话给我，我派车去接你到我家住几天。’过了几天，我给徐老打电话，他果然派车来了。到了他家里，他就开始陆陆续续地谈他过去的历史。他说，他过去学做八股，总是学不好，只有一次得到先生的一个比较好的批语，说是：‘尚有一隙之明。’后来他去法国勤工俭学，学习马克思主义，对于马克思的《费尔巴哈论纲》特别注意，他把那几条抄下来贴在墙上，每天要背几遍。他说，他向来尊重别人的社会地位，一个人的社会地位也是他用劳动得来的，‘可是有人说你是唯心，咱们谈谈，谈明白了，以后就可以共同工作了’。我当时不明白徐老的意思，当时我听说，徐老领导了一个委员会，编写中小学教科书，我以为徐老是要叫我去参加那个委员会，我想我对于中小学教育没有兴趣，完全外行，不能参加那样的工作。话不投机，在徐老家里住了一夜，我就告辞，徐老又派车送我回来。”[6]其实，以冯友兰的聪明和敏感，不会不知道徐特立的真正意思。他当时是在想坚守自己的哲学信念，保护自己的哲学体系。他不愿意放弃“新理学”体系。你把它叫唯心主义也好，或者叫什么也好，但那毕竟是他用自己的心血建立起来的。20 世纪 50 年代初期，冯友兰曾经也想过，能像熊十力先生那样，不教书了，或者干脆什么也不做了，就在自己家里著书立说。但那也不行，他没有这样的条件，后来他还是去教书了。熊十力是辛亥革命的老人，并且他的书影响很小，他的书很少人能看得懂。但就是在那样的情况下，熊十力写的书每次也只印一两百本，根本就没有什么影响。冯先生是没有人保护他的，早在三四十年代他的影响就很大。他想这么做，可那根本不行。除了承认错误，接受改造外，他没有任何别的选择。

在这样的情况下，10 月 5 日冯友兰上书毛泽东：“1949 年有一件什么事情，很多熟人在报上表态，拥护党，我想以前我没有表过态，现在应该有所表示。我就直接给毛主席写了一封信。”[7]当时，在报章上公开表态拥护毛泽东、共产党的学界名流与社会贤达有陈垣等人。冯友兰在信中先是歌颂毛泽东、共产党的功绩，接下来承认自己错误：“我于欢喜之中，感觉到十分愧悔，因为在过去我不但对于革命没有出过一分力量，并且在对日抗战时期，与国民党发生过关系，我以前所讲的哲学，有唯心及复古的倾向。这些在客观的社会影响上说，都于革命有阻碍。”共产党人和“左派”学者对冯友兰的批评由来已久，他过去可以因没有共同语言而不理会，现在只有认错接受。最后他表了决心，“在自己工作岗位上，以努力工作庆贺新中国的诞生。你们对于中国改造，不但使中国的将来，已经决定，并且使中国的过去，也需要重新解释。我计划于五年之内，如政协共同纲领所指示的，以科学的历史的观点，将我二十年前的《中国哲学史》，重新写过，作为一个新编。诚如你所说的，我们不但要知道中国的今天，还要知道中国的昨日。”

对于冯友兰的来函，毛泽东是比较重视的，他亲笔写了回信，并派专人送给冯友兰：“十月五日来函已悉。我们是欢迎人们进步的。像你这样的人，过去犯过错误，现在准备改正错误，如果能实践，那是好的。也不必急于求成，可以慢慢地改，总以采取老实态度为宜。”[8]毛泽东的回信给冯友兰的感受比较复杂：“我不料毛泽东的回信来得如此之快，并且信还是他亲笔写的，当时颇有意外之感。”“信中最重要的一句话‘总以采取老实态度为宜’，我不懂，而且心中有一点反感。我当时想，什么是老实态度，我有什么不老实。”[9]这件事情给冯友兰的影响很深，直到晚年他还带着自我检讨的口气说：“经过了三十多年的锻炼。我现在才开始懂得这句话了，我说我要用马克思主义的立场、观点、方法，在五年之内重写一部中国哲学史，这话真是肤浅之至，幼稚之极。学习马克思主义，掌握马克思主义立场、观点、方法，谈何容易，至于要应用它到哲学史的研究工作中，那就更困难了。要想真正应用它到实际工作中去，那就非把它化为自己的思想的一部分不可。……我想：一个战士用他的武器，到最熟练的时候，也会觉得他的武器就成为像他的身体的一部分，就像他的手脚一样，达到这种程度，就叫做‘化’。学习马克思主义，也得马克思主义‘化’了才行，这样的‘化’岂是三年五载的时间所能完成的？没有这样的程度，而要重新写《中国哲学史》，那也不会新到哪里，充其量也不过是用马克思主义的字句生搬硬套而已。”“现在回想起来，如果我从解放以来，能够一贯采取老实态度，那就应该实事求是，不应该哗众取宠。写文章只能写我实际见到的，说话只能说我所想说的。改造或进步，有一点是一点，没有就是没有。如果这样，那就是采取老实态度，就可能不会犯在批林批孔时期所犯的那种错误。”

1963年中国科学院哲学社会科学部委员扩大会议期间，毛泽东与冯友兰亲切握手交谈。

在后来的很长时间里，冯友兰这样的教授只能按照他们的解释来研究哲学史。能根据自己对马克思主义的理解，按照自己见到的和想到的去写，那是30年以后的事情了。一直到临终之前写《中国哲学史新编》全书总结时，冯友兰才按照自己所见到和所想到的去写，才感觉到“海阔天高我自飞”的自由。

二　接受思想改造

1949之后，冯友兰的工作只有一项，那就是接受改造、承认错误。他在致农民朋友车恒茂的信里说，“终生教研两依据，一生文章半检查”。在1950年一年内，他就撰写并发表了16篇这方面的文章。在《一年学习的总结》一文中，他说：“在共产党领导的新社会中一切都是向上发展的，我自己觉得我也是在向上发展中。在这一年之中，我虽不能确知的究竟进步了多少，但是已经开始知道以前的不进步，这当然也可以算是一个进步。”“我以前所讲的新理学，可以说是中国旧哲学的回光返照。……就其社会影响说，是可以作为不愿意变的人的一种寄托。因此其社会影响是与革命有阻碍的。”“我之‘著书立说’，不仅只妨碍了自己的进步，也妨碍了别人的进步。”当时，全国农村正在搞土地改革，城市知识分子也参加其中。1月27日，冯友兰偕任载坤到北京郊区参加土改，为期一个半月。在土改期间，他们和农民同吃住同劳动。土改结束后，冯友兰坐毛驴车回家，来自湖南的学生刘鄂培驾车。由于他没有经验，途中车被拉翻，冯友兰和任载坤都摔倒在路边的沟里，幸好没有受伤。

1959年，为庆祝国庆10周年冯友兰与夫人任载坤合影。

参加土改回到学校后，冯友兰写了一系列文章，谈自己的感受和收获。在《参加土改的收获》一文中说，经过土改，“我相信我在阶级立场及阶级感情上是有进步了。虽未必敢说已经站在无产阶级的立场，至少是已经向这种立场一面倒了”，土改中“学了些共产党办事的方法”，对一般与个别相结合、领导与群众相结合、理论与实践相结合有了认识与体会，又了解了“具体的共相”这一哲学名词，因而“开始了解我从前的哲学思想的偏差。马列主义注重共相与具体的结合、一般与个别的结合，而我以前的哲学思想则注重于共相与具体的分离、一般与个别的分离。这个启示，对于我有很大的重要性。”1952 年，他在《“三反”运动以来我的思想的转变》一文中说：“经过‘三反’运动，我才逐渐认识到我之所谓‘学术’其实就是最反动的政治活动，尤其是在对日抗战时期，在共产党与国民党所领导的阶级斗争最尖锐的时候，我写了几本书，提倡中国封建社会的所谓‘正统’哲学，与马列主义思想为敌。”[10]

1951 年印度德里大学授予冯友兰名誉文学博士学位，印度总统兼德里大学校长普拉沙德向他颁发学位证书。

1951年底，国家组织宗教和文化界学者访问印度，冯友兰名列其中。在访问德里大学时，该校授予他名誉文学博士学位。此前，为是否让冯友兰接受名誉博士学位问题，代表团曾通过使馆向外交部请示。在授予名誉博士学位仪式上，印度总统普拉沙德介绍冯友兰学术贡献时提到了《中国哲学史》和《贞元六书》。外交部得知后当即致电代表团，说此介绍有问题，要求冯友兰在公开场合予以更正。12月初，冯友兰在加尔各答访问并做题为“新中国的哲学”的讲演。讲演中，他按照外交部要求说：“中国革命成功，我认识到我过去的著作都是没有价值的。”在印度访问时，冯友兰遇见查良钊。1949年查良钊去了台湾。见到冯友兰，他提前写了个便条说：“芝生兄，今天有幸在此德里大学相遇，恰值西南联大第十四周年纪念日，盼望吾兄归去后向我们共同的老朋友和当年同事们代我致意。”可当冯友兰见到查良钊时，没有打招呼，就匆匆离开会场。很多人为之不解，他们不知道，大陆这边上面规定，在国际场合不能和台湾方面的人在一起。

在“三反”运动中，冯友兰多次检查1949年前后思想和言行。第一次检查承认1949年前有名位思想，想当大学校长，1949年后有进步；第二次检查以名位思想为主，还承认有反共拥蒋思想，1949年后进步不多；第三次检查以反共拥蒋思想为主，承认1949年后无进步，但只剩名利思想，没有反共拥蒋之心。这些检查都没有获得通过。有一次，金岳霖和周礼全曾来看望他，金岳霖一进门就说：“芝生呀，你干了哪些反对人民的事，就交代吧。”说完这句话，他和冯友兰抱头痛哭。后又检查多次，涉及对美国、对梅贻琦、对卜德与李克的认识与态度等。最后，李广田代表中国共产党清华大学文学院党组织宣布对冯友兰“免予处分”。这段时间，冯友兰心情很不好，他想不在大学教书，自己谋生。“在‘三反’运动时期，我有一种思想，觉得不如辞职自谋生活，闭户著书。”然而，这在当时是根本不可能的。

与“三反”“五反”同时，大学院系调整也在进行着，其中哲学系变动最大，全国大学所有哲学系都取消，只保留北京大学哲学系，其他学校哲学系的教师或者改行，或者集中到北京大学哲学系学习改造。这件事对冯友兰影响比较大：“在我回到清华时，运动已经接近结束了。接着就是高等学校的院系调整。党中央对于北京的大专院校，经过了‘接而不管’、‘接管’这两个阶段，现在就要进入第三个阶段‘院系调整’了。在调整的过程中，与我直接有比较大的关系的，是清华和北大的合并……在哲学系方面，调整的幅度特别大，全国各大学的哲学系除北大外都取消了，全国只有一个哲学系，其他大学哲学系的教师都集中在北大的哲学系。”[11]冯友兰调入北京大学哲学系后，在教师评级过程中，因 1949 年前的政治和思想问题，他被评为四级教授，月薪仅百余元。他回忆当时心情时说：“……1952 年评级，把我评为高教第七级，我很不满意，觉得有些我的学生，还比我高。”调到北京大学后，冯友兰住燕南园 54 号。

20 世纪 50 年代后期，冯友兰与汤用彤(右二)、任华(右三)等同事讨论编写中国哲学史教材。

清华大学文学院是冯友兰一手创办和领导的，是他在事功方面的最大成就。对清华文学院的取消，冯友兰心里很矛盾：“1952 年院系调整，把清华改为工科大学，北大为综合大学。清华原有的文、理科归并入北大。方案提出后，许多清华的人持反对意见，有抵触的情绪。清华的人认为，北大和清华，从院系和课程方面看是重复的，但这两个大学代表不同的学派，有不同的学风，应该像英国的剑桥和牛津两个大学那样，让它们并存，互相比较，互相竞争，以推动学术的进步。”“我原来也是强调清华、北大的不同，主张要让它们并存的。但是在 1952 年院系调整的时候，我对于调整方案并没有什么抵触的思想。这不是因为我的思想通了，而是因为我认为清华待我不好，对不起我，我在清华出力不讨好。

《诗经》中有一个弃妇的诗说：‘我躬不阅，遑恤我后。’我想，我已经成为清华的‘弃妇’了，管它将来是怎么样，反正与我无关。我当时甚至想离开教育界。填分配工作的志愿表时，我填的是科学院历史研究所（当时尚无哲学研究所）。”[12]

但事情还没有就到此为止，对冯友兰这样哲学家来说，思想改造并不是要他一般的承认错误，而是要检讨过去的研究工作，完全放弃“新理学”体系，接受马克思主义和毛泽东思想。

20世纪50年代初，学术界就有茅冥家、平之、杨宪邦、丁未一等人不断撰文批判冯友兰的哲学思想。1958年5月4日，北京大学举行建校60周年纪念会，彭真、陈伯达、郭沫若、杨秀峰等到会。陈伯达做题为“用马克思列宁主义的批判的、革命的精神继续改造北京大学，建设一个共产主义的新北京大学”的讲话。在讲话中，他说：“北京大学的老教授大体上应放下两个包袱，一是西方资本主义没落时期的教育，一是受中国封建意识的影响。”“不可设想，对于解放前已经有系统地形成一套资产阶级哲学观点的人不进行深刻的系统的批判，或者他们没有进一步进行深刻的系统的自我批判，就能够获得无产阶级的意识。”他还指名道姓地批判冯友兰说：“冯友兰对自己的系统的哲学思想作过自我批判，这是一种进步，但是还不够。”[13]1959年2月，关锋在《揭露〈新原人〉的原形——兼论冯友兰先生的哲学系统》一文中批判说，《新原人》是“贞元之际”所著书中“反动党性最强的一本”，而且是“新理学”系统的核心与精髓，从《新理学》到《新原人》，从理世界到天地境界，“便翻了跟头，即从‘客观’唯心主义转到赤裸裸的主观唯心主义，《新理学》不过是一只‘瓮’，《新原人》则是‘请君入瓮’，去做高超的‘圣人’，即奴才、市侩式阿Q”，就其客观作用说，“《新原人》起着为蒋介石积极反共、消极抗日，以准备投降作思想上、舆论上的准备的功用”。又说“冯先生一直认为新理学哲学系统，是‘客观’唯心主义的，是接着程朱讲的。我认为新理学哲学系统，基本上是主观唯心主义的，主要是接着庄子讲的”，“冯先生的哲学，决不是继承了中国哲学的主流，而是中国哲学史上的逆流之进一步的堕落”[14]。

陈伯达和关锋都是当时党内的理论权威，他们的讲话和文章举足轻重。在这种情况下，冯友兰只有否定自己中国哲学史研究方面的工作、批判自己“新理学”思想。1956年6月，他在《过去哲学史工作底自我批判》一文中，对自己在中国哲学史研究方面进行批判。他说自己过去中国哲学史研究工作中贯穿以封建哲学为形式，以资产阶级为内容的腐朽思想，它在半封建半殖民地国家最能产生麻醉、欺骗人民的作用，是帝国主义、封建主义联盟从思想上统治人民最有效的工具。又认为《中国哲学史》是以不可知论解释历史，对各家各派表面上维持超然的态度，实际上同情客观唯心主义和神秘主义，拥护封建社会正统思想程朱思想；《新理学》错在认为“理在事先”，把一般说成可以离个别而存在；《新原道》则把“极高明而道中庸”树为中国哲学史的主流，教人安于现状。文章认为，只有批判这些思想，才能扫清道路，完成表彰中国哲学史中唯物主义传统的伟大光荣任务，迎接文化高潮的到来。在《新理学的原形》里，他自我批判说，抗战时期写的《贞元六书》，“自命为立了一个继承封建社会道统的‘新统’，担任起‘正人心，息邪说，距诐行，放淫辞’的反动任务。所谓‘正人心’就是要人一心一意拥护当时半封建半殖民地的社会和国民党政权，所谓‘邪说’、‘淫辞’，不是别的，就是马克思主义。所谓‘诐行’，不是别的，就是党所领导的新民主主义革命。”又说，因为马克思主义已深入人心，从正面反对它很困难，就用隐蔽的方式反对它，即在超越唯物、唯心的掩护下攻击唯物主义、宣传唯心主义，在超阶级的掩护下反对阶级斗争，以“不着实际”为实际的反动政治服务，以抽象为掩护宣传对于具体社会和人生问题的反动主张，主张以哲学代宗教，而所谓哲学正是与宗教同类的信仰主义，以逻辑分析法分析概念代替对具体事物的具体分析。如果说在《过去哲学史工作底自我批判》和《新理学的原形》中，冯友兰对自己的批判还流于空泛和空洞的话，那么在后来写的《四十年的回顾》中，是从头到尾，不折不扣、不依不饶地对自己的哲学史研究进行否定，对“新理学”思想进行批判。“新理学”最基本的思路是从实际事物出发，经过对它们做逻辑分析和形式肯定从而得出共相世界，这种共相世界在逻辑先于具体事物，在价值上高于实际事物。这是一种灵空的哲学，它不能给人增加实际知识，只能使人提高精神境界。这种哲学就本质上讲是逻辑的、思辨的和哲学的。而马克思主义哲学则是对世界进行还原，用实证的和经验的方法寻找世界的本原和规律，从而给人以实际知识和具体指导。在这样的比较下，冯友兰的“新理学”当然是一无是处。这样，就自然要批判冯友兰的“新理学”思想。冯友兰要想在大陆生活下去，也只能自我批判。

对于这些自我批判，冯友兰回忆说："在解放以后，我也写了一些东西，其内容主要的是忏悔，首先是对我在40年代所写的那几本书的忏悔。"著名作家钟璞，是冯友兰的女儿，她不仅数十年一直随父亲居住，在父亲晚年又一肩挑起"秘书、管家兼门房，医生、护士带跑堂"的职务，可谓对乃父知之最深，因而对冯友兰的遭遇，也最有"向历史诉说"的资格。她"诉说"道："三十多年来，从我的青年时代开始，耳闻目睹，全是对父亲的批判。父亲自己，无日不在检讨。""二十世纪的学者中，受到见诸文字的批判最多的便是冯先生。甚至在课堂上，学生们也先有一个指导思想，学习与批判相结合，把课堂讨论变成批斗会。批判胡适先生的文字也很多，但他远在海外，大陆这边越批得紧，对他可反而是一种荣耀。对于冯先生来说，就是坐在铁板上了。在当时的哲学工作者，除了极少数例外，几乎无人不在铁板下加一把火。"[15]实际情况确实这样。

冯友兰的忏悔和反省，有被动的一面，也有自觉的一面。中国传统知识分素有"治国平天下"的历史传统，近代以来民族危机不断加剧，救亡图存成为知识分子的现实关怀和历史使命。毛泽东在开国大典上"中国人民站起来了"的宣言，让所有中国知识分子扬眉吐气。冯友兰说："'中国人站起来了！'这是毛泽东于中华人民共和国成立的时候在天安门城楼上向全世界宣告的。毛泽东是代表全中国人、整个中华民族说这句话的。……共产党毛主席确实是领导中国人民，叫中国人民站起来了，确实是推翻了'三座大山'，压在大山下面的都翻身了，整个的中华民族都相信这一点，真是对于共产党毛主席有无限的崇敬和热爱。这并不是个人迷信，这是像孟轲所说的'心服'，'如七十子之服孔子也'。这并不是迷信，因为这是实践证明了的。""在解放后那几年内，中国共产党毛主席的话和行动，就是代表全中国人的意志和愿望的。所以它们有威。在50年代，共产党毛主席的指示，确实有威。这个威并不是孟轲说的'以力服人'的那种威，而是'以德服人'的威。这不是霸道，而是王道。这些字眼看起来有些陈腐，但是确有其正确的意义。"[16]季羡林开始曾经坚决反对对领袖的崇拜，对于国民党对于蒋介石的崇拜，他总是嗤之以鼻；对于德国人对希特勒的崇拜，他觉得匪夷所思。可到了新中国成立后，看到在数千人的队伍中爆发出震天动地的领袖"万岁"声时，"最初，不管我多么激动，但'万岁'却是喊不惯，喊不出来的。但是，过了没有多久,我就喊得高昂,热情,仿佛是发自灵魂深处的最强音。我完完全全拜倒在领袖脚下。"[17]季羡林思想的这种大转变是出于对国家的爱,出自对民族的爱!这和冯友兰因热爱祖国而心服毛泽东如出一辙。

对于知识分子的改造,已经客居香港正在为《庄子纂笺》一书作序的钱穆,从报上得知平津各大学教授集中进行思想改造、"坦白者逾六千人"这一消息的反应是"不禁为之废书掷笔而叹":

> 念蒙叟复生,亦将何以自处?作逍遥之游乎,则何逃于随群虱而处裈中?齐物论之芒乎,则何逃于必一马之是期?将养其生主乎,则游刃而无地,将处于人间乎,则散木而且翦。悠忽无情,混沌必凿;德符虽充,桎梏难解。计唯鼠肝虫臂,唯命之从。曾是以为人之宗师乎!又乌得求曳尾于涂中?又乌得观鱼乐于濠上?天地虽大,将不容此一人,而何有乎所谓与天地精神相往来?然而古人有言:"焦头烂额为上客,曲突徙薪处下坐"。此六千教授之坦白,一言以蔽之,无亦曰墨翟是而杨朱非则已。若苟四十年来,漆园之书尚能素解于人间,将不致有若是。天不丧斯文,后有读者,当知其用心之苦,实甚于考亭之释《离骚》也。[18]

三　充当反面教员

无论如何批判,冯友兰的学术地位及影响是不可动摇的,因此他受到共产党和毛泽东看重。1949 年之后,冯友兰虽然不再担任行政工作,却兼了不少学术和社会职务。他是第二、第三和第四届全国政治协商会议委员。1950 年 4 月,冯友兰出席河南省一届一次人民代表会议并任主席团成员,9 月,中央人民政府委员会任命冯友兰为河南省人民政府委员。1952 年 9 月,冯友兰加入中国民主同盟,后来多次当选为民盟中央委员。1954 年 7 月,冯友兰开始担任北京大学哲学系中国哲学史教研室主任;10 月,开始担任北京大学校务委员会委员;11 月,被北京大学校长任命为《北京大学学报》(人文科学版)编辑委员会委员。1955 年 3 月,《哲学研究》创刊,冯友兰任编委;6 月,中国科学院学部成立,经国务院全体会议第十次会议批准,冯友兰被聘为中国科学院哲学社会科学部委员,后被选为常委;11 月,中国科学院哲学研究所成立,冯友兰受聘为兼职研究员、哲学史组组长。1958年1月，国务院科学规划委员会聘请冯友兰为古籍整理出版小组成员；1959年10月，中国科学院哲学社会科学部聘请冯友兰为古籍整理和出版规划小组成员。

毛泽东是看重冯友兰的学问的。据李锐回忆，在庐山会议上，毛泽东对彭德怀说：“我也不懂多少理论，不是教授，只是知道一些。教授要读很多书，我书读得少……哲学史，看过一些，没有做深入研究。看书和研究是两回事。冯友兰有研究，才写出《中国哲学史》。看了，不等于研究……”[19]1957年3月12日，中共中共召开全国宣传工作会议，冯友兰作为党外人士应邀列席会议。在分组讨论时，他和毛泽东在一个组：“分组讨论沦时，我和毛泽东是一组，小组会议就在毛泽东家里开，由他主持。……在开会中间，毛泽东叫我发言，我提出了一些关于中国哲学史方面的问题，我说，照现在的讲法，有些很难讲通。毛泽东说：‘那是简单化了。不可以简单化。’在散会的时候，毛泽东拉着我的手说：‘好好地鸣吧，百家争鸣，你就是一家嘛。你写的东西我都看。’”[20]4月11日，冯友兰应邀到毛泽东家做客。“1957年4月11日，是叔明的二姐任锐同志的‘忌日’，我同叔明到任锐的墓地（万安公墓）去扫墓，回到家里已经是上午11点多钟了。刚一进门，就接到电话，说是毛主席的秘书打来的，说毛主席请我去吃午饭，客人已经到齐了，请我马上就去。我向学校要了一辆车就去了。到了中南海颐年堂，看见了金岳霖、郑昕、贺麟，他们先已经到了。那是三间屋子，毛泽东和客人们都坐在西头那一间内谈话。毛泽东问我说‘方才找你找不着，你是在上课吧？’我说：‘不是上课。今天是任锐同志的周年，我上她的墓地扫墓去了。’毛泽东说：‘任锐同志是孙维世的妈妈。’我说：‘是的。’”[21]吃饭时，毛泽东谈古论今，给冯友兰的印象很深。1962年3月，冯友兰出席全国政协三届三次会议，4月15日，中央领导在怀仁堂后院接见政协委员并合影，合影时冯友兰恰好站在毛泽东、刘少奇和周恩来的后面。他们三人问起冯友兰的工作及健康状况。毛泽东说：“你主张孔子是进步的，你跟郭沫若是一派。”同时参加合影的，还有他的岳父任芝铭及其外孙女孙维世。回去后，冯友兰赋诗一首寄给毛泽东：“怀仁堂后百花香，浩荡春风感群芳。古史新编劳询问，发言短语谢平章。一间亲属成佳话，两派是非待衡量。不向尊前悲老大，愿随日月得余光。”[22]1963年10月下旬，冯友兰出席中国科学院哲学社会科学部委员会第四次扩大会议并发言，会议结束后，毛泽东接见了他：“1963年，中国科学院哲学社会科学学部委员会开会。闭会的时候，毛泽东又接见。闭会之后，主持会的人，送我一张放大的照片，照的是毛主席和我握手时的相，也照上了其他一些人，一个是周扬，一个是刘大杰，一个是周予同。我就此做了一副对联：执手感关怀，三人并列文、史、哲；集会明任务，一笔齐扫帝、反、修。”[23]

在这一时期，最引人注目的还是冯友兰多次出国参加学术会议。当时中国和国际社会尤其是西方联系很少，人们很难出去，能够出国访问、参加会议是很高的政治荣誉和社会待遇。冯友兰前后四次出国访问、参加会议。

1951 年 11 月，国家组织文化代表团访问印度和缅甸，冯友兰参加了这次访问。当时文化部副部长、物理学家丁西林为团长，李一氓为副团长，成员还有陈翰笙、郑振铎、刘白羽、钱伟长、季羡林、常书鸿等人。在新德里，冯友兰在总统府下榻。1 日至 3 日，他访问德里大学、回教大学、阿里加大学，参观古代宫殿建筑，出席由印度总统普拉沙德、总理尼赫鲁、教育部部长阿萨德、外交秘书梅农等举行的宴会、招待会和欢迎会。在德里大学，冯友兰和丁西林接受印度总统兼德里大学校长授予的名誉文学博士学位。

1951 年参加中国文化代表团访问印度时，与印度总理尼赫鲁互赠礼品。

在这次访问中，冯友兰与郑振铎、季羡林等人在一个小组。郑振铎高大魁伟，声音洪亮，喜欢开玩笑，常与和他年龄相仿的冯友兰开玩笑，经常喊他“大胡子”。有一次，理发师正在给冯友兰刮脸，郑振铎站在旁边起哄，连声对理发师高呼：“把他的络腮胡子刮掉！”理发师不知所措，一时失手，真把冯友兰的胡子给刮掉了一块。这时候，郑振铎哈哈大笑，站在旁边的人也跟着哄笑。可冯友兰只是微微一笑，神色不变，显得十分大度和包容。《世说新语》记载：“王子猷、子敬曾俱坐一室，上忽发火。子猷遽走避，不惶取屐。子敬神色恬然，徐唤左右，扶凭而出，不异平常。世以此定二王神宇。”冯友兰的神宇和王子敬近似。

1956 年，冯友兰赴日内瓦出席国际会晤第 11 次大会。

1956 年 9 月，冯友兰和任华一起在日内瓦出席国际会晤第十一次大会，会议中心议题是“传统与创新——实际世界中的古今之争”，共有七次讲演、七次讨论。第六次是由冯友兰做题为“中国古代文化中的三种优秀传统——和平精神、民主精神、科学精神”的讲演。在讲演中，冯友兰“用中国哲学史中的例证，说明这三种传统，并指出新中国的和平政策、民主制度、唯物主义和唯心主义的斗争，和科学研究，都是此传统的继续与发展”。听众对他的讲演感到失望，觉得不是学术讲演，而是政治宣传，甚至认为冯友兰的讲演稿也是大使馆给写的。在14日讨论会上，各国汉学家提出关于中国哲学史的某些具体问题——关于孔子的“正名”问题、佛教问题、道教问题、汉字改革问题等，冯友兰一一做了回答。学者们对此还比较满意。会议期间，冯友兰还应邀参加电视座谈会，日内瓦报纸和电台均有报道和播出。9月底10月初，冯友兰以观察员身份在威尼斯出席欧洲文化协会。在这两次会议上，冯友兰看到西方哲学发展的新动向：“在美国实用主义过时了，逻辑实证主义也走了下坡路。可是并没有新兴的系统。哲学家所讨论的都是比较小的问题。在欧洲最有影响的哲学思想，还是存在主义；心理分析在美国和欧洲也还有影响。”在此期间，冯友兰先后去见熊庆来等人，动员他们回国定居。在会议上遇见王玖兴，后到王家拜访，劝其归国。王玖兴归国后，本欲应聘在北京大学哲学系任教，时逢“反右”运动高潮，冯友兰建议他去中国科学院哲学研究所工作。

1956年，冯友兰随中国佛教代表团出访印度，出席纪念释迦牟尼逝世2 500周年大会及各种座谈会。

1956年11月，冯友兰在印度出席纪念释迦牟尼逝世2 500周年群众大会，分别参加“佛教对于艺术的贡献”和“佛教对于文学的贡献”座谈会。在28日“佛教对于哲学的贡献”座谈会上，他作题为“佛教中某些教义对于中国哲学的影响”的发言。他说，佛教中的某些教义与中国哲学中的某些思想互相吸收，形成新思想新学派，其中最可注意者为佛教的禅宗与儒家中陆王学派，两派均注重于提倡人与人之间的平等，个人对于传统权威的自由，王守仁的后学又发展为李贽等的“狂禅”，对封建传统某些部分表示反抗，近代某些政治家革命家，如康有为、谭嗣同、章太炎，也曾以佛教为武器反抗传统；今天佛教的和平、平等精神仍可成为拯救人类的力量。

1957年7月，冯友兰与潘梓年、金岳霖在华沙出席国际哲学研究所会议，来自20个国家66位学者与会。会议主题为“思维与行动的关系”，下设三个议题：从理论上说明思维与行动的关系；哲学、人文科学与行动的关系；哲学家的社会责任。冯友兰发言的题目是《中国哲学史中的知行问题》。冯友兰在会上发现，资本主义国家的哲学界情况和中国当时哲学界情不大相同。中国讲的是马克思主义哲学，着重研究自然、社会和人生中的发展规律。这在他们看起来都是大而无当、漫无边际的问题。他们所研究的是专业性问题，在中国人看来，都是钻牛角尖的繁琐哲学。双方几乎是没有共同的语言，很难交锋，即使有交锋，也往往是答非所问。“这样子开了几天会，并没有什么收获。如果说有一点收获，那就是认识到他们和我们之间有一个鸿沟，不能用语言文字逾越。会后他们对我说，国际哲学会议（即1934年我在布拉格参加过的那个会的会议）要我去参加，我问潘梓年应该如何答复，潘梓年未置可否，大概是认为参加这样的会议没有多大意义。这种认识我也是有的，因此对于他们的邀请也没有作明确的回答。后来接到这个哲学研究所的通知，说是已经选举我为该所的正式成员。以后每两年都有一次通知，说是在什么地方开会。因为对于这个问题兴趣不大，所以也都没有给他们回信。久而久之，就断绝关系了。”这是冯友兰最后一次出国参加学术会议，从此以后就和外国学术界失去联系。

但所有这些，并不是意味真正让冯友兰发挥哲学家的作用，只是让他充当“反面教员”和“批判靶子”，他稍微有一点创造性的思想一发表出来就遭到批判。冯友兰的哲学思想和学术地位只不过是作为“反面教员”和“批判靶子”的材料罢了。在人们的心目中，冯友兰也是资产阶级思想和唯心主义在中国哲学界的最大代表，最有充当“反面教员”和“批判靶子”的资格。所以在新中国成立后，冯友兰虽然担任了不少学术虚衔，其实没有一个实职。他实际职位只不过是北京大学哲学系中国哲学史教研室主任。可到了 1958 年，北京大学搞教育革命的时候，拟除辩证唯物主义、历史唯物主义教研室外，其他教研室一律取消，另设资料研究室。郑昕转告冯友兰，当时北京大学党委书记陆平曾对他说：“资料研究室主任，叫冯友兰担任。”后来又说：“冯友兰不行，还是找别人。”这就是说，在北京大学领导眼里，冯友兰连担任哲学系资料室主任的资格都没有。

作为反面教员，冯友兰的价值就在于接受批判和自我批判。1952 年 1 月 24 日，冯友兰从印度访问载誉归来，刚到清华园还没进家门，就遭到文科学生围攻批斗，火力十分猛烈，可称清华园里“破天荒第一遭”。当时清华文学院领导人高望之，在事隔 50 年后“回想起来还有点毛骨悚然”。他害怕冯友兰“会忍受不了而萌发轻生之念”，在散会时，专派中国共产党党员教师李广田送冯友兰回家。[24]越是到后来，这种批判就愈加猛烈。在 1958 北京大学校庆 60 周年大会上，陈伯达指名道姓批判冯友兰。1958 年 6 月以后，北京大学哲学系以冯友兰为批判重点，先后在中国哲学史研室会议、几个教研室联席会议、全系教职员大会、全系教员及部分学生参加的大会上对冯友兰发动批判。[25]

1960 年 2 月，还是在对知识分子改造还比较宽松的时候，中国共产党北京大学委员会编撰了《冯友兰小传》。其中说，冯友兰 1949 年前“为蒋介石献策，宣传道统，从思想上反对共产党，实为国民党反动派的御用哲学家”，1939 年至 1946 年间“积极为蒋匪工作……宣传反动哲学‘新理学’，并经常在昆明各报发表反动文章。抗战期间，蒋组织青年军时，冯在西南联大曾鼓动青年参加青年军。1945 年‘一・二一’运动时，接受蒋匪密令，与傅斯年、吴有训以中间姿态出现，动员教授复课，破坏学运”；1949 年后“写信给毛主席，试探对高级知识分子的政策。工作中假装积极，实际上与党格格不入”，“他所发表的关于哲学史方法论方面的文章是‘新理学’体系具体运用到中国哲学史方面的表现，他虽然表面上说愿意并且也作了一些自我批判，但其‘新理学’的观点都原封未动。……他自认为其哲学体系有合理的内核，一半是唯心主义，一半是唯物主义，起了一定的进步作用，因而企图以此作为在政治方面、学术方面向党讨价还价的资本”。最后结论认为，冯友兰“解放以来始终与党不是一条心……并常通过学术问题与党的领导相对抗，在中国哲学史方面与党争夺领导权。1957年整风鸣放时曾说：学校党委、高教部、中宣部、甚至毛主席，都不能领导学术。冯富有资产阶级的政治经验，善于观察风向。平时不暴露真实思想，在运动中看风使舵，什么情况说什么话。……对待自己的资产阶级学术思想虽曾写书(《四十年的回顾》)进行了一些自我批判，承认自己是‘四十年来作逆流’，但在课堂上介绍新实在主义时，至今没有对自己的有关思想进行批判；至于政治立场更没有多大改变，资产阶级学术思想仍然根深蒂固。政治排队，整风反右时期中右，现在仍为中右”[26]。同年7月，北京大学哲学系中国哲学史教研室在编撰《冯友兰先生所授“中国哲学史”一课情况》中说，冯友兰“是解放前帝国主义反动哲学新实在论在中国的贩卖者，一贯敌视马克思主义。解放后立场不变，1956年国际反共潮流嚣张，冯友兰提出‘抽象继承法’，与马克思主义和党的领导相抗争，企图使反动的资产阶级哲学复辟。后来在形式上作过一些自我批判，实际上并没有解决问题。1959年所写《四十年回顾》一书，乃是借‘自我批判’为名，对自己过去反动哲学思想大加吹嘘和标榜。1959年暑期我们决定由冯友兰开‘中国哲学史’课时，充分估计到了冯的上述情况，当时叫冯讲课的主要原因，就是想让他发挥一个反面教员的作用。根据五八年对资产阶级学术批判的经验，在战斗中学习也是培养学生的好办法，只要加强对学生的组织领导，通过批判资产阶级唯心主义，同样可以达到学习哲学史知识的目的，一年来对于冯友兰讲授的中国哲学史，我们就是这样做的。……我们觉得这一年来，冯的反面教员的作用已经起到了，没有必要再让他逐堂讲下去了。……下学期我们打算通过边学习边建设教材的办法，发动同学编写中国哲学史讲义……对冯的讲授和他的讲稿进行批判。……下学期结束之后，不打算再叫冯开哲学史通史课，通史课全部改由党员和青年教员开”。[27]北京大学哲学系于4月、7月以“教学检查”名义两次对冯友兰进行大会批判，参加者为四、五年级学生、进修教师、教研室成员，共150余人。有的学生认为冯友兰的思想是“反马克思主义”、“反社会主义”的，听他的课是“浪费青春”。批判会后冯友兰说：“既然是‘浪费青春’，我就不写讲稿了，让他们少浪费点青春吧。”[28]

作为反面教员，必须具备深厚的学术功底和良好的心理素质，不至于一打就倒、一批就恼。冯友兰在接受批判时，不恼不燥，心平气和批判他的人们讨论商榷，反复过招而立于不败之地，并且进行自己批判把批判推向深入，不断提出新观点招来新的批判。对这样难得的反面教员，上面不会随便就把他打倒在地或打入另册，而是一直让他站在台上接受批判、充当反面教员。

1957 年 4 月，北京大学举行 150 多位干部参加的大鸣大放会议，冯友兰出席会议并发言。在发言中，他说："学术问题……越往高越不能解决。毛主席也不能解决一切问题。我想学术问题应由教授决定。"5 月上旬，北京大学召开党内外干部座谈会，讨论人民内部矛盾问题，要求师生对学校领导的官僚主义、宗派主义和教条主义提出批评。冯友兰出席并在发言中说，校务委员会根本不发生作用，许多问题都是已经经决定了的拿到校委会上通过；百家争鸣问题领导不敢放，怕一发而不可收；开课问题领导不放手，不求有功，但求无过；院系调整后哲学教师集中北大学习，学习后的去留问题领导未安排好；学校对知识分子有时只注重改造，将人一棍子打死，有时只讲团结，不注重改造，二者结合不好；干部认为自己绝对正确，总以改造别人面目出现，其实大家都需要改造；送年轻人去苏联学习收获不大，应送教授出国学习。

冯友兰上述这些言论多是针对具体工作讲的，没有"反党反社会主义"的思想。尽管这样，在"欲加之罪，何患无辞"的岁月，若从中找出几句，牵强附会，上纲上线，打他个"右派分子"，也不是难事。他所以没有被打成右派，固然是与他是出于善意提建设性意见、同时言语不激烈有关，同时与还要他继续做反面教员有关。如果他被当做右派分子打倒在地，或打入另册，那就是不能再继续做反面教员了。当时被打为右派分子的朱启贤说，1957 年元月北京大学哲学系举办中国哲学史问题座谈会后，共产党内就有人认为冯友兰和贺麟在会上向马克思主义猖狂进攻，毛主席听了，叫他们不要这样说。如果毛泽东不肯点头，北京大学是不敢把冯友兰打为"右派分子"的。"文化大革命"时期，当时毛泽东在一次会议上随口说，北京大学有一个冯友兰，是讲唯心主义哲学的，我们只懂得唯物主义，不懂得唯心主义，如果想要知道一点唯心主义，还得去找他。……这些人都是有用的，对于知识分子，要尊重他们的人格。有了毛泽东的这一"最高指示"，冯友兰就从牛棚里给释放出来。[29]

20 世纪 60 年代初，冯友兰在北京大学临湖轩参加校务会议。图为江隆基副校长在发言。

冯友兰自己别无选择，也只有老老实实地去接受批判、充当反面教员。在《四十年的回顾·题词》的开头，他说："不堪往事重回首，四十年间作逆流。"对此，他还解释道："今年是五四运动的四十周年。在这四十年间，我们的祖国有了翻天覆地的变革，惊天动地的跃进。""可是，我在这四十年中，所作所为，绝大部分，都是维护要被否定的趋势。站在破坏着的、死亡着的、旧的、反革命的东西的阵线上，反抗创造中的、生长着的、新的、革命的东西。我所用的武器，就是哲学思想。在这四十年中间，在中国历史中最伟大的时期，我有时自觉地，有时不自觉地，在中国哲学界，作了一个逆流的体现者，一名反面的教员。"1958 年 5 月，《北京大学校刊》刊出《冯友兰先生在教研室扩大会上的自我检查摘要》，其中说"我在哲学界是一面白旗……我决心拔掉这面白旗，向党和马克思列宁主义缴械投降，在马克思列宁主义的哲学队伍中重新做一个小兵"，并表示以后"每月向党基层组织汇报工作和思想情况，主动地和党员交朋友"，"1958 年至 1960 年三年之间写论文以自我批评为主，并除在全国发表外，尽可能在国外发表，以肃清我的资产阶级学术思想在国外的影响"。1961 年，冯友兰在《中国哲学史》再版序言中说："这部书是完全从资产阶级的阶级立场，以资产阶级哲学观点，用资产阶级历史学方法所写的中国哲学史。”“这部书的重印，大概可以起从反面提问题的作用。这就是说，在中国哲学史的领域内，这部书可以作一种反面教材。”

就是这种反面教员的角色，冯友兰一当就是四十多年！

注释

[1] 冯友兰：《三松堂全集》第 1 卷，第 117 页，郑州：河南人民出版社，2000 年版。

[2] 同上书，第 13 卷，第 5 页。

[3] 引自冯友兰：1967 年 1 月 4 日所写《解放以后我的反动思想、言论和行动的检讨》。

[4] 引自冯友兰：1958 年所写《交心材料》。

[5] 引自冯友兰：1967 年 1 月 4 日所写《解放以后我的反动思想、言论和行动的检讨》。

[6] 冯友兰：《三松堂全集》第 1 卷，第 116 页，郑州：河南人民出版社，2000 年版。

[7] 引自冯友兰：《冯友兰发言稿(1966 年 7 月 5 日始)·自我揭发自我批判》。

[8] 毛泽东：《毛泽东书信选集》，第 317 页，北京：中央文献出版社，2003 年版。

[9] 冯友兰：《三松堂全集》第 1 卷，第 135 页，郑州：河南人民出版社，2000 年版。

[10] 蔡仲德：《冯友兰先生年谱初编》，第 399 页，郑州：河南人民出版社，2000 年版。

[11] 冯友兰：《三松堂全集》第 1 卷，第 126 页，郑州：河南人民出版社，2000 年版。

[12] 引自冯友兰 1967 年 1 月 4 日所写《解放以后我的反动思想、言论和行动的检讨》。

[13] 陈伯达：《用马克思列宁主义的批判的革命的精神继续改造北京大学，建设一个共产主义的新北京大学》，见 1958 年 5 月 7 日《北京大学校刊》第 231 期。

[14] 关锋：《揭露〈新原人〉的原形——兼论冯友兰先生的哲学系统》，见《哲学研究》1959 年第 2 期。

[15] 钟璞：《旧事与新说》，第 110 页，北京：新星出版社，2010 年版。

[16] 冯友兰：《三松堂全集》第 1 卷，第 141 页，郑州：河南人民出版社，2000 年版。

[17] 季羡林：《牛棚杂忆》，第 215 页，北京：中共中央党校出版社，1998 年版。

[18] 钱穆：《钱宾四先生全集》第 6 卷，《庄子纂笺》，第 13 页，台北：联经出版事业公司出版，1998 年版。

[19] 李锐：《庐山会议实录》，第 189 页，春秋出版社，1989 年版。

[20] 冯友兰：《三松堂全集》第 1 卷，第 138 页，郑州：河南人民出版社，2000 年版。

[21] 同上书，第 137 页。

[22] 同上书，第 139 页。

[23] 同上书，第 140 页。

[24] 高望之：《追忆冯友兰先生二三事》，见钟璞、蔡仲德编：《冯友兰先生百年诞辰纪念文集》，第 343 页，北京：清华大学出版社，1995 年版。

[25] 引自北京大学哲学系：《“双反”运动以来对冯友兰教授批判情况》。

[26] 20 世纪 70 年代初，由哲学系学生送到三松堂一些材料，说是在系里捡的，此件即在其中。

[27] 该报告为未刊手稿，书写在每页 300 字的稿纸上，共 28 页，约 8000 字。原件现藏北京大学燕南园三松堂。

[28] 据北京大学哲学系编：《“双反”运动以来对冯友兰教授批判情况》。

[29] 冯友兰：《三松堂全集》第 1 卷，第 158 页，郑州：河南人民出版社，2000 年版。

第十二章　据理抗争

一　坚持学术研究

二　提出抽象继承法

三　树立一个对立面

一　坚持学术研究

冯友兰自1949年开始直到“文化大革命”爆发，一直在坚持做学术研究。当时，很多学者或潜心外文翻译，或埋头资料整理，或干脆封笔不写，而冯友兰在不断参加政治学习、接受思想改造，间或参加社会活动之余，一直坚持从事学术研究。1950年，他顶着强大的政治压力，写下《对于中国近五十年教育思想进展的体会》和《再论“为学术而学术”的学风》两篇文章，为学术的生存争取空间。这一时期，他的学术研究是很有成效的。1957年6月，《中国哲学史论文初集》由上海人民出版社出版；1962年1月，《中国哲学史论文二集》由上海人民出版社出版；9月，《中国哲学史新编试稿》第一册由人民出版社出版；12月，《中国哲学史史料学》由上海人民出版社出版；1964年6月，《中国哲学史新编试稿》第二册由人民出版社出版。这些著作和论文，总字数不下150万。《三松堂全集》第七卷及第十二卷全部、第六卷和第十三卷一半、第十四卷中《闰编》部分，都是这一时期的作品。这些文章和著作虽然带着那个时代的政治气息和学术痕迹，但出自哲学家和哲学史家之手，还有较高的学术和史料价值。在全国掀起向科学进军高潮的时候，冯友兰见自己年逾花甲，学无传人，十分焦急，专门找副校长江隆基说自己“家有万贯，膝下无子”。后来才有金春峰和蒙培元先后做他的研究生。

冯友兰这一时期学术研究的基本情况，正如他自己所说，“在解放以后，我也写了一些东西，其内容主要的是忏悔，首先是对我在40年代所写的那几本书的忏悔，并在忏悔中重新研究中国哲学史，开始写《中国哲学史新编》。”忏悔过去，学习马列主义、毛泽东思想是冯友兰这一时期学术研究的基调。在《中国哲学史论文初集》序文中，他带着检讨的口气说：“从解放以后，我写了一些关于中国哲学史研究底文章。其中有一部分，虽然有不少不正确的地方，但是对于学习中国哲学史也可能还有一定的用处。现在把它们收集到这个论文集里，供大家参考。”“研究工作是没有止境的，它底发展有一定的过程。这些文章底原来的样子，就可以作为在解放后我底中国哲学史研究工作底发展过程底说明和例证。”在《中国哲学史论文二集》序中，他谦恭地说：“同《初集》所收的一样，这些论文都是我学习马克思主义的立场、观点和方法研究中国哲学史过程中的习作。其中有些还受到同志们的批评。学生的习作，经过先生批阅以后，就应该扔到字纸篓里，没有保存的必要。”他还说：“我随感写了一首诗，‘已入膏肓针不易，既成废疾起更难。篇中倘有回春意，应谢明时换骨丹。’我在学习过程中，可能也有一些进步。在我们这个时代，无论哪一个人在哪一方面有了任何微小的进步，都应归功于马克思列宁主义、毛泽东思想的指导和党的教育。我的这一首诗就表示我在这一点上的体会。”

从1949年到“文化大革命”这段时间内，思想改造虽然有时有所放松，但总的趋势是在加强，中国哲学史研究更加强调哲学的阶级性和党性，更加突出唯物主义和唯心主义的斗争。在这种背景下，冯友兰编写的《中国哲学史新编试稿》第一册在经集体讨论后于1962年出版。当时，以马列主义、毛泽东思想为指导研究哲学史，就是突出哲学的阶级性，强调唯物主义和唯心主义以及辩证法与形而上学的斗争。

冯友兰后来评价道：“解放以来，许多哲学史工作者都努力以马克思列宁主义、毛泽东思想为自己的工作指针，我也不例外。这种愿望，说起来容易，实际上做起来就困难多了。……就我个人经历说，尽管解放以后真心实意地学习这种新的立场、观点，但是我的立场、观点究竟转变没有？转变的怎样？自己却难以作出判断。可是，还在继续研究中国哲学史，对于历史上的哲学家必须作出评价，在这种评价中必须坚持自己的立场和观点。既然难以判断自己的立场、观点如何，也就就无法相信自己了，只有模仿别人，依傍别人了。所谓‘别人’先是苏联的权威，后来是党内的权威。”“看他们是怎样研究西方哲学史，然后在中国哲学史研究中进行类推和比附。学到的方法是，寻找一些马克思主义经典作家的有关论述，作为条条框框，生搬硬套。就这样对对付付，总算是写了一部分《中国哲学史新编试稿》，出版到第二册，‘文化大革命’开始了，我的工作也停顿了。”其实，即便是没有“文化大革命”爆发，若按上述指导思想写下去，中国哲学研究注定要走进死胡同，连冯友兰自己也感到很不满意。

尽管这样，冯友兰就是用唯物主义和唯心主义斗争原则来研究哲学史时，他也力戒把把这一原则简单化和庸俗化，力图反映哲学发展的丰富性和复杂性，并且不断提出真知灼见。除了《中国哲学史新编试稿》和《中国哲学史史料学》，他的两本中国哲学史论文集，收集了 36 篇论文，《三松堂全集》十三卷里收集这一时期的文章也有 28 篇。这些文章函盖中国哲学很多方面，从孔夫子到孙中山都有。有从宏观方面谈中国哲学发展的，如《中国哲学底发展》简略地论述了中国哲学从孔子到毛泽东的发展，勾玄提要，言简意赅，可以说是一部简明中国哲学史。有关哲学史研究方法的，如，《关于中国哲学史研究的两个问题》一文针对当时过分强调唯物主义和唯心主义的斗争和认为在马克思主义产生之前历史观领域没有唯物主义的弊端，冯友兰强调，哲学史是唯物主义在与唯心主义斗争中发展的历史，但要看到，第一，唯物主义和唯心主义斗争不限于自然观与认识论，也表现于历史观方面，就是说马克思主义产生之前历史观领域也有唯物主义；第二，唯物主义在与唯心主义不仅互相排斥、斗争，也互相影响、渗透。据此，他批评当时哲学史研究中“把哲学史中的唯物主义与唯心主义底斗争，简单化了，庸俗化了，使本来是内容丰富生动的哲学史，变成贫乏、死板”的错误做法。再如，在《中国哲学史发展底一个轮廓》一文中，冯友兰抓住某一个时期的主要问题，围绕这一问题考察当时各家的思想。在论述先秦哲学时，他抓住“天”和“道”、“礼”与“法”两对范畴，论述名、儒、墨、法、道、阴阳六家的思想，提纲挈领，脉络清晰。在论述汉代哲学时，他说：“汉代为了在理论上拥护统一的中央集权的大帝国，需要一种理论，儒家与阴阳家混合起来的这种‘天人感应’思想就适应了这种需要。这种思想底代言人是董仲舒。……他证明每个朝代都是受天命来统治人民的，统治者底每一举动都能感动天，以此来加强统治者底地位与作用，这是一种神秘主义。”“反对董仲舒思想的有《淮南王书》那一派的思想。汉初有中央集权和诸侯地方割据二派底政治势力，淮南王刘安代表诸侯割据的政治势力。从历史发展上看，淮南王所代表的政治势力是反动的。但是当时反对董仲舒主张的思想家不能在中央发表意见。就跑到淮南王那里，可以'争鸣'一下。淮南王组织他们写成《淮南王书》，所以淮南王所代表的政治势力虽反动，但是《淮南王书》底思想却是进步的。"在比较程朱理学和陆王心学的进步性时，冯友兰指出："从某些方面看，陆王底唯心主义比程朱底唯心主义更彻底些，从另一方面看，陆王底保守性要小一些。因为，程朱强调的'理'，把封建社会底道德标准说成是理底内容，这样的理是客观存在、永远不变的。这就抬高了封建道德底地位，更增强了封建道德对人民的束缚力。陆王认为心即理，这样理底灵活性就大了些。当然陆王所说的心中之理，大部分也是封建道德标准，就这方面说没有什么进步性。但是，由于'理'有了比较大的灵活性，陆王学派就可以发展成为像李贽学派的针对封建制度提出一定高度批判的反抗思想，而从程朱方面却不能有这种发展，无怪过去的封建统治者说陆王学派可能有流弊。因之，有些人以为陆王学派有些进步作用是有道理的。但是，决不能太强调其进步作用。为封建制度寻找理论基础，是他们哲学中的基本部分。"[1]

在这些论文中间，讨论最多的还是关于先秦道家和儒家的思想。1959年，冯友兰发表《先秦道家哲学主要名词通释》长文。鉴于当时双方对老子思想争论争相持不下的情况，他特别强调研究方法问题："不要局限于先秦道家的某一种资料，而要把现在所有的先秦道家的资料，都排在一起，打成一片，把这些材料里边所有的主要名词和术语，作一种比较和分析的研究，找到它们的共同的意义。这也就是说，找出这些名词和术语在先秦这个时期，在道家这个学派里的特殊意义。这些找出来以后，再看这些名词和术语，在道家内部各流派里边，又有什么自己的特殊意义。在这基础上面，就可以看出来先秦道家思想跟其他各派的主要不同之所在，也可以看出道家内部各流派的同异之所在。这样，就可以认识和了解先秦道家和其中流派的本来面目。"接着他就根据这种方法，结合先秦道家著作以及与道家相关的文献，分析道家主要概念"气"，"精"、"神"、"明"，"一"，"德"、"礼"，"道"等，得出先秦道家有一个从唯物到唯心的演变过程的结论。

20 世纪 60 年代，冯友兰在书房中。

1961 年，他连续发表三篇研究庄子的文章：《论庄子》、《再论庄子》和《三论庄子》。在《论庄子》一文里，冯友兰指出：先秦唯物主义与唯心主义斗争至庄子和荀子达到高峰，荀子是唯物主义阵营主将，代表新兴地主阶级的要求和愿望，庄子是唯心主义阵营主将，反映没落奴隶主悲观绝望的意识；研究《庄子》应打破内、外、杂篇的成见，以《逍遥游》、《齐物论》为主，其他篇中有与此二篇相合的也可用作说明；《逍遥游》是纯粹主观唯心主义思想，是从宋尹学派朴素唯物主义思想转化而来，《齐物论》则充满相对主义、不可知论和虚无主义；庄子思想是没落贵族彻底失败后的"精神胜利法"。在《再论庄子》中，冯友兰结合《庄子·天下篇》提供的线索，论证研究庄子应以《逍遥游》、《齐物论》为标准鉴别其他各篇，打破郭象本内、外、杂篇的界限，并据此与任继愈《庄子新探》、关锋《庄子外、杂篇初探》有关论点进行商榷。在《三论庄子》中，冯友兰针对关锋《庄子哲学批评》一文中关于“庄子哲学体系的骨架是这样一个三段式：‘有待’——‘无己’——‘无待’”的观点，提出庄子体系的骨架应改为四段式，即“有待”——“无己”——“无待”——“有待”，亦即《天下篇》所说“不谴是非以与世俗处”、《齐物论》所说“两行”；最后指出：“这是精致的混世主义”，“‘圣人’从‘有待’在思想中绕了一个圈子，自以为同于‘无待’，由此再来混世，再入于‘有待’，就自己觉得所谓混世，就是‘无待’的结果，因此他就‘心安理得’地混下去了。”“这就是庄子哲学的特征”。

这一时期，冯友兰对儒家的研究集中在孔子上。他前后写了很多研究孔子的文章，从不同方面讨论孔子思想，并和学术界极左观点反复讨论。1954 年 4 月，他就和黄子通、马采一起发表《孔子思想研究》一文，对孔子的阶级立场与政治主张、对待礼的态度与仁的提出以及教育思想进行初步研究。1956 年 11 月，他发表《关于孔子研究的几个问题》一文。文章介绍哲学界孔子评价中的分歧，并提出自己的看法，认为孔子的自然观是唯心的，但对传统宗教的态度摇摆不定，在当时具有进步意义；拥护旧制度，还给它一种理论上的根据；将礼放在第一位，把仁放在第二位，但仁的提出具有进步作用；孔子的思想方法或认识论有唯物主义精神；开创私人讲学之风，整理古代文化典籍，对古代文化传播有很大贡献。

1960 年 7 月到次年 7 月，冯友兰连续发表三篇研究孔子的文章：《论孔子》、《再论孔子》和《三论孔子》。在《论孔子》中，一开头便讲了他向来坚持的主张：“在中国历史上孔子是第一个大规模私人讲学的人，也是第一个创立学派的人。”关于孔子的阶级立场和政治主张，他指出：“孔子和他所创始的儒家，是代表从奴隶主贵族转化过来的地主阶级的利益。这样的地主阶级，希望尽可能在不破坏奴隶主贵族制度的前提下，在这种制度的框子里，做一些改革。其中的要点包括承认人的作用，提高劳动生产者的地位，改善他们的生活，接收贵族以外的有能力的人参加政治。”“孔子一生的行动及其全部思想是上面所说的这些态度决定的。他反对刑书和拥护等级制度的态度，在思想战线上表现为对于‘礼’的拥护；他对于‘徕远人’和‘举贤人’的态度，在思想战线上表现为对于‘仁’的提倡。”接着，他从“礼”、“天”、“仁”以及“礼”与“仁”的统一和教育等几个方面详细论述孔子思想。他最后指出：“对于当时具体的政治问题，孔子的态度是偏于保守的。对于‘周礼’孔子基本上是拥护的。”“关于天和鬼神的问题，孔子接受了传统的宗教的见解，但也作了比较重要的修正。……我认为孔子的自然观基本上还是唯心主义的。‘仁’是孔子新提出的问题；把‘仁’作为一个主要的道德原则，是以前所没有的。在文化和教育方面，孔子虽然把整理和传授古代典籍作为主要工作，但是在这一方面，新的成分占主要的地位。他对于春秋以前的文化作了一种总结，而又使它提高一步。”《再论孔子》一文则着重探讨孔子关于“仁”的思想，冯友兰指出，孔子的“仁”既是一种道德，也是一种世界观。作为一种道德，“仁”就是“爱人”、“己所不欲，勿施于人”、“己欲立而立人，己欲达而达人”；这些“是以普遍性的形式提出来看的”，虽然其具体内容有明显的阶级性，但其字面意义是超阶级的，与资产阶级的自由平等博爱一样，是一种普遍性形式；“在一个阶级还是在上升阶段的时候，它的思想上的代言人的思想所具有的那些普遍性形式，还不完全是欺骗。”作为世界观，“仁”是“孔子所讲的‘忠恕之道’，就是讲别人是和自己平等的人，要把别人当做和自己平等的人来对待。孔子所讲的‘仁’，也有自我意识的意义。我们似乎也可以说，孔子所讲的‘仁’，有人的类意识和类行为的意义”。针对有人认为孔子思想是杂拌的观点，冯友兰指出：“孔子的思想并不是一个各方面拼凑起来的折中的杂拌儿，而是一个完整的哲学体系。孔子的思想在中国两千年的封建社会居于统治的地位，这固然是由于统治阶级的支持，也由于它本身能有很大的影响。这不是一个杂拌儿的思想所能做到的。”在《三论孔子》一文前面，冯友兰做简短说明：“这篇论文代表我最近对于孔子的整个看法。文中有某些部分已先后分别在别的刊物中发表，但因其是整个看法中的一部分，故并存之。”该文除了重述上面两篇文章的主要观点，着重强调：“在一种历史条件下，一个思想家的思想中如果有新的一面，这一面即便在他的思想中只占比较小的一部分，可是我们也必须承认，这个思想家是进步的。”因此“只要承认‘仁’及教育思想是孔子思想中的新的一面，又承认春秋是从奴隶制向封建制过渡时期，就不能不承认这种思想是孔子思想中主要的一面”，“孔子是当时新出现的地主阶级在思想战线上的代表，但还是个改良主义者，他的思想有新的一面，这是主要的；维护旧制度的一面不是主要的，所以孔子基本上是当时的一个进步人物”。

1962 年 11 月，冯友兰发表《关于孔子讨论中的一些方法论问题》。

他指出,"孔子所说的'仁'虽然有很大的阶级局限性,但是,在一定程度上反映了当时奴隶得到解放的事实,反映了新生产关系的产生;孔子对于'仁'的重视,表示他拥护新生产关系。孔子是以普遍性形式提出'仁'的学说,作为当时地主阶级向奴隶主贵族争取劳动人民的一种武器。在这普遍性形式中的'仁',在阶级社会中是不可能施行的空话,但在当时也反映一定阶级斗争情况,有其进步意义"。

在以上这些文章里,冯友兰在肯定孔子思想的基础上,重点突出孔子仁的思想,认为孔子的仁以普遍形式提出,和资产阶级早期"平等"、"自由"、"博爱"的思想一样,在当时具有进步意义。冯友兰这些观点刚一提出,就遭到学术界的反对。

1963年,冯友兰与中国科学院社会科学部中国哲学史组的同事们在一起。

冯友兰这一时期研究除了集中在道家和儒家以外,也涉及近现代许多思想家,如林则徐、魏源、康有为、梁启超和章太炎等。在《鸦片战争与林则徐》一文,冯友兰指出,"林则徐依靠人民禁烟抗英,学习西洋,研究西洋,就这些方面说,林则徐是当时进步的人物。""但在另一方面,他仍然是当时清朝封建统治阶级中的一个'大员',是清朝皇帝的忠臣。"在《魏源底思想》一文中,冯友兰指出,魏源在中国近代史中第一个正式主张向西方学习，既主张“师夷之长技以制夷”，又认为“其章程可垂奕世而无弊。”他是 19 世纪中国最先进的思想家，其思想“是中国封建主义开始崩溃底反映，也是资本主义要在中国出现底反映”。《康有为底思想》一文认为，康有为的几封上书代表了资产阶级化的地主阶级及其民族资产阶级的要求，他的变法思想与计划在当时所打击的主要是顽固派与洋务派，因而有进步意义；但后来时代变了，他的主张与思想不变，便成了反动的死硬派。在《梁启超底思想》一文中，冯友兰说，梁启超思想本是资产阶级化的地主阶级的思想，戊戌变法失败后，其中地主阶级成分暂时收敛，资产阶级成分暂占优势，至革命派与立宪派斗争尖锐时，其地主阶级成分又占优势。《章太炎在〈民报〉时期的哲学思想》一文认为，章太炎“依自不依他”、“自贵其心，不援鬼神”的思想是资产阶级个性主义的具体表现，在反抗封建、解放个性方面有一定积极意义，但他把“依自不依他”绝对化，把“我”看成绝对，最后倒向主观唯心主义，堕入虚无主义的幻想。这是资产阶级、小资产阶级软弱性的表现。

在从事中国哲学史研究的同时，冯友兰一直关注中国哲学史史料的整理工作。1962 年 6 月，他撰写的《中国哲学史史料学初稿》由上海人民出版社出版。他在前言中说：“这是为初学中国哲学史的人介绍史料的一部稿子。原来计划要大加补充、修改，然后才出版。因为目前有更迫切的任务，这部稿子的修改、补充工作，暂时不能进行。可是，经常有人给我写信，询问学习中国哲学史要看什么资料。一一回答，势所不能；即回答也觉挂一漏万。因此，我觉得，先把它以初稿形式印出，或许能部分地解决一些同志有待于解决的问题。”全书共有 14 章，第一、二章为“史料学的范围和内容”、“论目录”。第三章至第十四章分别论述商代至近代的史料。在这一部分里，冯友兰辨别著作的真伪，比较版本的优劣，对原著内容进行提要，对名家注疏进行介绍，颇有创见。书后的附录为“《中国哲学史史料学》参考资料”，包括“史料学的范围和内容部分”、“目录部分”、“商至西周部分”、“春秋战国部分”、“汉至晋部分”、“唐至清部分”、“近代部分”。其中，“史料学的范围和内容部分”摘录了《苏联大百科全书》中“史料学”的内容；“目录部分”摘录了从班固《汉书·艺文志》到余嘉锡《〈四库提要辨证〉序录》；“商至西周部分”到“近代部分”则摘录历代大家对名著注疏的序跋以及关于版本的考证和鉴别等，内容详细，资料丰赡。这部著作是学习和研究中国哲学史的津梁。

二　提出抽象继承法

哲学作为智慧之学，是对智慧的热爱和追求，是对问题的思考和拷问，是对现实的批评和矫正。因此，真正的哲学总是与教条和权威水火不相容的。哲学家总是在对问题进行思考，对现实进行反思，并由此形成自己的思想体系和思维方式。冯友兰所看重的是共相和一般的价值与意义：在对中西哲学比较研究时，他注意中西哲学中相通的部分；在创立“新理学”体系时，他强调理世界的存在和意义；在研究中国哲学时，他着力挖掘中国哲学中具有永恒价值的东西。这一思维路数是比较稳定和难以改变的，强有力地支配着他的学术研究，即便是不再做哲学创作只从事哲学史研究、不再做思想家而只做学问家的时候，他也有着自己系统而独到的看法。不仅如此，他学习马克思主义是真诚和认真的，在学术研究上尽可能做到客观和真实。这样，他与当时学术界流行的极“左”思想和粗暴做法的冲突也就不可避免：“在有些时候，也发表了一些不是忏悔的见解和主张。这些见解和主张刚一提出来，就受到了批判。其中比较大的有两次。一次是关于哲学遗产的继承问题，另一次是关于理论与实践的问题。”前者后来被称为“抽象继承法”；后者当时就叫“树立一个对立面”。

中国哲学界很长时间内普遍认为，哲学是意识形态型的上层建筑，是为一定阶级服务的，具强烈的阶级性，以往所有的哲学都是统治阶级和剥削阶级哲学；哲学发展贯穿着唯物主义与唯心主义、辩证法和形而上学的斗争，唯物主义是进步阶级的哲学、是为进步阶级服务的，唯心主义是落后阶级的哲学、是为落后阶级服务的；在马克思主义产生以前，政治思想和社会历史领域没有唯物主义……若把这些观点按逻辑彻到底的话，就可以得出这样的结论：中国历史上的哲学完全是错误的和反动的，根本没有什么值得继承和发扬的。针对这种情况，冯友兰开始自己思考。1956 年 11 月，他在中国人民大学哲学系做题为“中国哲学史中思想的继承性问题”的讲演，初次提出继承哲学命题抽象意义的问题。1958 年 1 月，他在《光明日报》上发表《关于中国哲学遗产的继承问题》一文，文章说：“我们近几年来，在中国哲学史底教学研究中，对中国古代哲学似乎是否定得太多了一些。否定的多了，可继承的遗产也就少了。

我觉得我们应该对中国的哲学思想，做更全面的了解。”如何全面了解呢？就是要区分哲学命题的“抽象意义”和“具体意义”，他写道：

> 在中国哲学史中有些哲学命题，如果作全面了解，应该注意到这些命题底两方面的意义：一是抽象的意义，一是具体的意义。过去我个人，对中国哲学史中的有些哲学命题差不多完全注意它们底抽象意义，这当然是不对的。近几年来，我才注意到这些命题底具体意义。当然，注意具体意义是对的，但是只注意具体意义就不对了。在了解哲学史中的某些哲学命题时我们应该把它底具体意义放在第一位，因为，这是跟作这些命题的哲学家所处的具体社会情况有直接关系的。但是它底抽象意义也应该注意，忽略了这一方面，也是不够全面。[2]

对于哲学命题的“抽象意义”和“具体意义”的含义，冯友兰解释说：

> 什么是命题的抽象意义和具体意义呢？比如《论语》中所说的“学而时习之，不亦说乎”。从这句话底具体意义看，孔子叫人学的是《诗》、《书》、《礼》、《乐》等传统的东西。从这方面去了解，这句话对于现在就没有多大用处，不需要继承它，因为我们现在所学的不是这些东西。但是如果从这句话底抽象意义看，这句话就是说：无论学什么东西，学了之后，都要及时地、经常地温习和实习，这就是很快乐的事。这样的了解，这句话到现在还是正确的，对我们现在还是有用的。[3]

他进一步指出，以上这种区分具有普遍意义，并巧妙地以革命导师对黑格尔哲学做法为例来说明这一问题：

> 我们现在还谈一个问题，就是说，我们分别一个命题的抽象意义和具体意义的这个讲法，是否很特殊呢？其实并不特殊，许多哲学家向来都是这样做的。以研究黑格尔为例。马克思、恩格斯、列宁都认为黑格尔的思想有“合理的内核”，这就是他的辩证法思想。大家知道，黑格尔是个唯心主义者，黑格尔的辩证法是与他的唯心主义密切联系着的。他讲的“发展”，就是那个“绝对观念”的“发展”，由不自觉经过外在化而自觉，由为自到为他。这是“绝对观念”底发展。我们认为他底辩证法是“合理内核”，就是取其发展底抽象

意义，而不是取其具体意义，就是说：取其“发展”而不取其“绝对观念”。

恩格斯在《路德维希·费尔巴哈和德国古典哲学的终结》一书中说，黑格尔的方法与其体系有矛盾，这也是就其“方法”底抽象意义说的，如就其具体意义说，并无矛盾。马克思说黑格尔是头脚倒置的，要把它扶正过来。这也就是要注意黑格尔的许多命题的抽象意义，不然是不能扶正的。[4]

接着他总结说：

因此我们说，把过去哲学中的一些命题从两方面讲，分别其具体意义和抽象意义，许多哲学史家本来就是如此做的。不过我们现在要自觉地这样做，只有这样做，才可以看出哲学史中可以继承的思想还是很不少的。当然，假使过重于在抽象意义方面看，可继承的东西又太多了，甚至连“君君臣臣”也有人看做上级和下级的关系，这是不对的。如果过重于在具体意义方面看，那么可继承的东西就很少了。必须两方面都加以适当的注意，适当的照顾。这样，我们就可以对古代哲学思想有全面的了解。[5]

冯友兰进一步指出，哲学史上有些概念和命题，若就其抽象意义而言，它们就具有永恒价值。

哲学史中的某些哲学命题，我们若专注重于其抽象意义，它是不是对一切阶级都有用呢？要是这样，哲学史中的某些哲学思想，是不是就不是上层建筑呢？庄子早就提出了这个问题。在《庄子·胠箧》篇中说：“盗亦有道：夫妄意室中之藏，圣也；入先，勇也；出后，义也；知可否，智也；分均，仁也。五者不备，而能成大盗者，天下未之有也。由此观之，善人不得圣人之道不立，跖不得圣人之道不行。天下之善人少，而不善人多，则圣人之利天下也少，而害天下也多。……圣人不死，大盗不止。”在当时的统治阶级看，跖是一个大盗；在农民看来，他是农民起义的领袖。这一点我们现在不论。专就庄子这一段话讲，他的意思就是把“仁义道德”看成像刀枪等武器一样，谁都可以用，“仁义道德”可以为统治阶级服务，也可以为反抗阶级服务。他认为“仁义道德”就是一种组织力量，谁想组织起来，谁就用它，不用不行。谁用它，它就为谁服务。《庄子》底这段话，可

> 以作为一个例，以说明哲学思想中有为一切阶级服务的成分。这个问题我大胆地提出来，作为进一步讨论的基础。[6]

以上就是《关于中国哲学遗产的继承问题》一文的主要内容。不料，冯友兰这篇文章刚一发表，就引起哲学界的轩然大波，批判他的文章铺天盖地而来。

1957年1月下旬，北京大学哲学系举办中国哲学史问题座谈会，讨论如何评价唯心主义、中国哲学史的特点与研究中国哲学史的目的、中国哲学遗产的继承等问题。与会者除北京大学哲学系教师外，还有中国科学院哲学研究所、中共中央高级党校、中国人民大学哲学系等单位教师和研究人员，共有一百多人。会上发言共三十五人次，争论极为热烈。冯友兰因提出区分哲学命题的“具体意义”与“抽象意义”问题，成为众矢之的，支持冯友兰观点的只有北京师范大学教授朱启贤一人。

在接着近一年多时间里，陈伯达、关锋、侯外庐、艾思奇、胡绳、杜国庠，以及哲学界很多的人都纷纷撰文在主要报刊上登出，批判冯友兰提出的“抽象继承”。中国人民大学哲学系教师集体撰写文章批判冯友兰，北京大学哲学系的学生也集体撰文批判冯友兰。1957年7月，《哲学研究》编辑部专门编辑出版了《中国哲学史问题讨论专辑》。这个集子里，批判冯友兰的文章超过三分之一，只有羊荣华的《我赞成冯先生的看法》明确肯定冯友兰的观点。可以说，是动用了当时朝野上下哲学界和理论界的全部力量来批判冯友兰一人。当然，不少学者对他的批判是违心的，他们内心还是赞成“抽象继承法”的。

在这些批判中，陈伯达、关锋、胡绳、艾思奇、侯外庐等人的文章分量最重，力量最大。

陈伯达在《批判的继承与新的探索》一文中指名道姓地批判冯友兰说：“有些人，他们倒不去搞许多烦琐的考证，却是在继承历史遗产、文化遗产的名义下，在玄虚中绕圈子，把古代加以现代化，把现代加以古代化。例如冯友兰先生曾经提出过所谓‘抽象继承法’，在实质上就是这样。”[7]关锋在文章中更是咄咄逼人地批评说：“冯先生提倡从中国哲学史上拣出现成的拿来使用的好东西的方向，这实际上是反马克思主义的，哲学史上没有也不可能有马克思主义哲学中所没有的、可以现成拿过来使用的好东西”，“冯先生的方向与批判继承的方向实质上是无产阶级思想和资产阶级思想的对立；马克思列宁主义对历史上的一切文化，坏的要干干净净地消灭它，好的(比较而言)要彻底消灭它(亦即否定、扬弃)。旧的东西是不能没有抵抗的。'拣现成的好东西'——新国粹主义，便是这种抵抗，企图在新形式下(贴马列主义术语的标签)保存起来的一种表现。我们必须和它坚决地作斗争。"[8]胡绳在文章中批判说："冯先生提出了一个值得认真考虑的问题，但是他所设想的解决问题的方法是趋向一个错误的方向。其所以是错误，就因为在应当实事求是地作具体分析的时候，却采用了一种最省力的办法。从主观出发在头脑里做一次简单的抽象，这是不能解决实际问题的"，"在继承哲学遗产的问题上，我们断不能把接受和批判这两件事绝对地对立起来。不经过科学的分析和批判而一概否定，这种粗暴的态度是我们所不取的。不经过科学的分析和批判而谈接受，这种囫囵吞枣的办法也是我们所不取的。"[9]艾思奇批判说，冯友兰的意见"和实在论的唯心主义观点一致"，"没有完全摆脱他往日'新理学'时期的客观唯心主义观点"，"照冯先生的标准来说，任何哲学命题都可以加以肯定和继承了，其结果就完全抹杀和掩盖了唯物主义和唯心主义的对立"，"所以我们对于哲学遗产的肯定与继承的标准，并不在于命题的抽象与具体之分，而是要看它的内容是否唯物主义和辩证法的"[10]。侯外庐在文章中指出："1956 年以来，国际国内出现一股反对马克思主义的逆流，而在国内消灭资产阶级的经济基础时也出现了一股反对马克思主义的逆流。……于是，修正主义的论调出来了，继承哲学遗产的'疑问'也提出来了"，"对唯物主义传统与优秀历史遗产采取虚无主义态度，同时也对唯心主义传统与封建糟粕采取爱护备至的复古主义态度。……这里也可以看出冯友兰先生阶级观点的偏爱，说穿了，这是基于资产阶级立场的阶级偏爱"，又说，"对代表敌对阶级的两种文化避而不谈，而夸夸其谈起两种'意义'('抽象意义'和'具体意义')，而在两种意义中强调了超阶级、超斗争的抽象意义，提出了各阶级各学派的共同的天理流行论，唯物主义和唯心主义'互相渗透'的道体观……又是作为道体的核心的'新统'在马克思主义的外衣之下复活了。"[11]

面对着众口一词的批判，1957 年 10 月，冯友兰发表了《再论中国哲学遗产底继承问题》作为回应。在这篇文章中，冯友兰首先厘清"继承"的几种含义："所谓继承，包括三个问题：第一，什么是继承，就是关于继承底意义底问题；第二，怎样继承，就是关于继承底方法问题；第三，继承什么，就是关于继承底内容与选择底标准问题。"对于继承的意义，冯友兰进一步解释说："每一个民族，特别是有悠久历史的民族，都积累有一个知识底宝库。""在历史发展底各阶段中，各阶级向已有的知识宝库中，取得一部分的思想，加以改造，使之成为自己思想斗争底武器，在自己的事业中，发生积极作用。这就是思想继承。"就怎样继承问题，鉴于人们对"抽象"一词的误解，他用"一般意义"与"特殊意义"代替"抽象意义"与"具体意义"。这样哲学命题的"抽象意义"就转换成"一般意义"，对哲学遗产的继承问题就转换为处理哲学命题的一般与个别的关系问题。就哲学命题的一般与个别的关系而言，冯友兰指出："说一个哲学命题具有一般意义与特殊意义与特殊意义，并不等于说一般意义能离开特殊意义而单独存在"，"我们对于一个哲学命题进行分析，指出其中有一般意义与特殊意义，并且在一定范围内把它们分别来看，这是我们研究哲学史底一种经常的工作。事实上我们在哲学史研究工作中，都是这样做的。"只是人们对这一问题没有自觉、没有说明罢了，问题是如何对这个问题边得自觉和明白。冯友兰说："一个方法底应用，有自觉与不自觉底分别。大家都不自觉地使用的方法，经过一番自觉的讨论，这个方法就更明确、更精密。……我所说的这个方法，虽然是哲学史工作者经常使用的，但是我提出的时候，还有许多争论。这固然是由于我底提法在有些地方不恰当，但是也可见一个方法由不自觉到自觉，也不是一件容易的事情。"针对有人提出哲学史研究"必须把它的一般意义及其具体特征结合起来"的说法，冯友兰指出："既然谈到'结合'，那就是已经把一般意义和具体特征分析出来以后的事情。没有分析以前，一般意义及其具体特征本是在一起的，用不着结合。由本来的一起，经过分析，再归于结合，这个认识过程，也是一个辨证过程。"因此，对一个哲学命题进行一般意义和特殊意义的区分是哲学史研究的必要前提。冯友兰最后指出："专靠这个方法，未必能解决哲学遗产中的继承问题；但是，不用这个方法，就不能解决哲学遗产中的继承问题，也不能做哲学史研究工作。事实上这个方法是大家所经常使用的。用两个比较专门的字眼，这个方法，对于哲学史研究工作与解决继承问题，是必要的，但不一定是充足的。"

这篇文章的发表并没有减轻人们对他的继续批判。先是北京大学哲学系师生张贴大字报批判他；接着是关峰、侯外庐、吴传启等人继续在主要报刊如《光明日报》、《哲学研究》上发表文章批判他；陈伯达在 1958

年5月4日北京大学校庆大会上还点名批判他。

面对来自朝野上下的压力、学界内外的批判，冯友兰不得不改变策略。1958年9月，他在《哲学研究》上发表《批判我底抽象继承法》。文章一开头就把别人强加他的大帽子戴在自己头上："在去年1月间中国哲学史讨论会里，修正主义的思想有各种各样的表现，或者如像贺麟先生所明白说出的'为唯心主义的较高评价而斗争'，或者就哲学史的对象问题，企图修正日丹诺夫同志的哲学史定义，或者强调中国哲学史的特点，企图使哲学史发展的一般规律，不能适用于中国哲学史。我在会里发表一系列修正主义的言论，其中最突出的是所谓'抽象继承法'。会后我又发表了一些论文，对于中国哲学史的发展提出一些修正主义的看法。这各种的企图其实也就是用不同的方法，在不同的程度上，'为唯心主义较高的评价而斗争'。""这是一场严重的哲学思想斗争，也是一场严重的阶级斗争。资产阶级哲学家，不甘心他们底唯心主义哲学随着中国资产阶级共同死亡，在国际修正主义逆流汹涌的时候，以'百家争鸣'为护符，以反教条主义为借口，企图乘机向马克思主义反攻。我就是这些资产阶级哲学家中的重要的一个。"他并且把自己和章伯钧与罗隆基两个"右派分子"也"拉扯"上，资产阶级"后来在政治上表现的是章罗联盟及其他右派分子，先在思想上表现的就是我和贺麟先生。中国哲学史讨论会上，贺麟先生说是要和我结成统一战线。""在这场哲学思想斗争中，我主要地是就'中国哲学遗产继承问题'向马克思主义反攻，我所用的可怜的武器就是上面所说的我那套反动哲学思想。""抽象继承法"的基本思路与《新理学》是相通的，当时已经有人指出。冯又兰就此进一步批判到《新理学》："我底'抽象继承法'是从《新理学》一贯下来的，是《新理学》幽灵底再现。《新理学》是用割裂特殊与一般的形而上学的方法，把统一的世界，分成为两部分。'抽象继承法'也是企图用这种方法把一个命题的意义分割为两部分，抽象意义和具体意义。我还要再指明一点，就是，'抽象继承法'的这种分割，比《新理学》所作的分割，更为诡辩。"接下来，他自己承认错误说："我的'抽象继承法'它在理论上是荒谬的，在实践上是有害的。"

冯友兰这篇自我批判的文章发表以后，学术界对他批判的势头稍微减弱，但一直没有停止过，持续了很长时间，成为中国现代哲学史上的一桩公案。一直到现在，这还是冯学研究的话题之一。事隔近三十多年，冯友兰在写《三松堂自序》的时候还费了整整16页的文字来为自己申辩。他首先评价说：

这篇文章的内容，后来被称为“抽象继承法”。这篇文章的确有些提法，是不很妥当，但是其基本的主张，我现在认为还是可以成立的。[12]

接着，他指出被批判的原因：

这篇文章之所以引起批判或者误解，首先是由于“抽象”这个词的严格的哲学意义没有先说清楚。人们一听到说“抽象”，就有一种虚无综纱、不可捉摸、没有确定意义的感觉，认为所谓“抽象”的东西，就是那一类的东西。跟这种东西相对的叫“具体”，“具体”是实实在在、有确定内容、有确切意义的东西。照着这样的意思理解抽象继承，就觉得所谓抽象继承是荒谬的，也是不可能的。要继承，总得继承一个实实在在、有确定内容、有确切意义的东西。一个虚无缥缈、不可捉摸、没有确定意义的东西，怎么可以继承呢？把我的主张名为“抽象继承法”，就是要利用人们对于抽象的这种混乱的理解，以说明我的主张的荒谬和不可能，这也是戴帽子的一种办法。[13]

为了说明只有抽象的东西才具有确定意义，他该举了著名的例子：

因为我常讲抽象，张荫麟曾经给我说过一个笑话，说是柏拉图有一次派人到街上买面包，那个人空手回来，说没有“面包”，只有方面包，圆面包，长面包，没有光是“面包”的面包。柏拉图说，你就买一个长面包吧。那个人还是空着手回来，说没有“长面包”，只有黄的长面包，白的长面包，没有光是“长面包”的长面包。柏拉图说，你就买一个白的长面包吧。那个人还是空着手回来，说没有“白的长面包”，只有冷的长白面包，热的长白面包，没有光是“白的长面包”的白的长面包。这样，那个人跑来跑去，总是买不来面包。柏拉图于是饥饿而死。我说，我也听说过一个笑话，说是先生给学生讲《论语》，讲到“吾日三省吾身”，先生说，“吾”就是我呀。学生放学回家，他父亲叫他回讲，问他“吾”是什么意思？学生说“吾”是先生。父亲大怒，说“吾”是我！第二天去上学，先生又叫学生回讲，问“吾”是什么意思？学生说“吾”是我爸爸。先生没有办法叫学生明白，说“吾”是“我”。这个“我”是泛指，用哲学的话说，这个“我”是“抽象”的我，既不是他的先生，也不是他的爸爸。柏拉图对于他的仆人的愚笨，倒有法解决，他可以拉着他的仆人到面包房，指着一块面包说：就是它！可是先生对于这种愚笨的学生倒是很难对付。他无论找什么人，叫他告诉学生说，“吾”就是我，那个学生总还是想：“吾”就是说话的那个人。我说的这个笑话，可以说明，人若没有一种抽象的能力，就连话也不能说，说话总要用一些有一般意义的名词，这些名词的来源就是抽象。[14]

针对有人说“毛主席提倡批判继承，你讲抽象继承是制造混乱”的说法，冯友兰说：

其实，抽象继承和批判继承并没有冲突，也不相违背，它们说的是两回事。批判继承说的是继承要有所选择，与我有利的就继承，与我有害的就抛弃。这说的是继承的对象的问题，说的是继承什么的问题。抽象继承说的是怎样继承的问题。批判继承选择了继承的对象以后。就有个怎么样继承的问题，它讲的是继承的方法。[15]

冯友兰接下来他反思道：“道理是这个样子。不过我以前的提法是有不妥当的地方。……其实，把哲学的继承归结为对于某些命题的继承，这就不妥当。哲学上的继承应该说是对于体系的继承。一个体系，可以归结为一个或几个命题，但是，这些命题是不能离开体系的。离开了体系，那些命题就显得单薄、空虚，而且对它可以有不同的解释，容易作出误解。”“说一个命题有抽象意义和具体意义，这也是不妥当的。因为一个哲学命题所说的，总是一般性的原理，是一个抽象的东西。所以一个哲学命题，应该只有抽象的意义。一个一般的原理，在它实现的时候，在它成为现实的存在的时候，总要寄托于一些具体的情况之中，一般寓于特殊之中。人们对于一个一般原理的了解。也可以因其所处的情况或所有的科学知识的不同而不同。……这些不同，就是原来我所说的一个哲

学命题的具体意义。其实严格地说，一个哲学命题不能有具体意义，它应该排斥具体意义。我原来所说的具体意义，实际上是一个哲学命题在实际情况中的应用，或是人们对于它的不同了解，这是一个哲学命题所

要排斥的。我原来的提法的这些不妥之处，也是引起当时辩论的一个原因。”

冯友兰区分哲学命题的“抽象意义”和“具体意义”、提出“抽象继承法”的根本用意是强调哲学的普遍性和继承性，为中国哲学的继承争得一席之地。这本来是正常的学术研究与讨论就能解决的问题，可当时政治对学术蛮横的干预，把它搞得那么严重和复杂：“当时，有一个反对抽象继承法的运动，这个运动的前线总指挥是陈伯达。”“陈伯达在以下提出了许多问题，这些问题实在难以回答，因为他的思想相当混乱，叫人不知道他所问的究竟是什么。而他那一种提法，叫人有一种印象：你要是不能回答，那你就是承认错误。”

半个多世纪之后，还有人不断讨论这个问题。这桩公案的意义不在“抽象继承法”本身如何，“抽象继承法”的真理性不言自明。其真正的意义在于，冯友兰在当时的情况下敢于提出“抽象继承法”，是需要胆略和智慧的。中国哲学和文化之所以几千年不断不绝，正是由于每逢历史的关键时刻，都会有象冯友兰这样的有识之士不顾个人安危站出来捍卫中国哲学和文化优秀传统，并以自己的生命为燃料去传续这团真火。冯友兰是中国文化的一代托命之人，从“抽象继承法”这段公案上也看得出来。

三 树立一个对立面

对“抽象继承法”的批判还没有过去，另一场对冯友兰的“大批判”又开始了。伴随着1958年全国掀起的“大跃进”热潮，高等院校也开展“教育革命”运动。这场革命的主要内容就是教育和生产实践相结合，知识分子和工农兵相结合，大学停课或缩短学制，老师和学生到工厂或农村参加体力劳动，接受工人和农民的教育。1958年7月8日，北京大学哲学系举行会议，传达第四届学代会关于“贯彻共产主义教育方针，立志做共产主义劳动者，掀起要不要做和怎样做共产主义劳动者的大辩论”的决议。在当晚举行的辩论大会上，多数人认为哲学系应培养“能上能下、能文能武、体力劳动与脑力劳动结合，可以做工人、农民及其他实际工作，也可以做理论工作的新人”。当时流行一句口号是“放下书本，拿起锄头”。

1958年8月底，冯友兰就与哲学系其他师生一起下放到北京郊区大兴区芦城乡，与农民同吃同住同劳动，三分之二的时间劳动，三分之一的时间学习，把"课堂搬到农村"。后来又到黄村参加劳动，接受改造，直到11月才回学校。1959年2月6日，《北京大学校刊》对此报道说，冯友兰与郑昕、齐良骥、熊伟、王宪钧等老教师在黄村人民公社三个月，编在同学小组中，参加力所能及的体力劳动，与农民三同，种地、上粪、养猪、挑水、抬柴，从头学起。[16]从外地参加劳动回到北京后，冯友兰每周还抽出一个下午的时间和其他老师一起参加体力劳动。

就是在这样的背景下，冯友兰于1958年6月8日在《光明日报》的《哲学》副刊上发表题为《树立一个对立面》一文。在文章开头，他先发问道：

在全国大跃进的潮流里，哲学界发生了一些带有根本性的问题。搞了几十年的哲学的人，现在问：究竟什么是哲学？做了很久的哲学工作的人也在问：我们究竟是干什么的？北大的哲学系也在问：哲学系有没有存在的必要？哲学系究竟应该怎么办？究竟要培养出什么样的人？这个现象看起来好像是很奇怪。其实，这些问题，是从对于哲学的性质和任务的更进一步的思考中出来的，这是些真问题。[17]

接下来，他强调理论工作者存在的必要性：

马克思列宁主义是理论和实践的统一。一个马克思主义者，一定是既能掌握理论，又能把理论运用到实际工作中的人。但是在我们的社会中，工作是分工的，因此，就有专搞或是多搞理论的人，也有专搞或多搞实际工作的人。这一点，我想大家是都承认的。

既然是有这一种的理论工作，就必然需要有一部分人做这样的工作，也必然有一些地方培养做这种工作的人。我认为在哲学研究所和综合大学哲学系工作的人就是这一种的人，综合大学哲学系就是培养这种人的地方。这种人我叫做理论工作者，或哲学工作者。[18]

冯友兰进而着重从社会分工的角度谈培养理论工作者的重要性：

有两个问题必须分别清楚。一个是关于一个人的学问和修养的问题，一个是关于一个人的工作岗位和职业的问题，不可把这两个问题混淆起来。

就一个人的学问和修养说，他必须是一个理论联系实际的人，如果他仅只读了一些经典著作，掌握了一些文献资料，懂得一些概念或范畴，而完全不能够解决实际问题，这种人不是我们所需要的。综合大学哲学系如果培养出这一种人，也就跟废品差不多。这是一个问题。

但是从社会上的职业分工说，我们又需要系统地钻研经典著作，掌握文献资料，联系科学，分析概念和范畴等等的人。担任这种工作的人，也必须是能够理论联系实际的人，但是他们的职业却是专搞或是多搞理论，多搞或是专搞上面所说的那种理论工作。[19]

这种理论工作者要经过培养才能产生，培养这种理论工作者就是综合大学哲学系的主要任务：

综合大学的哲学系就是培养这一种人的地方，综合大学跟其他的专科大学或学院不同，它所培养出来的主要是理论方面的人才。当然在理论联系实际的精神指导之下，综合大学的学生也必然能做跟他所学的理论有关的实际工作。……在哲学系的人也必须能到工厂里或是农村里做思想教育工作和理论宣传工作，如果他不能做，那也是笑话。如果他不屑于做，那也是错误。但是他的主要的任务，也还是系统地学习马克思列宁主义，钻研经典著作，掌握文献资料等等，为将来担任理论工作打下基础。[20]

为了避免人们的误解，冯友兰还特意强调，这并不是说综合性大学哲学系的学习不跟当前政策结合起来，也不是说综合大学哲学系的师生不参加工农实际劳动。最后，他苦口婆心并小心翼翼地指出：各地的研究所、图书馆、出版社以及各级学校，都需要理论工作者，不存在培养过剩问题；对理论工作者的培养要从本科做起，再晚就来不及了；重视综合性大学哲学系对理论工作者的培养，并不是轻视实际工作，社会分工确实需要专门从事理论工作的人。

万万没有想到的是，冯友兰这篇文章刚一发表，就又招来了大规模的批判。1958年6月29日，《光明日报》刊出《冯友兰先生树的是一面什么旗》及《教育与生产劳动相结合是唯一正确的社会主义教育路线》，批判冯友兰的《树立一个对立面》。6月30日，北京大学举行全体师生员工大会，听陈伯达作题为“在思想的旗帜下”的报告，在报告中他提到冯友兰关于综合大学哲学系培养目标的意见，说这是“理论—实践—理论”的公式，并指出：“可见解放虽有了八年，但唯心论哲学还在羁绊着你们，要你们做一个领头的对人民毫无用处的‘哲学家’，要你们还是从书斋里冥想的所谓‘理论’中来再回到你们书斋里所冥想的所谓‘理论’中去。难道冯友兰先生反唯物论的公式在实际上不是表现这样的企图吗？哲学系同学应该把这个唯心论的公式倒过来，而变成这样的公式：‘实践—理论—实践’。”陈伯达还指责冯友兰是“假权威”、“空头哲学家”，“应当再做小学生”。[21]紧接着在7月6日和27日，《光明日报》再次刊出《必须坚持马克思主义的哲学教学道路》和《由偏见通往僵化的死胡同》，批判冯友兰的《树立一个对立面》。

8月3日，在强大的压力下，冯友兰在《光明日报》发表《跳出旧圈子，拔除对立面》一文。文章说：“在去年1月间中国哲学史讨论会上，我挺身出来发表了一系列的修正主义的言论，为唯心主义保留阵地。这一次又不甘心于资产阶级教育制度和思想随资产阶级同归灭亡，又挺身出来‘树立一个对立面’。检查起来，我的教育思想，在我的反动哲学体系‘新理学’中，有很深的根源。……批判我的教育思想必须从根源批判起。”又说，“我的封建哲学和资产阶级哲学的包袱是沉重的，但是我还不甘心带着花岗石脑子去见上帝。我要换一个红色印泥的脑子，决定要从旧思想、旧圈子里解放出来，跟着一起大跃进。”同一天，《光明日报》还刊出《批判冯先生的教育思想》；31日，《光明日报》又刊出《冯友兰先生要把哲学系引到什么道路上去》和《冯友兰先生树立的是一面资产阶级的白旗》，这都是批判冯友兰的。

事隔多年，冯友兰回忆说：“这是我在北大哲学系讨论教育革命的一个会上的发言。上边所说的那个前线总指挥陈伯达，在7月1日就提出了批判，登在7月16日出版的《红旗》上。他把我的话歪曲地归纳为一个公式：‘理论—实际—理论’，认为这是与毛主席的《实践论》相对立的，应该把它倒过来，改为这样的公式：‘实际—理论—实际’。”“我当时并没有提出这样一个公式。就算是有那个公式吧，我也认为它并不与《实践论》相矛盾，相对立。”“因为它们所说的并不是一回事。毛泽东在《实践论》中所要讲的是认识论，而我所要讲的是教育学，各有各的对象，各有各的范围。”毛泽东讲的认识论，是讲社会认识和人类认识发展的过程，而不是个人认识获得。就此而言，人类的所有知识归根到底都只有从实践和实际中来。教育学则不是这样，它是讲对个人的教育和个人知识的获得："教育就是把前人的知识，以理论的形式，传授给受教育的人。从教育的观点看，他们的认识，都是或者大部分是理论。从这个意义上说，他们都是从理论出发，事实就是这样。在我们所知道的教育体制中，除了小学之外，无论哪一级的学校，都是从理论出发。"[22]针对陈伯达说他"要学生们做一个空头的对人民毫无用处的哲学家"的指责，冯友兰说："我承认我是认为要有在书斋中讲理论的理论家，但不认为在书斋中讲的理论就一定是冥想的。我不承认这些人就一定是空头的对人民毫无用处的。人民的需要，是多方面的，是各种各样的，因此他们需要有各方面的人才，多种多样的人才，为他们服务，这就需要社会分工。他们需要有做实际工作的哲学家，也需要有坐在书斋里专搞理论的哲学家。"在这段申辩的最后，冯友兰说："可以说，我所谓的哲学工作者还是太少了。这种人才是要赶紧培养的。这种人的工作是要在书斋中进行的，不能说他们是空头的，更不能说他们是对人民毫无用处的。再声明一句：我并没有说大学的哲学系要把所有的学生都培养成这种人才，只是说也要培养一部分学生成为这种人才。"

从1949年到在"文化大革命"爆发之前，冯友兰就一直是被批判的对象，小的批判难计其数，规模大批判和围攻除了以上两次之外，还有一次是围绕"仁的普遍形式"展开的。冯友兰在研究孔子时候，强调孔子的"仁"具有"普遍形式"和进步意义。这一观点刚一提出，就又遭到批判。1963年2月，林杰发表《孔子"爱人"的思想实质》一文。这篇文章率先否定冯友兰关于孔子"仁"具有"普遍形式"和进步意义的观点，认为地主阶级与资产阶级不同，资产阶级与工人阶级之间实质上的不平等被商品的平等交易形式所掩盖，故资产阶级可以抽象地讲人与人之间的平等，地主阶级则由于经济上对农民公开掠夺，政治上有严格等级制度，不可能用平等口号欺骗农民。紧接着，方克立、车载、林聿时、林杰、庄印等人纷纷撰写文章在重要的报章杂志如《光明日报》和《哲学研究》上发表。其中，方克立《关于孔子"仁"的研究中的一个方法论问题——与冯友兰先生商榷》比较有代表性。他说，冯友兰对孔子"仁"的分析是一种超历史超阶级的抽象分析法，一方面抽掉"仁"的本来意义，把它说成是适用于一切历史时代、一切民族、一切阶级的抽象原则，一方面又把资产阶级平等的实际内容添加给它，把孔子思想资产阶级化，"抽出去"和"填进来"是超历史超阶级的抽象分析法的两个方面，主张抽象继承法的人总是利用这种手段为本阶级利益服务。

针对方克立等人的批评，冯友兰撰文指出，马克思在《德意志意识形态》中关于普遍性形式思想的分析批判对了解孔子"仁"的思想有巨大的方法论意义，他和方克立的分歧在于对《德意志意识形态》讲普遍性形式思想那段文字的理解不同：方克立认为马克思否定具有普遍性形式思想在历史上的真实存在，而他认为这种思想"是虚伪的"，但"起初是真实的"。他强调说："每一个阶级的哲学家所提出的具有普遍性形式的思想，或共同利益的幻想，归根到底都是为他自己阶级的利益。但这些思想或是以超阶级的形式提出来的。因此它是虚伪，但'起初是真实的'。他们所以能够发生进步作用，并不是因为它们是虚伪的，而是因为在一定的历史条件下，它们是真实的。也就是在这样的历史条件下，它们才发生进步作用。"

在那样的形势下，辩论也只能是以冯友兰的自我批评而告结束。他在《关于孔子讨论的批评与自我批评》一文中说："根据我的了解，马克思、恩格斯在《德意志意识形态》中提出了一个各个时期统治阶级的统治思想的发生和发展的规律，这个规律是研究哲学史的一个重要的指南。""根据这样的了解，我认为孔子所讲的'仁'是'具有普遍性形式的思想'。孔子的'仁'的思想是当时新的生产关系的反映，是反对奴隶主贵族思想上的武器，在当时说是进步的思想，不能简单归结为欺骗。"同时也承认关于孔子"仁"的理论的论述有三点错误：未着重说明新出现的地主阶级是为它自己的利益而赋予自己的思想以普遍性的形式，以致使人以为"仁"真是一种超阶级的思想；将孔孟的"仁"与"人的自觉"联系起来，使具有普遍性形式的思想成了关于抽象的人的思想；着重讲"仁"的"真实"而未着重讲幻想之所以为幻想，致使轻重倒置。

以上围绕冯友兰的三次大批判发生在 20 世纪 50 年代和 60 年代之交，冯友兰在 80 年代中期撰写《三松堂自序》，其中"哲学"部分中谈到"五十年代及以后"时就只剩这些了，并且用了很大篇幅说明当时情况，还是惊魂未定，心有余悸，为自己申辩，这足见当年情况之严峻和对他伤害之沉重。

20 世纪 90 年代中期，人们突然发现了陈寅恪和顾准，说他们有气节、有思想。事实也是如此，他们确实为中国读书人争了尊严和面子。

但应该指出的是，陈寅恪给中国科学院的那封信没有公开，至今还鲜为人知，他晚岁那些“欠砍头”的诗歌也只是在至亲和挚友之间传诵；顾准通过书信和他弟弟探讨问题，其内容也没有公诸报刊。所有这些都只在私人空间，一般不会引火烧身。而冯友兰所有不合时宜的文章都是在报刊上公开发表的。当然，冯友兰在每次提出新观点被别人批判到一定程度的时候，他自己都要做一番自我批判。这既有接受批评、修正错误的诚意，也有“见好就收”的意思。他不能不识时务、做变通，一味地和众人乃至官方对着干，是没有好结果的。就这样，冯友兰在“文化大革命”前，接二连三地提出新的看法，每次都遭到批判，每次都是剑拔弩张，可最终还是有惊无险，渡过难关。这固然与上面对他网开一面有关，但更重要的还是由于冯友兰的智慧。

平心而论，无论是说哲学命题的抽象意义，或者是说大学哲学系主要要培养从事理论研究的人，都是再明白不过的事了。没有抽象，哪来哲学？不学理论，上学何用？可在那荒唐的年代，竟然无视这些最明白不过的真理，最基本不过的常识！在那样的背景下，冯友兰能勇敢地站出来，提出“抽象继承法”，“树立一个对立面”，提醒人们哲学原来是抽象的，大学还是要读书的。这已经够了。至于接下来事情怎么发展和怎样收场，也就不重要了。

注释

[1] 冯友兰：《三松堂全集》，第 12 卷，第 79 页，郑州：河南人民出版社，2000 年版。

[2] 同上书，第 94 页。

[3] 同上书，第 95 页。

[4] 同上书，第 99 页。

[5] 同上书，第 100 页。

[6] 同上。

[7] 陈伯达：《批判的继承与新的探索》，载《红旗》1959 年第 13 期。

[8] 关锋：《中国哲学史研究的方向问题》，载《光明日报》1957 年 6 月 15 日。

[9] 胡绳：《关于哲学史的研究》，载《人民日报》1957 年 3 月 29、30 日。

[10] 艾思奇：《对〈中国哲学遗产的继承问题〉的一些意见》，见《中国哲学史问题讨论专辑》，北京：科学出版社，1957 年版。
[11] 侯外庐：《谈谈文化遗产的继承问题——兼评冯友兰先生的看法》，载《争鸣》1958 年第 5 期。
[12] 冯友兰：《三松堂全集》第 1 卷，第 240 页，郑州：河南人民出版社，2000 年版。
[13] 同上书，第 241 页。
[14] 同上书，第 242 页。
[15] 同上。
[16] 见《北京大学校刊》1959 年 2 月 6 日第 293 期。
[17] 冯友兰：《三松堂全集》第 14 卷，第 193 页，郑州：河南人民出版社，2000 年版。
[18] 同上书，第 14 卷，第 194 页。
[19] 同上书，第 195 页。
[20] 同上。
[21] 陈伯达：《在毛泽东思想的旗帜下》，载《北京大学校刊》1958 年 7 月 1 日第 251 期。
[22] 冯友兰：《三松堂全集》第 1 卷，第 262 页，郑州：河南人民出版社，2000 年版。

第十三章　“文革”罹难

一　反动学术权威

二　被迫批判孔子

三　梁效顾问悲剧

一 反动学术权威

1966年，“史无前例”的“文化大革命”爆发了！这场大革命一开始就来势凶猛，紧锣密鼓。2月2日至20日，江青在上海就部队文艺工作召集座谈会，写成《林彪同志委托江青同志召开的部队文艺工作座谈会纪要》。4月10日，中共中央批准《林彪同志委托江青同志召开的部队文艺工作座谈会纪要》。《纪要》断言，1949年以来文艺界“被一条与毛主席思想对立的反党反社会主义的黑线专了我们的政”，要求“坚决进行一场文化战线上的社会主义大革命，彻底摘掉这条黑线”。5月7日，毛泽东给林彪写信说“教育要革命，资产阶级知识分子统治我们学校的现象再也不能继续下去了”，这就是著名的《“五七”指示》。5月16日，中共中央政治局扩大会议通过由毛泽东主持制定的中共中央通知，要求“彻底批判学术界、教育界、新闻界、文艺界、出版界的资产阶级反动思想，夺取在这些文化领域的领导权……同时批判混进党里、政府里、军队里和文化领域各界里的资产阶级代表人物，清洗这些人。”5月28日，中共中央文化革命小组成立，陈伯达任组长，康生任顾问，江青、张春桥任副组长。8月底，江青代理组长。后来，该小组逐步取代中共中央政治局与书记处，成为“文化大革命”期间实际指挥机构。6月16日，《人民日报》发表社论，号召“采取彻底革命的办法”，“把一切牛鬼蛇神统统揪出来，把他们斗臭、斗垮、斗倒”。8月5日，毛泽东写《炮打司令部——我的一张大字报》。8月8日，中共中央八届一中全会通过《关于无产阶级文化大革命的决定》，规定“我们的目的是斗垮走资本主义道路的当权派，批判资产阶级的反动学术‘权威’，批判资产阶级和一切剥削阶级的意识形态。……运动的重点是整党内那些走资本主义道路的当权派”。8月18日至11月下旬，毛泽东在北京前后8次接见来自全国各地的红卫兵。

对于“文化大革命”的前因和后果，中共中央《关于建国以来党的若干历史问题的决议》已有定论。冯友兰自己在晚年的回忆录里说：“从进入60年代以后，知识分子改造的问题时松时紧，总的说来是越来越紧了。大概是因为，1957年反右的斗争，使共产党某些领导人越来越觉得，知识分子靠不住，是一种潜在的对于共产党的威胁。也可能是，由于1958年的大跃进，共产党觉得，生产已经大跃进了，知识分子的改造也要赶上，也可能是，由于苏联变成修正主义，需要彻底改造知识分子，从根本上防止修正主义。有些人认为苏联变修，就是因为知识分子没有彻底改造，也可能这三种原因都在。无论如何，知识分子改造的势头越来越猛，范围越来越大，首先是拿艺术界几个人开刀，后来就扩大到整个艺术界，整个的文化界，又扩大到整个的教育界，认为当时的学校都是资产阶级知识分子专政，非彻底改造不可。”[1]这场“文化大革命”虽然以“打倒党内走资本主义道路当权派”的为主要目的，但和以往历次政治运动一样，首先是拿知识分子开刀的。运动刚一开始，就揪斗文艺界的知识分子，很快就扩展到高等学校。“我们在学校里的人，起先是跟着批判艺术界和文化界，后来就停课闹革命。在北大哲学系，有一天我们这些教师正在开会学习，忽然有一支由学生和青年教师组成的队伍，气势汹汹地大踏步走进来，大喝一声：‘你们全给我站起来！竖起你们的狗耳朵，听我讲话！我们是红卫兵，任务是革你们的命。’这支队伍命令我们首先自己检查，在解放以后写过多少文章，得过多少稿费。写文章就是放毒，稿费就是赃款。我们自己检查，文章有人写得多，有人写得少，有人没有写；稿费有得几千元的，有得几百元、几十元的不等。……检查的结果，有些过去没有发表或写过什么文章的人，都得意洋洋；发表过或写过什么东西的人，都垂头丧气。写得越多的人，越觉得丧气。当时都觉得，写得越多，犯罪越大，多写多犯罪，少写少犯罪，不写不犯罪。”[2]

在北京大学哲学系，冯友兰名气最大，新中国成立后出版的著作、发表的文章也最多，因此他“犯罪”自然也就最大，最早被加上“资产阶级反动学术权威”、“反共老手”等罪名揪出来批斗。冯友兰自己被打成“反动学术权威”的同时，还殃及子孙与亲属。他刚被揪出后，孙子冯岱就被幼儿园开除，那时他只有五岁。这是冯友兰唯一的孙子。冯友兰后来回忆说：“我的孙子冯岱正在北京六一幼儿园，因为他的父母远在沈阳，我是监护人。幼儿园的负责人给我来信，叫我把他接出来。我回信说，现在家里有事，让他就住在幼儿园里。幼儿园设在颐和园西边，下了公共汽车还要走一大段路。叔明给冯岱送衣服被褥，下了公共汽车想坐个三轮车，三轮车都不拉她，她只得一手提着衣包，一手抱着被褥，一直走到幼儿园。她那时已经72岁，患有心脏病，这是很不容易的。见了幼儿园的负责人，他们说，园里已经决定叫冯岱‘退园’（即开除）了。叔明说：‘我们通知他的父母，从沈阳来接他，在未来接他以前，请求还让他在园里住。’那些负责人表现出很为难的样子，勉强答应了。叔明回来后对我说：‘孩子在幼儿园里不知遭受多大委屈。我一到那里，别的孩子都往外跑，喊着冯岱的奶奶来了，可是冯岱在那里不敢动。’那时他才五岁。后来他的母亲到北京来了，也不敢进北大来，直接到六一幼儿园把冯岱接到沈阳去了。”到了8月份，他的女儿冯钟璞在中国科学院哲学社会科学学部工作，被戴上用纸糊的高帽子，上面写着“冯友兰的女儿”，不断遭到批斗；儿子冯钟越在沈阳航空方面的研究所工作，“冯友兰的儿子”是他的罪名之一。他们两个还都是中国共产党党员。他的妻子任载坤也遭到惩罚去扫马路。冯友兰的姐姐冯温兰的儿子新中国成立初期被镇压后，无依无靠，来北京投靠弟妹们，冯友兰兄妹三人每人出15元钱供养姐姐。“文化大革命”爆发后，他们兄妹三人都被打成“反动学术权威”，自身难保，姐姐也被红卫兵扫地出门，赶出北京。就在独自一人回老家唐河的途中，年近80岁的冯温兰失踪了，从此再无音信。

7月下旬，红卫兵就抄了冯友兰的家。这种抄家后来反复多次，还经常有外地的串联红卫兵来到他们家参观，三松堂几乎成了庙会和市场，闹得冯友兰简直没法生活。直到各系的“反动学术权威”只能归所在系的红卫兵看管以后，这种情况才得以改变。在被抄家封门时，冯友兰家的衣物也被封锁起来。到了9月底的一个夜晚，天气突变，秋风怒号，落叶飞卷，凉气逼人。冯友兰还得去参加政治学习。他身上只是穿着单衣，其他衣服都被封存。他没有办法，看院里有一个麻袋，只得披着麻袋去开会。在多次被抄家之后，冯友兰家不断有人强行进住，到12月底，他住的寓所住了五户人家。冯友兰夫妇只有一间房子仅能容身，做饭只好在院子里或屋檐下。

1967年3月，北京大学还专门成立“批冯联络站”，写出一批批判冯友兰的文章。23日，中国共产党北京大学革命委员会作战部资料组还编印了《反共老手、反动学术“权威”冯友兰反动论文选编》。前言说：“冯友兰是一个几十年来一贯反共反人民反革命的老手。解放前，他是人民公敌蒋介石的御用哲学家和谋臣策士；解放后，他仍然贼心不死，念念不忘他已经失去了的天堂，一遇时机，便兴风作浪，煽动反革命复辟。自1949年年初北京解放到1966年‘无产阶级文化大革命’展开以前，冯友兰共发表大小文章一百四十余篇，专著和小册子数种。冯友兰在所有这些臭文中顽固地站在反动的地主资产阶级阶级立场上，煽风点火，成了解放后学术界特别是哲学界的一面反党反社会主义的大白旗。但是，在无产阶级专政的条件下，冯友兰要想公开地进行复辟资本主义的活动，是很困难的，他于是采取了极其隐蔽的手法，其中最主要的是用马列主义的词句装点门面和披上学术的外衣。”[3]

在接受批斗、参加政治学习的同时，冯友兰还要没完没了地做自我检讨。1966年7月5日，他奉命开始在哲学系会上作长篇发言，后整理成为《冯友兰发言稿(1966年7月5日开始)·自我揭发自我批判》。1968年2月5日，奉命写成《补充交待》，内容包括：(一)关于我的罪恶历史的补充交待；(二)关于我的反动社会关系的补充交待；(三)关于我同几个外国人的关系的材料；(四)关于我的财产的材料。3月2日，奉命写《三补充交待》，内容包括：(一)关于我的罪恶历史的三补充交待；(二)关于我的反动社会关系的三补充交待；(三)关于我同几个外国人的关系的再补充交待；(四)关于我的财产的再补充交待。

因在清华大学和西南联大当过文学院院长，冯友兰在检讨自己的同时，还要写与西南联大有关的材料。在1968年7月5日写的《我在西南联大所犯罪行的补充交待(续)》中“关于联大校歌的问题”这部分中，冯友兰说：“1939年联大要定校歌，常委叫我起草。我用《满江红》调写了一首词。其中说：‘万里长征，辞却了五朝宫阙……’稿子提到常委会，有人觉得形式太旧，不像个校歌的样子。但终于通过了。通过后，我找哲学系教授沈有鼎作谱。谱成以后，就正式公布，成为联大校歌。国文系有个教员张清常，做了一个西南联大进行曲乐谱，把校歌谱子也收进去。他把乐谱稿子给我，我没有往外拿，因为联大没有乐队。”在5月到11月间，他还奉命写下一系列材料：《我在西南联大所犯罪行的交待》、《关于“中央训练团”的问题》、《关于国民党青年军的问题》、《关于联大国民党“第一区分部”的问题》、《关于1945年“一二·一”学运的材料》、《清华当局对待学生运动的态度》、《我在西南联大时期同国民党的关系》、《关于1943年西南联大学生从军的问题》。

在不断参加批斗、自我检讨同时，冯友兰还要参加体力劳动。从1966年10月底开始，他每天早晨5点起床，6点早餐，周一、三、五晨7时半在南阁附近扫树叶，二、四、六在住宅门口及前后院扫地，上午参加小组会，下午2点至5点在物理楼东菜窖劳动，天天如此，风雨无阻。

人们常说，祸不单行。这下真的应到冯友兰身上。就在不断遭抄家、挨批斗的时候，他又患了重病。1967年1月7日晚，冯友兰因前列腺肥大小便不通。8日至14日，去阜外医院诊治，没有什么效果，在转往协和医院时，因是“反动学术权威”，医院拒绝接受，只得住廼兹府他女儿钟璞那里，好随时往协和医院就诊。13日，他致函哲学系“文革”小组请假。“我本来有前列腺肥大的毛病，小便平时很不畅通，7号晚上，小便完全不通，小肚胀疼，8号到阜外医院、本校医院检查，没有解决问题，饮食不进，周身无力。9号转至协和检查，乃存尿过多，血液中有中毒情况，在尿道中植一塑料管，将存尿排除，始觉好转。因塑料管时常脱出，须经常检查，本应住院，又无铺位，现暂住我的二女儿处。此处距协和较近，随时可以检查。医生说，过几天看情况再决定进一步如何治疗。协和给的请假证明书于昨天托人送交，想已鉴及，并请转报系文革。”

15日，冯友兰因尿中毒，病情加剧，经冯钟璞与任载坤多方奔走，才住进北京医院。16日，做第一步手术——膀胱引流术，插上排尿管，随身挂尿瓶。31日，还未做第二步手术就被赶出医院。医院下了逐客令，也不说什么理由，只说医院决定叫你马上出院。被赶出医院回到家里的第二天，冯友兰身上挂着尿瓶被拉出去批斗。接下来的几天，冯友兰在家休息养病。8日，去参加政治学习后，组长叫他在家写交待材料。16日，病情加剧，往北京医院请求做第二步手术，医院革委会写信交他带回，要北京大学哲学系革委会表示意见。21日，他的夫人到哲学系革委会汇报病情，回来说：“组织上很关心你的病。”冯友兰颇为感激，与夫人相对而泣。25日，哲学系革委会通知说已与医院说妥，可以住院做下一步手术，并出具介绍信。第二天他就到北京医院住院，可事情很不顺利。革命委员会研究了一会儿，说至于从医疗方面看，是不是有做手术的必要，他们还要再研究。几经争取，费尽周折，27日才住进医院。3月6日做第二步手术割除前列腺。3月26日出院，但伤口未愈合，需要每隔一两天去医院换药。就在这天，他的女儿冯钟璞连日操劳，病情复发，住进肿瘤医院做手术，冯友兰和夫人前往探视，未敢进入病房。4月4日，北京大学在东操场召开批判刘、邓大会。上午8时，红卫兵押冯友兰到会场，与蒋南翔、陆平、翦伯赞、冯定等人一起登台示众，接受批斗，当时他还在病假内。他不能弯腰，红卫兵把他按倒在地，再勒令他重新站起来，反复折腾，最后就低头弯腰接受批斗。

后来，北京大学和其他大学一样，校内派系林立，四分五裂，“像社会上一样，北大分为两派，聂元梓的一派是当权派，叫‘新北大公社’；另一派是反对派，叫‘井冈山’。两派互不相让，派性越来越强，发展到武斗。”“北大的这种两派对立的局面，继续了一段时间，我们这些有问题的人，两派都认为是专政的对象，对于我们，两派各自发出自己的命令。如果某一派借着一个问题把我们批斗一次，其他一派也必然照样批斗一次，我们往往是受到双重的批斗。”“在两派对立、武斗的局面下，在北大的人，无论是有问题的还是没有问题的，每天都好像是处在战斗之中。每天所听到的，都是两派互相叫骂的声音。从高音喇叭里喊出来，还有弹弓的声音掺杂其间。”[4]

到了8月底，大学闹得没法收拾，如果继续发展下去，那就十分危险。这时，《人民日报》发表《工人阶级必须领导一切》，传达了毛泽东的指示：“凡是知识分子成堆的地方……都应有工人、解放军开进去，打破知识分子独霸的一统天下，占领那些大大小小的独立王国。”从此上边向各教育单位都派遣了“工宣队”、“军宣队”。来接管北京大学的是中央警卫团8341部队。工宣队照部队的编制，把学校人员组织起来，把每个系编为一个连，师生混合编制，连长由工宣队成员担任。不久，工宣队就宣布对冯友兰及其他“牛鬼蛇神”中年老体弱者进行隔离审查，规定每日扫外文楼、办公楼外的道路，扫完道路后学习，或背毛主席语录，或写交待揭发材料，一日三餐前必须先整队向毛主席像请罪，然后排队往劳改大院吃饭。冯友兰奉命住进外文楼,铺稻草席地而睡。

这样,冯友兰在外文楼地板铺的稻草上住了近三个月,到11月18日才被释放回家。那天下午,北京大学工宣队总指挥到外文楼,宣布落实最新指示,叫冯友兰回家。"一进门,叔明就痛哭,她说:'刚才他们来通知我的时候,我已经大哭一场了。'""为什么对我这样地宽大呢?有人告诉我说:'毛主席在一次中央的会上提到你和翦伯赞。毛主席说:'北京大学有一个冯友兰,是讲唯心主义哲学的,我们只懂得唯物主义,不懂得唯心主义,如果要想知道一点唯心主义,还得去找他。翦伯赞是讲帝王将相的,我们要想知道帝王将相的事,也得去找他。这些人都是有用的,对于知识分子,要尊重他们的人格。'……无论如何,我之所以能提前回家,显然是由于毛泽东的那个讲话。工宣队还叫我写信感谢毛泽东,据他们说:翦伯赞也写了。""与此同时,我的住房也有了部分的恢复。工宣队让插入这所房子的新住户之中的一户搬走了。我原来的厨房也腾出来了。这就解决了在屋檐下、在院子中做饭的困难。"[5]即便是回到家里,冯友兰也还是有罪之人、戴罪之身,19日,他就写"学习计划",表示坚持做到下列各点:(一)每天按学校作息时间上下班。(二)每天四次在毛主席像前请罪,背诵毛主席语录及党的政策。(三)学习著作,写学习心得。(四)学习党的方针政策,写心得体会。(五)继续写交代材料。(六)批判自己过去的毒草。(七)清扫院子,做环境卫生工作。

尽管经受严厉的批判和非人的折磨,冯友兰依旧十分热爱祖国。1970年5月,中国第一颗人造卫星发射成功,他激动不已,填词一首,调寄《西江月》:"东方红曲嘹亮,真是响彻云霄。嫦娥吴刚喜相招,细赏革命音调。环顾亚非拉美,燎原烈火遍烧。亿万人民把首翘,共仰红星高照。"1972年1月,中华人民共和国取得在联合国的席位,梁漱溟致函冯友兰:"回忆五十多年前我们同在北大哲学系……难得吾二人还同在北京,更难得的是过去好多年令人焦愁闷损之国势,今乃形势大大舒展开朗,为始料所不及者,却竟在吾人亲历目睹中完成其转变。我们相去咫尺的两人,岂可不一谈耶?如承同意,乞回一信,约定日期、时间、地点(颐和园何如)相会,如或一时不得其便,固不妨俟之他日耳。"1月9日,冯友兰邀请梁漱溟到家作客。他们对国家在联合国取得席位十分高兴,对共产党和毛泽东十分佩服。2月下旬,美国总统尼克松来华访问,冯友兰应邀出席周恩来欢迎尼克松宴会及尼克松告别宴会。9月底,日本首相田中角荣访华。冯友兰为此赋诗二首："才送总统回北美，又来首相自东洋。百年争斗今全胜，不是葵花也向阳。""生逢西后弃疆土，老见东邦拜国门。一代兴衰亲历过，不须家祭望儿孙。"

"文化大革命"声势很大，搞得整个国家鸡犬不宁，但在高等学校具体打倒只是"党内走资本主义道路的当权派"，和"资产阶级反动学术权威"。冯友兰在新中国成立后没有做过官，没有当过权，"走资派"的帽子还轮不上他戴，他的罪名就是"反动学术权威"，再加上"反共老手"和"蒋介石的帮凶"等这些大得吓死人可都没法坐实的大帽子。可这些对冯友兰来说并不是什么新东西、新罪名。早在20世纪50年代初，他就戴着这些帽子被人们反复批判，只是那时是文斗而不是武斗罢了。对于这些，他已经见怪不怪，习以为常，安之若素了。如果20世纪五六十年代对冯友兰的批判多少还讲点道理，带点斯文，还让他回应和辩驳的话，那么"文化大革命"时对他的批斗就只剩下野蛮和专政，只许他承认罪过和接受批斗。冯友兰在接受批斗时除了低头认错，就是呆若木鸡地弯腰站着。对于红卫兵的痛斥和辱骂，冯友兰照单全收，从不辩解；在背诵毛泽东语录时，他一字不错，红卫兵也找不到借口。冯友兰由此也就少受些皮肉之苦。虽然他也不断遭到游斗、遭到毒打，可他毕竟年迈体弱，红卫兵在施展拳脚时，还有点分寸。他们也害怕真的闹出人命来，那也不好交代，冯友兰毕竟北京大学最大的"反动学术权威"。在挨了批斗之后，冯友兰回到家里，照样吃饭，照样睡觉。家里人开始还害怕他想不开、寻短见，时时留心注意，后来看到冯友兰吃了饭躺下就睡着，鼾声微微，也就放心了。在住牛棚期间，大家在一起吃饭，早饭是馒头、稀饭加咸菜，一人一份。洪谦饭量小，只能吃半份，而冯友兰一个人就能吃两份。就这样，他顽强地活下来了！

苏轼说："古之所谓豪杰之士，必有过人之节，人情有所不能忍者，匹夫见辱，拔剑而起，挺身而斗，此不足为勇也。唯有天下之大勇者，卒然临之而不惊，无故加之而不怒，此其所挟持者甚大，而其志甚远矣。"面临"文化大革命"这种"猝然临之"的横祸，遇到了"反动学术权威"这种"无故加之"的罪名，冯友兰没有动常人之怒、逞匹夫之勇，而是含垢忍辱、顽强坚韧地活了下来。

这不仅需要大智，而且需要大勇，因为屈辱地活着比悲壮地死去更需要勇气和耐性。李鸿章在和八国联军代表谈判时曾说过这样一句话：

我大清国民连活着都不怕，难道还怕死吗！真是至理名言。死有何难？一死了之，十分简单。活着才真难，含垢忍辱地活着更难！可在“文化大革命”时期，死有何益？殉节也只能在崇尚气节的时代，殉死也只能在重视生命的岁月。在视气节为蔽履的岁月，待生命如草芥的年代，生命的权利早被侵犯，死亡的权利也被剥夺，以死殉节只能是徒留笑柄、成为笑料。“文化大革命”期间，对领袖的忠胜于人间所有道德，对阶级的爱高过世上所有生命。自杀除了再得到一个自绝于伟大领袖和自绝于革命人民的罪名外，什么也没有，甚至还会殃及兄弟姐妹、子孙后代。这就是为什么“文化大革命”期间尽管有成千上万的人以各种方式自杀，却没有得到人们景仰、同情乃至怜悯的原因之所在。

可上帝毕竟给了人类一颗发达的大脑，让他成为能思考、有思想的动物。思考更是哲学家的本性和天职之所在。无论如何专制的政权和政党，它可以剥夺人们行动的自由，可以剥夺人们言论的自由，但剥夺不了人们思考的自由！除非它把天下所有的脑袋都给砍掉！冯友兰活着，但他没有偷生，他是在偷思，是在私下思考问题，思考中国哲学的发展，思索中国文化的未来。恰如苏轼所说：“夫君子之所取者远，则必有所待。所就者大，则必有所忍。”正像季羡林当时翻译《罗摩衍那》、钱钟书撰写《管锥编》一样，在进入 20 世纪 70 年代后，冯友兰就开始做《中国哲学史新编》的准备工作。他的“生命就是不断地思索，不论遇到什么挫折，遭受多少批判，他仍顽强地思考，不放弃思考。不能创造体系，就自我批判，自我批判也是一种思考。而且在思考中总会冒出些新的想法来”。他的整个头脑让思想和哲学给占满了，以至于没有空隙来思考生活中诸般琐碎的事情。“文化大革命”时期，有一段时间，他房子多被人强行占用了，他们夫妻挤在一间小屋子里。有一天，女儿冯钟璞在从城里回来，任载坤忙着包饺子，改善生活。饺子包好后放在凳子。到该煮饺子的时候，却找不到饺子了。后来她们母女东找西找，而冯友兰若无其事，稳坐不动。找得不厌烦了，钟璞说：“爸爸，你也动一下吧！”冯友兰这才起来，结果发现他原来就坐在放饺子的凳子上，而他自己竟浑然不知，引得大家哄然大笑。

抗战期间，冯友兰说，中国文化中儒家和墨家养就了中国人的严肃，道家养成了中国人的超越，这些形成了中国的国风；过去我们在这种国风里生存，将来我们还要在这种国风里得救。“文化大革命”对于中国读书人来说真是祸从天降。在这场灾难里，冯友兰依靠儒家、墨家和道家涵养的国风顽强地活了下来了。钟璞说："父亲的执著顽强，那春蚕到死、蜡炬成灰、薪尽火传的精神，背后有极飘逸、极空明的另一面。一方面是儒家'知其不可而为之'担得起，一方面是佛、道、禅的'云在青天水在瓶'的看得破。有这样的互补，中国知识分子才能在极严酷的环境中活下去。""父亲呆气里有儒家的伟大精神，'天行健，君子以自强不息'，自强不息到'知其不可而为之'的地步；父亲的仙气里又有道家的豁达洒脱。秉此二气，他穿越了在苦难中奋斗的中国的20世纪。"

二　被迫批判孔子

冯友兰本来是一个学者，1949年之前虽然也参加过些热闹的场面，但始终处于政治边缘，远离权力中心；1949年以后他虽然被打入另册，成为批判对象和反面教员，他还是把自己的心思放在中国哲学史的研究上，并取得了很多成就。"文化大革命"爆发后，他戴着"反动学术权威"和"反共老手"的帽子遭到批斗。1968年秋天，他能从牛棚里出来，这无异于死里逃生。以古稀风烛之年、怀老骥伏枥之志，他是想在有生之年把《中国哲学史新编》写出来。可是在"文化大革命"中，政治运动一波未平，一波又起。距离打倒刘少奇还不到三年，1971年9月13日，又发生了林彪叛逃事件。12月11日，中共中央下发《粉碎林陈反党集团反革命政变的斗争》材料，在全国开展批林整风运动。后来在林彪住处发现了他书写孔子言论的条幅，就以为林彪尊孔。1973年7月，毛泽东与王洪文、张春桥谈话，认为林彪同国民党一样，都是"尊孔反法"，于是把林彪和孔子扯到一起，在全国上下、各行各业掀起大规模的"批林批孔"和"批儒评法"运动，高等学校文科院系更是"批林批孔"的主战场。没有人能够置身事外，这就又把冯友兰卷了进去。

冯友兰对待孔子一直是采取理性主义的态度。从他第一篇研究孔子的文章《孔子在中国历史中之地位》，到《中国哲学史》中关于孔子的论述，再到20世纪五六十年代一系列研究孔子的文章，都是站在理性主义的立场上，对孔子采取客观研究和同情理解的态度：既不是简单地批孔，也不是盲目地尊孔，而是"释孔"或者"研孔"。在对孔子的研究中，冯友兰一直认为，孔子是中国历史上第一个大规模私人讲学的人，第一个创立学派的人；孔子代表从奴隶主贵族转化来的地主阶级利益，以普遍性形式提出“仁”的思想，和资产阶级早期“平等”、“自由”、“博爱”思想一样，具有进步意义；孔子对春秋以前的文化做了总结，使中国古代文化得以提高。同时，他又强调，对于当时具体的政治问题，孔子的态度是偏于保守的；对于“周礼”孔子基本上是拥护；关于天和鬼神的问题，孔子接受了传统的宗教的见解，但也作了比较重要的修正。冯友兰对于孔子的这些看法，遭到批孔人的批判。自五四运动以来，特别是1949年以后，批孔成为一股历史潮流，在中国内地的政治上、舆论上和学术界都占有绝对优势。1949年后，学术界对冯友兰的批判，在哲学方面是针对他的“新理学”，在哲学史研究方面多是围绕他对孔子的看法展开的。在上级领导和一般民众眼中，冯友兰就是最大的“尊孔派”。当批孔成为政治运动的时候，冯友兰也怀疑自己做错了，害怕自己落后了。近代以来，中国社会瞬息万变，很多人如康有为、严复等，开始时都很进步，领时代之潮流，可一夜之间，不经意就落后了，拖时代之后腿。只有鲁迅、孙中山能与时俱进，走在时代的前列。这给冯友兰的印象特别深，他害怕自己也落后于时代，因此他强迫自己一定要跟着形势和潮流走。可一时间风起云涌的形势到底是历史发展的真正趋势，还是一时出现的暂时旋涡，他自己当时也分辨不清楚。其他人其实也分辨不清楚，大家只有跟着走！冯友兰还面临着现实压力。1949年后，冯友兰基本上是一个“孤家寡人”，每次运动他都遭到批判，成为众矢之的。这在“文化大革命”期间达到了顶峰：身上披着麻袋深夜参加学习，腰间挂着尿瓶当众接受批判；躺在地板上铺着稻草睡觉，躲在屋檐下冒着风雨做饭……人格的侮辱和心灵的折磨，身体的摧残和生活虐待，已远远超出了八旬老翁的承受能力。在空前的淫威和疟待面前，他真的有些胆怯了、害怕了，不敢再像过去那样挺身而出、单枪匹马地“提出抽象继承法”、“树立一个对立面”，为孔子“仁”的“普遍形式”和学术界反复讨论了。若再逆着形势去硬拼硬干，那就不是再进牛棚的问题，而是要丢掉老命了！在这样的形势之下，冯友兰不得不随着潮流开始“批孔”。他在哲学系一次例行政治学习中做了“批孔”发言。这种例行的政治学习，是要人人都得发言表态的，根本没有保持沉默的权利！荀子曰：“言而当，智也；默而当，亦智也。”可对于冯友兰来说，“言而当”固不容易，“默而当”也不可能。他必须要说，并且只能是顺着和跟着说。这样，他的发言得到了领导的高度重视——“尊孔派”也开始批孔了。

“1973年，批林运动转向批孔运动。批孔还要批尊孔。当时我心里又紧张起来，觉得自己又要成为‘众矢之的’了。后来又想，我何必一定要站在群众的对立面呢，要相信党，相信群众嘛，我和群众一同批孔批尊孔，这不就没有问题了吗。在这种思想的指导下，我写了两篇发言稿。这两篇发言稿，在会场上念了一遍，果然大受欢迎。”[6]

不久，他的这篇发言稿就以“对于孔子的批判和对于我过去的尊孔思想的自我批判”为题目在《北京大学学报》第四期上刊出，同期刊出的还有他在北京大学老年教师批林批孔大会上的发言《复古与反复古是两条路线的斗争》。“有一天，《北京大学学报》的编辑碰见我，说：‘你的那两篇发言稿很好，学报要。’我说：‘要哪一篇?’他说：‘两篇都要。两篇在同一期内都登出来。’果然不久都登出来了。”冯友兰在第一次发言中说：“在文化大革命以前，我是一向保护‘孔家店’的。在解放前这是为大地主、大资产阶级、国民党反动派服务的。在解放以后，这是为刘少奇一类骗子的反革命修正主义路线服务的”，“1957年的中国哲学史讨论会以及1962年的纪念孔子的济南会议，都是当时修正主义路线的复古潮流的一种表现。在中国哲学史讨论会中，我宣扬‘抽象继承法’，以反抗阶级分析法。在济南会议中，我散布了《中国哲学史新编》中关于孔子的观点，说孔子是当时封建地主阶级的思想代表，他讲的‘仁’有‘普遍性形式’，在当时有进步意义。这都是加强了对孔子的‘神化’为修正主义路线服务”，“文化大革命提高了我对于孔子的认识。我现在对于孔子的批判也是对于我自己过去保护‘孔家店’的思想和行动的自我批判。”在第二次发言里，冯友兰讲述了中国历史上复古与反复古斗争的历史，并指出，和刘少奇与林彪反革命修正主义路线的斗争是反复古斗争的继续。

本来是一般政治学习上的发言，可一旦刊出就引起很大反应。1973年12月3日《光明日报》做了全文转载，并且加了一个“编者按”，还说，第二天要继续转载第二篇。“编者按”写道：

《北京大学学报》(哲学社会科学版)今年第四期，刊登了冯友兰先生的《对于孔子的批判和对于我过去的尊孔思想的自我批判》、《复古与反复古是两条路线的斗争》两篇文章。他的文章中，在批判孔子反动思想的同时，也对他自己过去的尊孔思想，以及他宣扬的

> 对中国哲学遗产的‘抽象继承法’有所批判。这是一个进步，值得欢迎。这两篇文章，本报分今明两天转载，供读者一读。孔子是顽固地维护奴隶制的反动思想家。几千年来，他的反动思想，为古今中外反动阶级所利用。刘少奇、林彪一类骗子也吹捧孔子，利用孔子思想为其反革命复辟阴谋服务。正因为这样，深入开展批孔斗争，批判尊儒反法的观点，是当前国内外阶级斗争形势发展的需要，是批林整风的一个重要内容，是上层建筑领域内进行社会主义革命的一项长期任务。从冯友兰先生的文章中可以看出，他的进步，是在无产阶级文化大革命中，在批林整风运动中取得的，也是在积极参加批孔斗争中取得的。我们欢迎广大知识分子，包括过去受孔子思想毒害较深的人，积极投入当前的批判斗争，在斗争中认真学习马克思主义、列宁主义、思想，进行自我教育，在斗争中提高路线觉悟，改造世界观，努力跟上社会主义革命的步伐。[7]

这篇“编者按”来头不小。有了这篇大有来头的“编者按”的推荐和宣传，冯友兰的这两篇文章在全国迅速传开，先是《北京日报》，后来所有报纸和杂志都全文转载，当然还要原封不动地加上那篇“编者按”。在政治运动把全国民众都卷了进去，因而不得不关心政治的岁月里，人们像着了魔似的都出来批判孔子，街头巷尾贴满了批林批孔的标语，穷乡僻壤喧闹着批林批孔的口号，大家都在关注着批林批孔的新动向和新进展，冯友兰一下子也成了人们关注的人物。对于冯友兰批孔，海峡对岸评论说：“在群众面前作自我批判是一回事，将自我批判在报刊公开发表又是一回事。如果只有冯友兰一人的自我批判在报刊公开发表，则不出两个原因：一是冯友兰向来被中共看作唯心主义哲学家的代表，在报刊发表他的自我批判，对其他老学人有示范和鼓励的作用；一是出于冯友兰自己的主动，目的是要表示愿意随时按照中共的要求，改正自己的错误观点。……从冯友兰身上，可以看到知识分子在‘批林批孔’运动中如何被迫表态及他们无法通过中共的政治关思想关的具体情况，更可以从而了解中共的哲学与人文科学领域成为无声地带的原因”；“中共把冯友兰作为老知识分子需要长期改造的典型，实则冯的典型意义不在此而在另一方面，就是：知识分子永远无法学通马列主义、毛泽东思想。”[8]

三　梁效顾问悲剧

随着中美关系正常化，在美华侨得以归国，冯友兰的儿子冯钟辽也回来探亲。冯友兰家就成了开放户，进住他家的住户陆续搬走，这样就有了较为安定的住所和正常的生活。冯友兰抓紧时间做《中国哲学史新编》的写作和修订工作。1972 年 4 月，他开始写第三册。1973 年上半年，北京大学决定给冯友兰配助手，哲学系中国哲学史教研室调许抗生来。1975 年 7 月，第一册修订完毕；12 月，完成修订本的"孟子章"。1976 年 12 月，又写完"荀子章"和"韩非子章"。

冯友兰的研究工作总是不断受到干扰，在被迫批判孔子的同时，他被调做"梁效"顾问，这又把他卷进了政治旋涡。

"梁效"是北京大学和清华大学大批判小组的笔名，一开始就来头很大，负责人是迟群和谢静宜。迟群原为中央警卫团 8341 部队政治部宣传科副科长，1968 年 7 月作为"工宣队"负责人进驻清华大学，担任清华大学党委副书记和革委会副主任，1971 年被提升为党委书记兼革命委员会主任，同时兼任北大党委副书记和革委会副主任。谢静宜自 1959 开始就任毛泽东身边机要秘书，1968 年后任北京大学党委书记和革委会主任，同时兼任清华大学党委副书记和革委会副主任。1973 年 12 月 18 日，迟群和谢静宜从北京大学和清华大学抽调 18 人，成立了"批林批孔大批判组"，布置他们提前围绕《林彪与孔孟之道材料》(之一)写一批文章，准备在配合材料发表。1974 年 1 月 13 日，迟群和谢静宜在清华大学工字厅召开的会议上宣布：毛主席已经批准两校批林批孔研究小组编写的《林彪与孔孟之道材料》将发行全国，接着又提出继续编写材料的任务，并决定两校的批林批孔小组要统一领导，具体由北京大学党委常委李家宽负责。1 月 26 日，北京大学、清华大学两校党委常委联席会议决定，将两校批林批孔研究小组改名为"北京大学、清华大学大批判小组"，并扩大队伍，办公地点在北京大学朗润园北招待所，由迟群具体领导，发表文章署名"梁效"，成员最多的时候有 39 人，多是北京大学和清华大学文、史、哲方面年富力强的骨干教师，其中还有周一良、魏建功、史国衡、林庚等著名教授。冯友兰是顾问。除了办公室外，下设写作组、材料组、注释组。因为有迟群、谢静的特殊背景，所以"梁效"虽然在名义上是北京大学和清华大学的大批判小组，但并不受这两个学校的节制，它的财政由北京市财政单列划拨，工作由迟群、谢静宜直接向上面汇报。

“梁效”不是自发的群众组织，而是自上而下组织起来，无论成员还是顾问，都是被上面调进去的。“他们都是得到了所在单位领导的通知才去的，并不是他们自己要去的。上面通知你去开会，但没有说开什么会，去了之后才知道是怎么回事。这种情况在当时是很正常的。就是在‘文革’以前，都是领导给你一件工作，不管你有什么想法，没有人会拒绝，而且还认为自己必须去做这件事情，有困难自己去克服。更重要的一点是，中华人民共和国建国以后，大家对共产党、毛主席非常信任。如果有什么想不开的话，比方说这个工作安排不适合我，也只是找自己的毛病，以服从上级和服从大局为重，让到哪儿就到哪儿去。”[9]

冯友兰是北京大学最大的“资产阶级反动学术权威”，一直接受批判和批斗，被调做“梁效”顾问是出自毛泽东旨意。他和毛泽东在“文化大革命”前就有接触。1968 年毛泽东在一次讲话中顺便提到冯友兰，使他免遭批斗，回家居住，冯友兰很感激。1970 年 12 月，毛泽东 77 岁寿辰，冯友兰作诗祝贺。1971 年 6 月，毛泽东派谢静宜来给冯友兰说，收到贺诗，表示感谢并致以问候。1973 年 8 月，谢静宜转达江青对冯友兰的问候，并要冯友兰写信表示感谢。冯友兰写了感谢信后交给北京大学党委转呈。“我当时认为，江青是毛主席的夫人，是代表毛主席的，问候我是落实知识分子政策，是毛主席、党中央对老年知识分子的关怀。我就照这个意思写了一封信。信是写给江青的，但表示感谢毛主席、党中央。这封信交给了校党委。”[10]在这种情况下，毛泽东点名让冯友兰做“梁效”顾问也就很自然了。“1974 年批林批孔时期，传达过一个经毛泽东圈阅过的文件，毛泽东针对所引孔子言论和注释。他在文件上旁批道：我看可以将冯友兰、魏建功吸收到两校大批判组当顾问，史料和文字可以请教他们。”[11]冯友兰就这样被调做“梁效”顾问的。

做“梁效”顾问后，冯友兰没有写文章，只是提供知识性的咨询。有时候，冯友兰自己来不及查找，还让女儿冯钟璞和女婿蔡仲德代劳。

在做顾问的同时，冯友兰也参加一些会议。1974 年 6 月 12 日晚，他们通知冯友兰进城开会。“先到大批判组聚齐上车，也没有说开什么会。车开到人民大会堂，进去一看，到的是北大、清华和中央党校的批林批孔班子。坐下以后，有人悄悄地对我说：‘等会儿领导同志来了，你说话别啰唆。'我不知道他打这个招呼是什么意思，只觉得这次会是不寻常。江青等人和一些领导同志进来了，走过每个人面前时都握手。江青走过我面前时说：'本来想去看你，因为穷忙，没有去。'王洪文首先发言，说：'你们的工作有成绩。'以后进入漫谈。江青发言最多，也最拉杂。归结起来，无非是说，凡是历史上有作为的政治家都是法家，法家的特点是主张统一，反对分裂，主张抗战，反对投降。周亚夫打七国是阶级斗争，也是儒法斗争。漫谈将结束，江青又请叶剑英同志作总结。叶剑英同志也讲了一段，大意是说，要好好学习马列主义、毛泽东思想。这个会照当时的情形看，是江青主持的。她是这个会的主持人，也是主要发言人。因此我得到的印象是，江青是代表党中央、毛主席向参加会的人布置评法批儒的任务。当时我认为，她的话必有所本，可能是毛主席对研究中国哲学史的指示。领导同志离开会场以后，有人说：'今天政治局的领导同志，除了毛主席周总理以外，都出席了。'我的眼睛不好，也不知道他说的是真是假。到会的人都兴高采烈，看起来他们都信以为真。江青在要离开会场的时候，说：'我在下面有几个点，最近要下去看看，你们也可以去。'"[12]

江青在号令"梁效"写大批判文章的同时，还组织他们参观她搞的试点。6月17日上午，冯友兰得到去外地开会的通知，但开会地点和内容对他都保密。晚饭时有车来接他去开会，"到了火车站以后，迟群、谢静宜已经先到了。他们让我走进一列'专车'，车上已经有不少的人。问他们，他们也都说不知道上哪儿去，去干什么。上车等了一两个钟头，车还是不开，我就先睡了。在睡梦中，听见有人说，到了，都下车。下车到站上一看，原来是天津。坐上汽车，到了招待所，这才吃晚饭。吃罢晚饭，已经是凌晨两点多钟了。""第二天早饭以后，传下来三条禁令：一不准写信，二不准打电话，三不准上街。""江青来了，原来她住在另一个地方，只有迟群、谢静宜同我们一起在这里住。天津市文化局局长王曼恬也跟着江青来了。江青召集去的人开会……她就拉拉杂杂地谈起来，也没有说这次来有什么任务，来的人有什么工作，只讲她的历史。……谈了一两个钟头，也没有让别人说话就散会了。下午，在招待所看了一部香港影片。电影还没有看完，我就觉得浑身发冷，打战，发高烧了。我左腿有一个丹毒的病根子，想必是丹毒又发作了。迟群送我到医院，医生诊断，果然是丹毒急性发作，就住医院。刚住进病房，又来通知，换一个条件比较好的医院”。“在医院的时候，医生对我进行了点滴治疗，躺在床上不能动。迟群来说：‘一切活动你都不能参加了，你这次到天津，就算参加会而不参加活动。’究竟是什么会，他也没说。后来听医院的人纷纷传说，才知道就在我进医院那几天里开了一个铁路工人主讲的批孔会。说是铁路工人主讲，可是江青讲的话最多。在发言开始以前，会场上宣布说，到会的有某某等人，其中也有我的名字。我这才了解迟群所说的那句话的意思。”“我躺在床上，身子不能动，头脑还是清楚的。我以前也看过一些小靳庄的农民诗，我想农民还能写诗批儒，知识分子还不能吗？我就随口做了几首诗，让护士们写下来，越写越多，就成了后来在《光明日报》发表的《咏史》二十五首。其中有一首的两句是说武则天的：‘则天敢于做皇帝，亘古中华一女雄。’我当时的思想，是从批儒的观点出发的，我当时认为，武则天做皇帝这一个行为，是和儒家的三纲、五伦条条都违反的，若说反儒，她应该算是最彻底的。”[13]

20 世纪 70 年代，冯友兰与夫人任载坤。

7月1日，冯友兰病愈出院回到北京。没过几天，他又接到通知去前门饭店参加法家著作注释工作会议，会议期间江青赠给与会者李贽《四书评》线装本一部。那时候他身体还没有复原，只参加了一些大会，小组会都没有参加。只是作了几首诗，《咏史》那一组诗约有几首是在这个时期写的。在会议闭幕那一天，中央政治局领导接见与会代表。9月14日，冯友兰《咏史二十五首(并序)》在《光明日报》上发表。

就在批判孔子、调做顾问时，冯友兰生活上遇到很大困难。他本来有四个儿女，长子冯钟辽远在美国，次子冯钟越在陕西耀县，只有两个女儿冯钟琏和冯钟璞在北京能够照料年迈的父母，而冯钟璞一直身体不好，经常生病住院。1975年6月，冯钟琏去世。当时冯友兰已经80岁，他的夫人任载坤已83岁了，照料老人的任务全落在冯钟璞夫妇身上。冯钟璞夫妇在城里面上班，工作都很忙，距离北京大学也远，来往很不方便。冯友兰急切需要把次子冯钟越调回北京，好就近照料他们，以减轻冯钟璞夫妇的压力。12月11日，冯友兰给北京大学哲学系党总支写信，希望他们能够出面帮助解决，信中说：

> 今年我家里的情况有些变化，今年6月间，我的大女儿因病去世。家里缺少了一个照顾我们的主要力量。10月初我患丹毒，在三院住了两周。7月份、11月份，我的老伴两次患胆管炎住医院。我们两人每次住院都用担架、救护车。住院后用点滴治疗，时刻需人照料。接洽医院，请大夫，在医院陪住，以及家中照料安排，都由我的二女儿及女婿奔走。因人手不够，我住医院时，我的八十三岁的老伴也常爬上五层的高楼去护理，实在是很紧张。
>
> 我的二女儿曾患乳腺癌，甲状腺瘤，动过多次手术。现患冠心病，每天必须服药，才能维持生活，是个坚持工作的病号。我的女婿在城内工作，经常下乡、下厂。我和我的老伴年纪越来越大，经常和疾病做斗争。深感缺人照顾。
>
> 因此想到，如果能将我的二儿子调到北京工作，那就解决了大问题。
>
> 我的二儿子钟越，现在陕西耀县，共产党员，任三机部六院二十三所革委会副主任，负责科技工作。他的专业是强度。近闻科学院力学研究所需人，我们也做了些了解，他们说业务对口，愿意考

虑，希望北大去接头。

领导上对我的照顾已经很多，我时常感到惭愧。钟越长期在外地，我从来没有想调他回京，怕给组织上添麻烦。近因这几个月遇到的实际困难，想到我和我的老伴，年纪越来越大，又都有各样的慢性病，困难越来越多是可以预料的，踌躇再三，还是不得不提出来，恳请领导上帮助解决调钟越来北京工作的问题，不胜盼望感谢之至。

20世纪70年代初，冯友兰和夫人任载坤与回国探亲的孙女们在一起。

冯友兰待己甚严，自尊甚强，实在是处于万般无奈，才这样写信求人。可后来，尽管冯友兰多次努力、冯钟璞多方奔走，最终也没能把冯钟越调回北京。而冯钟越自己因工作过度劳累、积劳成疾，又得不到及时治疗，于1982年10月英年早逝、赍志而殁，年仅51岁。冯友兰忍痛写下了这样的挽联："是好党员，是好干部，壮志未酬，洒泪岂只为家痛；能娴科技，能娴艺文，全才罕遇，招魂也难再归来。"

1976年7月28日，唐山地震，波及北京，后来一段时间余震不止。和北京所有居民一样，冯友兰住进在院子里搭建的防震棚里。8月4日，江青到北京大学慰问师生。晚上10左右，她在北京大学校长周培源及迟群、魏建功等人的陪同下到防震棚看望冯友兰，同时来的还有一名摄影师与三位警卫。江青从防震棚出来时，外面聚集了很多人，大家齐声高呼："毛主席万岁！"冯友兰回忆说："校党委派人来叫我起来，说江青来了。我赶紧起来，江青已经到了地震棚的门口。她进入地震棚以后，坐了几分钟，说：'地震还要持续很久，你们都要住地震棚，你能带头，很好。'叔明问他身体可好，她说：'这个时期，好也得好，不好也得好。'一边说，一边就起身走了，外边已经聚满了很多人，大家都高呼：'毛主席万岁！'她走了以后，党委会的人叫我写感想，我说等明天早晨再说吧。……我当时始终认为，江青是代表毛主席到北大来的。"8月5日，冯友兰将自己奉命连夜写成的感想交北京大学党委，并附有两首诗："无数英雄战地天，红旗高举到前沿。主席关怀如旭日，万众欢呼胜夜寒。""四世同堂不寻常，况又同谢党中央。愚公当日移山业，也是全家战太行。"当天，北京大学党委统战部部长平秉权、副部长江德珍以及驻哲学系工军宣队来人看望冯友兰。北京大学将4日晚江青在防震棚与冯友兰及周培源、魏建功等人的合影陈列于宣传橱窗内。

本来，冯友兰1968年从牛棚回家后就脱离了政治运动的旋涡；1972年因儿子回国探亲，住房也得到了恢复。有了安定的生活，他就开始写《中国哲学史新编》。可突如其来的"批林批孔"又把他拉入了政治的泥沼，致使耽误时光，荒废学术，玷污清誉，诚可惜哉！诚可痛哉！陈寅恪在《读吴其昌撰梁启超传书后》中说："任公先生高文博学，近世所罕见。然论者每惜其与中国五十年腐恶之政治不能绝缘，以为先生不幸。是说也，余窃疑之。尝读元明旧史，见刘藏春姚逃虚皆以世外闲身而与人家国事。况先生少为儒家之学，本董生国身通一之旨，慕伊尹天民先觉之任，其不能与当时腐恶政治绝缘，势不得不然。……然则先生不能与近世政治绝缘者，实有不获已之故。此则中国之不幸，非独先生之不幸，又何病焉。”[14]陈寅恪评说梁启超的这段用来评价这一时期的冯友兰，也完全适合。

注释

[1] 冯友兰：《三松堂全集》第 1 卷，第 145 页，郑州：河南人民出版社，2000 年版。

[2] 同上。

[3] 北京大学革委会作战部资料组编：《反共老手、反动学术“权威”冯友兰反动论文选编》。

[4] 冯友兰：《三松堂全集》第 1 卷，第 155 页，郑州：河南人民出版社，2000 年版。

[5] 同上书，第 1 卷，第 158 页。

[6] 同上书，第 159 页。

[7] 《光明日报》编辑部：《冯友兰〈对于孔子的批判和对于我过去的尊孔思想的自我批判〉编者按》，载《光明日报》1993 年 12 月 3 日。

[8] 中共研究杂志社中共年报编委：《一九七四中共年报・冯友兰的自我批判和孔子批判》。

[9] 许进安采访、王仁宇整理：《实说冯友兰》，第 317 页，北京：北京大学出版社，2008 年版。

[10] 冯友兰：《三松堂全集》第 1 卷，第 161 页，郑州：河南人民出版社，2000 年版。

[11] 焦树安：《回忆与纪念》，见郑家栋、陈鹏选编：《追忆冯友兰》，第 167 页，北京：社会科学文献出版社，2002 年版。

[12] 冯友兰：《三松堂全集》第 1 卷，第 162 页，郑州：河南人民出版社，2000 年版。

[13] 同上书，第 1 卷，第 164 页。

[14] 陈寅恪：《陈寅恪集・寒柳堂集》，第 166 页，北京：三联书店，2001 年版。

第十四章　烈士暮年

一　姗姗来迟的"解放"

1976年10月6日，江青、张春桥、姚文元、王洪文被逮捕，持续了十年的"文化大革命"至此结束，举国上下一片欢呼。当人们沉浸在粉碎"四人帮"、结束"文化大革命"的喜悦时，冯友兰却因为"批孔"和做过"梁效"顾问的事情，再一次受到批判和审查。

1976年12月16日，冯友兰奉命写关于"四人帮"问题传达的心得："在以前，我总以为他们是代表毛主席、党中央的，尤其是江青，总觉得毛主席的夫人，还不代表毛主席吗？所以在接触中对他们没有认识。现在听到传达，才知道主席早就说过，'她不代表我，她只代表她自己'。才知道他们是想利用毛主席的威望树立他们自己，以达到篡党夺权的罪恶目的。"[1]1977年4月13日，冯友兰出席北京大学党委统战部召集的座谈会。会上平秉权问冯友兰写"武则天诗"时的思想状况，是否真不知道江青有野心。冯友兰据实回答说，真不知道。7月27日，哲学系派人问冯友兰是否曾出席1974年"一·二五"大会(国务院系统"批林批孔"动员会)、"一·二七"小会，他如实回答说，均未出席。1977年8月，哲学系停止发给冯友兰书稿誊抄人的工资。1977年12月，电话局按北京大学通知来人拆除电话。1978年2月24日，全国政协五届一次会议召开，冯友兰的政协委员被取消，不再出席政协会议。冯友兰这次被审查,同样又是殃及子女:1977 年 12 月 24 日,儿媳妇桂芝来信说,年初时三机部曾提出冯钟越任赴德技术考察组副组长,最近批准的考察组名单中没有冯钟越,估计是因冯友兰受审查而遭到牵连。

1976 年,冯友兰夫人任载坤逝世后全家在北京大学图书馆前合影。

在受到审查和处分的同时,冯友兰不断遭到一些人的严厉批评和批判。1977 年 3 月 21 日,北京大学校园内贴出署名"党委组织部部分群众"的大字报,不指名地批判冯友兰,说他是"四人帮的哲学顾问"、"狂热吹捧江青"并"四处游说"。6 月,北京大学哲学系中国哲学史教研室写的《历史唯心主义的标本——评〈儒法斗争史概况〉》刊于《历史研究》第二期,该文不指名地提到冯友兰:"他们运用一个高级顾问过去炮制的'抽象继承法',经过精心'抽象',于是归纳出所谓'守旧与革新'、'爱国与卖国'、'统一与分裂'这样三条始终贯穿'儒法斗争'的标志。"[2]7 月 10 日,该教研室又贴出大字报《梁效顾问冯友兰的问题必须查清》,称冯友兰为"反动文人",说他为江青及"梁效"出谋划策,《咏史》吹捧吕后、武则天,是"为江青上台制造舆论,上劝进表"。来自学术界的一些批判更为严厉。1977 年 8 月，陈石之《评“四人帮”发言人梁效》及王永江、陈启伟《评梁效某顾问》在《历史研究》第四期上刊出。陈石之在文章中说：“‘六经责我开生面’，‘此是推陈一檄文’，表面上似乎是在赞颂王船山，其实是踌躇满志的自我欣赏，俨然以‘四人帮’小朝廷的宾师自居了。……名为咏史，实为抒发对现实的感慨和对未来‘新朝’的希冀。……他已经准备当江记复辟王朝的开国元勋了。”甚至无中生有，说冯友兰“当着江青的面，奉献黑诗一首，胡说什么‘众说高祖功业大，赖有吕后智谋多’。”[3] 王永江、陈启伟在文章中说：“‘深谢当年带路人’一句是‘向江青表精诚’，‘愿奋一支笔，奔走在马前’是‘甘心情愿地当江青的马前卒，死心塌地为江青率命驱驰’，‘无数英雄斗地天，红旗高举到前沿。主席关怀如旭日，万人吹腾破夜寒’是将江青“等同于‘主席’，等同于‘太阳’。”并无中生有地说冯友兰曾出席 1974 年“一·二五”大会，曾参与“一·二七”江青召开的由少数骨干参加的策划会，并且是江青的“主要的咨询对象”，最后还说“从蒋介石王朝到‘四人帮’横行之时，这位顾问都是助纣为虐，用笔杀人的。”[4] 9 月 2 日，《人民日报》载文介绍《评梁效某顾问》一文，10 月 20 日，这家报纸刊出该文摘要。1978 年 3 月，王永江、陈启伟《再评梁效某顾问》刊于《哲学研究》第三期，此文竟然说：“四人帮”“是跟在一位脑后拖着一条封建长辫的中国资产阶级教授屁股后面跑”，“只是将顾问多年来为地主资产阶级妄图复辟而鼓吹的反革命‘理论’付诸实践，变成了篡党夺权的反革命行动而已”。

虽然外面声势很大，压力不小，但冯友兰自己心中有数，反倒比较坦然。1977 年 9 月 3 日，冯钟璞、蔡仲德与他长谈，劝他不要以《历史研究》文章为念，注意保养身体，安度晚年，写好《中国哲学史新编》。16 日，冯友兰与冯钟璞、冯钟越及蔡仲德讨论《历史研究》上的两篇文章，认为参与“批林批孔”是为了响应号召，改造自己；“四人帮”的出现是共产党内部的问题，作为党外人士怎能得知？应追究红旗怎会落到他们手里，而不应归罪于党外老知识分子；两篇文章不仅毫无求实、公正态度，而且是捕风捉影，无中生有，是在用笔杀人，其手法、文风都是“四人帮”型的；应该相信历史总是公正的，人民总是公正的，不必以他人的诬蔑为念。冯钟璞、蔡仲德主张要求有关部门澄清《历史研究》、《哲学研究》所载大批判文章对他的诬陷，冯友兰主张先检查，以后有机会再要求澄清。冯钟辽见到《人民日报》刊出《评梁效某顾问》一文摘要，大为不解，要向邓颖超写信说明此事，冯友兰以为大可不必，没让他那样做。

在这期间，冯友兰外事活动被禁止。1977 年 6 月，开罗大学将召开国际哲学会议，来函邀请冯友兰参加，冯友兰将邀请函交北京大学党委统战部。下旬，哲学系派人要冯友兰以年老体弱为由谢绝邀请。1978 年 11 月，东京国际大学举办主题为“在变动的世界中各国文化如何适应变化”的座谈会，来函邀请冯友兰出席。冯友兰将邀请函交哲学系党总支，请示如何答复。16 日，哲学系回复说，冯友兰身体不好，不要去日本开会。19 日，东京再次来函催请冯友兰出席座谈会，并说已经订好旅馆。哲学系要冯友兰拟电稿回绝，电报由校方发出。1981 年 6 月，美籍华人学者陈荣捷来函邀请冯友兰出席 1982 年夏威夷国际朱子会议。7 月，冯友兰致函哲学系并转北京大学党委，申请赴美国出席国际朱子会议。10 月上旬，北京大学答复冯友兰，年事已高，写书要紧，不必出席夏威夷会议。后来，陈荣捷再次来信，敦促他出席会议，说只要冯友兰肯出席会议，就是只讲十分钟的话，他们也感到荣幸。10 月 13 日，冯友兰再次致函北京大学党委，说明健康状况良好，要求赴美国出席会议，仍遭到拒绝。

1977 年 10 月，美国汉学家、冯友兰的学生和朋友、《中国哲学史》的译者卜德来华访问，要求会晤冯友兰。11 月 1 日，冯友兰致函哲学系党总支，要求安排会见卜德，可遭到拒绝。月底，转来卜德 16 日的来信：“我的代表团于 10 月 19 日到北大，同历史系和哲学系的教师们谈了。没有看见你，我极失望。他们告诉我说，你的健康情况不允许你见客。那一天上午，我想同你通电话，用钟辽告我的那个号码。北大接通了，再要分机，他们说没有那个分机号码。”“我在 11 月 10 号回到北京，仍然很失望，不能见你，虽然我于几分钟之内，就去北大看望温德，很接近你了。”“我现在六十九岁了。……我想，在明天离开北京以后，再也不来中国了。……你一定知道，能够同你认识并在一起工作，对于我的意义是多么大。永远是你的追随者和朋友。”冯友兰回信说：“你在北京的时候，我们没有相见的机会，我带着很深的失望写这封信。你的第一封信收到了。我看了好几遍。这封信使我回忆起我们往年在一起学习和工作的情况。”“你这一次来，情况使我们没有能相见，但是我仍然相信，这一次并不是你最后一次来访中国。随着中美关系的改善，知识界的来往更加频繁。我希望你再来。再来就同卜德夫人一起来。”随后，冯友兰把卜德的来信和自己的回信都交给北京大学哲学系党总支，回信由他们寄出。

冯友兰和卜德在一起。

不仅外事活动被禁止，有段时间内，冯友兰在国内的自由也受到限制。在巨大的压力下，任载坤心绪恶劣，患了重病。1977年9月12日发现痰中带血，23日确诊为肺癌，住进北京大学医院。25日病情濒危。由于医疗草草，10月3日，任载坤在万般牵挂中去世。15日，为让冯友兰换个环境、调理心情，冯钟辽夫妇想陪他去南方旅游。哲学系派人来说："年纪大了，身体不好，不必去了。"冯钟璞当即说："年纪大无妨。如果是出于政治原因，就请明说。"来人表示还要向上请示。17日上午，冯钟璞到北京大学党委统战部问冯友兰可否往南方旅游，部长平秉权说还要商量，下午统战部要冯钟璞去面谈，由平秉权等人出面接待，说冯友兰不能去南方旅游。

冯友兰做"梁效"顾问是组织的委派。在做"梁效"顾问时他没有写过一篇文章，"梁效"成员根本不认为冯友兰是他们的成员。《"梁效"罪证材料》给冯友兰所列的罪状有三条：江青送书给冯友兰，江青与冯友兰在防震棚合影，冯友兰《咏史》中关于武则天的诗句。其实这在当时也算不上什么罪行：江青送给冯友兰是李贽的著作，又不是她自己的书；江青到冯友兰家防震棚时有校长陪同，主席夫人来家看望，焉有不接待之理！《咏史》中关于武则天的诗句是从反儒的角度说武则天是英雄。事实上，在民众心中，江青和毛泽东就是一回事。毛泽东并没有诏告天下江青不代表他，中共中央也没有下文件说江青有野心。

20世纪80年代后期，冯友兰与著名哲学家张岱年在一起。

1982 年，美国哥伦比亚大学授予冯友兰名誉文学博士学位，冯友兰由女儿冯锺璞等陪同步入会场。

对于这些，校方其实是知道的，由于形势所迫，他们也不敢实话实说。1979年2月9日，事情出现了转机，北京大学哲学系中国哲学史教研室主任张岱年等人找冯友兰谈话，要他写检查，“在群众中说清楚”，说事情可以就此了结，以后仍可出版著作，会见外宾。2月11日，蔡仲德请张岱年看冯友兰的检查，张岱年说，胡耀邦曾问“冯友兰为什么还不能出来”，但此事未正式传达。2月12日，冯钟璞在人民文学出版社召集的座谈会上遇周扬，周扬关心地问冯友兰近况，并说：“在那种复杂情况下，他怎么弄得清。”

1979年2月27日，冯友兰在北京大学哲学系说明了事情的原委，与会者未置疑异。这次检查之后，校方对冯友兰的限制有所松动，他可以在国内自由活动并参加学术会议。1979年8月，他被获准去黄山旅游，10月，中国哲学史学会成立、《中国哲学史研究》创刊，冯友兰被聘请为顾问。1980年3月，北京大学重新为他家安装了电话。1981年10月，他去杭州出席全国宋明理学研讨会。12月，继陈荣捷邀请他出席夏威夷国际朱子会议之后，美国哥伦比亚大学邀请他去接受荣誉文学博士学位。后来几经申请，最后经胡耀邦亲自过问，1982年2月，教育部正式批准冯友兰出国。7月初，在女儿冯钟璞陪同下，87岁高龄的冯友兰云天万里、策杖远行。1983年6月，全国政协六届第一次会议召开，冯友兰政协委员的资格得到恢复，并被选为主席团成员，不久又被选为全国政协常委。

为了对自己一生进行回顾和总结，冯友兰放下《中国哲学史新编》的写作，着手写《三松堂自序》，除了第四、五、六章关于哲学部分由自己撰写外，其他部分都是由自己口授，涂又光笔录。历时四月，大功告成。冯友兰在《自序》中说：“古之作者，于其主要著作完成之后，每别作一篇，述先世，叙经历，发凡例，明指意，附于书尾……其意盖欲使后之读者读其书，知其人，论其世，更易知其书短长之所在，得失之所由。传统体例，有足多者。”“本书所及之时代，起自19世纪90年代，迄于20世纪80年代，为中国历史急剧发展之时代，其波澜之壮阔，变化之奇诡，为前史所未有。书于其间，忆往思，述旧闻，怀古人，望来者。都凡四部分，曰‘社会’，志环境也；曰‘哲学’，明专业也；曰‘大学’，论教育也；曰‘展望’，申信心也。长短不同，旧日小说家所谓‘有话则长，无话则短’也。揆之旧例，名曰‘自序’。非一书之序，乃余以前著作之总序也。世之知人论世、知我罪我者，以观览焉。”这样，《三松堂自序》也就成了冯友兰最为重要、最为流行的著作之一。它是了解冯友兰人生、研究冯友兰思想的基本依据，也是研究中国现代学术史和思想史的重要文献。

也就是在这时，冯友兰给自己的寓所起了个雅致的名字“三松堂”：“‘三松堂’者，北京大学燕南园之一眷属宿舍也，余家寓此凡三十年矣。十年动乱殆将逐出，幸而得免。庭中有三松，抚而盘桓，较渊明犹多其二焉。……余以为昔人所谓某堂某庐者，皆所以寄意耳，或以松，或以风，各寄所寄可也。”从此，他的很多著作就冠以“三松堂”三字刊行于世。

这里有必要提的是，冯友兰在《三松堂自序》里对响应号召“批孔”和奉调做“梁效”的事情做了深刻地反思。冯友兰说：“在领导和群众的鼓励之下，我暂时走上了批孔批尊孔的道路。我不知道，这是走群众路线，还是哗众取宠。这中间必定有个界限，但当时我分不清楚。”接着，他深刻地自责道：“照我现在的理解，这个界限就是诚伪之分。《周易》乾卦的《文言》说：‘修辞立其诚。’我们说话、写文章都要表达自己真实的见解，这叫‘立其诚’。自己有了确实的见解，又能虚心听取意见，改正错误，这叫走群众路线。如果是附和一时流行的意见，以求得到吹捧，这就是伪，就是哗众取宠。1973 年我写的文章，主要是出于对毛主席的信任，总觉得毛主席党中央一定比我对。实际上自解放以来，我的绝大部分工作就是否定自己，批判自己。每批判一次，总以为是前进一步。这是立其诚，现在看来也有并不可取之处，就是没有把所有观点放在平等地位来考察。而在被改造的同时得到吹捧，也确有欣幸之心，于是更加努力‘进步’。这一部分思想就不是立其诚，而是哗众取宠了。”

关于冯友兰奉命进入“梁效”做顾问的事，冯友兰在《三松堂自序》中做了详细说明后，接下来说：“我不厌其烦地讲了一些细节，以见‘四人帮’是如何利用毛主席、党中央的威信，以欺骗人民，诱人跟着他们走极‘左’路线的。我当时自以为是跟着毛主席、党中央走的，鼓励我的那些群众也是这样想的，至少也是这样说的。”但他并没有因此推卸责任，而是严厉地自责说：“可是我当时也确有哗众取宠之心。有了这种思想，我之所以走了一段极‘左’路线，也就是自己犯了错误，不能说全是上当受骗了。”

1985 年在北京大学勺园为冯友兰举行 90 岁诞辰庆贺会，长子冯钟辽特从美国赶来祝寿。

“文化大革命”结束、“四人帮”垮台后，上面对“梁效”成员和顾问“基本上没有什么处理，绝大多数成员回到原单位，没有做组织结论或者在档案里放什么东西”。冯友兰只是个顾问，做事最少，反倒自责最深，说自己“不全是上当受骗”，甚至有“哗众取宠之心”。如此坦诚直言、严厉自责，也只有胸襟坦荡之人方能做到。子贡曰：“君子之过也，如日月之食焉。过也，人皆见之；更也，人皆仰之。”冯友兰就是这样的坦荡君子。虽然这样，人们对他的误解还是难免。20 世纪 80 年代初，中国遴选第一批博士生导师，中国哲学史专业导师竟然没有冯友兰！这样的误会还出现在他和梁漱溟之间。1985 年 12 月，时逢冯友兰九旬华诞，北京大学统战部和哲学系举行纪念会，三松堂也设寿宴庆祝。就在寿诞前，他让女儿打电话请梁漱溟出席。梁漱溟拒绝参加，并给冯友兰写了封没有上款的信：“尊处电话邀晤……我却断然拒绝者，实以足下曾谄媚江青。……如承枉驾来我家，自当以礼接待交谈，倾吐衷怀。”看了信后，冯友兰并无愠色，倒说梁漱溟这样直言，确实难得，并寄《三松堂自序》给他。寿辰过后，他给梁漱溟回信：“十一月二十一日来信，敬悉一切。前寄奉近出《三松堂自序》，回忆录之类也。如蒙阅览，观过知仁，有所谅解，则当趋谒，面聆教益，欢若平生，乃可贵耳。若心无谅解，胸有芥蒂，虽能以礼相待，亦觉意味索然，复何贵乎？来书竟无上款，窥其意，盖不欲有所称谓也。相待以礼，复如是？疾恶如仇之心有余，与人为善之心不足。忠恕之道，岂其然乎？譬犹嗟来之食，虽曰招致，意实拒之千里之外矣。'如何金石交，一旦更离伤'，诗人诚慨乎其言之也。非敢有憾于左右，来书直率坦白，甚为感动，以为虽古之遗直不能过也。故亦不自隐其胸臆耳。实欲有一欢若平生之会，以为彼此暮年之一乐。区区之意，如此而已。"不久，冯友兰收到梁漱溟回信："芝生老同学如晤：顷收到十二月六日大函，敬悉一切。《三松堂自序》亦经收到并读过，甚愿把晤面谈，或即在尊寓午饭亦可，请先通电话联系，订好日期时间，其他如汽车等事，亦均由尊处准备是幸。"为了不麻烦梁漱溟，冯友兰自己去看他。12 月 24 日，在冯钟璞陪同下，冯友兰访问梁漱溟。他俩谈得十分融洽。因看过《三松堂自序》，对"批孔"和"梁效"之事已经清楚，梁漱溟就没再提到这事，多谈论佛教中"菩提"和"涅槃"问题，以及他年轻时既想出家与不想出家的矛盾。后来冯钟璞以晚辈的态度向梁漱溟说明，信中"谄媚江青"云云纯属虚妄臆猜，这样的误会让人感到可悲。临别时，梁漱溟祝向任载坤问好，得知她早已去世多年时，梁漱溟喟然叹息良久。那时距离任载坤去世整整八年有余，可他竟然一点也不知道。可见他对冯友兰的情况根本不了解，也就谈不上理解了！当然，冯、梁之交本君子之交，冯、梁之争亦君子之争。同是新儒家，冯友兰是新理学派，看重理性，主张工业化；梁漱溟是新心学派，看重直觉，主张乡村自治。但学术的分歧并不影响他们的情谊。梁漱溟去世时，冯友兰根据他一生中弘扬儒学和为农民利益与毛泽东公开顶撞这两件大事撰写一幅挽联："钩玄决疑，百年尽瘁，以发扬儒学为己任；廷争面折，一代直声，为同情农夫而执言。"冯友兰和梁漱溟都是当世之君子，这幅感情真真挚、评价中肯的挽联包含了多少理解、友情和敬意！

二　重新研究中国哲学——《中国哲学史新编》

从政治的旋涡中解脱出来之后，冯友兰回到了自己的本真状态。他把自己对国家前途和民族的命运的思考倾注在《中国哲学史新编》的写作中。总结经验、吸取教训，他开始重写中国哲学史。他说："汲取了过去的经验教训，我决定现在继续写《新编》的时候，只写我自己现有的马克思主义水平上所见到的东西，直接写我在现有的马克思主义水平上对于中国哲学的理解和体会，不依傍别人。”

鉴于冯友兰年事已高，担心他写不完，别人建议已经出版的两册不必修改，接着原来的往下写。他坚决不同意，执意要对已经出版的前两册进行修订。这其实就是从头重写。有人建议他写个大纲出来，具体内容可由别人代劳。冯友兰没有这样做。他说：“我有一个习惯，在写一篇文章的时候，有些想法或看法，都是在拿起笔写的过程中才冒出来的，不拿起笔，我自己也不知道我有那些思想和看法。现在写《新编》，有些想法和看法，也是写的时候才冒出来的，事实上已经冒出来了不少。如果自己不动手，这些思想、看法就冒不出来。如果我召集一些朋友分头写作，全书当然可以快出来，但那不是我最新的思想和看法，因为没有经过自己写的过程，它们还没冒出来。所以我宁愿慢慢的爬行。”这样，他以85岁的高龄，重写《中国哲学史新编》，一章一节，一句一字地亲自写下去。1982、1984年，《中国哲学史新编》第一册、第二册修订本出版。在接下来的几年，冯友兰不知老之将至，全力以赴，像一架开动了的机器，著述不止：第3册、第4册、第5册和第6册分别于1985年、1986年、1988年和1989年出版。为了写完《新编》，他“闭户不出，外面的会概不参加，亲友之间亦绝庆吊”，家中诸般琐事一概付于女儿和女婿。女儿钟璞是位作家，为了父亲《新编》的著述，放下自己《双城》的创作，全心照料父亲，成为他的“秘书、管家兼门房，医生、护士带跑堂”。刚开始时，他还是自己写；再往后，他“眼力不佳，已不能看书写字，读书要人念，写字要人代笔”，可工作一点也没有放松，往往头天夜晚构思，第二天上午就滔滔不绝地口授。到最后，他耳目失去聪明，腿脚也不灵活，就连吃饭、解手都要有人伺候，为节省如厕时间，他坚持一个上午不喝一口水。在这期间，他没有星期天，没有节假日；秋冬之交，天气骤冷，住房供暖条件不好，常常是生病住院，可就在病房里，他还在思考、还在准备、还在写作。他的生命就是思想，他的生活就是著述。就这样，历时十年，一部七卷本、154万字的《中国哲学史新编》终于完成了，创造了中外学术史上的一个奇迹！

哲学是一种反思性的学问、一门间接性的学科，哲学家一般是大器晚成，像王弼、谢林和尼采那样少负英名的哲学家亦属少数，但在耄耋之年还能有创造性思想的人则更为罕见。在中国，年过九旬的哲学家有明朝的湛若水和孙奇蓬；在西方，年过九十的哲学家有皮浪、霍布斯、罗素等人。但这些哲学家在年过九十之后，基本上没有什么创造性的思想了。而冯友兰则不然，他在从85岁到95岁生命的最后十年，学术研究和思想创造达到了一个新的高峰。这不是即兴而发的小品短文，也不是信马由缰的小说故事，而是深思熟虑的鸿篇巨制，其思想之新颖、资料之丰赡、结构之严谨与语言之流畅，在中国现代学术史与思想史上都是出类拔萃的。

1985年冯友兰已是90岁了，《中国哲学史新编》还有四册需要完成。

一个年迈体衰的老人能完成这样一项艰巨的工作，需要有一种强烈的愿望和坚定的信念。几千年优秀灿烂的文化，百余年波澜壮阔的历史，数十年接连不断的折腾，都在冯友兰的脑海里激荡，他要以哲人的睿智去继承、去总结、去反思历史的经验和教训，为中国现代化建设提供借鉴。他说："工作的动力当然是有的，不过它是内在的，是从自己心中发出来的，不是从外边加上去的。""杜甫作诗，'语不惊人死不休'，李贺作诗，要'呕出心肝'，大概也是这种内在的动力在发生作用。李商隐有两句诗说，'春蚕到死丝方尽，蜡炬成灰泪始干'。一个蚕，它既生而为蚕，就没有别的办法，只有吐丝，它也欲罢不能。""'智山慧海传真火，愿随前薪作后薪。'人类的文明好似一笼真火，往古来今对于人类有所贡献的人，都是用自己的心血脑汁作为燃料，才把这笼真火一代一代地传下去。这是拼命的事。凡是在任何方面有所成就的人，都需要拼命精神。即使写一篇文章或者写一幅字，都要集中全部精神才能做得出来。这些东西，可能无关宏旨，但都需要用全副的生命去做，至于传世之作，那就更不用说了。"[5]

《中国哲学史新编》是一部"大哲学史"。所谓"大哲学史"就是以哲学为中心讲中国文化，讲中国文化的发展和现代化。冯友兰是由哲学史研究而进入哲学创作，由史入论；1949 年后他不再做哲学创作，只能做哲学史研究。在写《中国哲学史新编》的时候，他把自己的哲学思想融入进去，因史成论，达到"通古今之变，成一家之言"。他说："哲学史有各种的写法。有的专讲狭义的哲学，有的着重讲哲学家的身世及其所处的政治社会环境，有的着重讲哲学家的性格。'各有千秋'，不必尽求一致。我生在旧邦新命之际，体会到一个哲学家的政治社会环境对于他的哲学思想的发展、变化有很大的影响。我本人就是一个例子，因此在《新编》里边，除了说明一个哲学家的哲学体系外，也讲了一些他所处的政治社会环境。"《新编》"着重讲中国历史上各个时代的思潮，每一个思潮，都有真正的哲学问题作为它的中心思想，也都有一定的社会政治情况为其所以发生的历史根源。"他还说："哲学在历史中表现为各种派别，这些派表示哲学发展的线索、阶段和环节，而且和当时的政治、经济互相影响，互相制约。这种互相影响、互相制约，是哲学发展的本来历史的固有内容，写的哲学史要把它们都写出来，特别要说明这些派别在当时所起的作用，是推动还是阻碍历史前进。"《新编》就是要"把握时代的思潮和思潮的主题，说明这个主题是一个什么样的哲学问题。每一个时代都有一个主要的思潮，其中必有一个真正的哲学问题成为讨论的中心，如果把这个问题讲清楚了，一个时代哲学发展的来龙去脉也就讲清楚了。这样做，篇幅不用很多，却有提要勾玄之功。"这样，在纷繁复杂的历史事实中，冯友兰看出来哪些是关键性的，哪些是枝节性的，哪些是主流，哪些是支流。他指出，中国历史"两次大转变划分了三个时期。头一次转变是在春秋战国，产生了一个封建主义大帝国，它一直持续到鸦片战争，封建制度发生根本动摇，第二次转变即从那时开始。""中国社会第二次大转变从 19 世纪中叶开始，大概要持续两个世纪。才可完成。"中国哲学发展也因此分为七个阶段："第一是先秦子学（分为前期和后期），第二是两汉经学，第三是魏晋玄学，第四是隋唐佛学，第五是宋明道学（分为前期和后期），第六是近代变法，第七是现代革命。"

有这样思想做指导和框架，《中国哲学史新编》就有了很多突出的特点。

它突出了哲学中共相与殊相的关系问题，使中国哲学史很多问题得到澄清。在纷繁复杂、变动不居的世界中寻找确定性和普遍性，是人类生存的需要和求知的本性，所有学科尤其哲学，都是在缤繁复杂、众生万象中找到普遍规定和一般规律。因而，解决一般和个别的关系，就成为哲学的首要问题。冯友兰说："一般地说，有两套基本的对立面，有两种基本的矛盾。它们之所以是基本的，因为它们存在于宇宙的任何个体之中，包括人在内，不管是多么小或多么大。""每一个体都必须是某一种的个体，它必须有些什么性质。不可能有一任何性质的个体。个体是一个殊相；它的性质就是寓于其中的共性。所以，在每一个个体中都哟扑殊相与共相的矛盾，这是一种矛盾。"同时，"每一个体既然是一个个体，必定认为它自己是主体，别的东西都是客体。这是又一种矛盾，主观和客观的矛盾。"在以上这两种矛盾中，第一种矛盾更为基础和重要。在没有处理好一般和个别关系、没有从殊相中得出共相或从特殊中找到一般之前，就没法形成客观的概念，产生主观和客观的矛盾。因此，一般和个别的关系问题是哲学的基本问题，其他问题都建立在对这一问题解决的基础上。在《中国哲学史新编》中，冯友兰就把一般和个别关系问题提到哲学基本问题的高度。他说："认识论和逻辑学的根本问题，是共相和殊相的分别和关系问题。""在我近来写《中国哲学史新编》的过程中，我自以为对于中国哲学有了进一步的了解。我现在认识，这个问题是贯穿于中国哲学发展的过程中的一个根本问题，不过随着各个时代的不同，其表现形式有所不同。从先秦诸子说起，儒家讲正名，法家讲综核名实，名家讲合同异，离坚白，道家讲有无，说法不同，其根本问题都是共相与殊相的问题。魏晋玄学继续发挥有无问题。宋明道学所讲的理欲道器问题，归根到底，也还是共相与殊相的问题。这个问题一直讲到现在还在讲，这是活问题，不是死问题。"在具体论述以上这些学派的思想时，冯友兰就以一般个和个别的关系问题为基本线索，运用炉火纯青的逻辑分析方法和出神入化的文字表达能力，把中国哲学史上模糊的概念、复杂的命题和凌乱的思想，讲述得十分确定、明晰和系统。例如，在谈到玄学和道学时，他说，玄学家说的"有"与"无"，道学家说的"理"与"气"、"理"与"器"以及"形而上"与"形而下"等，其实就是哲学中一般和个别的关系。这些都是对事物进行逻辑分析，是一个本体论问题。在道学内部，理学和心学对于一般和个别关系的看法不大一致。关于这一点，下面再做分梳。玄学家和道学家们的错误在于，他们没有把这一问题和宇宙发生论给区别开来，所以出现了混乱："本体论和宇宙形成论所用的方法不同，所要解决的问题也不同。本体论的方法是对于宇宙事物做逻辑的分析，看它们是怎样构成的。宇宙形成论的方法是对于宇宙事物做具体的观察，看它们是怎样发生的。"在运用一般和个别关系为线索处理哲学史上的问题时，冯友兰严格区分了本体论和宇宙发生论，并对中国哲学史上这两个一直纠缠不清、混乱不堪的问题进行条分缕析，解开了中国哲学史上的这一迷雾和疑团，有庖丁结牛之功、拨云见日之效。

它突出了哲学在提升人生境界方面的功用，凸显了哲学的无用之大用。在人生境界说方面，《中国哲学史新编》突出了哲学这方面的功用。在《绪论》，他说："用中国的一句老话说，哲学可以给人一个'安身立命之地'。就是说，哲学可以给人一种精神境界，人可以在其中'心安理得'地生活下去。他的生活可以是按部就班的和平，也可以是枪林弹雨的战斗。无论是在和风细雨之下，或是在惊涛骇浪之中，他都可以安然自若地生活下去。这就是他的'安身立命之地'。这个'地'就是人的精神境界。说是哲学给的，实际上是人自己寻找的，自己创造的。只有自己创造的，才是自己能够享受的。中国哲学说：哲学是供人受用的，享受的。学哲学如果得不到一种受用和享受，任凭千言万语，也只是空话，也只是白说。"在论述先秦儒家和道家哲学时，他就着重阐发孔孟、老庄在反思人类精神生活、提高人们精神境界方面的贡献。名家虽然没有直接提出有关提升人生境界的理论，但他们对"合同异""离坚白"这些事物差别性和同一性的讨论，锻炼思维能力，也有助于人生境界的提高。再看玄学。郭象曾说："吾意亦谓无经国体制，真所谓无用之谈也。然膏粱之子，均之戏豫，或倦于典言，而能辨名析理，以宣其气，以系其思。流于后世，使性不邪淫，不犹贤于博弈者乎！"[6]对这种说法，冯友兰指出："就是说，那些辩论不能解决实际问题，所以没有什么用处。同时又说能够辩名析理可以使性不邪淫，比赌博下棋要好一点吧。这就是说，辩名析理不能解决实际上的问题，但是可以改善人的精神境界。……我说哲学不能增加人对于实际事物的知识，但能提高人对于实际的理解，随着这种理解的提高，人的精神境界也提高了。”[7]宋明道学在人生境界方面的思想，心学和理学不一致，冯友兰分别做了阐发。这点下面再介绍。在《中国哲学史新编》的总结中，冯友兰谈从中国哲学传统看哲学的性质及作用，他指出：“就人的实际生活说，哲学中的一组一组的对于实际无所肯定的概念，看着似乎是无用，但可能是有大用。哲学不能增进人们对于实际的知识，但能提高人的精神境界。我在《新原人》中指出，人的精神境界可能有四种：自然境界，功利境界，道德境界，天地境界。天地境界最高，但达到这种境界，非经过哲学这条路不可。”[8]

《中国哲学史新编》对唯物史观的理解和运用更加纯熟。在在探讨某一哲学流派的源、评价某一哲学思想的功过时，冯友兰娴熟地运用了唯物史观的基本原理，并多有创获，例如，关于“初税亩”的提法，关于每一时期哲学思潮产生的社会背景和历史作用的论述，关于近代学习西方几个阶段的划分及每个阶段特色的论述，等等，分析时鞭辟入里，结论处新意迭出。更为难得的是，他对当时流行的马克思主义有所批评，并对唯物史观有所修正并做了发展。他在评价毛泽东思想时说，毛泽东思想的第二个发展阶段是空想的，并进一步指出：“毛泽东的空想共产主义是有其来源的，其来源就是马克思主义的共产主义理论中的空想成分。根据列宁的说法，马克思主义有三个来源，其中之一是法国18世纪的空想共产主义。空想共产主义的立足点是宗教的、道德的理想，而科学共产主义的立足点则应是生产力的发展和提高。按照唯物史观的原则，历史的发展是靠生产力的提高，生产力的提高是靠新的生产工具的应用。在人类历史上，封建社会取代奴隶社会，是由铁器的普遍使用带来的生产力的革命而引起的。西方资本主义的兴起，则是由于第一次产业大革命，以蒸汽为动力的机器把社会生产力一下子提高了几百倍，以至几千倍。生产力提高了，社会生产方式也要有相应的改变，这就构成新的生产关系，这就是资本主义。这个过程，马克思在《共产党宣言》中讲得很清楚。他进一步指出，在资本主义社会中，社会矛盾集中为两个对立面：资产阶级和无产阶级。照这样的分析，无产阶级不过是与资产阶级共存于资本主义这个统一体中的一个对立面。它和资产阶级一样，是资本主义生产方式的产物，不代表新的生产关系，因为新的生产关系还没有出现。这就如中国封建社会中的农民一样，农民只是封建社会中地主阶级的对立面，不代表新的生产关系，因而即使它通过起义，夺得了政权，也不可能建立新的社会形态。""然而在马克思主义的共产主义理论中，唯物史观的原则并没有被贯穿到底。在没有出现由生产工具的革命引起的生产力的突飞猛进发展，也没有出现由生产力的发展造成的生产关系改变的情况下，马克思主义的共产主义理论却告诉人们，无产阶级是新生产关系的代表，无产阶级领导的革命可以人为地改变由生产力水平决定的客观历史进程，建立社会主义，这就与唯物史观相矛盾了。由此看来，这个理论带有很大的空想成分。当然并不是说，无产阶级不能进行革命，不能取得政权。而是说，不能不顾及生产力的发展水平，超前建设社会主义。无产阶级即使取得了政权，其革命任务也应该是推动生产力的发展，为更高一级社会形态的出现准备条件。因此，其革命性质只能是资产阶级性的民主主义革命，在中国就是新民主主义革命。在这个问题上，只能遵循历史发展的客观规律，不能靠空前办事情。""根据过去推测未来，如果世界真有比资本主义更高一级的新的生产关系出现，那就需要有第二次产业革命，第二次工业革命的来临，已经出现了苗头。以蒸汽为动力的机器，把人从体力劳动中解放出来；现在出现的电子计算机，把人从脑力劳动中解放出来，人的计算能力，一下子提高了百万倍，乃至千万倍。再加上，例如超导体等发明，社会生产力真可能'一天等于二十年'，提高几千倍；如真实现，比资本主义更高一级的生产关系就自然出现了。"这就把唯物史观的基本原理贯彻到底了。

从《中国哲学史新编》以上这些突出特点中可以看出，冯友兰写作《中国哲学史新编》的过程也是逐步向自己"新理学"思想回归的过程。蔡仲德说，冯友兰思想发展的最后是"回归自我"，指的主要就是这些。冯友兰新理学体系，有三个主要支柱——真际共相说、人生境界说和唯物史观。冯友兰开始写《中国哲学史新编》的时候，还沿用当时流行强调哲学史上阶级斗争、唯心主义与唯物主义和辩证法与形而上学的斗争的观点，至多加上民族斗争或主观和客观的关系等。这在前两册里有明显痕迹。但从第三册开始，他就逐渐地摆脱了流行观点的影响，不再依傍他人，而是发挥自己的观点，"新理学"思想也逐渐得到恢复，实现"自我回归"。当然这种恢复和回归都是在高层次上的"否定之否定"，不是简单地重复。

在这样的指导思想下和理论框架中，《中国哲学史新编》对冯友兰自己的思想有较大发展，对当时流行的哲学史也有较大突破。其主要贡献有以下几个方面。

第一，用唯物史观基本原理对中国哲学史上的主要事件和人物重新做出评价。这首先表现在对汉代贾谊和董仲舒哲学的评价上。秦始皇完成了统一中国的大业，并第一次在全国范围内建立中央集权制。这是秦始皇的功绩。秦始皇没有根据统一后的形势及时调整统治方针，继续一味推行法家思想，导致秦朝的迅速灭亡。秦朝的短命，引起了汉代统治的高度警惕。总结秦朝失败的教训，是摆汉朝初期统治者和思想家面前的主要任务。早在汉朝刚一建国，陆贾就给汉高祖提出建议。司马迁《史记》记载："陆生时时前说称《诗》、《书》。高帝骂之曰：'乃公马上而得之，安事《诗》《书》?'陆生曰：'居马上得之，宁可以马上治之乎？且汤、武逆取而顺守之，文武并用，长久之术也。昔吴王夫差、智伯极武而亡。秦任刑法不变，卒灭赵氏。乡使秦已并天下，行仁义，法先王，陛下安得而有之?'"[9]汉高祖采纳了陆贾的建议，他让陆贾著书总结秦朝失败的教训和自己成功的经验。冯友兰指出，"陆贾认为所谓'居马上得天下'，就是用暴力取得政权。但是得天下以后，专用刑罚，那就是继续专用暴力。""用暴力叫'逆取'。可是在取得天下以后，汤武就用文来统治他们的国家。这就叫做'顺守'。'逆取'以后，必继之以'顺守'，才可以长久统治。"接着是年轻的思想家贾谊。他继续总结了秦朝失败的教训，对统治阶级提出忠告和建议。对于秦朝的灭亡，贾谊写了《过秦论》。其中说："秦以区区之地致万乘之势，序八州而朝同列，百有余年矣。然后以六合以为家，殽函为宫。一夫作难，而七庙堕，身死人手，为天下笑者，何也？仁义不施，攻守之势异也。"[10]具体地说，"攻"与"守"的区别在于："夫并兼者高诈力，安定者贵顺权。由此言之，取与守不同术业。秦虽离战国而王天下，其道不易，其政不改。是其所以取之也。守之者无异也。"[11]这里说的"并兼者高诈力，安定者贵顺权"，就是陆贾说的"逆取"与"顺守"。取与守的方法是不同的。秦朝在用诈力取得天下之后应该改用顺守的方法来维持统治，可是秦朝没有改，所以就很快地灭亡了。冯友兰评价道："贾谊结论的意思是说，在秦朝统一中国以前，秦国的战略是攻；在统一以后，形势变了，秦朝的战略应该是守，守就应该施行仁义。秦朝不知道形势变了，还是专凭暴力。战略跟形势不相符，所以很快就失败了。"从农民起义推翻秦朝的统治中，贾谊看到农民的力量十分巨大。他警告统治者说："夫民者，至贱而不可简也；至愚而不可欺也。故自古至于今，与民为仇者，有迟有速，而民必胜之。"[12]冯友兰指出："贾谊并不是站在劳动人民的立场分析历史的动力，而是站在地主阶级的立场，警告新得政权的地主阶级，不可忽视劳动人民的反抗力量。"为了使地主阶级有效地长久地统治下去，贾谊主张，在实行刑罚的同时，应采用仁义。他恢复了春秋以来关于"礼"与"法"的辩论："夫礼者，禁于将然之前；而法者，禁于已然之后。是故法之所用易见，而礼之所为生难知也。……人主之所积，在其取舍。以礼义治者积礼义；以刑罚治者积刑罚。刑罚积而民怨背；礼义积而民和亲。故世主欲民之善同，而所以使民善者或异。或道之以德教，或驱之以法令。道之以德教者，德教洽而民气乐；驱之以法令者，法令极而民风衰。"[13]冯友兰对此评价说，"贾谊的这段议论是春秋以来'礼'与'法'的争辩的继续发展，但其意义不同。在先秦，'礼'与'法'的辩论，是地主阶级和奴隶主阶级两个阶级的斗争。在汉初，礼'与'法'的辩论，主要是研究统治人民的两种方法。""贾谊的对于'礼'的理论，是从地主阶级的长远利益出发的，是地主阶级的功利主义。"

贾谊的目的是要为大一统的中央集权制提供理论论证和思想指导，是要"有为"的。但在汉文帝时期，为医治秦朝苛政和战争的创伤，朝廷推行的是黄老"无为而治"的方针，再加上世勋老臣的排挤，贾谊的建议没有得到采纳，他自己也谪居长沙，最后忧愤而死。

到了汉武帝时期，战争的创伤已得到医治，国家也富强起来了，为大一统的中央集权制国家的寻找理论支持和思想指导已成为当务之急。秦汉之际，"中国进入了封建社会，封建社会的经济基础固定下来了，它就需要一种与之适应的上层建筑。这是历史发展的必然趋势。"秦朝失败证明法家不能完成这一任务；汉初黄老之学过于消极，也担当不了这一重任。这样，公羊学派和董仲舒的思想便应运而生。汉武帝采取董仲舒"罢黜百家，独尊儒术"建议，以儒学作为国家统治思想。当然，这时的孔子不是原来的孔子，而是经过改造过的孔子；儒学也不是过去的儒学，而是董仲舒等人的公羊学。在董仲舒和公羊学家看来，"孔子作《春秋》，为汉制法。就是说，孔子预先知道有个汉朝，所以作《春秋》一书，为汉朝的精神文明定出一套规范。"冯友兰说："这个话有一半是真的，一半是假的。说孔丘预先知道这个汉朝，这当然是假的；但为汉制法，这倒是真的。不过制法者不是孔丘本人，而是打着孔丘旗号的汉代春秋公羊家。公羊家的领袖是董仲舒。”董仲舒打着孔子的旗帜，对先秦的“天地”、“阴阳”、“五行”等概念赋予伦理意义、做目的论解释，建立了庞大唯心主义神学目的论体系，同时，他又特别强调“三纲”与“五常”的神圣性，强调“大一统”与“夷夏之辨”的重要性。单就哲学发展来说，董仲舒的思想是对先秦唯物主义和理性主义的反动，多为牵强比附甚至荒诞不稽之论。1949 年后，这一体系被批得体无完肤。冯友兰认为，对董仲舒的思想不能做简单处理和一味否定。他联系当时的历史条件和社会背景对“公羊学派”做出客观评价：“在汉初，董仲舒的春秋公羊学所说的改制，就是为汉朝为代表的封建社会制定了一套上层建筑，为新出现的全中国封建社会的经济基础服务，使之巩固起来，稳定下来，使中国社会循着封建社会的发展规律，稳步前进。”针对认为董仲舒思想反动和落后的说法，冯友兰指出，进步与反动、先进与落后都是相对而言的，“社会的发展进步是按阶段进行的，经过一个阶段，才能进到另一阶段，好像人走路，走了第一步，才能走第二步。在社会发展史中已出现和将出现的各种社会，就是这种阶段，每一种社会，同在它以前出现的那种社会相比，都是先进。同在它以后出现的那种社会相比，都是落后。”具体说来，“公羊学家的历史任务是给封建社会制定一套上层建筑，他们所说的话，都是就封建社会说的，他们是在封建社会之内而不是在封建之外。就封建社会说，最大的变动是改朝换代，他们所说的改制，是就一个新的朝代说的。一个新的朝代所能改的，也就是那些形式上的事情。至于所谓大纲大伦，那都是从属于生产关系一类的东西。如果生产关系没有变，那些大纲大伦是不能变的。”“三纲五常”这些“道”是上层建筑，它们来自生产关系这种“天”。在生产关系没有改变之前，建立于其上的上层建筑也不会变化，正所谓“道之大原出于天。天不变，道亦不变。”评价一种哲学思的进步与否，要看它是否适合当时的经济基础，不是单看它是唯心还是唯物。董仲舒等人制定“三纲”和“五常”等上层建筑“对于当时中国社会的经济基础是合适的。中国历史中的实践也证明这个上层建筑合适的”。汉朝为封建社会确立了一系列政治制度和伦理道德，在中国实行了两千余年，并不是偶然的。近代以来，封建社会解体，封建经济崩溃，建立在它们之上的政治制度和伦理道德也就成为历史发展的障碍，变得落后和反动话，只是后来的事情，这并不意味着封建社会的政治制度和伦理道德在一开始就落后和反动。只有结合历史情况评价历史人物和哲学思想才是历史唯物主义的做法。这要求对于历史上的哲学思想做客观地研究和同情地理解："我们生活在比封建社会更先进的社会，回顾过去，当然说过去封建社会中的一切都是落后的，但不可忘记它也有着先进的时候。"

对唯物史观的熟练运用突出地表现在他对洪秀全和曾国藩的评价上。在评价近代史上这两个重要人物时，冯友兰一开始就高屋建瓴地指出："中国的近代有两个基本问题：反对封建主义和向西方学习。"[14]"进步的人们都向西方学习，但不能倒过来说，凡向西方学习的都是进步的人们。这要具体地分析，要看他学西方的什么。中国所要学习的是西方的长处，并不是西方的缺点。"他具体指出，从表面上看，洪秀全和太平天国是彻底地同中国文化决裂，他把"四书五经"都给烧了，把文庙也给毁了，但其实不然。他只是把中国封建社会里束缚民众的四大权力——政权、族权、神权和夫权都全部改头换面地集中在他一人手里："天王是族长，是皇帝，又是教主，这样的'三位一体'使天王更容易成为一个中央集权的专职主义独裁者。"洪秀全及太平天国表面上也主张学习西方，"但所要学习的是西方的宗教，是西方中世纪的神权政治，这就与近代维新的总方向和中国近代史的主流背道而驰了。中国近代维新的总方向是工业化和学习西方的科学技术，洪秀全和太平天国的神权政治却要把中国中世纪化、宗教化。"西方近代"资产阶级势力的兴起，削弱了神权政治的统治，出现了人本主义的文艺复兴时代，这是打破黑暗时代的曙光。中国传统文化在中国近代化时期虽然落后于西方，但已接近西方的人本主义的文艺复兴，所需要的是进一步的近代化，而不是退一步的中世纪化。"自鸦片战争以来，中国"历史的主流是近代化，其内容是振兴工业，提倡科学和技术，这是近代维新的主流。""洪秀全的宗教宣传和太平天国的神权政治正是逆流而行，把中国历史拉向后退。"因此，"如果洪秀全和太平天国统一了全国，那就要把中国拉回西方的中世纪，使中国的近代化推迟了几个世纪。"这就是冯友兰对洪秀全及其太平天国的评价。

与此相应，他对曾国藩及洋务运动也做出新的评价。由于洪秀全及太平天国的落后和腐朽，所以曾国藩打败了它们就阻止中国倒退到中世纪，这是他的功劳。但曾国藩搞的洋务运动采取的是以政带工的方针，就延迟了中国近代化，这是他的过错。西方社会一开始就建立在工商活动的基础上，他们是以商立国，是以工商活动为基础，通过契约建立社会、组织政府。“西方的近代化，是由于产业革命，用蒸汽为动力的机器进行社会化的大生产。这种社会化的大生产，要有个社会力量来带动，在西方就是以商带工。”在这样的经济基础上，西方建立了民主政治制度。“曾国藩首先认识到，中国经济以农为主，西方经济以商为主。”他从经济上看出中西社会的不同，进而认识到中西政治的不同。他说：“国藩于洋务素未谙究，然体察情形，参之众论，大抵如：卫鞅治秦，以耕战二字为国；泰西诸洋，以商战二字为国。用兵之时，则重敛众商之费；无事之时，则曲顺众商之情。众商之所请，其国主无不应允。”[15]曾国藩虽然已经看到了问题的本质，但他的目的是学习西方的进步管理和先进技术以维持中国的封建统治，就是所谓“主于中学而以西学辅其不足”。“曾国藩也知道西方议会制度，在议会中作为资本家的商人可以控制政权，使君主听其指挥，但这正是曾国藩所要避免的。他最怕的是商人成为资本家，凭议会力量指挥君主，所以主张以政带工，不许以商带工。”[16]这也有历史原因。在中国历史上，地主阶级一直打击商人；历代王朝都采用以农抑商、以政带工的政策。曾国藩继承了这一传统。他“虽然认识到西方是以商立国，但实际做的不是以商带工，而是以政带工。他委派一批中级官僚兴办工业，所以以政带工其结果必然是以官带商。于是造成官工、官商，使工业、商业官僚化、衙门化。因此他所办的工业无不赔钱，不能维持。其赚的钱，已为官商所中饱。”“以政带工在经济上的后果是严重的，其政治上的后果则更为严重。其中饱的官商逐渐成为官僚资本家。代表封建的官僚资本家和代表帝国主义的买办资本家狼狈为奸，使中国更深地陷入半封建、半殖民地的地位。如果以商带工，中国原来的商人就会更早地成为民族资本家，中国就可能早一点进入近代化，早一点从半封建、半殖民的地位中自拔出来。”所以这种“以政治带工”的洋务运动“表面上看似乎是把中国的近代化推进了一步，其实延迟了中国的近代化。”这种模式给中国近现代经济和社会的发展带来了深远而又恶劣的影响，它阻挠了市场经济的形成，使得中国近代的民主政治难产。洪秀全的政教合一把中国拉向中世纪，曾国藩的官商合一延缓了中国的近代化。后来，洪秀全的政教合一与曾国藩的官商合一又结合在一起，更使中国近代化和现代化的进展举步维艰，路程遥远。冯友兰斩钉截铁地说："推动前进或拉向后退是评价历史人物的最高标准。"

运用唯物史观，冯友兰对毛泽东和中国革命做出了独到而又客观的评价。评价毛泽东是《中国哲学史新编》第七册的主要内容之一。冯友兰对毛泽东的总体评价是，"他集党、政、军大权于一身，并且被认为是思想上的领导人。他是中国历史上一个最有权威的人。在几十年中，他兼有了中国传统文化中所谓'君、师'的地和职能。因此，他在中国现代革命中，立下了别人所不能立的功绩，也犯下了别人所不能犯的错误。"他把毛泽东思想的发展分为三个阶段：（一）新民主主义及以前阶段；（二）社会主义阶段；（三）极左思想阶段。相应的，"毛泽东的思想发展的三个阶段，其性质是大不相同的。第一阶段是科学的，第二阶段是空想的，第三阶段是荒谬的。"在 1949 年以前和建国初期的一段时间里，毛泽东能够把马克思主义的普遍原理和中国革命的具体实践相结合，写下了《中国革命战争的战略问题》、《新民主主义论》、《矛盾论》和《实践论》等著作，反对各种教条主义和左倾路线，制定了一系列正确的路线、方针，取得新民主主义革命的胜利。这一时期的毛泽东思想是科学的。冯友兰说："在这个时期，毛泽东的思想既有理论的根据，又有实践的应用。在这个时期，他的思想时科学的，不是空想的。他是从革命的客观实际出发，以决定革命的性质和任务。""关于革命的任务和革命性质的关系问题，王夫之有两句话说得最简明'有因事以求理，无立理以限事'。革命的性质就是'理'，革命的任务就是'事'。"

中国共产党在建国初期，本来要建设"新民主主义社会"，1949 年和各民主党派一起制定并通过了《共同纲领》，作为建国的临时宪法。冯友兰认为，这个纲领是毛泽东《新民主主义论》的法律形式。"在《新民主主义论》中，毛泽东所用的革命方法是以革命的任务决定革命的性质，以当时社会的性质决定革命的任务。当时中国的社会性质是半封建、半殖民地，所以当时革命的任务是反帝反封建，由此决定中国革命的性质，不能是社会主义革命，而只能是新民主主义革命。《共同纲领》就是实现新民主主义革命的措施。"可惜好景不长，到了 1954 年，新制定的《中华人民共和国宪法》就取代了《共同纲领》，情况就完全不同了。冯友兰说："《共同纲领》的总目标是建设一个新民主主义的国家，《宪法》的总目标是建设一个社会主义国家。由于《宪法》的公布，中国革命就进入了一个新时期，由新民主主义革命进入到社会主义革命。这是个大转折点。这个转折点，表示毛泽东对于革命方法的认识的大转变。……《共同纲领》就是实现新民主主义革命的措施。1954 年的《宪法》首先提出社会主义，就是以革命的性质决定革命的任务。这个转变，在以后的中国社会中，引起了深远的后果。”国家建设就此进入曲折阶段。完全冯友兰说，毛泽东思想的科学阶段，到此为止，接着就进入空想阶段。冯友兰认为，建国以后，“当时应该做的事，就是调动中国社会的生产力，以各种方式，由各种渠道，齐头并进。这便是新民主主义道路。”新民主主义的经济成分中包括有资本主义经济。“如果资本主义经济又发展成为生产力的束缚，那就用社会主义再作解放，这就是革命分两步走的道理。在《新民主主义论》中，毛泽东本来就是这样主张的。可是，1954 年的《宪法》过早地提出社会主义的总目标，毛泽东似乎也想合两步为一步，‘毕其功于一役’了。他在《新民主主义论》中，特别有‘驳左倾空谈主义’一节，曾几何时，毛泽东也走上了‘左倾空谈主义’的路了。”那时，毛泽东批判继续搞“新民主主义”的人们，说他们没有懂得革命性质的转变，不搞社会主义改造，犯右倾的错误。冯友兰说：毛泽东说“他们没有懂得革命性质的转变”这句话，“说明毛泽东的思想方法与以前大不一样。他不是以革命的任务决定革命的性质，而是以革命的性质决定革命的任务。”集‘君’‘师’于一身的毛泽东，以为‘立理’可以‘限事’了。”毛泽东思想由此进入了空想阶段。冯友兰分析说：“第二阶段之所以是空想的，是因为革命的领导者认为，革命的性质可以决定革命的任务。这就是认为上层建筑可以决定经济基础。这是和马克思主义的历史唯物主义的根本原则直接违反的。”冯友兰接着指出，毛泽东的社会主义思想虽然不大明确和系统，但在农村表现得比较典型。解放战争胜利后，“中国共产党把没收的地主的土地，按人口平均分配给农民，作为他们的私有物。几年之后又用合作社的形式，把农民连同他们所分得的土地组织起来，称为合作化。这种组织由初级社到高级社，最后到人民公社。这种由分而合的过程，毛泽东称为社会主义运动。这种组织由初级社到高级社，最后到人民公社。”这种“社会主义运动”后来逐渐升级为“共产主义运动”：公社社员的生、老、病、死、衣、食、住、行，都由公社全部包了下来；甚至要把全国变成一个大公社，人们可以在全国范围内吃饭、穿衣、住宿不要钱。而支撑这种运动的经济基础竟然是“人有多大胆，地有多高产”的豪言，和“一亩地打一百二十万斤粮食”的神话。冯友兰评价道：“可注意的是，他们所理解的‘共产主义’的内容，实际上和康有为的《大同书》是一类的思想。其类似之处，在于都是空想的，不是科学的。”毛泽东曾经指出：“康有为写了《大同书》，他没有找到也不可能找到一条达大同的道路。”[17]所幸的是，康有为固然没有找到走向大同的道路，但他知道大同世界的实现是很遥远的事情，他的《大同书》在生前秘不示人，大同思想也没有付诸实践。而毛泽东却是在全国范围内推行他的社会主义思想，发动“大跃进”等一系列所谓“一大二公”的运动。冯友兰说：“以马克思主义的历史唯物主义为理论基础的社会发展史，列举了五种社会类型，一层比一层高。每一新出现的类型，都代表一种新的生产关系。被毛泽东称为‘一大二公’的人民公社，是否代表一种新的生产关系？不见得。在刮‘共产风’的时候，农民不仅是公社社员，也还是他们原来家庭中的成员，仍处于他们原有家庭的组织。每个社员，在公社劳动所得工分，并不归个人所有。他们回家后，还要如数交给家长，由家长支配。从这一方面看，人民公社倒像一个封建大家庭。这是因为在封建社会中，农民附着于土地，依靠自然经济生活，人民公社就是在这种基础上建立起来的.它并没有改变自然经济，所以还不能超出封建经济形态的范围。”[18]在这种变相的“封建经济形态”中，“人民公社又像是一个封建大家庭。在那样的家庭中，每一个家庭的成员都依赖于家庭而生活。成员有收入，都要如数上交家长；如果没有收入，也照样受家庭的供给。”在这样的大家庭里，人民群众一切的一切都只有仰仗各级大大小小的家长了。

毛泽东极“左”思想的表现高潮为“文化大革命”。冯友兰认为这一阶段的毛泽东思想是荒谬的，其荒谬之处在于空想共产主义。冯友兰说，“依照马克思主义的原则，共产主义有空想和科学之分。中国的马克思主义者，常引马克思的一句话：‘一天等于二十年。’这句话，可能有两种解释：一种解释是一个人社会的生产力，如果能提到比资本主义高几千倍，那就可以实现共产主义了；另一种解释是如果认为打出共产主义的旗号，社会生产力就会比以前高几千倍。前一种说法是科学社会主义，因为它的依据点是社会生产力的提高；后一种说法是空想共产主义，因为它的立足点是人们的愿望。”“在刮‘共产风’的时候，认为只要打出共产主义的旗号，粮食的亩产就会提高到一百二十万斤，便是空想共产主义。极左思潮就是空想共产主义。极左思潮在‘文化大革命’时期，达到了高潮，统治了中国，造成了十年动乱。”冯友兰进一步指出，这种空想社会主义来自马克思主义共产主义理论中的空想成分，这种空想成分和唯物史观的基本原理是不一致的。冯友兰对这些有精辟的论述和详尽的分析。前面已经介绍，在此不再重复。极左思想和空想社会主义所以在中国造成那么大灾难，与毛泽东建国后推行“仇必仇到底”的思想方法和政治路线密不可分。这点下面再做介绍。

《中国哲学史新编》的主要贡献之二，在于它运用了辩名析理的方法对中国哲学史中的一些重要问题做了更为深刻的分析。辩名析理就是分析名词的含义和概念的内涵，辨别其异同，考察其流变，从而理清学术思想的变化和发展。哲学是一套套的概念体系，辩名析理是研究哲学的主要方法。冯友兰在《新编》中对这一方法运用得十分圆熟，主要表现在对玄学、佛学、心学与理学之争以及“新理学”的反思上。

首先看冯友兰对玄学的反思。玄学家是通过注释《老子》和《庄子》来发挥他们思想的。玄学有两个主要概念，就是有和无。历来对于《老子》和《庄子》的注释，对于有、无的确切意义都没有说清楚，甚至越说越糊涂。冯友兰用一般与个别的关系来分析玄学中有和无这两个概念，把它们说清楚了，也把玄学中三大派别的区别和联系说清楚了。玄学中原有王弼的“贵无论”和裴頠的“崇有论”，冯友兰把郭象的独化论称为“无无论”。他说：“玄学中有三个主要的派别，实际上是两个主要派别，就是‘贵无论’和‘崇有论’。从字面上看就可以看出来，它们的辩论主题是关于‘有’和‘无’的问题。”“其实它们所讨论的是共相和殊相、一般与个别的关系的问题。这是一个古今中外哲学家所共同讨论的问题，是一个真正的哲学问题。”[19]“每一个东西都属于某一类，一类的东西都有一个名。每一个名都有两个方面。一方面是这一类东西的规定性，这就是这个名的内涵。另一方面是这个名所指的那一类具体的个体，这就是这个名的外延。内涵越多，外延就越小；外延越大，内涵就越少。”可以把宇宙间所有事物当作一个类，这个类包括宇宙间一切东西。“如果用一个类名，那就是‘有’。为了区别于这一类名的‘有’，中国哲学称天地万物为‘群有’或‘众有’。‘有’是一个最大的类名，它的内涵就很难说了。因为天地万物除了它们都‘存在’以外，就没有别的共同的性质了。所以这个最高类，就只能称为‘有’，这个最高类的规定性，就是‘没有规定性’。所以‘有’这个名的内涵也就是没有规定性。实际上没有，也不可能有没有任何规定性的东西。这就是实际上没有、也不可能有不是任何东西的东西，这样也就是无了。直截了当地说，抽象的有就是无。”“从逻辑上说，一个名的外延越大，它的内涵就越少，在理论上说‘有’这个名的外延最大，可以说是‘至大无外’，它的内涵就越少，少至等于零，既然它的内涵等于零，它的外延也就等于零，这也就是无，《老子》和玄学贵无派把道相当于无，所以强调‘道’是‘无名’。”这种对“有”和“无”的分析是逻辑学的和本体论的。玄学家是用“辩名析理”来说明这一问题的。冯友兰说：“名就是名词，理就是一个名词的内涵。一个名称代表一个概念，一个概念的独享就是一类事物的规定性，那个规定性就是理。”“辩名析理”是就一个名词分析它所表示的理，它所表示的理就是它的内涵。玄学家们没有把本体论和宇宙发生论区分开来，就没有把这一问题想清楚、说明白。本体论是对于宇宙事物做逻辑的分析，看它们是怎样构成的；宇宙发生论是对于宇宙事物做具体的观察，看它们是怎样发生的。这种混乱在《老子》那里就已经开始了。《老子》一方面说，有、无“二者同出，异名同谓”，一方面又说，“天下万物生于有，有生于无”。玄学家的争论以及玄学中“贵无论”、“崇有论”和“无无论”三大派别的产生也是由于混淆了本体论与宇宙发生论而导致的。冯友兰指出，“从人类的认识过程说，认识是从‘群有’抽象出来‘有’，或者说是概括出来，又从‘有’分析出来‘无’，这是人类认识发展的一个过程。……从认识论方面说，‘无’是这个过程最后得到的一个概念。它是从‘辩名析理’得来的。……‘辩名析理’的方法就是本体论的方法。从本体论的方法看，这个认识发展过程是很容易了解的，也没有什么不合理之处。”“可是有些人，把这个过程了解为宇宙形成的过程，把用本体论方法所得的最后的概念，了解为宇宙形成的最初的实体，把认识过程弄颠倒了。”玄学的三大学派就是沿着这种颠倒出现的：“从认识的过程说，本来是天地万物→有→无；把它颠倒了，就成为无→有→天地万物。经过这样一颠倒，这个无就成为一种实体，称之为‘道’。……对于‘无’持这种理解的玄学家，就是贵无派。”“反对贵无派的崇有派，反对这种理解，把贵无派的这种颠倒有颠倒过来，这就是裴頠崇有论的主要之点。”“不承认‘道’或‘无’是一种实体，天地万物都是自然生出，不需要有一个造物主者……这就是无无派的主要论点。无无派和崇有派在反对‘无’是一种实体这一点上，是一致的，他们所说的‘有’，都是‘群有’。所以从哲学意义上讲，无无派就是崇有派。”总之，

“魏晋玄学的发展，主要有三个阶段：第一阶段是贵无论，第二阶段是裴頠的崇有论，第三阶段是郭象的无无论。就玄学说，贵无论是肯定，裴頠的崇有论是否定，郭象的无无论是否定之否定。郭象的《庄子注》是魏晋玄学发展的高峰。”关于玄学的历史地位，冯友兰说：“玄学‘辩名析理’的方法提高了中国哲学的理论思维能力，它所讲的‘后得的混沌’提高了人的精神境界，它所阐发的超越感，解放感，构成了一代人的精神面貌，所谓晋人风流。”这确实把玄学中“有”“无”概念和玄学三大派别及其发展给说清了，也把千百年来关于玄学的疑团给解开了，还玄学以本来面目和应有地位。

其次看在《新编》中冯友兰关于佛学的论述。在《中国哲学史》和《中国哲学简史》中，对于佛学论述的比较简单。在《中国哲学史新编》中，冯友兰从哲学的角度来论述佛教和佛学。他说：“佛教是个宗教，佛学是作为佛教理论基础的唯心主义哲学体系。佛学接触到哲学各个方面的主要问题，但是其中心的主体是灵魂与自然界的关系的问题。它认为，个人的精神不死，自然界是个人精神派生的在，这是佛学的主题，也是佛教的根本教义。”“其要领就是主观唯心主义和客观唯心主义的对立。佛教和佛学的个宗派都认为一切法唯心所现，其为唯心主义是无疑的了。但是所说的心是个体的心，还是宇宙的心，在佛教和佛学内部就有不同了。如果所说是个体的心那就是主观唯心主义，如果所说是宇宙的心那就是客观唯心主义。其区别在于，承认不承认有公共的世界。”和其他宗教一样，佛教教义和佛学思想是建立在精神不灭和灵魂轮回转世这一理论基础上。冯友兰指出：“佛学接触到哲学各方面的主要问题，其中心的问题是形神问题。它认为，个人精神不死，一个人的身体死亡了，但他一生中所早的‘业’还继续存在着，他的精神还有来生，以至二生三生，这是佛学的主题，也是佛教的根本教义。”对于个体肉体死亡的这一事实，佛学和佛教也是正视的。但它们认为，个体肉体死亡之后，其精神还是存在的。“佛教和佛学把精神不灭和生死轮回、因果报应结合起来，这就明确地说明他们所说的神不灭，是个体的神。每一个体的神，都为它所作的业支配，每个个体现在的身体都是它过去所作的业的结果。一生的身体坏了，还有来生。每一个个体神都创造它自己的世界，不需要一个公共的造物主。……其实佛学说，每一个个体神就是一个造物主，有多少个体神就有多少造物主。作为一种哲学，佛教是主观唯心主义。作为一个宗教，佛教是多神教。”佛教是个体宗教，佛学是主观唯心论。“照佛教和佛学说，个人不死是一种不可抗拒的命运，是一种真正的不幸。正因为人身体死亡后还有某种精神实体继续存在，所以才有生死轮回。这是人生的一切痛苦的根源。佛教和佛学就是抗拒这种不可抗拒的命运，要把人从生死轮回的苦海中拯救出来，把他们渡到‘彼岸’，在‘彼岸’中可以得到一个极乐世界。”作为个体宗教，佛教和佛学为摆脱个体死亡这种不可抗拒的命运、从而进入极乐世界，提出了一套个体修行的方法，这种方法被称为“观止”：“观就是观察，要观察一切事物都时时刻刻在生灭之中，一切事物都是众缘和合，缘会则生，缘离则灭。”这就是佛教和佛学说的“观”。“在观中，观察到那些东西的虚幻不实，就可以停止对虚幻不实东西的留恋贪爱，这就叫止。”通过观，认识到大千世界里的众生万象都是虚幻不真的，这就是“诸法实相”。对“诸法实相”的直观就是“般若”。“‘般若’和一般直观的主要不同在于，一般的直观是人们自然就会有的，‘般若’是需要经过长期的修持才会有的。”这是一种“后得的直观，不是原始直观。”有了“般若”这种直观，并能大彻大悟，就是“止”，就进入了“涅槃”这种精神境界。“般若”是理，是智慧；“涅槃”是佛，是圣人。作为外来宗教，佛教在中国的发展经历了一个过程。冯友兰把这一过程分为“格义”、“教门”和“宗门”三个阶段：“格义”阶段是用玄学解释和比附佛学思想；“教门”阶段是把佛学和玄学逐渐划清界限；“宗门”阶段是中国佛教的创立，这一宗教就是禅宗。冯友兰指出：“佛教和佛学主张一切都是唯心所现，但是，这个心是个体的心或是宇宙的心，各宗派的主张则不同。如果认为是个体的心，那就必然认为每一个个体都有它自己的世界，不肯能有公共的世界，这就是主观唯心主义。如果认为心视宇宙的心，那它所现的世界就是公共的世界，各个个体所共有的世界。这就是客观唯心主义。”由于中国文化是群体本位文化，也就没有真正意义的主观唯心主义。因此，佛学在中国的逻辑发展，就是由主观唯心主义发展到客观唯心主义、甚至无心主义。在这一过程中，《大乘起信论》起了重要作用：“佛教和佛学是从个体的因果报应，生死轮回讲起的。它们原来所说的心，所说的神都是个体的心。由此发展下去必然成为主观唯心主义。梁武帝的《立神明成佛义记》所定的调子，就是主观唯心主义。而在佛学的实际发展中，逐渐出现了客观唯心主义，在中国佛学中首先明确提出来的是《大乘起信论》。”冯友兰从哲学的高度来地论述佛教和佛学，高屋建瓴，言简意赅，使佛教和佛学中很多长期纠缠不清的问题迎刃而解。

再次是《中国哲学史新编》对心学和理学之争做深刻反思。心学和理学是宋明道学的两大学派，它们之间争论由来已久，肇始于北宋，延续到现代。在历史上，它们两家一直互相批评，哲学史家如黄宗羲等也给它们做过评判。但囿于各种限制，尤其缺乏西方哲学作为参照，不仅后来的哲学史家，就连心学家和理学家本人对他们自己的差别也是看不清楚、讲不明白。冯友兰是哲学史家，也是新理学重镇，对心学和理学的争论十分熟悉，在接着理学讲的同时，吸取心学的长处；更为重要是，他用西方哲学来观照、透视心学和理学差异。这样，他就能看清楚它们的矛盾、处理好它们的关系。

心学和理学之争有个过程，在程颢和程颐那里已经开始，在朱熹和陆九渊得到发展，到王守仁那里达到高峰。程颢和程颐之争首先表现在对“理”和“道”理解的不同上。冯友兰说：“程颢和程颐对于道的理解是根本不同的。程颢所理解的道是具体的，程颐所理解的道是抽象的。具体和抽象的分别就是形而上和形而下的分别。”[20]具体地说，在程颐“思想中，‘理’是一类事物的规定性，有多少事物，就有多少理。”而“程颢所说的自然之道，是自然趋势，这种趋势所生的东西也都有其自然趋势，每一种东西所有的自然趋势就是它的性。所以他虽然也讲天理，但不注重形而上和形而下的分别。程颐极度注重这种分别，这是因为他们兄弟二人的思想，在根本上有所不同。”对于朱熹和陆九渊之争，冯友兰指出：“陆九渊和朱熹有两次大辩论。一次是本体论方面的，其具体的问题是‘无极而太极’；另一次是人生论方面的，其具体的问题是修养方法。”就他们争论的第一方面，冯友兰说：“从哲学的观点看，朱、陆关于‘太极’的辩论，归根到底是关于‘一般’在认识论上的地位问题。”认识论中名词的内涵与外延的关系也就是一般和个别的关系。在西方哲学史上，对这一关系问题的不同回答出现唯名论、实在论和概念论三大派别。“对于‘一般’的问题，程、朱理学的主张是‘实在论’，陆、王心学的主张是唯名论。”但陆、王心学关于理的看法与西方的唯名论还是不同的：唯名论认为理只是名词和概念罢了，在外界并不存在；“陆九渊和王守仁都承认有公共的‘理’，”他们所讲的道德学说和修养工夫等“都是以公共的理为前提的”，否则就没有普遍效力，只是主观感而已。他们虽然也说‘心外无理’，可是这里所说的“‘心’是宇宙的心，不是个体的心。”王守仁明确地说：“心本无体，以天地万物感应之是非为体。”在他那里，个体的心也就是宇宙的心，所以说“心即理”。在朱熹那里，心是个体的心，理是宇宙万物的理，这种理在人那里是人性，因此说“性即理”。所以，“关于理学与心学‘性即理’与‘心即理’的辩论，其中心问题在于理究竟是形而上还是形而下，而不是辩论理是不是公共的问题。”在对待心与理、形下和形上的关系问题上，心学和理学的差别很大。这种差别也就是一般和和特殊的差别。冯友兰指出：“关于一般和特殊的问题，理学和心学是完全对立的。一般和特殊的分别，道学称为形上和形下的分别。理学严格第阐明这个分别，心学不作这个分别，甚至不承认有这个分别。理学的最高范畴是太极。……太极是所有的‘一般’的全体，每一个‘一般’都是某一类‘特殊’的标准，都是它们的‘极’。太极包括所有的‘一般’，所以称为太极。心学的最高范畴是‘宇宙’、或‘心’、或‘人’，心学不承认有太极。理学认为心学所说的‘宇宙’、‘心’、‘人’都是形而下者。”心学和理学在理的内容看法上也有些不同，心学所讲的理主要是伦理，是“人之理”，而理学讲的理除了伦理以外主要是物理，是“物之理”。

对于理的看法上的分歧就导致心学和理学在人生修养方面的争论。达到与万物浑然一体的圣人境界，是心学和理学共同的目标，它们的争论是在达到这种境界的途径和方法上：“成为这样的‘圣人’是理学和心学的共同目标，但是他们在达到这个目的修养方法上有很大的不同。心学的方法是‘先立乎其大者’，理学的方法是‘即物穷理’。”心学和理学之争到朱熹和王守仁那里达到高峰，他们都有著作专门讨论修养方法。朱熹有《格物外传》，王守仁有《大学问》。朱熹说：“所谓致知在格物者：言欲至吾之知，在即物而穷其理也，盖人心之灵，莫不有知，而天下之物，莫不有理。唯于理有未穷，故其知有不尽也。是以大学始教，必使学者即凡天下之物，莫不因其已知之理而益穷之，以求至乎其极。至于用力之久，而一旦豁然贯通焉，则众物之表里精粗无不到，而吾心之全体大用，无不明矣。”[21]朱熹说的理具有伦理和物理两层意义，也就是“人之理”和“物之理”。这些理是外在的和形上的。因此，要达到圣人境界就要以穷“物之理”作为穷“人之理”的辅助和中介。这正是王守仁反对的。他说：“大人者，以天地万物为一体者也。其视天下犹一家，中国犹一人焉。若夫间形骸而分尔我者，小人矣。大人之能以天地万物为一体也，非意之也，其心之仁本若是，其与天地万物而为一也，岂唯大人，虽小人之心亦莫不然，彼顾自小之耳。”“是故苟无私欲之蔽，则虽小人之心，而其一体之仁犹大人也；一有私欲之蔽，则虽大人之心，而其分隔隘陋犹小人矣。故夫为大人之学者，亦唯去其私欲之蔽，以明其明德，复其天地万物一体之本然而已耳，非能于本体之外，而有所增益之也。”“明明德者，立其天地万物一体之体也，亲民者，达其天地万物一体之用也。”[22]在王守仁看来，本来是万物一体，物我一体，只是人们的私欲把它们给隔开了，要到达圣人境界只是去私欲罢了。这是对陆象山思想的发展。陆象山说：“宇宙不曾限隔人，人自限隔宇宙。”人都有“一体之仁”的本心。不自限隔宇宙的是大人，自限隔宇宙的是小人。由于这种差别，心学攻击理学支离，理学批评心学空疏。冯友兰说：“王守仁的《大学问》和朱熹的《格物外传》，是心学和理学两派的代表著作，两派的目标都是使人成为完全的人，但两派各有其入手处。心学的入手处是‘致良知’，理学的入手处是‘即物穷理’。《格物外传》由‘穷物理’转入‘穷人理’，所以显得两橛。心学专讲‘穷人理’，所以显得直接。”[23]对于道学中心学和理学的不同，冯友兰在建立自己“新理学”体系时就充分注意到了。他在《新原人》中说：“道学家的修养方法，大都是所以使人成为圣人底方法，此即是说，大都是所以使人得天地境界底方法。……但道学中程朱陆王两派，在此点又有不同。程朱的方法是‘涵养须用敬，进学在致知’。用敬是常注意，致知是觉解。此派的方法是：一面用敬，一面求觉解。陆王的方法是：‘识得此理，以诚敬存之’，‘先立乎其大者’。此派的方法是：先有深觉解，然后用敬。”具体地说，“程朱一派，以为人对于宇宙人生底较深底觉解，非一蹴可得，故须‘今日格一物，明日格一物’。今日有得，今日即用敬以守之。明日亦有得，明日即用敬以守之。如是稳扎稳打，步步为营，最后常住于天地境界。他们的方法，是循序渐进。”而“陆王一派的方法，是‘先立乎其大者’，‘识得此理，以诚实敬存之’。但如何‘先立乎其大者’，如何‘识得此理’，陆王一派未有详说。他们所靠者，似乎是学者的悟。”冯友兰说：“就一方面说，陆王一派的方法，诚可以说空疏。就一方面说，程朱一派，亦诚可以说支离。”他克服心学和理学的弊病，把“觉解”和“用敬”统一起来：“人的觉解，使他到某种境界；他的用敬，可使他常住于某种境界。”这种方法，“虽近于程朱，而并不失于支离；虽近于陆王，而并不失于空疏。”

由此可见，程朱理学和陆王心学的争论最后归结在他们对“觉解”和“用敬”关系的理解上。“觉解”和“用敬”的对象都是“理”。冯友兰说，人不同于动物，在于他不仅看到一个个具体的事物，而且还能形成关于同类事物的概念。“如果他进一步了解到什么是概念，而又自觉其了解，他的精神境界就开始进入概念世界了。”“一个人所有的概念就是他的精神境界；一个人所有的概念的高低，就分别出他的精神境界的高低。”概念就是对理的认识。因此，“这里就牵涉到宋明道学中，理学与心学长期争执的一个问题；在修养工夫中‘理’的地位。程颢说：‘学者需先识仁，仁者浑然与物同体，识得此理，以诚敬存之而已。不须防检，不须穷索。’这是说，识仁的工夫有两个方面：一方面是‘浑然与物同体’，这是直觉；一方面又需要‘识得此理’，此‘理’是个概念。直觉所得，必须用概念固定下来，这是概念在哲学中的作用。由此可见，在哲学中，概念是不可少的。”在《新编》最后的总结里，冯友兰说：“哲学家对于哲学中的主要概念，不仅要有理智的理解，而且要有直觉的感受。所谓‘道’是道学所谓‘大用流行’。道是在动态中的大全，大全是静态中的道。对于‘动的大全’这个概念，有什么理解的哲学家，必然也直接地感受到有一个无头无尾、无始无终的洪流在那里流动这，这就是‘道体’。孔子在川上的那种感受，正是这种直觉，所以道学家们称之为‘见道体之言’。程颢的《识仁篇》说：‘学者须先识仁，仁者浑然与物同体，义、礼、智、信皆仁也。识得此理，以诚敬存之而已，不须防检，不须穷索。’(《河南程氏遗书》卷二上)‘浑然与物同体”，是‘仁者’的直觉。‘识得此理’的这个‘理’字，说明‘浑然与万物同’就不是一个直觉，而是一个概念了。必须把直觉变成一个概念，其意义才能明确，才能言说。概念与直觉，不可偏重，也不可偏废。理学与心学的分歧，其根源就在于此。理学偏重分析概念，心学偏重运用直觉。鹅湖之会，两派互相批评。心学认为理学支离，理学认为心学空疏。”哲学是靠概念建立起来的体系，表面上看，哲学是概念游戏，但如果真的领悟并体会到这些概念的内容，就可以获得很高的境界。冯友兰说：“如果认识到真正的哲学是理智与直觉的结合，心学与理学的争论可以息矣。”

最后，在《中国哲学史新编》中，冯友兰对自己新理学的进行反思。他肯定“新理学”在中国哲学现代方面的贡献：“中国需要现代化，哲学也需要现代化。现代化的中国哲学，并不是凭空创造一个新的中国哲学，那是不可能的。新的现代的中国哲学，只能利用近代逻辑学的成就，分析中国传统哲学中的概念，使那些似乎是含混不清的概念明确起来，这就是'接着讲'与'照着讲'的分别。"接下来，他介绍了新理学的主要内容，主要是新理学的形上学和境界说部分。本书前面对新理学的内容有过详尽的介绍，在此不再重复。冯友兰在对自己新理学作了低调介绍后，又指出它的内部矛盾。他说："'新理学'作为一个哲学体系，其根本的失误，在于没有分别清楚'有'与'存在'的区别。冯友兰一方面赞成金岳霖的提法，说理是不存在而有；一方面又随同当时西方的新实在论的说法，承认'有'也是一种存在。原来在西方，这个问题是一个很古老的问题。在西方中世纪就有三派说法。一派称为唯名论，认为共相只是一个空名；一派称为概念论，认为共相只是一个概念；又一派称为实在论，认为共相有实际的存在。西方现代哲学中，有一派自称为新实在论，就是继承中世纪的实在论，所以自称为新实在论。"实在论说共相是实际存在的，可有说不出它具体存在于什么地方。"新实在论者创立一个似乎是合乎逻辑的说法：共相的存在是'潜在'，也是一种存在，不过是潜伏未而已。这和金岳霖所提的'不存在而有'，是对立的。金岳霖所说的'不存在而有'解决了当时新实在论的问题，也解决了西方从中世纪就有的古老问题。冯友兰赞成'不存在而有'的提法，另一方面也用所谓'潜存'的说法，这就是认为共相是'不存在而有'，同时又承认'有'也是一种存在。这是新理学的一个大矛盾。"这一问题其实还是共相和殊相的关系问题。在《三松堂自序》中，他分析产生这种矛盾的原因："每一个普通名词所指的都是一个具体的共相"，名词的内涵就是同类事物的规定性，是共相；外延就是同类事物的所有分子，是殊相。"内涵和外延，本来就是结合在一起的，只是人的思维对它们加以分析，才显出它们的分别和对立。这是一个关于认识的问题，并不是关于存在的问题。就存在说，本来没有谁先谁后、谁上谁下的问题。其所以有这些问题，就是因为把关于认识的问题和存在的问题混淆了。"[24]

《中国哲学史新编》的主要贡献之二，是第八十一章全书总结中的画龙点睛之笔。在写第八十一章全书总结时，冯友兰确实是按照他自己所见到和所想到的写的，因此就真正感觉到了"海阔天高我自飞"的自由。第八十一章也是第七册的最后一章。他曾经说："中国哲学史就好像一条龙，《新编》就是要画这条龙，前六册是东鳞西爪，第七册是画龙点睛。"

这一画龙点睛之笔主要在第八十一章对全书的总结中，它是中国哲学史新编的最后归宗。“总结分两部分。第一部分为从中国哲学史的传统看哲学的性质及其作用，第二部分为从中国哲学的传统看世界哲学的未来。”

冯友兰从中国哲学的传统论述哲学的性质及作用。他说：“真正的哲学不是初级科学，不是太上科学，也不是科学。这是它的性质所决定的。真正哲学的性质，如我在《新理学》中所说的‘最哲学的哲学’，是对于实际无所肯定，科学则是对实际有所肯定。科学的性质，是对于实际必定有所肯定。”哲学对实际无所肯定不是不肯定，只是不做具体的肯定，而是做形式地解释；它所用的方法主要“烘云托月”的方法。冯友兰称为“负的方法”。他说：“用这一种方法表达事物的性质，不是先说事物的性质是什么，而是先说事物的性质不是什么。”哲学不是对实际有所肯定的科学，而是对人类精神和人生的系统地反思，是运用语言、通过概念对思想的思想。哲学是运用概念建构的思想体系。从表面上看，“哲学是概念的游戏”，哲学中一组一组的概念，对于实际生活没有用处，但它的用处其实很大。冯友兰说：“哲学不能增进人们对于实际的知识，但能提高人的精神境界。我在《新原人》中指出的，人的精神境界可能有四种：自然境界，功利境界，道德境界，天地境界。天地境界最高，但达到这种境界，非经过哲学这条路不可。”哲学概念有着深刻的含义与丰富的内容。与一般的哲学教授只从文字上了解哲学概念不同，哲学家“对于哲学概念，并不是只作文字上的了解，而是作更深入的理解，并把这样的理解融合于他的生活中。这在中国传统哲学中的话，叫做‘身体力行’。”“哲学的概念，如果身体力行，是会对于人的精神界发生提高的作用。这种提高，中国传统哲学叫做‘受用’。受用的意思是享受。哲学的概念，是提供人享受的。”概念是名词，是言说；受用是体悟，是直觉。只有把这二者结合起来，学习哲学才能提高人的精神境界。中国古代哲学家程颢在《识仁篇》里说：“学者须先识仁，仁者浑然与物同体，义、礼、智、信皆仁也。识得此理，以诚敬存之而已。”[25]冯友兰指出：“‘浑然与物同体’，是‘仁者’的直觉。‘识得此理’的这个‘理’字，说明‘浑然与万物同’就不是一个直觉，而是一个概念了。必须把直觉变成一个概念，其意义才能明确，才能言说。概念与直觉，不可偏重，也不可偏废。”[26]对于这些，西方哲学家也是这样讲的。冯友兰说：“例如‘大全’这个概念，就可以使人得到很大的受用。柏拉图在《理想国》中说了一个比喻：一个人从小的时候就处在一个洞穴里，一旦被释放出来，他忽然看见天地的广大，日月的光明，必然感到豁然开朗，心中快乐。柏拉图指出，这是人初次见到'善的理念'的时候所有的感觉。人对于大全这个概念，如果有真正的了解，他所得的享受也会是如此。"

冯友兰还从中国哲学的传统对世界哲学的未来做了预测。他说："客观的辩证法有两个主要范畴：一个是统一，一个是斗争。"任何事物都是矛盾的统一体，统一体的内部既统一又斗争。就矛盾的统一与斗争两方面的先后和主次而言，统一性是先在的，因为矛盾统一体内在地蕴涵着统一性："一个统一体的两个对立面，必须先是一个统一体，然后才成为两个对立面。这个先是逻辑上的先，不是时间上的先。用逻辑的话说，一个统一体的两个对立面，含蕴它们的统一性，而不含蕴它们的斗争性。"这是事物的真实情况，是客观的辩证法。"客观的辩证法只有一个，但是人们对于客观辩证法的认识，可以因条件的不同而有差别。照马克思主义的辩证法思想，矛盾斗争是绝对的，无条件的；'统一'是相对的，有条件的。这是把矛盾斗争放在第一位。"但"中国古典哲学没有这么说，而是把统一放在第一位。""在中国古典哲学中，张载把辩证法的规律归纳为四句话：'有像斯有对，对必反其为；有反斯有仇，仇必和而解。'这四句话中的前三句是马克思主义辩证法思想也同意的，但第四句马克思主义就不会这样说了。它怎么说呢？我还没有看到现成的话可以引用。照我的推测，它可能会说：'仇必仇到底。'"

这种理论上细微的差异导致实践上巨大差别："'仇必和而解'的思想，是要维持两个对立面所处的那个统一体。就张载当时说，他是要维持中国封建社会那个统一体。'仇必仇到底'的思想，则是要破坏两个对立面所处的那个统一体。就马克思主义说，是要破坏西方资本主义社会那个统一体。马克思是革命家，他所组织和领导的共产党是革命的政党，马克思主义当然要主张'仇必仇到底'。毛泽东是革命家，他所组织和领导的中国共产党是革命的政党，毛泽东思想也当然要主张'仇必仇到底'。毛泽东常说'将革命进行到底'，就是这个意思。问题在于什么叫'到底'？'底'在哪里？"他接着指出："任何革命都是要破坏两个对立面所共处的那个统一体。那个统一体破坏了，两个对立面就同归于尽，这就是'底'。革命到了这个程度就'到底'了。这是一个事物总发展过程中的一个段落。就一个社会说,这是它的总发展的一个段落。"就此而言,"仇到底"是必要的。但问题在于:"一个革命到底了,作为这个革命对象的那个统一体被破坏了,共处于这个统一体中的两个对立面同归于尽了,可这个社会仍然存在,不过它要从一个统一体转入到另一个统一体。社会转变了,作为原来统一体的两个对立面的人仍然存在,人还是那些人,不过他们转化了。革命家和革命政党,原来反抗当时统治者,现在转化为统治者了。作为新的统治者,他们的任务就不是要破坏什么统一体,而是要维护这个新的统一体,使之更加巩固,更加发展。这样,就'从仇必仇到底'的路线转到'仇必和而解'的路线。这是一个大转弯。在任何一个社会的转弯的时期,都有这么一个大转弯。"冯友兰说:"中国共产党领导革命成功后,也面临一个大转变,如果毛泽东发扬了中国哲学的传统,走'和而解'的路线,是能转好这个弯子的。可惜的是毛泽东思想中的中国古典哲学这个来源未能起到应起的作用,这个弯子也就没有转过来。"就这一点而言,辛亥革命就做得好些。辛亥革命"成功的经验,给了我们一个启示:一个革命者在夺得政权以后,应该把革命的对象收过来,为己所用。""从'驱除鞑虏'到'五族共和',由此启示,可以认识一个真理,一个革命党推翻旧政权,取得新政权以后,它的地位就变了,它就成为全社会 的代表,对于全社会的人,包括以前的敌人,只要不武装反抗,都可以把他们团结在自己的周围,以为己用。而新民主主义革命者,在文化问题上却走了一段弯路。"

张载"仇必和而解",是强调矛盾统一体内部两个方面的和平相处与和谐发展。他说:"两不立则一不可见,一不可见则两之用息。"[27]冯友兰解释说:"'一'泛指一个统一体,'两'指一个统一体的两个对立面。一个统一体的存在,就表现在它的两个对立面中,所以说'两不立则一不可见';如果没有一个统一体,也就没有;两个对立面了,所以说'一不可见则两之用息'。"[28]"和"是张载哲学体系中的一个重要范畴,他的主要的哲学著作《正蒙》第一篇的题目就是《太和》。冯友兰说:"张载认为,一个社会变的正常状态就是'和',宇宙的正常状态也是'和'。这个'和',称为'太和'。""太和"和同不一样。"在中国古典哲学中,'和'与'同'不一样,'同'不能容'异','和'不但能容'异',而且必须有'异',才能称其为'和'。"这种容纳众"异"的"太和"才是客观的辩证法。冯友兰说："客观辩证法的两个对立面矛盾统一的局面，就是一个'和'。两个对立面矛盾斗争，当然不是'同'，而是'异'；但却同处于一个统一体中，这又是'和'。"这种客观辩证法是不能违背的，否则就会带来灾难。1949年后，已经进入和平时期，应该营造祥和氛围，建立和谐社会，可毛泽东还是采取战争时期的思维方式和行事方式，把斗争奉为至高无上的法宝，强调"共产党的哲学就是斗争的哲学"、"阶级斗争一抓就灵"，对早已被打倒的革命对象继续实行暴力专政，并且不断扩大专政面，不断把社会力量推向对立面，最后把阶级斗争搞到共产党的内部，加上推行极"左"路线，把整个国家和民族推向灾难的深渊。冯友兰说："作为一个哲学家，毛泽东对于两个对立面的对立与斗争是有充分的认识的，但他没有认识到，一个社会的正常状态是'和'，而不是'同'。'和'与'同'的区别是中国哲学很早就开始讨论的。'同'是追求清一色，不能存异，这是不能实现的。'和'则能存异，可以包含各种矛盾斗争。正因为'和'能存异，这才成为任何统一体存在的前提。毛泽东不想求'和'，只想求'同'，要消灭两个对立面中的一个，发展的最终结果就必然是破坏社会主义社会这个统一体，自己这方面也就不会存在了。'文化大革命'就几乎走到了这一步。"21世纪以来，国家提倡建设和谐社会，这充分说明尊重"和必仇而解"这种客观辩证法的重要性，也显示冯友兰哲学思想的前瞻性和穿透力。

"仇必和而解"不仅是中国哲学的传统和现代历史经验的总结，也是中国哲学对世界的贡献和世界未来发展的方向。冯友兰在《中国哲学史新编》的最后指出："'仇必和而解'是客观的辩证法。不管人们的意愿如何，现代的社会，特别是国际社会，是照着这个客观辩证法发展的。第一次世界大战刚刚结束，就出现了国际联盟。第二次世界大战爆发，国际联盟失败，跟着就出现了联合国。联合国比国际联盟组织更加完善。虽然其成绩距人们所期望的还很远，但在国际社会中，已成为一支道义的力量，影响越来越大。"他满怀信心地指出："现代历史是向着'仇必和而解'这个方向发展的，但历史发展的过程是曲折的，所需要的时间，必须以世纪计算。联合国可能失败。如果它失败了，必将还有那样的国际组织跟着出来。"因为"人是最聪明、最有理性的动物，不会永远走'仇必仇到底'那样的道路。这就是中国哲学的传统和世界哲学的未来。"

总之,《中国哲学史新编》规模宏大,结构严谨,内容翔实,观点新颖,堪称"究天人之际,通古今之变,成一家之言",不仅是冯友兰中国哲学史研究的集大成之作,也是中国 20 世纪的传世之作。随着它的外文本的问世,它与《中国哲学史》和《中国哲学简史》一样,成为世界学术史上不朽的丰碑。

三　阐旧邦以辅新命

冯友兰晚年,抱衰老之躯,以惊人毅力写《中国哲学史新编》,其动力来自对中国文化的钟爱和实现现代化的使命。他说:"在振兴中华的伟大事业中,每一个中华民族的成员,都应该尽其力之所及做一点事。我所能做的事就是把中国古典哲学中的有永久价值的东西,阐发出来,以作为中国哲学发展的养料,看它是否可以作为中国哲学发展的一个来源。"他把这种钟爱和使命概括为"阐旧邦以辅新命",作为自己的学术志向,并和作为自己学术旨趣的"极高明而道中庸"联在一起作为对联挂于书房东边墙壁上,称做"东铭",与他敬仰的宋代哲学家张载的《西铭》相呼应。"旧邦新命"最早见于《诗经》中的"周虽旧邦,其命维新"。冯友兰在写西南联合大学纪念碑碑文时就借用此语:"我国家以世界之古国,居东亚之天府,本应绍汉、唐之遗烈,作并世之先进。将来建国完成,必于世界历史居独特之地位。盖并世列强,虽新而不古;希腊、罗马,有古而无今。唯我国家,亘古亘今,亦新亦旧,斯所谓'周虽旧邦,其命维新'者也。"20 世纪 80 年代,他给"旧邦新命"赋予新的含义:"中国处在现在这个世界,有几千年的历史,可以说是一个'旧邦'。这个旧邦要适应新的环境,它就有一个新的任务,即在新的历史条件下,在这块古老的土地上建设新的物质文明和精神文明,这就是'新命'。"

近代以来,中国历史波澜壮阔,前进道路曲折坎坷,但总的趋势是学习西方、走向现代从而实现现代化。冯友兰一生与此相伴随,牢牢地把握着这一趋势。虽然国家的兴亡治乱,导致他道术变迁,身世沉浮,但他终生都在保护着中华民族的优秀文化,追求着中国社会的现代转型,造次必于是,颠沛必于是,誉之不加劝,非之不加沮,矢志不渝,九死不悔。他说:"我从 1915 年到北京大学中国哲学门当学生以后,一直到现在,六十多年间,写了几部书和不少的文章,所讨论的问题,笼统一点说,就是以哲学史为中心的东西文化问题。我生在一个不同文化的矛盾和斗争的时期，怎样理解这个矛盾，怎样处理这个斗争，以及我在这个矛盾斗争中何以自处，这一些的问题，是我所正面解决和回答的问题。问题的范围很广泛，问题的内容很复杂，我在这六十多年中，有的时候独创已见，有的时候随波逐流，独创已见则有得有失，随波逐流则忽左忽右。”“这些都是‘迹’，还有‘所以迹’。”“我经常想起《诗经》中有两句诗：‘周虽旧邦，其命维新。’……怎样实现‘旧邦新命’，我要做自己的贡献，这是我的‘所以迹’。”[29]“有了这个‘所以迹’作为精神上的支持，所以在‘迹’上虽然有时路滑摔倒，但总还能爬起来继续前进。六十多年的路程就是这样走过来了。”“阐旧邦以辅新命”是他毕生的追求，及至晚年，老而弥笃，老而愈坚，到了看透一切、放下一切，“赤条条来去无牵挂”的时候，唯有这一信念，在支撑着他的病躯，维系着他的生命。直到去世前两年，他还说：“‘旧邦’指源远流长的文化传统；‘新命’指现代化和建设社会主义。阐述旧邦以新命：余平生志事，盖在斯矣。”

冯友兰《中国哲学史新编》的写作，最后是在轮椅上完成的。

中国走向现代的过程，也是中西文化和新旧文化交织、碰撞和融合的过程；在哲学和思想领域，后来就演化成中国传统文化、西方自由主义和马克思主义三大文化流派的大激荡。冯友兰学贯中西，道通古今，处于这些矛盾和激荡之中，一生都在努力解决这些矛盾："我生活在不同的文化矛盾冲突的时代。我所要回答的问题是如何理解这种矛盾冲突的性质；如何适当地处理这种冲突，解决这种矛盾；又如何在这种矛盾冲突中使自己与之相适应。""六十年是个很长的旅程，我这个旅程充满了希望和失望，成功和失败，被人理解和被人误解，有时居然受到赞扬和往往受到谴责。"这种希望和失望，成功和失败，理解与误会，赞扬和谴责，就植根于他对这些矛盾的理解和处理之中。与保守主义者不同，他是在"新命"的观照下"阐旧邦"；与激进主义者有别，他是在"旧邦"的基础上"辅新命"。他多次强调，自 19 世纪中叶至 21 世纪中叶，中国的主流是向西方学习；他临终遗嘱，中国文化一定会在 21 世纪大放异彩。蔡仲德在《冯友兰先生年谱初编》中说："本谱谱主冯先生作为一个现代中国知识分子。其近一个世纪的人生历程，可分为三个时期。在第一个时期，即 1895 年至 1948 年，他写了《中国哲学史》和《中国哲学简史》，又写了《新理学》等'贞元六书'，建立了自己的哲学体系，又主持清华文学院。创立了在全国大学中独树一帜的清华学派；在第二个时期——1949 年至 1978 年，他在忏悔中开始写《中国哲学史新编》，出版了试稿第一、二册；在第三个时期，即 1979 至 1990 年，他抛开试稿，从头开始，写了七卷本《中国哲学史新编》。'三史释今古，六书纪贞元'，其中二史、六书写于第一时期。谱主在哲学史、教育史上的地位也确立于第一时期。另一史则写于第三时期。事实表明，这三个时期分别是谱主实现自我、失落自我、回归自我的时期。这种'实现自我——失落自我——回归自我'的前后变化，就是中国现代文化史上的'冯友兰现象'。它既突出地显示了谱主独特的个性色彩，又典型地反映中国现代学术文化的坎坷道路，中国现代知识分子的苦难历程。"[30] 作为现代思想史和文化史上的"冯友兰现象"，其深刻的意义是冯友兰的哲学思想在这些文化相互影响、接触、融合过程中所不可避免地出现的矛盾、冲突及其所付出的苦难。在中国，鸦片战争特别是"五四"以后，三种文化与哲学就处在接触、融合与矛盾冲突之中。但在一个人身上完整地、有深度地体现出来，冯友兰最为典型。

晚年的冯友兰在蔡元培的铜像前。

在中国像冯友兰这样老一代的现代知识分子，还没有一个人像他那样，对传统中国哲学有那样系统、广博、精深的了解与深厚的功底；也没有一个人像他那样对西方传统哲学特别是近代哲学有那样全盘的、系统的了解与高深的造诣。即便是有，也没有一个人像他那样能真正创造性地试图把两种不同的文化哲学融会贯通，成就一种新的、在中国传统哲学的基础上融合西方哲学的现代的新的哲学思想体系；即便是有，但也没有一个人像他那样既已浸润在上述两种哲学传统与精神之中，深深地为其所滋养，把它变成了自己的思想体系，却又在20世纪30年代又自愿地接受唯物史观，把它作为解决中国问题的指针，并融进自己的体系之中，成为自己哲学的一个有机组成部分。因此，他在受到赞扬和欢迎的同时，也遭到来自不同方面尤其是"左派"和"右派"的谴责与批评："就现在来说，中国就是旧邦而有新命，新命就是现代化。我的努力是保持旧邦的同一性和个性，而又同时促进实现新命。我有时强调这一面，有时强调另一面。右翼人士赞扬我保持旧邦同一性和个性的努力，而谴责我促进实现新命的努力。左翼人士欣赏我促进实现新命的努力，而谴责我保持旧邦同一性和个性的努力。"作为学殖深厚、洞明现实的学者，作为待人厚道、处世中庸的哲人，冯友兰理解"左派"与右翼人士的指责："既接受赞扬，也接受谴责。赞扬和谴责可以彼此抵消。我按照自己的判断继续前进。"真可谓"咬定青山不放松，立根原在破岩中。千磨万击还坚劲，任尔东南西北风！"

按照冯友兰估计，中西文化的深度融合，中国文化的复兴和中国社会的转型最快也要到21世纪的中叶告一段落，而一个哲学体系的建立更不容易。在中国历史上，从佛教传入到宋明道学出现，经历了好几个世纪。现代这社会交流得快些，可涉及中西文化中关于生存体验、价值观念和思维方式这些深层的哲学问题，交流和融合就比较困难。因此，"一个时代的哲学的建立，是需要时间的，往往需要几代人的时间，甚至几个世纪的时间。它是一个活的东西，活的东西的发展都是需要时间的。它的内容也是历史的产物，不是哪一个人或哪几个人随意确定的。有一点我相信，只要振兴中华需要中国哲学的发展，以为中国文化的内容，中华民族会产生出许许多多的人才，以完成这种事业。"冯友兰在自己有生之年已无力再建立哲学体系，为此，他要阐释中国哲学为新哲学体系的产生提供养料，把自己的思想作为精神遗产留给后人："从事写作的人也有精神上的'遗体'，那就是他过去所写的那些东西。精神上的遗体和肉体上的遗体有点不同，那就是当一个人在他的精神生活还没有停止以前，他就可以把以前的遗体捐献出来，供人们解剖。"[31]

冯友兰不仅以"阐旧邦"为实现"新命"提供养料，而且对现代化这种"新命"的基本问题和现实问题也有自己的思考。市场经济是现代化的基本因素之一，冯友兰一直看重这一因素。在研究中国哲学史时，冯友兰反复讲，中国历代王朝实行重农轻商的政策，强化了封建专制统治，抑制了资本主义产生。在评价曾国藩时，他说，曾国藩的最大过错是实行以政带工的政策，这种模式给中国近现代经济和社会的发展带来了深远而又恶劣的影响，它阻挠市场经济的形成，最终导致民主政治的难产。在生命最后几年，他更加明确这一主张。据《冯友兰年谱初编》记载，"1987年9月2日，他说：'曾(国藩)与康有为的路线就是中国工业化、现代化的官商路线，孙中山与之不同，主张发展资本主义，现在邓小平搞改革，所有权国有，经营权私有，是将二者结合起来，但能否成功，尚难逆料'。"同年12月，他给来访的张岱年讲："洪仁玕主张以商带工；曾国藩则搞以政带工，结果是以官带商；毛泽东也搞以政带工，归于失败；邓小平要市场经济而不要资本主义，但商品经济本由资本主义带动，这是规律，能否打破这一规律很难说，要看实践。"从这里可以看出，主张中国现代化走市场经济的道路，是冯友兰的一贯主张，到了晚年愈加坚定和明确。

对于现代化的关键——独立人格、言论自由和民主政治等问题，冯友兰在晚年也发表了自己的一些看法。他认为在中国文化传统中，有一个士的道德标准，士要做到独立不惧，以天下为己任。在《中国哲学史新编》第五册绪论中他说："《礼记》中的《儒行》特别着重士的独立自主的品质，其中托为孔子的话塑造了一个士的具体形象，说：'儒有席上之珍以待聘，夙夜强学以待问，怀忠信以待举，力行以待取，其自立有如此者。'知识分子当然需要在才学方面有足够的准备，才能为国家社会服务。但是，他的行动只能出于他自己的意志，不受强迫，'儒有可亲而不可劫也，可近而不可迫也，可杀而不可辱也'，'身可危也，而志不可夺也'。"关于言论自由和知识分子参与政治的问题，冯友兰借古喻今，谈了"士"的作用，他说："从隋唐以后，士就不是地主阶级贵族，而只是'四民之首'了。他们掌握知识，继承文化，其中一部分可以凭籍科举的渠道上升为掌握国家机器的官僚，是封建官僚的预备军或后备军。其不愿应科举考试或者考试失败的，留在民间，或者从官场中退出来，回归乡里，成为一种在野派。在野派是政府的反对派，时常对政府提出批评、表示异议，当时称为'清议'，这种士当时称为'清流'。"在《康有为"公车上书"书后》中又谈到了这一问题。他说："中国知识分子，士，有一个直接干预政治的传统。在国家有大事的时候，有危难的时候，以带有群众性的运动方式发表意见。黄宗羲曾经设计，以学校为政府组织的一部分，利用学校的'清议'从道义上批判政府、监督政府。他的这个设计，在康有为公车上书运动中，得到部分的实现。康有为联系了一部分到北京会试的举人，形成了一个临时的学校，他们的上书，就是这个临时学校发出的清议。在书上签名的人虽然不过数百人，然而这是一个带有群众性的运动。二十年以后，又有五四运动，此知识分子群众运动直接干预政治传统之源远流长也。"

众所周知，"公车上书"是戊戌变法的前奏，冯友兰所以对此大发感慨，并把它收进了亲自选编的《冯友兰学术精华录》中，其中自有其深意在焉。20 世纪 80 年代，"民主政治"还是个十分敏感的话题，因此冯友兰讲的也比较委婉、曲折和含蓄。文章好像是在谈传统文化的继承问题，实际上是在讨论民主政治问题。孔子说过："天下无道，处士横议。""处士"即没有当官的知识分子。当天下有道时，处士们可以不议。当国家出现了问题或存在着重大隐患时，危及国家安定和民族前途的时候，知识分子是要出来"议"的。冯友兰讲的就是这种"议"。知识分子的"议"可能解决不了什么问题，但他们能够发现问题，提出问题。聪明的当权者应该从他们的"议"中看到问题的存在，看到问题的严重性，找到解决问题的方法，而不是压制他们的"议"。"议"是民主的一种主要形式，是知识分子以天下为己任的具体体现。这也是中国文化的优秀传统。中国要想实现政治民主是少不了这种"议"的。在《中国哲学史新编》第五册《绪论》中，他谈到，南宋太学生评论国事，被驱逐离开杭州："被迫离开杭州的学生，约定一个日期，到期都带着行李，背着书包，排成队伍走出来。还发了一篇《告先圣文》，只有三十四个字，说：'斯文将丧，呜呼天乎！吏议逐客，呜呼人乎！乘桴浮海，呜呼圣乎！遯世无闷，呜呼士乎！谨告！'学生还散发诗歌，有一首诗的最后两句说：'我今束书归天崖，不惜一去惜国家'。"这把读书人不计个人安危得失，忧患国家命运的历史责任感表现得深沉悲愤。他认为从中国历史看，士是中国社会中的一种政治力量，他们的反抗斗争精神，表现在反抗当时政治上的不良倾向，在政治陷入混乱时，士的政治力量往往在这种情况下表现出来，士在中国历史上所起的作用是积极的，士有一种天然的政治责任与政治意识，“议”就是这种政治责任与政治意识的表达。

1989 年他在《建设新文化是这一代人的历史使命》一文中指出：“新文化运动，又把西方的‘长技’归结为四个字——民主、科学。”“半个世纪已经过去了，科学的重要已为人们所承认。在科技方面，中国的科学家已经有了不少的发明和创造；在民主方面，众说纷纭。究竟什么是民主，人们还没有一致的了解。可见新文化运动的任务还没有完成，这就有待于现代人们的努力了。”在 1990 年写的《纪念新文化运动》一文中，他指出：“新文化对当时的人们发出了一个号召：‘科学与民主。’时间已过去七十来年了，这个号召对我们现在的人们还是有用的，我们还用得着。”“就科学方面说，现在大家都承认科学的重要。乡村的农民也都说发家致富一靠政策，二靠科学。不少的科学家和工程师们，在科技方面有不少的发明创造，达到国际先进水平，这是值得庆幸的事。”“在民主方面，情况就比较差，甚至连‘民主’这个名词的意义，人们也还没有一致的了解。它的意义，本来是很宽泛的，我也不想也不能给它下一个定义，我只能就我的理解说一些民主的内容。”接下来，他谈了自己对民主的独到见解：“‘民主’有一条基本原则：少数服从多数。我认为，这是一方面，还要加上另一方面的原则：多数容忍少数。不要‘一刀切’。”“在中国传统哲学中，还分别‘和’、‘同’的不同。‘同’是简单的一致，不能容‘异’；‘和’是集合众‘异’，融为一体。”这就是“求同存异”。“人与人之间的民主原则，就是上面所说的‘民主’的两个原则，也就是‘求同存异’。”“多数的利益总是有保障的，因为有‘少数服从多数’那个原则在管着。少数人的利益也得让它有所表现，这才能使大家都心情舒畅，共成一个‘和’。”这种“和”不是一团和气、和稀泥的“和”，而是建立在民众利益上求大同存小异的和，这种和就是民主。反对这种和，就是以一己之异违大众之和。那种“仇必仇到底”的根源在于“求同”，这种同是一己之“异”，而不是大众之“和”。他说：“张载说‘仇必和而解’，这个‘和’字，不是随便下的。‘和’是张载哲学体系中的一个重要范畴。张载认为，一个社会的正常状态是'和',宇宙的正常状态也是'和'。这个'和',称为'太和'。在中国古典哲学中,'和'与'同'不一样。'同'不能容'异','和'不但能容'异'而且必须有'异',才称其为'和'。"讲求"和"字,讲求不同因素的和谐相处,是民主的核心。在《西南联合大学纪念碑碑文》中,冯友兰曾生动地说:"同无妨异,异不害同;五色交辉,相得益彰;八音合凑,终和且平。万物并育而不相害,道并行而不相悖,小德川流,大德敦化,此天地之所以为大。斯虽先民之恒言,实为民主之真谛。"

在心系国家、思考现代问题的同时,冯友兰没有忘怀他的故乡。人到晚年,往往怀念旧事、思念故乡,冯友兰也这样。1945 年初,他千里跋涉,回家奔丧,安葬母亲,后来就再也没有回过老家了。可他一直在惦记着那片生他养他的故土,思念着那里的父老乡亲,并尽自己的微薄之力为家乡文化教育事业作贡献。他念念不忘家乡的养育之恩:"从 1912 年起,我在国内、国外上学,靠的都是河南官费。我是河南人民养育出来的。"几十年来,河南《中州学刊》的等文化单位,或向他约稿,或请他题词,他都是有求必应。唐河老家每有人来,他无论如何繁忙,都要热情接见,盛情招待,还送给路费。1985 年,老家祁仪中学建教学楼,冯友兰捐款一万元。1988 年,唐河县兴建图书馆,冯友兰捐献一万元人民币,并把一套百衲本《二十四史》和自己的著作,一共近千册,赠送给唐河县图书馆。这套《二十四史》是他在上海读书时买的,伴随他已有七十余年。唐河县图书馆专门开辟"友兰书屋"来珍藏这些书籍。

在讲出了对国家建言、报答了家乡恩情之后,《中国哲学史新编》也接近尾声,即将大功告成。冯友兰即将做完他要做的事,圆满地走完自己的一生。

有时间,人们总觉得上天好像专门派一人来完成一样伟大的事业:其生也有自来,其逝也有所为。冯友兰就是这样的人。有一次他在医院给冯钟璞讲:"庄子说:生为附赘县疣,死为决□溃痈。孔子说,朝闻道,夕可死矣。张载说,存,吾顺事,殁,吾宁也。只争取治好这一次的病,写完《新编》,以后就不必治了。"有上天的眷顾和自己的支撑,1989 年开始,他虽然住院次数增多,可每次都有惊无险,安然出院。就这样,1990 年 7 月 16 日,《中国哲学史新编》大功告成,书稿由女儿冯钟璞送给人民出版社。他在卷末写道:"乱曰:'为天地立心,为生民立命,为往圣继绝学，为万世开太平。’‘高山仰止，景行行止，虽不能至，心向往之。”也许，他自己知道这本最后在“海阔天高我自飞”的感觉中写出来的著作的命运，在《自序》中说：“在写第八十一章的时候，我确是照我所见到的写的。并且对朋友们说：‘如果有人不以为然，因之不能出版，吾其王船山矣。’船山在深山中著书达数百卷，没有人为他出版；几百年以后，终于出版了，此所谓‘文章自有命，不仗史笔垂’。”不幸，他的这段话真的成为谶语。

在三松堂庭院中，冯友兰会见台湾学者洪同，女儿冯钟璞作陪。

后来他又写了一些关于文艺方面的短文，还想出本《余生札记》，已经写成了《毛泽东诗词所表现的境界》和《谈杜甫的〈丹青引〉》两文。这时，他宝刀不老，还是从容论道，思路清晰，文笔洗练。前一篇文章认为毛泽东诗词中有功利境界，偶尔也有天地境界、道德境界，“基本是功利境界，其余两种正是如《论语》中所说的‘智及之，仁不能守之，虽得之，必失之’。”[32]在后一篇文章中，他说，“杜甫总的意思是说，美是出于自然而又高于自然。其所以高，是因为有艺术的创造。艺术的创造是有一个过程的。”“杜甫把这个过程概括为‘意匠惨淡经营中’。所谓‘意匠’，指艺术家创造过程中所做的经营、布置。”这一过程是艰难的，如庄子所说的“吾见其难为”。但作品完成以后，有一种喜悦，有“踌躇满志”的感受。“杜甫在另一首诗里说‘新诗作罢自长吟’，就是指诗人在完成一首诗歌后所感受的‘踌躇满志’。”

20 世纪 80 年代，冯友兰在寓所与来访者谈话，陈来（右一）做陪。

可是冯友兰的余生不多了。9 月 30 日，他因呼吸道感染住进医院。这一去就再也没有回到三松堂。开始时情况还好，可到 11 月 1 日，因病房无暖气，他患了肺炎。从此一病不起，缠绵病榻。可就在油尽灯枯之际，蚕死蜡干之前，他还要吐尽最后一缕丝，燃完最后一滴油。11 月 2 日，他对来探视的李泽厚和陈来说：“中国哲学将来一定会大放光彩！”6 日，他看到《中国哲学史新编》第七册清样。19 日，他和亲属冯钟璞、蔡仲德，学生涂又光谈《三松堂全集》编纂的事情。这月，他还写了《回忆吾弟景兰的一幅中国画》与《〈中国哲学史〉台北版自序》。

也许是大事已经做完，心中再无牵挂，1990 年 11 月 26 日（岁次庚午十一月十日）20 点 45 分，一代哲学宗师、文化巨匠和教育大家冯友兰与世长辞，距离 12 月 4 日他 95 周岁生日还差一周时间。

冯友兰安葬于北京万安公墓，这是墓碑正面。